PETITS MÉMOIRES

SUR

L'HISTOIRE DE FRANCE

Publiés sous la direction

DE

M. MARIUS SEPET

VI

ANNE D'AUTRICHE ET LA FRONDE

D'après les *Mémoires de Madame de Motteville.*

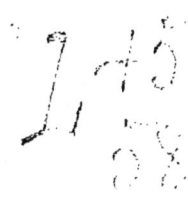

FRANÇOISE BERTAULT DE MOTTEVILLE
(1621-1689)

Anne d'Autriche

ET LA FRONDE

APRÈS LES MÉMOIRES DE

MADAME DE MOTTEVILLE

TEXTE ÉTABLI PAR

HENRY CHAPOY

PARIS

LIBRAIRIE DE LA SOCIÉTÉ BIBLIOGRAPHIQUE

MAURICE TARDIEU, DIRECTEUR

195, Boulevard Saint-Germain, 195.

1882

Mme DE MOTTEVILLE

ET SES MÉMOIRES (1)

MADAME de Motteville est un personnage de second plan, mais de ceux-là qui, sans être mêlés aux événements, sont aux meilleures places pour les voir et les juger ; voilà pourquoi, outre leur mérite littéraire, ses Mémoires sur la régence d'Anne d'Autriche ont un réel intérêt historique.

(1) Cette notice est extraite d'une étude plus considérable sur Mme de Motteville, que l'auteur se réserve de publier ultérieurement. (*Note de l'éditeur.*)

Françoise Bertault (1), dame de Motteville, née en 1621, appartenait à une famille sans fortune, mais titrée et bien en cour. Son père, Pierre Bertault, gentilhomme ordinaire de la chambre du Roi, était frère du poète Bertault, évêque de Séez. Sa mère, Louise Bessin de Mathonville, femme supérieure par l'intelligence et le cœur, tenait aux Saldaña d'Espagne. Celle-ci même, à cause de cette parenté, passa une partie de sa jeunesse au delà des Pyrénées et apprit la langue du pays, se préparant ainsi à devenir la confidente et l'amie de l'infante Anna, fille de Philippe III, appelée à être reine de France.

En 1628, Louise Bessin de Mathonville était depuis longtemps déjà Mme Pierre Bertault. C'est en cette année-là qu'elle présenta et « donna » à la reine Anne d'Autriche, sa fille Françoise, âgée de 7 ans. Dès lors, cette intelligente enfant reçoit une éducation des plus soignées, et les meilleures influences s'exercent sur elle. Sa mère est un de ses meilleurs maîtres, assurément le plus dévoué. Elle a pour auxiliaires toute cette société polie qui se partage entre la Cour d'Anne d'Autriche,

---

(1) Nous écrivons Bertault et non Bertaut, pour nous conformer à l'orthographe du nom telle que la donne l'inscription d'une pierre tombale dont nous parlons plus loin. (*Vid.* p. 9.)

où se prépare celle de Louis XIV, et l'hôtel de la célèbre marquise de Rambouillet, dont les jardins descendent jusqu'à la Seine, sous les fenêtres du Louvre.

Dans ce milieu d'élite, l'enfant n'entend que des conversations choisies, sa mémoire se remplit des grands noms et des grands faits du XVIe siècle ; puis, lorsque la jeune fille est formée, quand la femme commence, voici que les événements complètent son éducation par l'expérience : elle connaît l'exil, la province, se marie et devient veuve à 20 ans (1).

En 1642, après la mort de Richelieu, elle peut rentrer à la Cour. Elle n'y retrouve pas d'abord ses anciens amis et ses brillantes compagnes de 1630, mais peu à peu tous reviennent auprès de la Reine-mère : Mme la marquise de Senecé, Mme la duchesse de Chevreuse, Mme de Hautefort, Mme de Montbazon, Mlle de Longueville, — Vitri, Bassompierre, les princes de Vendôme, le duc d'Elbœuf, etc. Excepté Mme de Montbazon, qui la juge trop vertueuse, tous aiment et estiment Mme de Motteville.

(1) A l'âge de 18 ans (1639), elle se maria avec Nicolas Langlois, seigneur de Motteville, premier président de la chambre des Comptes de Normandie, âgé de 80 ans et veuf pour la seconde fois.

C'est que, malgré sa jeunesse, grâce aux épreuves qu'elle a subies, alors que sa vie était encore en sa fleur, elle a pris une grande sagesse et trouve bien courte celle du Louvre. Ses qualités maîtresses sont la finesse d'observation et la discrétion. On le sait bien parmi les grands d'alors. Quand on veut avoir une conversation gaie et libre, on vient auprès d'elle, dans le petit cabinet proche de celui où se tient la Reine. On prophétise dans ce coin retiré, comme on fit le jour de l'arrivée des jeunes demoiselles de Mancini. Le duc d'Orléans, l'abbé de la Rivière, le maréchal de Villeroy y sont à leur aise, et « le Sicilien » n'y est pas épargné.

« Sans intérêt, sans passion, naturellement assez discrète (1), » judicieuse à l'égard de son amie la Régente, Mme de Motteville a bien su comprendre quelle était sa place à la Cour. Ame généreuse, « elle est trop bonne, » au témoignage d'Anne d'Autriche (2), mais elle « préfère le plaisir de servir les autres à celui de faire ses affaires (3). » Vertueuse sans ostentation, prudente sans cesser

---

(1) Mme de Motteville, *Mémoires,* t. I, p. 145, éd. Charpentier.
(2) *Ibid.,* page 271.
(3) *Ibid.,* page 272.

d'être indépendante, elle parle, peu. Elle sait par expérience « qu'il n'est pas difficile de faire haïr aux grands ceux qui parlent beaucoup (1). » Modérée dans tous ses actes et dans toutes ses pensées, elle observe avec finesse sans prétention à la profondeur. Elle écrit ses souvenirs, ses impressions, ses réflexions, non pas pour jouer un rôle de politique et d'historien, mais plutôt pour céder à une propension naturelle vers la mélancolie et afin d'élever un monument durable de reconnaissance et d'attachement à celle qu'elle admire et qu'elle aime. Elle ne s'applique pas « à produire aucun bon effet pour la fortune (2); » mais garder à la Reine : « la fidélité qui vaut mieux que tous les trésors des Indes, » se garder à elle-même la liberté, voilà les seuls désirs que forme pour ici-bas Mme de Motteville.

Fidélité et indépendance de caractère, telle est la devise qui semble le mieux lui convenir. Grâce à elle, sa royale amie put jouir de tous les charmes de la fidélité dans l'amitié. Partout Mme de Motteville la suit : au Louvre, à Fontainebleau, au Palais-Royal, à Saint-Germain,

---

(1) Mme de Motteville, *Mémoires*, t. I, p. 268, éd. Charpentier.
(2) *Ibid.*, page 272.

aux Pyrénées, au couvent de Sainte-Marie de Chaillot, au Val-de-Grâce, à l'honneur, à la peine, dans la santé et dans les maladies; partout elle lui consacre ses jours et une partie de ses nuits.

Son indépendance de caractère se révèle à chaque pas dans la vie. Elle sait braver la froideur et les mauvaises grâces de Mazarin aussi bien que refuser les faveurs qu'il lui propose, — se déclarer satisfaite d'une harangue libre et hardie de l'avocat général Talon qui défend le peuple pauvre, — le 21 février 1649, déclarer à la Reine son sentiment sur ce qui, dans ces temps affligeants, lui paraît contraire aux intérêts royaux; — en 1661 se montrer sage conseillère au milieu des difficultés qui se produisent dans la vie de la famille royale entre Anne d'Autriche, Henriette d'Angleterre et la jeune reine de France, femme de Louis XIV.

Ce sont ces actes de fidélité et d'indépendance qui donnent à l'existence de Mme de Motteville son caractère distinctif jusqu'au 20 janvier 1666, jour où meurt son amie, la Reine-mère.

Dès lors, Mme de Motteville recherche un coin de terre calme, où les grands horizons s'harmonisent avec l'âme qui veut revoir les lointains du passé. C'est en Normandie qu'elle se retire le plus souvent, au château de Motteville, bâti sous Henri IV dans le style des Médicis. Là, elle relit, corrige, coordonne les notes qu'elle a prises sur la régence d'Anne d'Autriche et établit le texte de ses Mémoires où se reflètent tous ses grands sentiments.

Lorsqu'elle quitte la Normandie, c'est pour revenir à Paris. Ici, nous la voyons surtout au couvent de Sainte-Marie de Chaillot, dont son amie, Mme Louise Motier de La Fayette, était la fondatrice, et Henriette de France la bienfaitrice. Elle y retrouvait sa sœur aînée, celle que dans la langue des Précieuses, on appelait « Socratine, » et qui, depuis 1665, était devenue supérieure de Sainte-Marie. C'est là qu'elle goûtait la vie religieuse telle qu'elle la rêvait, sans excès de dévotion sentimentale, tranquille, studieuse, permettant à l'âme de s'élever peu à peu au-dessus du monde et de se rapprocher de Dieu.

C'est dans ces dispositions d'esprit que la mort vint la frapper le 29 décembre 1689. Elle avait 78 ans.

Il y a quelque temps, tandis que nous feuilletions à la Bibliothèque nationale un volume de la collection Gaignières, pour étudier des pierres tombales, nos regards rencontrèrent le nom de Bertault. Nous avions sous les yeux l'épitaphe du frère puîné de Mme de Motteville et celle de Mme de Motteville elle-même. Cette pierre, qui a dû disparaître, croyons-nous, dans la tourmente révolutionnaire à Rouen, portait des armes et une inscription.

Les armes sont composées de deux écus surmontés d'une couronne de comte. Elles sont au milieu de deux branches, l'une de laurier, l'autre de chêne, qui sont réunies à leurs parties extrêmes, au-dessous des écus, par un nœud de ruban. — Le premier écu est d'or à la bande de sable chargée de trois lozanges d'argent, et accompagné de trois annelets de gueules; — le second est d'argent écartelé, au premier et quatrième à la tour crénelée, au deuxième et troisième à un chevron qu'accompagnent trois annelets de gueules.

Voici la double inscription :

D. O. M. CY GIST
MESSIRE FRANCOIS DE BERTAULT
BARON DE FREAUVILLE SEIGN^r DE GAIGNET DE GLASNAY
CONSEILLER DU ROY EN SES CONSEILS
ET EN SON PARLEMENT DE ROUEN
Abbé du Mont aux malades

ET DAME FRANCOISE BERTAULT, SA SŒUR
DAME D'HONNEUR DE LA REINE-MÈRE DU ROY,
VEUFVE DE MESSIRE NICOLAS LANGLOIS
CHEVALIER SEIGN^R DE MOTTEVILLE
ET AUTRES LIEUX
CONSEILLER DU ROY EN SES CONSEILS
ET PREMIER PRÉSIDENT
EN SA CHAMBRE DES COMPTES DE NORMANDIE

Priez dieu pour Eulx.

Quant aux Mémoires de Mme de Motteville, sans parler de leur style simple, naturel, — de la philosophie douce qui s'en dégage comme des livres de Nicole, — des réflexions fines que l'on y trouve comme dans La Bruyère, — des portraits d'une réelle valeur que l'on y admire, — si nous voulons les juger pour l'intérêt seul qui s'y rattache, reportons-nous à l'époque qu'ils font revivre, aux conditions dans lesquelles ils ont été écrits.

L'époque sur laquelle Mme de Motteville s'est surtout étendue est la régence d'Anne d'Autriche, une des plus troublées de notre histoire. La France ressent alors le contre-coup du pouvoir despotique exercé par le plus autoritaire des ministres. Richelieu avait usé, sous sa responsabilité personnelle, du pouvoir royal le plus absolu, en attendant l'avènement d'un roi qui pût d'une main ferme exercer le gouvernement tel qu'il le lui préparait. Il y avait eu lutte contre Richelieu vivant, il y eut lutte après lui ; mais Anne d'Autriche, cette Espagnole qui avait été pendant la vie de Richelieu sa constante antagoniste, devient après lui son émule. Elle comprend son ennemi depuis qu'elle est vraiment Française! « Si cet homme vivait, dit-elle un jour en passant devant son portrait, il serait aujourd'hui plus puissant que jamais ! » La fille de Philippe III était mère alors et tenait par la main un enfant royal de France : Louis XIV. — Elle remplace Richelieu par Mazarin, et tous les deux sont d'accord pour suivre la voie tracée par le cardinal. D'ailleurs cette politique est imposée au dedans par des circonstances de même nature que celles auxquelles elle dut sa naissance. Les partis n'abdiquent pas devant une femme! Les cabales se reforment, les intrigues contre l'autorité souveraine se renouvellent. Quel autre temps en vit un plus grand nombre? Ne sommes-nous pas aux jours des Importants, des princes de Condé, d'Orléans, des révoltes du Parlement, aux années orageuses de la Fronde?

Pour en connaître tous les détails, pour tout

juger, hommes et actes, il fallait être dans une situation exceptionnelle, jouir de l'intimité de la Régente, être en rapports presque suspects avec les chefs des divers partis, pouvoir pénétrer les sentiments du peuple, être doué d'un esprit délicat, sensé, clairvoyant, discret, et de plus, pour exposer les faits et formuler ses jugements, d'une certaine habileté dans l'art d'écrire. A ces conditions, l'on pouvait jeter de vives lumières sur les dix années de la régence d'Anne d'Autriche; c'est ce qu'a fait Mme de Motteville. Aussi, nul n'a jamais contesté l'intérêt et la valeur de ses Mémoires. Leur véracité, la sincérité de l'auteur fut dès le premier jour établie par la comparaison qu'on fit de ses récits avec ceux de ses contemporains : Richelieu, Monglat, Talon, Retz, Gourville, le père Leret, Mlle de Montpensier, etc. Détaillés et intéressants, vrais et sincères, ils jouissent d'une autorité réelle pour notre histoire au XVIIe siècle.

Il nous reste à expliquer comment nous avons établi le texte de notre livre. Comme il est destiné à figurer dans une collection au plan de laquelle nous sommes tenus de nous conformer, nous avons notablement réduit les *Mémoires* complets. Ceux-ci ne forment pas moins de quatre volumes dans la meilleure édition qui en ait été donnée, celle de M. Riaux, publiée dans la *Collection Charpentier*.

Nos suppressions ont porté sur les morceaux qui n'ont qu'une relation indirecte soit avec l'histoire de la régence d'Anne d'Autriche, soit avec l'histoire de la Fronde, dont nous voulions surtout emprunter le tableau à Mme de Motteville.

Quand nos suppressions ont atteint tout un long passage, nous avons rempli par quelques lignes de transition le vide qu'elles laissaient dans la continuité du récit. Quelquefois, nous avons remplacé ce qui avait été supprimé par un résumé, pour lequel nous avons employé les expressions, les tournures, très souvent le texte même de notre auteur.

Dans un livre destiné non seulement aux gens du monde, mais aussi à la jeunesse, des convenances délicates à apprécier nous imposaient d'autres suppressions ou modifications. Nous espérons que, pour cette partie de notre tâche, nous sommes restés dans un juste milieu.

Les notes que l'on trouvera au bas des pages ont surtout pour objet de donner au lecteur des renseignements courts, mais exacts, sur les personnages dont les noms seuls figurent dans le récit.

Nous espérons que le lecteur nous tiendra compte de nos efforts pour bien faire ce travail, un peu aride et souvent difficile. Puisse-t-il, comme nous, se complaire dans la compagnie d'une femme distinguée, honnête, nous parlant des choses d'autrefois, comme peut seul le faire un grand cœur et un bon esprit!

Henri Chapoy.

ANNE D'AUTRICHE
(1602-1666)

PORTRAIT

DE LA REINE

ANNE D'AUTRICHE

Fait par Mme de Motteville, en 1658.

LA reine, par sa naissance, n'a rien qui l'égale : ses aïeux ont tous été de grands monarques; et, parmi eux, nous en voyons qui ont aspiré à la monarchie universelle. La nature lui a donné de belles inclinations. Ses sentiments sont tous nobles : elle a l'âme pleine de douceur et de fermeté, et, quoique ce ne soit pas mon dessein, en parlant, d'exagérer ses qualités, je puis dire, en général, qu'il y a des choses en elle qui la peuvent faire égaler les plus grandes reines de l'antiquité.

Elle est grande et bien faite, elle a une mine douce et majestueuse qui ne manque jamais d'inspirer dans l'âme de ceux qui la voient l'amour et le respect. Elle a été l'une des plus grandes beautés de son siècle, et présentement il lui en reste assez pour en effacer des jeunes qui prétendent avoir des attraits. Ses yeux sont parfaitement beaux; le doux et le grave s'y mêlent agréablement. Sa bouche est petite et vermeille, et la nature lui a été libérale de toutes les grâces dont elle avait besoin pour être parfaite. Par un de ses souris, elle peut acquérir mille cœurs; ses ennemis mêmes ne peuvent résister à ses charmes : et nous avons vu souvent beaucoup de ces personnes à qui l'ambition ôtait la raison nous avouer que la Reine se faisait mieux aimer par eux, lors même qu'ils avaient le plus de dessein de manquer à leur devoir. Ses cheveux sont beaux, et leur couleur est d'un beau châtain clair : elle en a beaucoup, et il n'y a rien de plus agréable que de la voir peigner. Ses mains, qui ont reçu des louanges de toute l'Europe, qui sont faites pour le plaisir des yeux, pour porter un sceptre et pour être admirées, joignent l'adresse avec une extrême blancheur : si bien que l'on peut dire que les spectateurs sont toujours ravis quand cette grande Reine se fait voir, ou à sa toilette en s'habillant, ou à table quand elle prend ses repas.

Toute sa peau est d'une égale blancheur, et d'une délicatesse qui ne se saurait jamais assez louer. Son teint n'est pas de même, il n'est pas si beau ; et la négligence qu'elle a pour sa conservation, ne mettant presque jamais de masque, ne contribue pas à l'embellir. Son nez n'est pas si parfait que les autres traits de son visage : il est gros, mais cette grosseur ne sied pas mal avec de grands yeux, et il me semble que, s'il diminue sa beauté, il contribue du moins à lui rendre le visage plus grave. Toute sa personne pouvait enfin mériter de grandes louanges : mais je crains d'offenser sa modestie et la mienne, si j'en parlais davantage ; c'est pourquoi je n'ose pas seulement dire qu'elle a le pied fort beau, petit et fort bien fait.

Elle n'est pas esclave de la mode, mais elle s'habille bien. Elle est propre et fort nette : on peut dire même qu'elle est curieuse des belles choses, et c'est sans affection extraordinaire; et beaucoup de dames dans Paris font plus de dépenses que la Reine n'en fait. L'habitude, et non la vanité, fait son ajustement; et l'honnête ornement lui plaît, parce que naturellement elle aime à être bien, autant dans la solitude qu'au milieu de la Cour.

Comme Dieu est notre principe et notre fin, et qu'une reine chrétienne ne doit être estimée que selon la mesure de la vertu qui est en elle, il est juste de commencer à parler de ses mœurs par la piété qui paraît être un des principaux ornements de cette auguste princesse. Elle a certainement un grand respect pour la loi de Dieu, et son désir serait de la voir bien établie dans le cœur de tous les Français. Dans sa plus grande jeunesse, elle a donné des marques de dévotion et de charité; car, dès ce temps-là, ceux qui ont eu l'honneur de la servir ont toujours remarqué qu'elle était charitable et qu'elle aimait à secourir les pauvres. Les vertus avec les années se sont fortifiées en elle, et nous la voyons sans relâche prier et donner. Elle est infatigable dans l'exercice de ses dévotions; les voyages, les maladies, les veilles, les chagrins, les divertissements ni les affaires ne lui ont jamais pu faire interrompre les heures de sa retraite et de ses prières. Elle a une confiance extraordinaire en Dieu; et cette confiance lui a attiré sans doute beaucoup de grâces et de bénédictions. Elle est exacte à l'observation des jours de jeûne, et je lui ai souvent ouï dire sur ce sujet que les rois doivent obéir aux commandements de Dieu et de l'Église plus ponctuellement que les autres chrétiens, parce qu'ils étaient obligés de servir d'exemple à leurs peuples. Elle a beaucoup de zèle pour la religion, beaucoup de respect pour le Pape. Elle communie souvent;

elle révère les reliques des saints; elle est dévote à la Vierge, et pratique souvent dans ses besoins les vœux, les présents et les neuvaines par lesquelles les fidèles espèrent obtenir des grâces du ciel. On entre aisément dans son cœur par la bonne opinion qu'elle prend de la piété de certaines gens; et bien souvent je l'ai soupçonnée d'avoir été trompée par la facilité qu'elle a à révérer la vertu. Ceux qui se conservent dans son estime ont le pouvoir de lui parler fort librement sur toutes les choses qui regardent son devoir et sa conscience. Elle reçoit toujours leurs avis avec soumission et douceur, et les prédicateurs les plus sévères sont ceux qu'elle écoute le plus volontiers. Son oratoire est le lieu où elle se plaît le plus : elle y passe beaucoup d'heures du jour; et toutefois, selon ce que je lui ai ouï dire d'elle-même avec humilité, elle veut bien qu'on croie qu'elle n'a pas encore ce zèle parfait qui fait les saints, et qui fait mourir le chrétien à soi pour vivre seulement à Dieu et pour Dieu. Mais il semble, vu les grandes et saintes dispositions de son âme, qu'elle soit destinée à cette dernière perfection.

La vertu de la Reine est solide et sans façon; elle est modeste sans être choquée de l'innocente gaieté, et son exemplaire pureté pourrait servir d'exemple à toutes les autres femmes. Elle croit facilement le bien, et n'écoute pas volontiers le mal. Les médisants et rapporteurs ne font sur son esprit nulle forte impression; et, quand une fois elle est bien persuadée en faveur des gens, il est difficile de les détruire auprès d'elle. Elle a l'esprit galant; et, à l'exemple de l'infante Clara-Eugénia (1), elle goûterait fort cette belle galanterie qui, sans blesser la vertu, est capable d'embellir la Cour. Elle désapprouve infiniment la manière rude et incivile du temps présent; et, si les jeunes gens de ce siècle suivaient ses maximes, ils seraient plus gens de bien et plus polis qu'ils ne sont.

Elle est douce, affable et familière avec tous ceux qui l'approchent et qui ont l'honneur de la servir. Sa bonté la convie de souffrir les petits comme les grands; et, sans manquer de discernement, cette bonté est cause qu'elle entre en conversation avec beaucoup de personnes fort indignes de son entretien. Cela va même jusques à lui faire tort, et je vois bien quelquefois que les personnes de mérite, par ces apparences, pourraient craindre qu'elle ne mît quelque égalité entre les honnêtes gens et les sots; mais je suis persuadée de cette vérité que la Reine, en cette occasion, donne aux sages, par estime et par raison, ce qu'elle donne aux autres par pitié, et parce que naturellement elle ne saurait faire de rudesse à qui que ce soit; et, quand cela lui arrive, il faut que de grandes choses l'y forcent. Ce tempérament de douceur n'empêche pas qu'elle

---

(1) Isabelle-Claire-Eugénie, fille de Philippe II et d'Élisabeth de France (fille de Henri II) était tante d'Anne d'Autriche.

ne soit glorieuse et qu'elle ne discerne fort bien ceux qui font leur devoir, en lui rendant ce qui lui est dû, d'avec ceux qui lui manquent de respect, ou faute de connaissance, ou pour suivre la coutume qui présentement veut le désordre en toutes choses.

Elle a beaucoup d'esprit : ce qu'elle en a est tout à fait naturel. Elle parle bien : sa conversation est agréable, elle entend raillerie, ne prend jamais rien de travers, et les conversations délicates et spirituelles lui donnent du plaisir. Elle juge toujours des choses sérieuses selon la raison et le bon sens, et dans les affaires elle prend toujours par lumières le parti de l'équité et de la justice; mais elle est paresseuse, elle n'a point lu : cela toutefois ne la délustre point, parce que le grand commerce que la Reine a eu avec les premiers de son siècle, la grande connaissance qu'elle a du monde, et la longue expérience des affaires et des intrigues de la Cour, où elle a toujours eu une grande part, ont tout à fait réparé ce qui pouvait lui manquer du côté des livres; et, si elle ignore l'histoire de Pharamond et de Charlemagne, en récompense elle sait fort bien celle de son temps.

Dans sa jeunesse, tous les honnêtes plaisirs qui pouvaient être permis à une grande reine ont eu beaucoup de charmes pour elle; présentement elle en a perdu le goût. Ses inclinations sont conformes à la raison, et la complaisance lui fait faire sur ce chapitre beaucoup de choses qu'elle ne ferait pas si elle suivait ses sentiments. Le théâtre n'a plus d'autre agrément pour elle que celui de complaire au Roi, qui, par la tendresse qu'il a pour elle, prend un singulier plaisir à être en sa compagnie; et toute la France la doit remercier de cette condescendance, puisque nous devons toujours voir avec joie une telle mère avec un tel fils. Elle aime présentement le jeu, et y donne quelques heures du jour. Ceux qui ont l'honneur de jouer avec elle disent qu'elle joue en reine, sans passion et sans empressement de gain.

La Reine est de même fort indifférente pour la grandeur et la domination. Sa naissance l'a élevée tout d'un coup; elle tient tout le reste indigne de ses désirs, et jamais les défauts de Catherine de Médicis ne seront les siens (1). Cette grande Reine n'a pas les mêmes sentiments sur l'amitié; elle aime peu de personnes, mais celles à qui elle donne quelque part en l'honneur de ses bonnes grâces se peuvent vanter d'être fortement aimées. Notre sexe a eu cet avantage de lui avoir donné, dans sa jeunesse, des favorites qui ont occupé son cœur par un attachement fort grand et fort sensible. La mort du Roi son mari lui ayant donné, par sa régence, un sceptre à soutenir, elle a été obligée de donner son amitié à une personne dont la capacité la pût soutenir, et dans laquelle elle

(1) Ainsi, la ruse, la dissimulation, l'habileté sans élévation et sans principes.

pût rencontrer le conseil avec la fidélité, les services avec la douceur de la confiance. Dans tous ses différents choix, et particulièrement par le dernier, elle a fait voir à toute la terre combien elle aime noblement, et que son cœur n'est capable d'aucune faiblesse ni d'aucun changement, quand une fois elle est persuadée qu'elle fait ce qu'elle doit faire. Selon ce que je dis, il semble que la Reine était née pour rendre par son amitié le feu Roi son mari le plus heureux mari du monde : et certainement il l'aurait été s'il avait voulu l'être ; mais cette fatalité, qui sépare presque toujours les cœurs des souverains, ayant éloigné de la Reine celui du Roi, l'amour qu'elle n'a pu donner à ce prince, elle le donnait à ses enfants, et particulièrement au Roi son fils, qu'elle aime passionnément. Le reste des personnes qui ont l'honneur de l'approcher ne sauraient, sans présomption et sans une vanité bien mal fondée, se vanter d'être aimées d'elle : ce bien n'est réservé que pour les élus ; mais elle les traite bien, et toutes, chacune selon leur mérite, en reçoivent un assez favorable accueil pour les obliger à une grande fidélité à son service et à beaucoup de reconnaissance envers elle. Sa bonté en cette occasion tient la place de la tendresse, dont elle ne fait pas une fort grande profusion aux pauvres mortels ; mais les choses qui viennent d'elle et qui en ont seulement quelque apparence sont d'un prix inestimable, tant par leur rareté que par l'excellence de la personne de qui on les reçoit. Si elle n'est pas si tendre pour ceux qui ont l'honneur de l'approcher, elle est sûre et secrète à ceux qui se confient en elle. Son procédé est honnête et obligeant. Du côté de la fidélité, elle se renferme dans les mêmes bornes que les particuliers : elle entre dans les chagrins de ceux qui souffrent. Ceux pour qui elle a de la bonne volonté trouvent en sa douceur de la consolation ; et ses oreilles paraissent si attentives au soulagement des misérables, qu'il semble que son cœur, tout indifférent qu'il est, y prend aussi quelque part. Il me paraît qu'elle n'est pas assez touchée de l'amitié qu'on a pour elle ; mais, comme les rois entendent de tous un même langage, et qu'il est difficile de discerner la vérité d'avec le mensonge et l'artifice, il est assez excusable, et même selon la raison, de ne pas se laisser aisément persuader sur une chose qui de sa nature est fort trompeuse. Elle hait ses ennemis de la même façon qu'elle aime ses premiers amis. Par son inclination, elle se vengerait volontiers, elle serait capable de porter bien loin ses ressentiments ; mais la raison et sa conscience la retiennent, et souvent je lui ai ouï dire qu'elle a peine à se vaincre là-dessus. Elle se met rarement en colère, sa passion ne la domine pas : elle n'éclate par aucun bruit indécent à une princesse qui, commandant un royaume, doit se commander elle-même ; mais il y paraît à ses yeux, et quelquefois elle en a donné quelques marques par ses paroles. De ma connaissance elle n'en a jamais été vivement touchée que pour les intérêts de la couronne, contre les ennemis de l'État et du Roi son fils; et, par conséquent, je puis dire ne l'avoir vue en cet état que par des sentiments dignes de louanges.

La Reine est naturellement libérale, elle est capable de donner avec profusion, et en beaucoup d'occasions elle en a donné des marques. Elle n'est jamais incommodée de ceux qui lui demandent du secours dans leur nécessité, et ce qu'elle leur donne, elle le donne avec joie; mais, comme elle néglige les richesses pour elle-même, elle néglige aussi d'en donner aux autres. Une des plus belles qualités que j'aie reconnues en la Reine, c'est la fermeté de son âme : elle ne s'étonne point des grands périls; les choses les plus douloureuses et qui ont le plus agité son âme, n'ont pu apporter du trouble dans son visage et ne lui ont jamais fait manquer à cette gravité qui sied si bien aux personnes qui portent la couronne. Elle est intrépide dans les grandes occasions, et la mort ni le malheur ne lui font point de peur. Elle soutient son opinion sans se relâcher, quand une fois elle la croit bonne; et sa fermeté va au delà des raisons que la politique fait dire aux personnes passionnées. De là procède qu'elle ne s'étonne point des discours du vulgaire : elle trouve dans son innocence et dans sa vertu sa sûreté et sa consolation; et, pendant que la guerre civile a fait contre elle ce que la malice et l'envie ont coutume de produire, elle a fort méprisé toutes leurs attaques. Elle est toujours égale en toutes les actions de sa vie; toutes ses années et ses journées se ressemblent; elle observe continuellement une même règle, et nous l'avons toujours vue faire les mêmes choses, soit dans ce qu'elle rend à Dieu par devoir, ou ce qu'elle donne au monde par complaisance. Elle est tranquille et vit sans inquiétude; elle ne puise ni dans le passé ni dans l'avenir aucun souvenir ni aucune crainte qui puisse troubler son repos; elle pense seulement, suivant le conseil de l'Évangile et l'avis des philosophes, à passer sa journée, goûtant avec douceur le bien qu'elle y trouve, sans se plaindre du mal qu'elle y rencontre. La pensée de la mort ne l'étonne point : elle la regarde venir, sans murmurer contre sa fatale puissance; et il est à croire qu'après une fort longue vie elle recevra cette affreuse ennemie des hommes avec une grande paix. Je souhaite que cela soit ainsi, et qu'alors les anges en reçoivent autant de joie que les hommes auront sujet d'en ressentir de tristesse.

RÉGENCE DE LA REINE ANNE D'AUTRICHE

PREMIÈRE PARTIE

(15 mai 1643 — 20 août 1648)

Nous voici à la régence de la Reine, où nous allons voir, comme dans un tableau, les différentes révolutions de la fortune; de quelle nature est le climat de ce pays qu'on appelle la Cour; quelle est sa corruption, et combien doit s'estimer heureux celui qui n'est point destiné à l'habiter. L'air n'y est jamais doux ni serein pour personne. Ceux mêmes qui, dans l'apparence d'un bonheur tout entier, y sont adorés comme des dieux, sont ceux qui sont les plus menacés de l'orage. Le tonnerre y gronde incessamment, soit pour les grands, soit pour les petits; et ceux mêmes que leurs compatriotes regardent avec envie ne connaissent point de calme. C'est une région venteuse, sombre et pleine de tempêtes continuelles. Les hommes y vivent peu; et le temps que la fortune les y laisse, ils sont toujours malades de cette contagieuse maladie de l'ambition, qui leur ôte le repos, leur ronge le cœur et leur envoie des vapeurs à la tête, qui souvent leur ôtent la raison. Ce mal leur donne aussi un continuel dégoût pour les meilleures choses. Ils ignorent le prix de l'équité, de la justice et de la bonté. La douceur de la vie, les plaisirs innocents, et tout ce que les sages de l'antiquité ont estimé être bon, leur paraissant être ridicule, ils sont incapables de connaître la vertu et de suivre ses maximes, si ce n'est que le hasard les éloigne de cette terre. Alors, s'ils peuvent par l'absence se guérir de cette maladie, ils deviennent sages, ils deviennent illuminés; et nul ne doit être si bon chrétien ni si bon philosophe qu'un courtisan détrompé.

Le lendemain de la mort du roi Louis XIII, le roi Louis XIV, la Reine, Monsieur duc d'Anjou, le duc d'Orléans et le prince de Condé partirent de Saint-Germain pour venir à Paris; et le corps du feu Roi demeura seul à Saint-Germain, sans autre presse que celle du peuple, qui courut le voir par curiosité plutôt que par tendresse. Le duc de Vendôme y resta pour faire les honneurs, et le marquis de Souvré, gentilhomme de la chambre en année, pour y faire sa charge. De tant de gens de qualité qui lui avaient fait la cour la veille, personne ne demeura pour rendre ses devoirs à sa mémoire : tous coururent à la Régente.

L'évêque de Beauvais (1), grand aumônier de la Reine, était à elle depuis longtemps, et la place qu'il tenait dans sa confiance le faisait regarder comme celui qui, étant ami de MM. de Vendôme, devait gouverner pendant la régence. Il avait de la piété, et la Reine paraissait l'estimer et le considérer. Cette grande cabale était composée de tous ceux qui, étant mal contents du règne précédent, désiraient de se venger des maux que le cardinal Richelieu leur avait faits sur ce qui restait de ses parents et de ses amis, et ne doutaient pas que la Reine, qui en avait souffert autant et plus qu'eux, n'en eût la pensée. Mais ils trouvèrent en elle le même changement qu'on loua tant autrefois en Louis XII, qui, étant devenu roi, ne voulut point venger les querelles du duc d'Orléans ; et c'est ce qui a causé la plupart des désordres qui ont troublé sa régence.

La Reine, en arrivant à Paris, y trouva une aussi grande foule de peuple et de gens de qualité qu'il y en a dans les entrées pour lesquelles on fait les plus grands préparatifs. Depuis Nanterre jusqu'aux portes de cette grande ville, toute la

---

(1) Augustin Potier (mort en 1650) avait, en 1616, succédé sur le siège de Beauvais à son frère René Potier.

campagne était remplie de carrosses ; et ce n'étaient partout qu'applaudissements et bénédictions. Elle fut saluée à l'ordinaire de toutes les compagnies souveraines de la ville, qui toutes la regardaient comme celle qui, par sa piété et sa bonté naturelle, allait rendre à la France le bonheur après lequel il y avait longtemps qu'elle soupirait, et dont elle avait grand besoin. Ils voyaient entre les bras de cette princesse, qu'ils avaient vue souffrir de grandes persécutions avec beaucoup de fermeté, leur jeune Roi enfant, comme un présent du ciel donné à leurs vœux : ce qui augmentait en eux l'amour et la fidélité que les Français ont naturellement pour leurs princes et l'affection qu'ils avaient pour elle ; si bien qu'on peut dire que jamais régence n'a eu de si heureux commencements, et que jamais reine de France n'a eu tant d'autorité ni tant de gloire. Monsieur ne lui contesta point la régence, plutôt par impuissance que faute de bonne volonté. On venait de voir une régence sous Marie de Médicis, et l'on n'avait point encore oublié celle de Catherine du même nom, auxquelles on ne l'avait point contestée. Le feu Roi son mari, malgré le peu d'amitié qu'il avait eu pour elle, l'avait déclarée Régente, et elle avait l'amitié des peuples. Sa naissance était plus illustre que celle des deux princesses qui l'avaient précédée (1). Elle avait

(1) On sait que Catherine de Médicis était fille de Laurent II, duc d'Urbin ; que Marie de Médicis était fille de François Ier,

beaucoup de créatures que ses malheurs avaient mises dans ses intérêts. Cela fit que le duc d'Orléans n'osa pas seulement former des souhaits contre une puissance si légitimement établie.

Le prince de Condé, par son inclination, n'aurait pas été si docile. Il était jaloux de la maison de Vendôme (1), qu'il n'aimait pas, et qu'il croyait avoir mis dans l'esprit de la Reine les soupçons qui lui avaient fait doubler les gardes lors de la mort du feu roi, et fait empresser le duc de Beaufort de paraître veiller à la sûreté de la famille royale. Mais l'exemple du duc d'Orléans l'obligea d'être sage; et comme il eut peur de n'être pas aussi considéré qu'il le désirait, il pria une personne (2), qui pour lors était bien dans son esprit, de parler de lui à la Reine, et, en l'assurant de ses bonnes intentions et de sa fidélité, lui faire voir qu'il était facile et en même temps nécessaire de l'entretenir dans ses intérêts. La Reine, qui lui avait fait bonne mine, dans son âme ne l'aimait pas. Il avait beaucoup d'esprit et de savoir;

---

grand duc de Toscane. Anne d'Autriche était fille de Philippe III, roi d'Espagne et petit-fils de Charles-Quint.

(1) La maison de Vendôme se rattachait à Henri IV par son fils naturel, César, créé par lui duc de Vendôme. César eut pour fils Louis, duc de Vendôme, et François de Vendôme, duc de Beaufort, celui-là même dont va parler Mme de Motteville, et qui fut plus tard un des héros de la Fronde.

(2) Le comte de Maure, dont il sera longuement question lors de la Fronde. Le comté de Maure, seigneurie de Bretagne, appartenait au XVIIe siècle à la famille Fouché.

mais, outre qu'il était fort désagréable de sa personne, on l'accusait de n'avoir pas trop de bonté et d'avoir une grande avarice.

Outre les princes de Vendôme et l'évêque de Beauvais, le prince de Marsillac(1), fils du duc de La Rochefoucauld, avait quelque part aux bonnes grâces de la Reine. Les assistances qu'il avait données à la duchesse de Chevreuse, dans les disgrâces qu'elle avait souffertes pour la Reine, persuadaient le public qu'il était destiné à ce qui pouvait être de plus grand et de plus éclatant. Il y avait encore beaucoup d'autres personnes de cette cabale, dont la Reine avait été jusques alors le chef, qui s'attendaient à avoir part à ses bienfaits. Elle avait des créatures dans le parlement; et entre autres le président Barillon avait été de tout temps attaché à son service. Tous furent d'avis que la Reine ne se devait point contenter d'une régence bornée, et qu'il fallait se servir du parlement pour la rendre maîtresse de toutes choses.

Elle goûta infiniment cette proposition, qui la mettait en état de rompre ses chaînes, en éloignant les personnes que le Roi avait établies pour avoir part à toutes les délibérations. Chavigny (2)

---

(1) François VI, auteur des *Maximes* et des *Mémoires* (1613-1680).

(2) Léon Bouthillier, comte de Chavigny et de Buzançais (1608-1652), protégé de Richelieu, qui en avait fait un secrétaire d'État au département des affaires étrangères, et que Louis XIII, par son testament, appela au conseil de régence.

et son père (1) étaient ceux qu'elle avait le plus envie de chasser, comme créatures du cardinal de Richelieu, et haïs de ceux qui alors étaient les plus puissants auprès d'elle; et toute cette cabale avait peur que le fils, qui avaient eu le maniement de toutes les affaires sous un si habile ministre, et qui avait été fort bien auprès du feu Roi, après sa mort n'acquît aussi bientôt quelque crédit auprès de la Reine. Il fut donc servi à la mode de la Cour, et ses ennemis ne songèrent qu'à l'en faire sortir.

Le parlement désirait de trouver une occasion qui lui pût redonner l'autorité qu'il avait perdue du temps du feu Roi; et les habiles gens de cette compagnie l'estimaient heureuse que la Reine, qui trouvait que le feu Roi ne l'avait pas bien traitée par son testament, se voulût servir d'eux pour recevoir de leurs mains la puissance souveraine qu'il semblait lui avoir ôtée, en ordonnant que, dans le conseil établi pour sa régence, les affaires passeraient à la pluralité des voix.

Les offres que messieurs du parlement lui faisaient de casser cette déclaration dans la forme qu'elle était furent acceptées; et j'ai depuis ouï dire au cardinal Mazarin qu'elle leur avait fait trop d'honneur de les mettre au-dessus des volontés du feu Roi, et de leur donner le pouvoir

---

(1) Le président Claude Bouthillier, surintendant des finances sous Richelieu (1584-1652).

d'ordonner d'une chose de si grande conséquence. Elle alla donc au parlement, où, du consentement de Monsieur duc d'Orléans, et du prince de Condé, on la déclara Régente, sans lui prescrire aucun conseil. La Reine y fut en grand deuil, et y mena le Roi, qui était à la bavette, porté par le duc de Chevreuse, son grand chambellan, accompagné du duc d'Orléans, son oncle, et du prince de Condé, premier prince du sang, des ducs et pairs, et des maréchaux de France, et de tout le conseil.

Le chancelier Séguier fit une harangue digne de l'estime qu'il avait acquise; et, après avoir exalté les vertus de la Reine, il rendit grâces au ciel d'avoir donné à la France une Régente de qui on devait espérer la paix générale et le repos de l'État. Il demanda ensuite les voix sur l'article de la régence. Monsieur, oncle du Roi, tout d'un coup et sans hésiter, donna la sienne en sa faveur, déclarant de sa propre volonté qu'il remettait à la Reine tout le pouvoir que, comme frère unique du feu Roi, il pouvait prétendre dans le royaume, pour rendre sa régence plus absolue et ses volontés sans bornes. Le prince de Condé dit à son tour que, puisque Monsieur le désirait de cette manière, il y consentait aussi.

Sitôt que la Reine se vit indépendante et maîtresse absolue, elle chassa Chavigny du conseil, et ôta les finances à Bouthillier son père, pour les donner au président de Bailleul, en qui elle connaissait beaucoup de probité, sans savoir s'il avait du talent pour cette charge. En même temps elle envoya à Rome demander le chapeau de cardinal pour l'évêque de Beauvais, rappela la duchesse de Chevreuse de son exil, et fit des grâces à plusieurs particuliers, sans y observer la juste mesure que les grands sont obligés d'examiner, et qu'elle ne garda pas trop exactement, parce qu'elle ne connaissait pas encore le prix de ses libéralités, que chacun se pressait de lui demander trop hardiment, et qu'elle avait trop de peine à refuser.

Le duc de Vendôme, et toute sa famille, avait jusque-là gagné plus que personne à la mort du feu Roi, et particulièrement le duc de Beaufort, son cadet; car la Reine, dans les derniers jours de la maladie du Roi, lui avait confié la garde de ses enfants. L'éclat de cette confiance attira tant de gens à sa suite, qu'il parut quelque temps le maître de la Cour.

L'évêque de Beauvais ne soutenait pas les affaires avec la force et la capacité qu'un premier ministre doit avoir; et la Reine, qui sortait d'une grande oisiveté, et qui de son naturel était paresseuse, se trouva tout à fait accablée d'un si grand fardeau. Elle ne fut pas longtemps sans connaître qu'elle manquait de secours, et qu'il lui était impossible de gouverner un État aussi grand que la France, ni démêler toute seule les intérêts des particuliers ni des grands du royaume, qui sont fort différents.

Dans cet intervalle de dégoût et d'embarras, le cardinal Mazarin(1), nommé par le feu Roi pour un de ceux de son conseil, fut assez heureux pour être destiné et ensuite choisi par elle pour remplir cette place. La Reine ne l'avait point éloigné, parce qu'elle n'avait point de haine contre lui ; et comme il était habile, il sut gagner M. le prince, qui n'aimait pas les Vendôme, et mettre dans ses intérêts le favori du duc d'Orléans, qui n'était pas de leur parti.

En même temps il acquit pour amis ceux qui étaient serviteurs de la Reine, sans être de la cabale de MM. de Vendôme, qui faisaient tant de bruit, car il y en avait qui n'en faisaient point, et qui n'étaient pas moins considérés, comme le marquis de Liancourt, le marquis de Mortemart, Beringhen et milord Montaigu. Ces personnes, opposées à la faveur présente, qui étaient amis de M. de Chavigny, et qui étaient fort considérables, crurent qu'il leur était de grande conséquence de détruire ceux qui régnaient avec trop de force, et d'établir un ministre auprès de la Reine qui leur dût sa grandeur, et qui pût sauver leur ami. De sorte qu'ils travaillèrent premièrement à garantir le cardinal de sa chute, puis,

---

(1) Né à Rome ou à Piscina, dans l'Abruzze citérieure, le 14 juillet 1602, Giulio Mazarini avait été naturalisé Français en avril 1639, puis créé cardinal le 16 décembre 1641, à la suite d'une mission diplomatique qu'il avait heureusement remplie auprès de la Cour de Chambéry.

l'ayant empêché de tomber, ils travaillèrent à l'établir dans l'esprit de la Reine.

Ils n'eurent pas beaucoup de peine à réussir dans ce dessein, car la princesse se sentait déjà dégoûtée de l'évêque de Beauvais; si bien que par son inclination elle se trouva toute disposée à se servir du cardinal, dont l'esprit et la personne lui plurent dès les premières conversations qu'elle eut avec lui. Suivant donc son sentiment particulier, les conseils de quelques-uns de ses meilleurs serviteurs, et le désir de M. le duc d'Orléans et de M. le prince, qui témoigna l'estimer, elle lui donna volontiers sa confiance, lui céda son autorité, et dans son cœur il acquit en peu de jours le premier degré de la faveur, lorsque ceux qui croyaient la posséder tout entière ne s'imaginaient pas qu'il osât seulement y penser.

Cette insinuation se fit facilement dans l'âme de la Reine : il devint en peu de temps le maître de ce conseil; et l'évêque de Beauvais diminuant de puissance à mesure que celle de son compétiteur augmenta, ce nouveau ministre commença dès lors à venir les soirs chez la Reine, et d'avoir avec elle de grandes conférences. Sa manière douce et humble, sous laquelle il cachait son ambition et ses desseins, faisait que la cabale contraire n'en avait quasi pas de peur, et qu'ils le regardèrent d'abord avec la présomption que la faveur inspire. Mais, cette volage à qui les païens, sous le nom de la Fortune, ont donné l'encens, voulant à son ordinaire se moquer de ceux qui la suivent, les abandonna pour se donner tout entière à un étranger, et l'élever tout d'un coup du premier échelon au plus haut où un particulier puisse monter, le mettant au dessus des princes et des grands du royaume.

Pendant que ces intrigues se démêlaient dans le cabinet, Dieu se mêlait favorablement de nos affaires dans la campagne. M. le prince avait un fils, duc d'Enghien(1). Il avait épousé malgré lui une nièce du cardinal de Richelieu(2), et commandait l'armée du Roi quand il mourut. Dans ce commencement de régence, il gagna une bataille devant Rocroy, qui fut l'affermissement du bonheur de la Reine, et la première des belles actions de ce jeune prince âgé de vingt-deux ans, si brave et d'un si grand génie pour la guerre, qu'à peine les plus grands capitaines de l'antiquité lui peuvent être comparés. Le feu Roi, peu de jours avant de mourir, songea qu'il le voyait donner un combat et défaire les ennemis en ce même lieu. C'est une chose digne d'admiration, et qui doit donner quelque respect pour la mémoire de ce prince, qui, mourant dans les souffrances et quittant ce monde avec joie, parut avoir quelques lumières de l'avenir.

(1) Le prince de Condé (Louis II de Bourbon) porta ce nom jusqu'en 1646 (26 décembre), époque de la mort de son père.
(2) Claire-Clémence de Maillé-Brézé. Le mariage avait eu lieu en 1641. (*Vid.* le P. Anselme, t. VIII.)

Cette victoire, remportée dans le commencement de la régence de la Reine, fut un bon augure du bonheur qu'elle devait avoir dans la suite, et, la faisant craindre au dehors, la mettait en état de disposer au dedans de toutes choses.

Les princes de Vendôme et l'évêque de Beauvais commencèrent enfin à s'inquiéter. Ils voulurent, comme les maîtres, s'opposer au nouveau venu, et le chasser comme un importun, ne trouvant pas à propos que personne vînt partager avec eux le crédit qu'ils avaient auprès de la Reine. Mais ils ne purent y réussir, et ce qu'ils firent ne servit qu'à les perdre.

La fortune du ministre prit un autre tour, et ce fut seulement pour aller plus vite et pour faire voir l'inconstance des choses de ce monde. Je sais de la Reine qu'un soir des premiers jours de sa puissance, elle avait demandé à milord Montaigu, qui lui parlait souvent du cardinal Mazarin, si elle pouvait se fier à lui, et de quelle humeur il était; et que, lui ayant dit, pour le bien louer, qu'il était en tout l'opposé du cardinal de Richelieu, cette réponse lui parut une si grande louange, par la haine qu'elle avait pour la mémoire du mort, qu'elle aida fort à la déterminer à se servir de lui (1). Et quand elle eut pris cette résolution,

---

(1) Plus tard, Anne d'Autriche apprécia mieux Richelieu. (*Vid. supra*, notice, page 10.)

elle s'y conforma tous les jours tellement qu'elle s'y rendit inébranlable, et, comme premier ministre, il prit la coutume, ainsi que je l'ai dit, de venir les soirs chez la Reine l'entretenir : et cette conférence commença dès lors à s'appeler le *petit conseil*. Il demeurait longtemps avec elle, toutes les portes ouvertes du lieu où elle était. Il lui faisait relation des affaires étrangères dont il était le maître du vivant du feu Roi, et dans lesquelles il s'était rendu capable de bien servir par de beaux emplois qu'il avait eus (1), avant que d'être cardinal, soit dans les affaires publiques et dans les intérêts de plusieurs princes, du roi d'Espagne et du duc de Savoie; soit dans le temps qu'il s'était donné à la France, par laquelle il était cardinal, et par les leçons qu'il avait reçues de cet habile ministre le cardinal de Richelieu, auquel il plut à Dieu qu'il eût ressemblé en certaines choses.

On ne devait pas s'étonner qu'elle suivît ses conseils. La grande réputation qu'il s'était acquise en Italie, où, d'un coup de chapeau, il avait eu le crédit d'arrêter des armées prêtes à combattre (2), n'étant encore qu'*il signor Giulio,* lui

---

(1) Mazarin avait été, en 1624, capitaine dans les troupes pontificales, — au temps de la guerre pour la succession de Mantoue (1628-1630), secrétaire du nonce Sacchetti, puis d'Antoine Barberini, — en 1632, chanoine de Saint-Jean-de-Latran et vice-légat à Avignon, — puis, en 1634, nonce extraordinaire en France. (*Vid. supra,* note 1, page 38.)

(2) A Casal, 26 octobre 1630.

avait fait donner celui de cardinal; et les grandes affaires qu'il avait traitées avec le cardinal de Richelieu lui avaient fait concevoir depuis une si grande estime pour lui, que, dans la pensée qu'il avait de l'établir son successeur, il lui avait donné toutes les instructions nécessaires pour servir la France, à laquelle il l'avait obligé de se donner tout entier, afin de suivre ses maximes et de s'y perfectionner.

Tout le monde savait qu'il avait été nommé dans la déclaration du feu Roi comme premier ministre, parce que ce grand homme avait assuré le Roi, avant que de mourir, qu'il ne connaissait personne plus capable que lui pour remplir cette place. Et cette nomination fut une raison dont la Reine se servit pour faire approuver le choix qu'elle avait fait.

La faveur de M. le cardinal s'établissait toujours de plus en plus dans l'esprit de la Reine, et les Vendôme en eurent une véritable peur. Ils firent alors tous leurs efforts pour s'y opposer et pour faire revenir la Reine à ses premiers sentiments. Mais l'opposition a cela de propre qu'elle excite le désir et la volonté à la résistance et au combat. La Reine voulut défendre et maintenir son nouveau ministre par la force de la raison. Elle déclara ouvertement qu'elle voulait s'en servir, et dit à tous ceux qui lui en parlèrent, que sa politique lui avait paru bonne de lui conseiller de ne pas entrer dans des desseins de vengeance, indignes d'une âme chrétienne et royale. Et sans trop écouter l'évêque de Beauvais, elle montra par toutes ses actions qu'elle voulait donner son entière confiance au cardinal Mazarin.

Il était capable de plaire par son esprit adroit, fin et habile à l'intrigue, et par une manière d'agir pleine de douceur, fort éloignée de la rigueur du règne précédent, et fort accommodante à la bonté de la Reine. On a cru qu'il n'était point digne de l'estime de cette princesse; mais il est vrai néanmoins qu'il avait de louables qualités qui ont eu le pouvoir de réparer fortement les défauts qui étaient en lui.

La Reine eut donc raison d'estimer la beauté de son esprit, sa capacité et les marques qu'il lui donna de sa modération. Quoiqu'elle en jugeât un peu trop favorablement, la différence infinie qu'il y avait de lui à l'évêque de Beauvais fait que la Reine doit être louée d'en avoir su faire le discernement.

La Cour en cet état, la faveur était encore dispersée; car, aux yeux du public, elle ne paraissait pas aussi fixée qu'elle l'était en effet, à cause du grand bruit que les princes de Vendôme faisaient encore. Mais cet éclat n'avait plus de force qu'en l'audace mesurée du duc de Beaufort (1) qui,

(1) François de Vendôme, duc de Beaufort, était le second fils de César de Vendôme et de Françoise de Lorraine, duchesse de Mercœur (1616-1669). C'est le *roi des halles* du temps de la Fronde. (*Vid. supra*, page 31, note 1.)

jeune, bien fait, et qui avait beaucoup d'amis, avec une mine altière, paraissait vivre à la mode des favoris. On ne pouvait pas non plus s'imaginer que la Reine pût abandonner sitôt ceux qu'elle avait aimés et considérés jusques alors avec tant de marques d'une véritable amitié. Le cardinal Mazarin ne faisait que de naître dans sa bonne volonté, et elle ne lui faisait pas en apparence un si favorable traitement qu'au duc de Beaufort.

Cette incertitude extérieure, qui tenait en suspens les affaires et les esprits, était cause que la foule était grande auprès de la Reine, et les prétendants en grand nombre. Elle en était si embarrassée, que souvent elle gardait la chambre pour en éviter l'importunité. Comme elle n'était pas accoutumée à régner, elle ne savait refuser les importuns, ni donner à ceux qui étaient sages et modérés.

M. le cardinal se servit utilement pour lui des importunités qu'elle recevait de l'avidité impétueuse des Français; car, étant étranger, il haïssait la foule et ne pouvait souffrir ce désordre. Il était avare, et l'injuste hardiesse des hommes de notre nation, à lui qui voulait gouverner, lui faisant de la peine, il augmenta le dégoût que la Reine lui témoignait avoir de cet accablement avec tous les soins imaginables. Comme il en avait une ample matière, ses complaisances ne lui furent pas inutiles; et, la conseillant selon son humeur, il la fit aisément résoudre à se décharger sur lui de tous ces soins. Ce fut un assez précieux dépôt au cardinal Mazarin, pour croire qu'il le reçut volontiers; et je m'assure, de l'humeur dont nous l'avons connu, qu'il trouva le biais de lui persuader que c'était pour l'obliger qu'il se chargeait d'un fardeau aussi pesant que celui-là. Car souvent depuis j'ai ouï la Reine le plaindre de toutes les fatigues qu'il se donnait pour servir le Roi.

La France eût évité bien des maux, si la Cour se fût trouvée remplie de gens assez sages pour savoir qu'il est impossible de trouver un homme parfait; et si, préférant la paix à leur ambition, ils eussent doucement suivi les volontés de la Reine, puisqu'ils étaient destinés à être gouvernés par un ministre. Celui-là qui, étant étranger, n'avait nul attachement ancien au prince; qui était habile, et qui n'était point tyran, était digne d'être préféré à beaucoup d'autres. Mais, pour notre malheur, la Reine lui abandonna trop absolument son autorité, et cet excès de puissance déplut à tous, et fit que les choses en quoi il pouvait manquer par ses sentiments et sa conduite furent senties et blâmées avec trop de sensibilité et d'emportement.

Ce ministre mérite des louanges de ce qu'il a su par son habileté et la force de son génie porter sa fortune jusqu'au dernier période de la grandeur, et de ce qu'il n'a pas été cruel; que le sang des courtisans a été épargné, et que jamais homme, avec tant d'autorité et parmi tant d'ennemis, n'a eu plus de facilité à pardonner, et n'a moins que lui rempli les prisons et les cachots.

Dans ces jours où l'intrigue occupait toute la Cour, le service du feu Roi se fit avec toutes les cérémonies accoutumées. Peu après, Mme de Senecé, que la Reine avait rappelée de son exil, revint à Paris. On crut qu'elle avait beaucoup de crédit et, dès les premiers jours de son retour, une foule de gens la furent visiter. On en fit autant et plus à Mme de Chevreuse, comme à celle qui avait régné dans le cœur de la Reine, et qui dans toutes ses disgrâces avait toujours conservé ses intelligences avec elle, et avait paru posséder entièrement son amitié.

Mais les choses de ce monde ne peuvent pas toujours demeurer en même état. Cette vicissitude, naturelle à l'homme, fit que la duchesse de Chevreuse, qui était appréhendée et mal servie par ceux qui prétendaient au ministère, ne trouva plus en la Reine ce qu'elle y avait laissé; et ce changement fit aussi que la Reine, de son côté, ne trouva plus en elle les mêmes agréments qui l'avaient autrefois charmée. La souveraine était devenue plus sérieuse et plus dévote, et la favorite était demeurée dans les mêmes sentiments de galanterie et de vanité, qui sont de mauvais accompagnements pour l'âge de quarante-cinq ans. Ses rivaux et ses rivales dans la faveur avaient dit à la Reine qu'elle voulait la gouverner; et la Reine était tellement prévenue de cette crainte, qu'elle eut quelque peine à se résoudre à la faire revenir si vite, vu les défenses que le Roi lui en avait faites: ce qui en effet était louable en la Reine, et qui lui devait être d'une grande considération.

Mme la princesse(1), qui haïssait Mme de Chevreuse, et qui était alors d'humeur approchante de celle de la Reine, avait travaillé de tout son pouvoir à la dégoûter d'elle. L'absence, en quelque façon, avait servi à détruire l'ancienne favorite dans l'esprit de la Reine, et la présence avait beaucoup contribué à l'amitié, ou plutôt à l'habitude qu'elle avait prise avec Mme la princesse. Quand cette importante exilée arriva, la Reine néanmoins parut avoir beaucoup de joie de la revoir, et la traita assez bien. J'étais revenue à la Cour depuis peu de jours. Aussitôt que j'eus l'honneur d'approcher de la Reine, j'en vis les sentiments sur Mme de Chevreuse, et je connus que le nouveau ministre avait travaillé autant qu'il lui avait été possible, à lui faire voir ses défauts, et à la lui faire haïr. La facilité qu'elle eut à la chasser tout de nouveau, pour avoir voulu s'opposer comme tous les autres à l'établissement du cardinal Mazarin, en furent des marques infaillibles.

Il semble qu'on pouvait accuser Mme de Che-

---

(1) *Vid.* note 2, page 38.

vreuse d'imprudence, puisqu'elle devait suivre les inclinations de la Reine, qui l'avait tant aimée, et à qui elle devait un attachement indispensable. Mais qui connaît la Cour ne s'en étonnera pas, vu qu'il est difficile de manquer aux liaisons anciennes, et aux amis à qui on a promis fidélité et service. Elle revenait alors de Flandre, où elle avait été bien reçue à cause de la Reine, et de la haine que les étrangers avaient pour le cardinal de Richelieu. Cette princesse, qui avait laissé la Reine dans de grands sentiments de tendresse pour le roi d'Espagne son frère, crut que, portant les intérêts de cette Cour où la Reine avait pris naissance, elle lui serait mille fois plus agréable; mais elle se trompa : elle la trouva mère de deux princes et Régente. Par conséquent, elle n'était plus si bonne sœur. Son cœur suivant son devoir, elle n'avait plus de désirs que pour les prospérités de la France; si bien que l'amour que Mme de Chevreuse rapportait pour le roi d'Espagne n'avait plus guère de charmes pour Anne d'Autriche, parce que les intérêts du Roi son fils occupaient alors son âme.

Mme de Hautefort était aussi revenue, à qui la Reine avait, comme je l'ai déjà dit, écrit de sa propre main qu'elle la priait de revenir promptement; qu'elle ne pouvait goûter de plaisir parfait si elle ne le goûtait avec elle, et ces mêmes mots : « Venez, ma chère amie, je meurs d'im-
« patience de vous voir et de vous embrasser. »

Elle vint donc, la lettre de la Reine à sa main, c'est-à-dire la montrant à ses amis avec joie. Elle crut que la fortune s'était rendue constante en sa faveur, et que jamais elle ne pourrait perdre les bonnes grâces de la Reine, qu'elle avait acquises par la perte de celles du feu Roi et par une grande fidélité à son service. Mais, pour son malheur, elle revint dans le même esprit qui n'était plus celui de sa maîtresse : et comme parmi ses bonnes qualités, sa fermeté, qui en était une, n'était point accompagnée de douceur, ne pouvant s'accommoder de la faveur naissante de M. le cardinal, elle blâma le choix de la Reine avec une liberté qui tenait de la rudesse.

Le commandeur de Jars (1) revint aussi de Rome, le lieu de son dernier exil. Celui-là avait connu à Rome le cardinal Mazarin, et par conséquent il se rangea facilement aux inclinations de la Reine sur ce sujet, et devint son ami, ou tout au moins en fit le semblant; mais jamais il ne put l'être tout à fait, à cause des grandes liaisons qu'il avait avec Châteauneuf. Il avait de la probité, de l'esprit et du courage à soutenir ses sentiments; mais il était, de son naturel, l'homme du monde le plus injuste dans ses jugements et le plus emporté. Il arriva depuis que, voyant M. le

(1) François de Rochechouart, chevalier de Jars, avait en 1632 pris part aux intrigues de la Reine contre Richelieu. Arrêté, jugé, condamné à mort, il était déjà sur l'échafaud quand on lui apporta sa grâce. Mis en liberté, il s'était retiré en Italie.

cardinal persécuter ou éloigner ses amis de la Cour, et particulièrement celui-là, il vint à le haïr d'une haine mortelle, quoiqu'en effet M. le cardinal lui fît recevoir beaucoup de grâces de la Reine et qu'il les reçût de la main du ministre; parce que la Reine voulut toujours, dans le cours de sa régence, que ses créatures lui eussent l'obligation de ce qu'elle leur donnait, afin de les obliger de s'attacher à lui. Par cette raison, le commandeur le devait considérer et servir, car il lui fit du bien; c'est-à-dire en gardant une entière fidélité à ses autres amis, et en les servant auprès du ministre, sans lui faire en son particulier aucune injure. Mais il n'observa pas cette exacte justice à son égard.

Voilà donc la Cour belle et grande, mais bien embrouillée. Chacun pensait à son dessein, à son intérêt et à sa cabale. Le cardinal, d'un esprit doux et adroit, allait travaillant à se gagner les uns et les autres. M. le prince le protégeait, et le duc d'Orléans, quoique affectionné aux Vendôme, le portait tout à fait à la suprême puissance : le duc d'Orléans, comme je l'ai déjà écrit, à cause que son favori haïssait les *importants* (c'est ainsi qu'on appelait le duc de Beaufort et ses amis); le prince de Condé, parce que directement il leur était opposé. Ce fut ce qui sauva ce ministre au milieu de tant de périls, et qui fit faire naufrage à ceux qui paraissaient devoir être les maîtres, et qui, enflés de présomption, refusèrent son amitié et la méprisèrent.

Il fit tout son possible pour acquérir celle de Mme de Hautefort, comme la plus utile à son établissement; car elle paraissait posséder fortement l'inclination de la Reine; mais il ne put réussir dans son dessein. La Reine même en parla à cette dame. Car, comme elle commençait à s'attacher à ce ministre et à se détacher des autres, elle ne pouvait souffrir que ceux qu'elle considérait eussent des sentiments différents des siens; et Mme de Hautefort, qui ne dissimulait pas ceux qu'elle éprouvait, par cette raison commençait à lui déplaire.

Un soir, étant au Louvre, dans le petit cabinet proche de celui où était la Reine, Mme de Hautefort, sachant que cette princesse, Beringhen, depuis premier écuyer et Mlle de Beaumont s'entretenaient d'elle, se glissa le long des fenêtres à la faveur de la nuit, et put ouïr une partie des plaintes de la Reine et le blâme que lui donnaient ses amis. Elle endura le plus longtemps qu'elle put. Mais enfin, ne pouvant plus souffrir d'être accusée et mal défendue, elle se montra à la Reine, fit connaître qu'elle avait entendu tout ce qui avait été dit contre elle, n'oublia rien pour sa justification et s'emporta même à des reproches qui pouvaient déplaire à sa maîtresse et qui ne furent pas approuvés de ses amis.

La Reine fut surprise de la voir inopinément en ce lieu; mais, sans en témoigner de la peine,

elle lui dit qu'elle était bien aise de la supercherie qu'elle leur avait faite, et qu'elle eût appris par elle-même ce qu'elle venait de commander à Beringhen de lui dire. Les larmes furent grandes du côté de l'accusée, et les sentiments de même; mais enfin, ayant témoigné un grand désir de ne plus déplaire à celle à qui elle devait toutes choses, elle lui dit tout ce qu'elle put pour justifier ses intentions et l'emportement qu'elle avait eu d'abord; elle promit de suivre entièrement les volontés de la Reine en se faisant amie du cardinal. La Reine, qui était bonne et naturellement aimable, lui pardonna de bonne grâce, et, lui donnant sa main à baiser, lui dit en riant, pour apaiser son amertume : « Il faut donc aussi, ma-
« dame, baiser le petit doigt, car c'est le doigt
« du cœur, afin que la paix soit parfaite entre
« nous. » Ce procédé si doux et si obligeant devait produire un attachement entier en Mme de Hautefort pour toutes les volontés de la Reine, car elle était infiniment louable de l'avoir traitée si cordialement. Mais sa bonté ne fut point récompensée; et le tempérament, qui se change difficilement, portant Mme de Hautefort à désapprouver ce qui n'était pas dans son sens, il lui fut impossible de montrer le contraire de ce qu'elle pensait. Cette sincérité, peu de temps après, lui causa la perte entière des bonnes grâces de la Reine.

Il arriva sur ce temps-là une aventure qui démêla toutes les intrigues de la Cour et qui fut cause que M. le cardinal se vit, bientôt après, parfaitement établi dans l'élévation et la puissance qu'il désirait d'avoir. La duchesse de Montbazon, qui a tenu dans notre siècle le premier rang de la beauté, étant belle-mère de la duchesse de Chevreuse, était aussi bien qu'elle de la cabale de Vendôme, non tant par l'intérêt de sa belle-fille que par l'influence du duc de Beaufort. Outre cela, il y avait entre elle et Mme de Longueville, belle et jeune demoiselle de Bourbon, une grande jalousie. Sa jeunesse, sa propre grandeur conviaient souvent Mme de Longueville à regarder sa rivale avec mépris. Il arriva donc qu'un jour Mme de Montbazon étant chez elle dans un grand cercle, une de ses demoiselles trouva une lettre dans sa chambre, et l'ayant ramassée, la porta à sa maîtresse (1). Cette lettre se trouva d'une écriture de femme qui écrivait tendrement à quelqu'un qu'elle ne haïssait pas. On en rit d'abord chez Mme de Montbazon, puis de la gaieté on en vint à la curiosité, de la curiosité au soupçon. Enfin, on dit qu'elle était de Mme de Longueville. La princesse, sa mère, ressentit vivement cet outrage et il est presque impossible de dire jusques où elle porta sa colère et sa douleur. Mme de Longueville, quoique aussi sensible, fut plus

(1) Cette lettre était de Mme de Fouquerolles, auteur de *Mémoires* sans intérêt (*Vid.* t. XII, papiers de Conrart), et personne fort indigne d'être comparée à Mme de Longueville.

retenue, mais elle ne put faire que sa mère ne vînt trouver la Reine, lui demander justice et se plaindre hautement de Mme de Montbazon. Voilà toute la Cour partagée. Quasi tous les hommes furent chez Mme de Montbazon, et l'on compte jusqu'à quatorze princes qui la furent voir. Mais la Reine étant allée à La Barre, maison auprès de Paris, où Mme de Longueville, qui était grosse, s'était retirée avec sa mère, elle dut céder aux supplications qui lui furent faites et promettre à la mère et à la fille qu'elles seraient entièrement satisfaites et vengées de l'outrage qui leur avait été fait.

Bientôt on vit les effets de cette promesse : le duc de Beaufort, le grand soutien de Mme de Montbazon, demande l'amirauté, on la lui refuse pour la laisser au duc de Brézé, neveu du cardinal de Richelieu et favorisé par Mazarin. — La Reine, le cardinal de Mazarin et Mme de Chevreuse travaillèrent toute une soirée à composer la harangue que la duchesse de Montbazon devait adresser à Mme la princesse en lui faisant des excuses. Le lendemain, la duchesse de Montbazon alla dire mot à mot cette harangue à la princesse. Elle le fit de la manière du monde la plus fière et la plus haute, faisant une mine qui semblait dire : Je me moque de ce que je dis. Mais Mme la princesse obtint de la Reine de ne se point trouver en lieu où serait Mme de Montbazon. C'était chose de peu de conséquence quoique difficile à exécuter. Quelques jours après, Mme de Chevreuse donnait une collation à la Reine dans le jardin de Regnard, au bout des Tuileries. La duchesse de Montbazon, belle-mère de celle qui donnait la collation, y était. La Reine en demeura surprise, car elle avait promis à Mme la princesse sûreté là-dessus; elle la retint auprès d'elle, et envoya prier Mme de Montbazon de faire semblant de se trouver mal et de s'en aller, afin de la tirer par là de la peine où elle était. Mais cette dame ne put consentir à fuir devant son ennemie et refusa cette complaisance à celle à qui elle en devait de plus grandes. La Reine se sentit offensée de cette résistance, refusa la collation et revint au Louvre. Comme les rois sont pour l'ordinaire fort au-dessus de ceux qui les offensent, il leur est facile de s'en venger. Le lendemain, la Reine lui envoya commander de s'absenter de la Cour, et de s'en aller à l'une de ses maisons. Elle le fit aussitôt, au grand regret de ses amis, et même du duc d'Orléans, qui, l'ayant aimée autrefois, s'en souvenait encore. Il ne put néanmoins y apporter aucun remède, parce que la Reine était en colère. Elle en avait sujet, et son ministre trouvait à propos qu'elle le fût plus encore pour ses intérêts que pour avoir manqué d'obéissance.

Cette disgrâce fut aussitôt suivie de celle du duc de Beaufort et de toute la troupe des importants. L'engagement qu'il avait avec cette dame exilée ; la douleur qu'il avait de voir qu'une autre lui venait d'enlever sa faveur ; la haine que M. le prince, Mme la princesse et Mme de Longueville avaient contre cette cabale, celle que l'abbé de la Rivière leur portait par l'opposition de leurs intérêts, car ils prétendaient aussi à la faveur du duc d'Orléans, et surtout la nécessité où se trouvait le cardinal Mazarin de le perdre, firent enfin sa disgrâce, et composèrent le malheur de sa vie, étouffant les belles espérances qu'il avait conçues, avec quelque raison, de l'état de sa fortune. Il fut assez malheureux de n'avoir pu s'accommoder aux inclinations de la Reine, qui montrait avoir beaucoup d'amitié et de confiance en lui. Ce fut ce qui le gâta : car, voulant posséder la faveur tout seul, il ne put souffrir de la partager avec un autre, de manquer à ceux qu'il voulait placer dans ce premier rang, ni de se soumettre sous l'autorité d'un étranger qui n'était pas de ses amis ; si bien que, se trouvant lié avec des malheureux, il fut entraîné avec eux ; et par sa destinée, et par celle des autres, il tomba et se vit réduit dans un état fort déplorable.

Il fut alors accusé d'avoir voulu faire assassiner le cardinal Mazarin, et la Reine a été persuadée que par deux fois il a pensé l'exécuter ; mais d'autres m'ont assuré qu'il voulait seulement lui faire peur. J'ai ouï dire aussi qu'il y avait quelque vérité dans cette accusation (1). Des gens dignes

(1) On lit dans les *Mémoires* de Campion : « Pendant qu'il (Beaufort) fut dans la résolution du cardinal, je remarquai tou-

de foi, et peu affectionnés au cardinal, m'ont avoué qu'un jour, comme il voulait aller dîner chez le président de Maisons (1), à la campagne, il y avait eu des soldats affidés qui devaient s'en défaire sur le chemin ; que le duc d'Orléans étant arrivé par hasard comme il allait monter en carrosse, voulut se mettre de la partie, et que sa présence avait empêché le coup.

Une autre fois l'histoire assure que, le cardinal allant de sa maison au Louvre, qui était tout contre, on devait encore le tuer par une fenêtre ; que ce soir il fut averti de n'y pas aller, et que dans les coins des rues voisines il s'était trouvé beaucoup de troupes de gens de cheval. Ce que je sais de moi-même, c'est que quelques amis du duc de Beaufort ne m'ont pas nié cela tout à fait, et qu'il est vrai que le lendemain de ce même jour le bruit fut grand à la Cour qu'on avait voulu tuer le cardinal Mazarin. Sur ce bruit, il y eut beaucoup de monde au Louvre ; et la Reine me parut fort mal satisfaite du duc de Beaufort et de toute la cabale des importants. Elle me dit, comme je m'approchai d'elle et que je lui demandai raison de ce tumulte : « Vous verrez devant deux fois

jours une répugnance intérieure, qui, si je ne me trompe, était emportée par la parole qu'il pouvait avoir donnée à ces dames. » Il s'agit de MM^{mes} de Montbazon et de Chevreuse.

(1) René de Longueil, marquis de Maisons, président à mortier au Parlement de Paris (1643). C'est en sa faveur que la terre et seigneurie de Maisons (Ile-de-France) fut érigée en marquisat par lettres d'octobre 1658.

« vingt-quatre heures comme je me vengerai des
« tours que ces méchants amis me font. » Comme
j'étais sans intérêt et sans passion, et que naturellement je suis assez discrète, je gardai dans
mon cœur fort secrètement ce que la Reine m'avait
fait l'honneur de me dire, et demeurai fort atten-
tive à voir le succès des deux jours dont la Reine
m'avait avertie. Jamais le souvenir de ce peu de
mots ne s'effacera de mon esprit. Je vis en ce moment, par le feu qui brillait dans les yeux de la
Reine, et par les choses qui en effet arrivèrent dès
le lendemain et dès le soir même, ce que c'est
qu'une personne royale quand elle est en colère,
et qu'elle peut tout ce qu'elle veut.

Ce même soir, le duc de Beaufort, revenant de
la chasse, rencontra, en entrant au Louvre,
Mme de Guise et Mme de Vendôme sa mère,
avec Mme de Nemours sa sœur, qui avaient
accompagné la Reine tout ce jour. Elles avaient
appris le bruit de cet assassinat, et vu l'émotion
qui avait paru dans le visage de la Reine. C'est
pourquoi elles firent ce qu'elles purent pour empêcher ce prince de monter en haut, et lui dirent
que ses amis étaient d'avis qu'il s'absentât pour
quelques jours, jusques à voir ce que devien-
draient les choses. Mais lui, sans s'étonner, continua son chemin, et leur répondit ce que le duc
de Guise avait écrit dans un billet qui l'avertissait
qu'on le devait tuer : « On n'oserait. » Il était
audacieux et encore enivré de l'opinion de sa

faveur. Il avait vu la Reine le matin ou le soir du jour précédent lui parler avec la même douceur et familiarité qu'à l'ordinaire; de sorte qu'il ne s'imagina pas que sa destinée pût changer si facilement. Il entra donc chez la Reine dans cette belle sûreté.

Il la trouva dans son grand cabinet du Louvre, qui le reçut amiablement, et qui lui fit des questions sur sa chasse, comme si elle n'eût eu que cette pensée dans l'esprit. Mais enfin, après avoir satisfait par un beau semblant à tout ce que la politique l'obligeait de faire, le cardinal étant arrivé sur cette douce conversation, la Reine se leva et lui dit de la suivre, comme pour aller tenir conseil dans sa petite chambre. Elle y passa, suivie seulement de son ministre. En même temps le duc de Beaufort, voulant sortir par le petit cabinet, trouva Guitaut, capitaine des gardes de la Reine, qui l'arrêta, et lui fit commandement de le suivre de la part du Roi et de la Reine. Ce prince, sans s'étonner, après l'avoir regardé fixement, lui dit : « Oui, je le veux; mais cela, je l'avoue, est « assez étrange. » Puis, se tournant du côté de MM^{mes} de Chevreuse et de Hautefort, qui étaient dans le cabinet et qui causaient ensemble, il leur dit : « Mesdames, vous voyez que la Reine me « fait arrêter. »

Sans doute qu'elles furent fort surprises de cette aventure, et qu'elles en eurent de la douleur, car elles étaient de ses amies; et, pour lui, je crois que le dépit et la colère occupèrent entièrement son âme.

Quand il fut entré dans la chambre de Guitaut, où d'abord on le mena, il demanda à souper. Il mangea de grand appétit, et dormit de même. Aussitôt qu'il fut arrêté, le bruit de sa détention fit venir madame sa mère et Mme de Nemours sa sœur au Louvre, pour se jeter aux pieds de la Reine et demander sa grâce. Elles ne la purent voir, et leurs larmes ne furent point vues, et leurs cris ne furent entendus que de peu de personnes qui furent les consoler. Je fus de ce nombre, et nous leur dîmes qu'elles ne la pouvaient pas voir; que ses résolutions ne pouvaient se changer, et qu'elles feraient mieux pour le présent de se soumettre à la volonté de Dieu. La duchesse de Vendôme, qui était une sainte et la mère des pauvres, ne manqua pas de prendre ce parti d'une manière tout à fait admirable.

Le lendemain, de grand matin, le prisonnier fut mené au bois de Vincennes. On lui donna un valet de chambre du Roi pour le servir, et un cuisinier de la bouche. Ses amis se plaignirent de ce qu'on ne lui avait pas donné quelqu'un de ses domestiques; mais la Reine, à qui j'en parlai à leur prière, m'assura que ce n'était pas l'usage. On envoya commandement à M. et à Mme de Vendôme, et à M. de Mercœur, frère aîné du duc de Beaufort, de sortir incessamment de Paris; et ils se retirèrent à l'une de leurs maisons.

M. de Vendôme s'en excusa d'abord sur ce qu'il était malade; mais, pour le presser d'en partir et lui faire faire son voyage plus commodément, la Reine lui envoya sa litière.

Quelques personnes affectionnées à cette maison disgraciée trouvèrent que la Reine avait fait une trop grande affaire d'une bagatelle; mais ses ennemis, qui étaient les amis de Mme la princesse et de toute la cabale de l'hôtel de Condé, envenimant les moindres choses, le cardinal ne fut pas fâché de profiter de la colère de la Reine pour éloigner de la Cour tous ceux qui s'opposaient à son établissement, en lui faisant comprendre que les princes de Vendôme n'avaient une si grosse cour qu'à cause qu'ils souffraient qu'on dît qu'ils la gouvernaient absolument : ce qui faisait croire qu'elle ne ferait du bien à personne qu'à leur recommandation. Le grand nombre de gens de cette cabale, qui l'importunaient tous les jours de leurs prétentions, fit qu'elle se laissa aisément persuader qu'elle n'était point obligée de les récompenser des pertes dont elle n'était point cause, et qu'il fallait arrêter la présomption de ce jeune prince, qui marquait assez par son peu de conduite qu'il était plus propre à brouiller l'État qu'à le servir. Elle trouva elle-même qu'étant Régente, et par conséquent chargée du soin de gouverner un grand royaume, elle était obligée de se dépouiller de ses inclinations particulières pour ne songer qu'au bien public, et de n'avoir plus d'autres intérêts que ceux de l'État, qui étaient tout à fait opposés à ceux qu'elle avait eus quand elle n'avait point d'enfants, et qu'on la menaçait à tous moments de la renvoyer en Espagne. Car en ce temps-là elle n'avait que fort peu d'amis et de serviteurs à qui elle devait avoir de la reconnaissance; mais que depuis ce temps-là, outre le souvenir de leurs services qu'elle ne devait pas perdre, elle devait rendre la justice à tous les sujets du Roi son fils. Le prétendu assassinat dont on accusait en général ceux de cette cabale ne lui paraissait pas même trop incroyable, à elle qui savait à n'en pouvoir douter, qu'ils avaient effectivement eu dessein de tuer le cardinal de Richelieu : ceux qu'on s'imagine pouvoir avoir eu dessein d'assassiner le cardinal Mazarin étant du nombre des importants, qui n'en faisaient point de scrupule dans le règne du feu Roi.

Le lendemain de la détention du duc de Beaufort, pendant qu'on peignait la Reine, elle nous fit l'honneur de nous dire, à deux de ses femmes et à moi, ce que ce prince avait dit à Guitaut quand il fut arrêté. Elle estima la grandeur de son courage d'avoir marqué tant d'indifférence pour son malheur, et nous dit qu'elle l'avait plusieurs fois averti de changer de conduite, et que, s'il avait cru ses conseils, il aurait évité sa disgrâce; et nous assura qu'elle s'était résolue de le faire arrêter avec une douleur incroyable, le plaignant de tout ce qu'il allait souffrir lui et toute sa famille; et que, dans le moment qu'elle sût qu'on exécutait l'ordre qu'elle en avait donné, elle sentit un grand battement de cœur.

La disgrâce du duc de Beaufort fut suivie de celle de l'évêque de Beauvais, qui ne put pas tenir contre un compétiteur aussi puissant que l'était le cardinal Mazarin. Le chapeau qu'on avait demandé pour lui fut contremandé; et il parut quitter la Cour sans regret, pour aller dans son évêché de Beauvais. Il était homme de bien, fort pieux et fort paisible : de sorte qu'il pouvait vivre à la Cour auprès de la Reine, sans soupçon que ses intrigues pussent jamais troubler l'État. Il avait du mérite envers elle et même elle lui devait beaucoup d'argent et beaucoup de fidélité. L'argent sans doute a été payé; mais la fidélité, qui vaut mieux que tous les trésors des Indes, fut fort mal récompensée. J'en ai déjà dit la cause, et cela suffit pour cette heure.

Ce que j'ajouterai pour la justification de la Reine, c'est qu'il était si peu habile, qu'il fut aisé à ses ennemis de lui faire perdre l'estime de sa maîtresse. Le cardinal Mazarin se servit d'une chose dite par lui trop légèrement, pour la persuader qu'il était incapable d'aucun secret. Après la prison du duc de Beaufort, dont il était l'ami, cet évêque dit à M. le prince qu'il s'étonnait qu'il eût consenti à cette détention. M. le prince, qui n'en était point affligé, lui répondit : « Et vous,
« Monsieur, qui êtes le ministre de la Reine, com-

« ment ne l'avez-vous pas empêché? — Je l'aurais
« fait, lui dit l'évêque de Beauvais, et je l'aurais
« averti si je l'avais su. » M. le prince, qui trouva
cette réponse indigne d'un homme employé dans
les affaires d'État, s'en moqua, et la conta à
quelques-uns de ses familiers. Brancas, fils du duc
de Villars, la sut, et quelques-uns de ses amis.
Comme il était attaché au duc d'Orléans, et qu'il
était ami de l'abbé de La Rivière, il lui en fit l'histoire. L'abbé la dit à son maître, son maître à la
Reine et au cardinal Mazarin; et le cardinal ne
manqua pas d'en faire son profit, faisant voir à
cette princesse combien un homme en qui elle ne
pouvait trouver de sûreté dans ses secrets lui était
dangereux.

Mme de Chevreuse, dégoûtée de voir tous
ses amis exilés et maltraités et son crédit diminuer
tous les jours, se plaignit à la Reine du peu de
considération qu'elle faisait de ses anciens serviteurs. La Reine la pria de ne se mêler de rien, de
la laisser gouverner l'État et choisir pour ministre
qui bon lui semblerait, et disposer de ses affaires
à son gré. Elle lui conseilla, à ce qu'elle m'a fait
l'honneur de me dire, de vivre agréablement en
France, de ne se mêler d'aucune intrigue, et de
jouir sous sa régence du repos qu'elle n'avait pu
avoir du temps du feu Roi. Elle lui représenta
qu'il était temps de se plaire dans la retraite et de
régler sa vie sur les pensées de l'autre monde. Elle
lui laissa même entendre que si elle voulait troubler

la Cour, elle la forcerait de s'éloigner, ce qui arriva en effet. Mme de Chevreuse n'ayant pas reçu ces remontrances et ces conseils avec la soumission d'esprit pratiquée dans les couvents, ayant même témoigné son mécontentement par sa conduite, reçut enfin le commandement d'aller à Tours ou à l'une de ses maisons, ce qui ne l'étonna point.

Mme de Chevreuse partit de la Cour, et fut quelques jours chez elle; mais, ne pouvant se tenir en repos, elle en partit déguisée, elle et mademoiselle de Chevreuse sa fille; et, voulant gagner l'Angleterre, elle demeura malade dans les îles de Guerneséy, où elle souffrit beaucoup de misères. De là elle revint en Flandre, où ce pauvre duc de Lorraine, pour la seconde fois, tout banni qu'il était, la reçut fort bien et l'assista beaucoup. Le cardinal Mazarin disait, pour se disculper de sa disgrâce, qu'elle avait trop d'amour pour l'Espagne; qu'elle voulait absolument faire faire la paix à l'avantage des Espagnols, et qu'il n'avait jamais pu acquérir son amitié.

J'ai ouï dire à ceux qui l'ont connue particulièrement, qu'il n'y a jamais eu personne qui ait si bien su les intérêts de tous les princes, et qui en parlât si bien, et qui eût plus de capacité pour bien démêler les grandes affaires; mais il ne m'a pas paru par sa conduite que ses lumières aient été aussi grandes que sa réputation. Comme elle avait de l'esprit, et qu'elle avait pratiqué les étrangers, il est à croire que, sans lui faire de grâce, on pouvait lui donner cette louange, et peut-être qu'elle était assez capable de donner son avis sur la paix ; mais on peut dire d'elle, avec justice, que ceux qui ont examiné ce qui paraissait de bon en elle lui ont trouvé beaucoup de défauts. Elle était distraite dans ses discours, et très occupée des chimères que son inclination à l'intrigue lui donnait. Il est à présumer aussi que ses jugements n'ont pas toujours été réglés par la raison, et que ses passions ont beaucoup contribué à les former en elle. La Reine et son ministre pouvaient donc la craindre avec quelque sujet. Je lui ai ouï dire à elle-même (sur ce que je la louai un jour d'avoir eu part à toutes les grandes affaires qui étaient arrivées dans l'Europe) que jamais l'ambition ne lui avait touché le cœur, mais que son plaisir l'avait menée.

[1644]. Vers ce même temps se fit un combat à la place Royale entre le duc de Guise (1), un des principaux soutenants de Mme de Montbazon, et le comte de Coligny. C'était une suite de la lettre qui fut trouvée chez cette duchesse, qu'on avait faussement attribuée à Coligny, et qu'on avait

---

(1) Henri II de Lorraine (1614—1664). Il se fit en France une assez mauvaise réputation, et seconda à Naples la révolte de Masaniello. Il a laissé des *Mémoires* sur l'expédition napolitaine. Sa famille était la branche cadette de la maison de Lorraine, qui remontait à Ferry de Vaudemont et à sa femme Yolande d'Anjou, fille du bon roi René Ier, qui lui-même était petit-fils de Louis Ier d'Anjou, oncle de Charles VI, et qui avait été roi de Naples.

voulu dédier à Mme de Longueville. Le duc de Guise, brave comme ses aïeux, eut de l'avantage sur le martyr de Mme de Longueville; il lui donna un grand coup d'épée dans le bras. Il mourût de sa blessure quelque temps après, affligé de son malheur, qui lui fut sensible.

Mais revenons à notre cabinet, et voyons accomplir en la personne de Mme de Hautefort la destinée de toute la troupe des importants. La Reine avait quitté le Louvre à cause que son appartement ne lui plaisait pas, et avait pris pour sa demeure le Palais-Royal, que le cardinal de Richelieu en mourant avait laissé au feu Roi.

Mme de Hautefort, qui n'avait pu se vaincre sur la haine qu'elle portait au cardinal Mazarin, était la seule qui troublait un peu le calme de son âme, non seulement parce qu'elle ne pouvait souffrir ce ministre, mais parce que son esprit suffisant commençait à prendre par beaucoup de dévotion des sentiments qui la rendaient sévère, un peu contrariante et trop critique : tout ce que la Reine faisait lui était à dégoût; et comme elle gardait encore quelque chose de cette ancienne familiarité qu'elle avait eue avec elle, à tous moments elle s'échappait à lui dire des choses rudes, et qui marquaient qu'elle n'approuvait nullement sa conduite. La Reine ne pouvait souffrir cette manière d'agir, et le cardinal, qui souhaitait la perte de cette dame, ne manquait pas d'aigrir l'esprit de la Reine contre elle. De sorte que ses sermons sur la générosité passaient pour des reproches tacites; et sa conduite, manquant de prudence, fut cause qu'elle perdit enfin les bonnes grâces de celle qui auparavant l'avait traitée de chère amie.

Un jour donc de l'année 1644, qu'à notre ordinaire nous avions eu l'honneur de passer le soir jusqu'à minuit auprès de la Reine, nous laissâmes Mme de Hautefort causer avec cette princesse en toute liberté, et avec le plaisir que sa présence et la grâce qu'elle nous faisait de nous souffrir nous donnaient. La Reine était près de se mettre au lit : elle n'avait plus que sa dernière prière à faire quand nous la quittâmes. Dans ce moment il arriva que Mme de Hautefort, toujours occupée à bien faire, en déchaussant la Reine, appuya la recommandation d'une de ses femmes qui parlait en faveur d'un vieux gentilhomme servant qui depuis longtemps était son domestique, et qui lui demandait quelque grâce : et Mme de Hautefort ne trouvant pas en la Reine trop de bonne volonté pour lui, elle lui dit et lui fit entendre par des souris dédaigneux qu'il ne fallait pas oublier ses anciens domestiques.

La Reine, qui n'attendait qu'une occasion pour se défaire d'elle, contre sa douceur ordinaire ne manqua pas de prendre feu là-dessus, et lui dit avec chagrin et fort en colère qu'enfin elle était lasse de ses réprimandes, et qu'elle était fort mal satisfaite de la manière dont elle vivait avec elle. En prononçant ces importantes paroles, elle se jeta dans son lit, et lui commanda de fermer son rideau, et de ne lui plus parler de rien. Mme de Hautefort, étonnée de ce coup de foudre, se jeta à genoux, et, joignant les mains, appela Dieu à témoin de son innocence et de la sincérité de ses intentions, protestant à la Reine qu'elle croyait n'avoir jamais manqué à son service ni à ce qu'elle lui devait. Elle s'en alla ensuite dans sa chambre, sensiblement touchée de cette aventure, et je puis dire fort affligée. Le lendemain, la Reine lui envoya dire de sortir d'auprès d'elle, et d'emmener avec elle Mlle d'Escars, sa sœur, qui avait toujours été avec elle.

Je ne fus jamais plus étonnée que le matin, quand je sus à mon réveil toute cette histoire qui était arrivée à cette dame en ce peu de temps que nous l'avions laissée auprès de la Reine, et qui avait causé de si grands effets contre elle. On peut dire, pour sa défense, que ses bonnes intentions la rendaient excusable; mais les meilleures choses sont à l'égal des pires quand elles ne sont pas bien ordonnées, et la vertu prise de travers peut quelquefois causer autant de mal que son contraire.

Voilà donc la Reine sans trouble et la cour sans importuns. Tout le reste se rangea du parti du ministre, et chercha son établissement par sa protection.

La Reine, au commencement de la régence, avait établi un conseil de conscience où se jugeaient toutes les affaires qui concernaient les bénéfices, le choix des évêques et des abbés, et la distribution des pensions qu'elle voulait donner à la gloire de Dieu et à l'avantage de la religion. Ce conseil persista tant que le ministre, voyant son autorité traversée, demeura dans quelque retenue; mais aussitôt qu'il eut acquis une entière domination sur l'esprit de la Reine, ce conseil s'en alla en fumée; il voulut disposer à son gré et sans aucune contradiction des bénéfices, comme de tout le reste, ou que ceux à qui la Reine les donnerait fussent de ses amis, sans trop se soucier qu'ils fussent bons serviteurs de Dieu, disant qu'il croyait qu'ils l'étaient tous.

Ce conseil ne servit donc qu'à exclure ceux qu'elle ne voulait pas favoriser; et quelques années après il fut entièrement aboli, à cause que le père Vincent (1), qui en était le chef, était un homme tout d'une pièce, fort dévot et fort pieux, qui n'avait jamais songé à gagner les bonnes grâces des gens de la cour, dont il ne connaissait pas les manières, devint aisément, peu après, par leurs suffrages et malgré l'estime que la Reine avait pour lui, le ridicule de la cour, parce qu'il était presque impossible que l'humilité, la pénitence et la simplicité évangélique s'accordassent avec l'ambition, la vanité et l'intérêt qui y règnent. Celle qui l'avait établi aurait fort souhaité de l'y maintenir. C'est pourquoi elle avait encore quel-

---

(1) Saint Vincent de Paul (1576—1660).

ques longues conversations avec lui, sur les scrupules qui lui en étaient toujours demeurés; mais elle manqua de fermeté en cette occasion, et laissa souvent les choses selon qu'il plut à son ministre, ne se croyant pas si habile que lui et ne croyant pas l'être autant qu'elle l'était en beaucoup de de choses : ce qui fut cause qu'il lui était aisé de la persuader de tout ce qu'il voulait, et de la faire revenir, après quelques résistances, aux choses qu'il avait résolues.

Je sais néanmoins que, dans le choix des évêques particulièrement, elle a eu une très grande peine à se rendre, et qu'elle en a eu bien davantage quand elle eut reconnu qu'elle avait suivi ses avis trop facilement sur cet important chapitre : ce qu'elle ne faisait pas toujours, et jamais sans consulter en particulier ou le père Vincent, tant qu'il a vécu, ou d'autres qu'elle a crus gens de bien. (1). Cependant, malgré l'indifférence que son ministre a paru avoir sur ce sujet, Dieu a fait la grâce à cette princesse de voir la plupart de

---

(1) Voici ce qu'Abelly nous dit sur la nomination aux évêchés, après avoir d'ailleurs affirmé de son côté le rôle de conseiller du père Vincent : « Comme il n'y avait pas de jour réglé pour tenir le conseil, et que cela dépendait de la volonté et du loisir de ce premier ministre (Mazarin, lequel en était souvent empêché par d'autres grands emplois, il arrivait souvent que Son Éminence disposait, sous le bon plaisir de la Reine, des abbayes et même des évêchés qui venaient à vacquer, et lorsqu'il n'y trouvait aucune difficulté qu'il crût avoir besoin d'être résolue dans le conseil (Abelly, liv. II, chap. dernier, sect. 3).

ceux qui, pendant sa régence, ont été élevés à cette dignité, satisfaire à leur devoir, et faire leurs fonctions avec une sainteté exemplaire.

Depuis l'entrée de d'Emery à la surintendance des finances, et la nomination du comte de Brienne au secrétariat d'État des affaires étrangères, M. le cardinal n'avait plus personne dans le conseil qui pût lui donner quelque jalousie, et même lorsqu'après la mort de des Noyers, M. Le Tellier eût été placé au secrétariat d'État de la guerre, M. le cardinal eut le plaisir de faire tout seul les quatre charges de secrétaires d'État, et les titulaires ne furent que ses commis.

1644. — Dans le commencement de cette année, on se prépara à la guerre. Le duc d'Orléans alla commander l'armée de Flandre, et le duc d'Enghien celle d'Allemagne. Nous verrons le premier conquérir quelques places, et le second battre les ennemis avec beaucoup de gloire et de réputation.

Le président Barillon et quelques autres principales têtes du parlement, qui avaient servi la Reine, n'étaient pas satisfaits de ce qu'ils n'étaient pas considérés comme ils l'avaient espéré. La première occasion qui se présenta de mutiner, ils le firent : ils commencèrent à se plaindre de ce que le chancelier cassait au conseil tous les arrêts du parlement, et crièrent contre leur premier président, qui semblait y consentir avec trop de complaisance. Ils s'assemblèrent et parlèrent contre l'autorité royale, censurèrent toutes choses, et firent appréhender à la Cour quelque commencement de désordre et de brouillerie. Le lendemain de cette assemblée [le 22 mai 1644], on envoya commander au président Barillon et au président Gayant, et à quelques autres de même cabale, de se retirer. On envoya le président Barillon à Pignerol, au grand déplaisir de beaucoup d'honnêtes gens, où il mourut un an après, regretté de tout le monde.

Juillet 1644. — En ce mois la reine d'Angleterre, que ses peuples révoltés avaient réduite dans un petit coin de son royaume pour y faire ses dernières couches, après dix-sept jours seulement fut contrainte de se sauver en France, pour éviter le malheur qu'elle avait sujet d'appréhender de la haine de ses sujets, qui étaient en guerre ouverte avec leur Roi, et voulaient la prendre prisonnière, pour commencer peut-être par elle à perdre le respect qu'ils devaient avoir pour la royauté. Cette princesse, après avoir été la plus heureuse des femmes et la plus opulente de toutes les reines de l'Europe, avec trois couronnes qu'elle avait sur la tête, fut réduite en tel état que, pour faire ses couches, il fallut que la Reine lui envoyât Mme Peronne, sa sage-femme, et jusqu'aux moindres choses qui lui étaient nécessaires (1).

(1) L'enfant qu'elle mit au monde à Exeter, est la princesse Henriette-Anne d'Angleterre, qui épousa Monsieur, frère du roi Louis XIV, Philippe, duc d'Orléans.

La campagne du duc d'Enghien augmenta sa réputation d'une gloire éclatante, et il donna un combat à Fribourg qui doit tenir une grande place dans l'histoire; mais comme le hasard voulut alors que je n'en remarquasse pas les particularités, et que je n'en ai rien trouvé dans mes premiers brouillons, je n'en puis dire davantage. Monsieur, dans cette même année [1644], commanda une belle armée qui, sous ses ordres, fut avantageusement employée au service du Roi. La même raison qui me fait taire sur le duc d'Enghien me fait taire sur ce prince; et je m'en rapporte à ce que les auteurs écriront. Tous deux, sur la fin de la campagne, revinrent trouver la Reine à Fontainebleau, comme elle était près de retourner à Paris commencer son hiver. Elle les reçut avec joie, et le temps qu'ils y demeurèrent, elle prit plaisir de les divertir autant qu'il lui fut possible. Leur union paraissait être aussi grande qu'elle le peut être; et l'état où était la Cour semblait nous présager une paix éternelle.

[1645] Le printemps de cette année ayant convié les princes d'aller à l'armée, ils partirent en donnant de publiques marques de l'impatience qu'ils avaient d'aller travailler à la gloire de la France et au bonheur de l'État. Le duc d'Orléans [1] alla commander l'armée de Flandre, le

---

(1) Gaston Jean-Baptiste de France, duc d'Orléans, fils puiné de Henri IV et de Marie de Médicis, frère de Louis XIII (1608-1660).

duc d'Enghien celle d'Allemagne, et la Reine passa cette année une bonne partie de l'été à Paris. Le duc d'Enghien, après avoir, à son ordinaire, porté la terreur et l'effroi en Allemagne, donna une bataille à Nortlinghen, qui a été une des plus belles actions de ce prince.

Pendant que les princes du sang emportaient des victoires quasi-continuelles sur les ennemis (septembre 1645), et que la France par son bonheur se faisait révérer de toute l'Europe, la Reine méditait de trouver de l'argent afin de pouvoir continuer la guerre avec la même gloire qu'elle avait fait. Elle se résolut d'aller au parlement pour y faire passer quelques édits, comme le plus prompt remède que l'on pût trouver pour les maladies de l'Etat.

Le parlement de Paris crut que pendant la régence il pourrait trouver des conjonctures propres à se faire valoir; et ceux de cette compagnie, qui se disent les tuteurs des rois, voulurent faire connaître leur puissance en s'opposant à celle du souverain. Leur autorité, sous le règne précédent, avait été abattue : ils cherchèrent avec impatience les moyens de la relever; et enfin leur conduite fit voir leur intention. Elle fut alors voilée du zèle du bien public; et, dans cette première rencontre, ils ne témoignèrent avoir pour règle de leurs sentiments que le seul désir de bien faire. D'abord que la Reine proposa d'aller au parlement, ils dirent qu'elle n'avait point de droit de le faire. Elle s'en moqua hautement, et dit qu'elle était fondée en exemples, et que la feue reine Marie de Médicis y était allée. On résolut seulement d'attendre le retour du duc d'Orléans; car, encore que la Reine n'eût pas besoin de sa présence comme d'une chose nécessaire, ce prince vivant avec elle aussi bien qu'il faisait en ce temps-là, elle jugeait avec raison qu'elle ne pouvait avoir pour lui trop de considération : et de plus, elle était persuadée que la présence de l'oncle du Roi serait toujours avantageuse à ses affaires.

Le duc d'Orléans étant arrivé, le jour pris pour aller au parlement, le capitaine des Gardes, selon son ordinaire, visita toutes les prisons et prit les clefs du Palais. La Reine se leva de grand matin, et s'habilla même avec plus de soin que de coutume.

Les compagnies des Gardes et les Suisses furent commandés pour occuper en haie, selon la coutume, le chemin qui mène au Palais; et la Reine avec le Roi, dont la beauté était alors parfaite, s'achemina pour ce voyage avec toute la grandeur qui accompagne un roi de France quand il marche en cérémonie. Il est d'ordinaire suivi de ses gardes, de ses Suisses, de sa compagnie de chevau-légers, de ses mousquetaires et de plusieurs princes et seigneurs; ce qui compose toujours un grand cortège. Quatre présidents vinrent recevoir le Roi et la Reine à la Sainte-Chapelle, où Leurs Majestés entendirent la messe.

Le Roi était encore à la jaquette, qui fut porté sur son lit de justice par son premier écuyer.

Quand le Roi fut placé, la Reine se mit à sa main droite. M. le duc d'Orléans, qu'on appelait toujours Monsieur, était au-dessous de la Reine, et M. le prince était auprès de lui. Ensuite étaient les ducs et pairs, et les maréchaux de France, selon le rang de leurs duchés. De l'autre côté étaient le cardinal Mazarin et quelques pairs ecclésiastiques. Aux pieds du Roi était le duc de Joyeuse, son grand chambellan, comme couché sur un carreau. Au-dessous était le chancelier de France, et à côté de lui, dans le parquet, les présidents à mortier. A l'autre côté du chancelier, était un banc où madame la princesse et la princesse de Carignan étaient, et plus bas étaient les filles d'honneur de la Reine. Les quatre secrétaires d'État étaient en bas sur un autre banc, vis-à-vis des présidents. Madame de Senecé, gouvernante du Roi, demeura toujours auprès du Roi debout, elle me parut la plus proche du lit de justice; et les quatre capitaines des gardes y étaient aussi debout avec leurs bâtons. Après que cet ordre fut partout observé, le Roi salua toute la compagnie; et, après avoir jeté les yeux sur la Reine comme pour lui demander son approbation, il dit tout haut : « Messieurs, je suis venu ici « pour vous parler de mes affaires : mon chan- « celier vous dira ma volonté. »

Il prononça ce peu de mots avec une grâce qui

donna de la joie à toute l'assemblée; et cette joie fut suivie d'une acclamation publique qui dura longtemps. Quand le bruit fut cessé, le chancelier, par un éloquent discours, représenta les nécessités de l'État, les belles et célèbres victoires qu'on avait gagnées sur les ennemis, le désir que la Reine avait de la paix, et le besoin qu'on avait de continuer fortement la guerre pour y forcer les Espagnols par la continuation de nos conquêtes; et pour cet effet il conclut qu'il fallait de l'argent, car en cela consistait tout le mystère. Le premier président [1] loua fort la Reine, exagéra le bonheur de la France, la bonne conduite du ministre et la valeur des princes du sang. Il représenta de même avec beaucoup de vigueur les nécessités des peuples, et fit une harangue digne de plaire au Roi et à ses sujets. L'avocat général Talon [2] parla d'un style hardi; il représenta à la Reine le peuple oppressé, ruiné par les guerres passées et par les présentes, demanda grâce pour eux à genoux d'une manière pathétique et touchante, et dit des choses assez contraires à la suprême autorité des favoris. On trouva dans le parlement qu'il avait bien parlé; mais je crois que le ministre ne fut pas content, parce que je l'entendis blâmer par les adulateurs de la Cour.

[1] Matthieu Molé, né en 1584, nommé premier président en 1641, plus tard garde des sceaux. Il mourut en 1656.

[2] Omer Talon, né à Saint-Quentin en 1595, mort en 1652.

La Reine se coucha aussitôt après son retour pour se reposer de cette fatigue. Après son dîner, je la trouvai dans son lit, et M. le cardinal était seul avec elle. En ouvrant la porte de sa chambre, je fis du bruit : il fut cause qu'elle demanda qui c'était à une de ses femmes, qui par respect se tenaient un peu éloignées. Elle sut, par moi-même, que j'étais celle qui venait d'entrer. Elle me fit l'honneur de m'appeler et de vouloir que je lui disse mon avis sur ce qui s'était passé le matin au parlement. Elle me demanda si le Roi ne m'avait pas infiniment plu, quand il avait parlé de si bonne grâce, me fit remarquer l'action de tendresse qu'il avait faite en se tournant vers elle; et surtout me commanda de lui dire ce qui m'avait semblé des harangues. Comme elle vit par ma réponse que j'étais assez satisfaite de la liberté de l'avocat général, et que j'en parlais avec estime, elle me répondit ces belles paroles, dignes d'une grande Reine : « Vous avez raison de le « louer, j'approuve fort la fermeté de son dis-« cours et la chaleur avec laquelle il a défendu le « pauvre peuple. Je l'en estime, car on ne nous « flatte toujours que trop; mais néanmoins il en « a un peu trop dit, ce me semble, pour une « personne aussi bien intentionnée que je la suis, « qui souhaiterais de tout mon cœur le pouvoir « de soulager. »

Elle et son ministre parlèrent ensuite de la paix, et cette princesse témoigna la désirer infiniment; mais, selon ce que son ministre lui dit alors, et je pense qu'il disait vrai, il fallait encore faire la guerre pour y contraindre les ennemis. Dans toute cette conversation, qui fut longue, je ne connus en la Reine que de droites intentions pour le bien de l'État et le soulagement du peuple, et le cardinal même m'en parut touché.

La belle saison de l'automne (octobre 1645), propre au séjour de Fontainebleau, convia la Reine d'y aller. C'est là qu'eurent lieu les fêtes d'un mariage royal qui, quoique dans l'ordre, avait néanmoins quelque chose d'extraordinaire. Le roi de Pologne [1] avait choisi pour épouse Madame la princesse Marie [2] C'était le résultat des négociations de la Reine et du cardinal Mazarin. Le 6 novembre 1645, le mariage religieux eut lieu à Paris dans la chapelle du Palais-Royal et peu de jours après Anne d'Autriche donna à la jeune Reine un bal magnifique, qui fut dansé dans la grande salle du Palais-Royal. Le Roi mena danser la nouvelle Reine. Tout jeune et tout enfant qu'il était, il dansait déjà admirablement bien.

[1646] L'aversion que les serviteurs de la Reine eurent contre l'extrême puissance qu'elle donna à Mazarin, haine naturelle que les peuples et tous

---

[1] Ladislas Sigismond.

[2] Marie-Louise de Gonzague, née en 1612, morte en 1667, dont la sœur, Anne de Gonzague, est célèbre sous le nom de Princesse palatine.

les gens de bien ont toujours contre la grandeur des favoris, et ses dégoûts eurent le pouvoir de leur faire cacher ses bonnes qualités. Il y contribua beaucoup par sa conduite ; et ceux-mêmes qui l'avaient aidé à monter à ce suprême degré, dès les premières années de son administration, commencèrent à se détacher de lui, à murmurer contre lui, et à lui souhaiter tous les maux qui ensuite pensèrent l'accabler. L'amour qu'on avait eu jusqu'alors pour la Reine commença peu à peu à diminuer parmi les peuples. Cette puissance si absolue qu'elle donna au cardinal Mazarin fit qu'elle perdit la sienne ; et, pour trop désirer qu'il fût aimé, elle fut cause qu'il fut haï.

Nous ne vîmes alors que d'agréables effets de la faveur du ministre. Pour divertir la Reine et toute la Cour, le cardinal Mazarin fit faire des machines à la mode d'Italie, et en fit venir des comédiens qui chantaient leurs comédies en musique. Ceux qui s'y connaissent les estiment fort ; pour moi, je trouve que la longueur du spectacle en diminue fort le plaisir, et que les vers répétés naïvement représentent plus aisément la conversation et touchent plus les esprits que le chant ne délecte les oreilles. C'est mon sentiment : d'autres ne l'approuveront peut-être pas, mais il n'importe. Cette diversité dans le goût est ce qui plaît davantage dans la vie, qui fait que tout le monde l'aime, et que chacun y trouve son compte.

Au commencement de l'été (mai 1646), la

Reine alla faire un voyage à Compiègne, d'où elle fut jusqu'à Amiens pour y conduire le duc d'Orléans qui allait y commander l'armée de Flandre, où se joignit peu après le duc d'Enghien. Monsieur tarda quelques jours à Paris après la Reine pour se préparer à la guerre; et je me souviens que beaucoup de mes amis vinrent me dire adieu, qui moururent dans cette meurtrière campagne.

La Reine demeura six semaines à son voyage. Il ne s'y passa rien d'extraordinaire, et son retour nous apporta la joie. Dans ces premières années de la régence, la Cour était si tranquille et notre vie si délicieuse, qu'il nous était impossible de ne la pas aimer. Quelque temps après, la Cour étant allée à Fontainebleau, on y apprit que le duc de Brezé avait été tué devant Orbitello. Le comte d'Alais en avait averti M. le prince par un courrier exprès. Aussitôt après qu'il eût connu cette mort, M. le prince attaqua la duchesse d'Aiguillon, qui prétendait que madame la duchesse d'Enghien ne pouvait hériter de son frère pour avoir renoncé à sa succession en se mariant. En même temps il demanda à la Reine l'amirauté vacante, le gouvernement et ses charges. L'amirauté ne lui fut point accordée, parce que le gouvernement de la mer aurait pu rendre un premier prince du sang trop puissant en France; et le gouvernement de Brouage(1) demeura entre les mains du favori du

---

(1) Petite ville et port de mer de la Basse-Saintonge.

duc, nommé le comte de Daugnon (1), qui s'en empara tout doucement, malgré la volonté de la Reine et du ministre.

Le reste de cette dépouille a été disputé entre ses héritiers. A ce refus, M. le prince partit de la cour, faisant semblant de gronder, et s'en alla chez lui. M. le duc d'Enghien, qui était à l'armée où commandait Monsieur, écrivit à la Reine et lui témoigna hautement ses prétentions. Il les soutint légitimes et devait espérer d'elle cette justice. J'ai vu les lettres qu'il lui en écrivit. Par leur style, il était aisé de juger que ce prince ne voulait pas que le sang de la France lui fût inutile et qu'il avait une fierté de cœur qui pourrait un jour incommoder le Roi. On disait de lui que son courage et son génie le portaient aux combats plutôt qu'à la politique. En cette occasion néanmoins il en observa toutes les règles ; et quittant cette audacieuse manière dont il avait accoutumé de chicaner à Monsieur toutes choses, il commença à s'humilier tout entièrement à lui. Comme ils étaient dans une même armée, il affecta d'avoir pour lui une grande assiduité, et même il chercha soigneusement de s'acquérir l'abbé de La Rivière (2). Leur liaison alla si avant, que ce

(1) Louis Foucault de Saint-Germain-Beaupré, comte du Daugnon, maréchal de France (1616-1659). Armes : d'azur semé de fleurs de lys d'or (*P. Ans.*, t. VII).

(2) L'abbé de la Rivière (Louis Barbier), était fils d'un tailleur. Professeur de philosophie au collège du Plessis, il entra

prince ne put éviter d'écrire à la Reine et au cardinal en faveur du duc d'Enghien : ce qui causa aussitôt de grandes inquiétudes au ministre. L'inimitié de ces deux importantes personnes lui plaisait beaucoup davantage que leur union.

M. le prince était grand politique. Il était timide et craignait de se brouiller à la cour : il aimait l'État ; et l'on disait alors que ses conseils étaient toujours dans l'ordre de la justice. Il les donnait avec beaucoup de lumière et on a souvent dit de lui qu'il aurait été un grand roi. La bassesse qu'il avait eue sous le règne précédent lui avait été honteuse ; mais alors il était estimé sage et prudent. Comme il commençait à vieillir, et qu'il savait les maux qu'un prince du sang souffre quand il se révolte contre le Roi, il se laissa aisément persuader qu'il ne fallait point gronder tout à fait. Peu de jours après, il manda Le Tellier, secrétaire d'État, pour lui faire ses plaintes. Il se fit quelque négociation ; et la conclusion fut de remettre la décision de ses demandes à la fin de la campagne, et que cependant tous seraient bons amis. Ainsi la colère de M. le prince se passa

---

comme sous-précepteur chez Gaston d'Orléans, devint son favori et son conseiller, remplit diverses charges ecclésiastiques, puis en 1656, fut nommé à l'évêché de Langres qui était en même temps un duché-pairie. On sait les vers qu'il inspira à Boileau :

> Le sort burlesque, en ce siècle de fer,
> D'un pédant, quand il veut, sait faire un duc et pair.

Il mourut en 1670.

aisément. Il revint à la Cour; on le traita bien et ses plaintes se calmèrent en apparence, selon la coutume des grands, qui se haïssent presque toujours, et qui font paraître le contraire dans toutes leurs actions de parade.

Madame la princesse, qui était alors auprès de la Reine, quoiqu'elle fût ambitieuse et qu'elle eût voulu voir sur la tête du duc d'Enghien toutes les couronnes de l'Europe, ne laissa pas de protester à la Reine qu'elle n'avait point d'intérêts qui pussent la séparer des siens, et que son amitié pour elle était plus forte que le désir de la grandeur de son fils : si bien que la Reine en parut à demi-persuadée, et vécut avec elle de la même manière qu'elle avait accoutumé. Si, sans être dupe, elle eût voulu croire ce que madame la princesse lui voulut dire, je suis assez hardie pour assurer que si elle n'était pas touchée d'amitié autant qu'elle le témoignait à la Reine, elle l'était du moins de ses caresses et du plaisir de la faveur. De l'humeur dont était madame la princesse, je crois qu'elle aurait été au désespoir de voir sa famille se brouiller à la Cour, autant par douleur d'en perdre la douceur que par la considération de ses plus grands intérêts.

La Reine passa tout l'été à Fontainebleau, et le lieu du monde où les chaleurs sont les plus grandes servit de retraite pour la plus ardente saison de l'année. En Flandre, notre armée, quoique grande et belle, ne fit pas de grands exploits. On assiégea

Courtray avec trente mille hommes, et le duc de Lorraine avec pareille force se vint camper devant la nôtre. Les deux armées furent longtemps à se regarder sans se faire aucun mal. On offrit la bataille aux ennemis, qui ne l'acceptèrent point : il se fit seulement quelques petits combats; mais enfin ils n'osèrent attaquer nos lignes, et on leur prit cette place (30 juin) en leur présence et à leur honte.

Après cette conquête, l'armée alla droit attaquer Mardick, que le duc d'Orléans avait prise l'année précédente, et qui dans celle-ci avait été reprise des ennemis par surprise en trois heures de temps. Clanleu (1), que le duc d'Orléans y avait fait mettre pour y commander, se trouvant absent quand les ennemis l'étaient venus attaquer, fut blâmé de cette perte. Quoiqu'il fût connu pour vaillant, c'était assez pour être coupable que d'être imprudent ou peu soigneux. Il le fut encore doublement en ce que ce siège, que Monsieur entreprit pour réparer sa faute, coûta beaucoup de sang à la France, de la peine et beaucoup d'argent. Le général fut blâmé de l'avoir entrepris : et les ennemis ayant une sortie libre du côté de Dunkerque, ils entraient à leur gré dans sa place : si bien que cette bicoque se défendit. Le duc d'Orléans s'excusa sur les Hollandais qui faisaient

(1) La branche de Clanleu se rattache à la maison d'Urre, en Dauphiné.

encore quelque mine d'être pour nous : ils lui avaient donné parole de se rendre devant la place à certain temps, avec un nombre de vaisseaux capable d'empêcher la communication aux ennemis. Comme ils avaient enfin dessein de nous quitter, ils manquèrent à leur promesse pour le temps, et le prince manqua son projet : ce qui fut cause aussi que ceux qui étaient dans Mardick se défendirent aisément contre les attaques et qu'ils le firent désavantageusement pour nous.

La résistance était fâcheuse : après une longue attente, les Hollandais arrivèrent, et avec eux finit le siège en cette place, qui se rendit au duc d'Orléans aux conditions accoutumées en cette occasion. Madame la princesse rendit à Mademoiselle ce qu'elle lui avait prêté à la bataille de Nordlingue. Cette princesse, qui n'aimait pas alors les triomphes du duc d'Enghien, dit, en allant au *Te Deum* qui se chanta pour cette victoire, qu'il eût mieux valu faire dire un *De profundis* pour les morts. Et madame la princesse, sur Mardick, lui dit de même des choses piquantes, et si bien renfermées dans la raillerie, qu'il était impossible de s'en fâcher.

Au sortir de Mardick, l'armée du Roi fut poursuivie par celle des ennemis, et les princes se résolurent de donner bataille; mais elle ne se donna point; et peu de temps après le duc d'Orléans fut prié par la Reine de revenir auprès d'elle et de laisser achever la campagne au duc d'Enghien.

Il témoigna à Comminges, lieutenant des gardes de la Reine, qui fut de sa part lui porter le commandement général de l'armée, une satisfaction non pareille de ce bon traitement, avec un désir passionné de bien servir le Roi, et de faire encore quelque action éclatante qui pût faire voir à la Reine qu'il était digne de tout ce qu'il lui demandait.

Le duc d'Orléans, selon la prière que la Reine lui en avait faite, revint à Fontainebleau le 1er septembre 1646, où elle l'attendait pour finir ensemble leur campagne dans cette agréable demeure, avec les divertissements qui s'y rencontrent toujours. Elle voulut laisser faire au duc d'Enghien la sienne à coups de canon et d'épée, qui sont les accompagnements d'un guerrier dont le plaisir se trouve aux combats et à la conquête des villes. Le Roi et la Reine, pour régaler Monsieur, voulurent aller au devant de lui; mais, comme Leurs Majestés ne le rencontrèrent pas assez proche, leur dessein se changea en celui de la promenade. Le ministre le continua jusqu'à sa rencontre, et revint avec lui peu d'heures après. Il remplit la cour des ducs de Guise (1), d'Elbœuf (2), de Candale (3) et d'une belle troupe

(1) Henri II de Lorraine, cinquième duc de Guise (1614-1664). C'est lui qui, en 1647, alla se mettre à la tête des Napolitains révoltés contre l'Espagne.

(2) Charles II, duc d'Elbœuf (1596-1657).

(3) Louis-Charles-Gaston de Nogaret, duc de la Valette et de Candale, fils unique du deuxième duc d'Épernon (1627-1658).

de gens de qualité, qui n'étaient pas fâchée de venir se délasser des fatigues du siège de Mardick dans un lieu le plus beau du monde.

Aussitôt que le duc d'Enghien se vit en état d'agir par lui-même, il alla assiéger Furnes le 9 septembre 1646, une petite ville auprès de Dunkerque qu'il prit en peu de jours. Ce dessein, qui en regardait un plus grand, fut agréable au ministre. Il avait été d'avis d'aller attaquer cette place, quand on alla à Mardick; et le duc d'Orléans n'y avait point voulu consentir, par la difficulté de l'entreprise. L'amitié qui avait paru pendant la campagne entre ces deux grands princes ne fut pas assez forte pour empêcher que leurs cœurs ne fussent troublés par la jalousie et l'amour-propre. Le duc d'Orléans ne vit point sans dépit le projet que le duc d'Enghien avait fait d'aller prendre Dunkerque, dont il lui avait fait un secret; et le duc d'Enghien ne se vit point le maître de ce grand dessein sans ressentir beaucoup de joie.

Quelques jours après, le duc d'Enghien, poussé de cette belle action qui l'animait toujours au désir de la gloire, alla assiéger Dunkerque. Cette entreprise parut hardie; mais le bonheur voulut que cette place fût épuisée d'hommes et de munitions de guerre, à cause du secours qu'elle avait envoyé à Mardick, et il n'y avait plus d'armée ennemie assez forte pour craindre quelque obstacle. Ainsi, par une favorable rencontre de plusieurs choses, ce beau dessein se rendit plus facile que vraisemblablement on ne pouvait espérer; et la prudence du duc d'Enghien fut aussi grande à les bien remarquer pour en tirer ses avantages, que sa valeur à le bien exécuter. J'ai ouï dire que la fatigue qu'il se donnait dans les présentes occasions était étonnante. Comme il avait mis dans les premiers emplois de la guerre ses jeunes favoris, gens de condition, mais qui étaient sans expérience, il voulait réparer leurs fautes par ses peines et ses actions, et ne voulait point qu'on s'aperçût de leur manquement, de peur d'être accusé de trop favoriser ses amis, et de manquer de discernement dans le choix qu'il en faisait.

Le Reine, voyant la belle saison passée, se résolut de quitter Fontainebleau pour revenir à Paris [le 9 octobre] passer l'hiver, aussi contente que le méritait la prospérité de ses affaires.

Quelque temps après le retour de Fontainebleau, les nouvelles arrivèrent de la prise de Dunkerque : ce qui donna de la gloire au duc d'Enghien, et beaucoup de joie au ministre, qui voyait que tout contribuait à sa grandeur. Il croyait, avec beaucoup de raison, que les prospérités de l'État étaient plutôt les fondements de son bonheur que les augmentations de la couronne Le maréchal de La Meilleraye (1) prit en même temps

---

(1) Il était fils d'un avocat nommé Laporte et cousin germain de Richelieu. L'amitié du cardinal et son mérite personnel l'élevèrent aux plus hauts emplois (1602-1664). Son fils épousa Hortense Mancini.

Porto-Longone en Italie; et cette victoire, quoique de peu de fruit pour la France, fut un succès agréable pour celui qui se plaisait de triompher et de se faire craindre dans son pays.

On vit alors [novembre 1646] arriver le duc d'Enghien de l'armée, qui, tout victorieux, demandait, avec une humilité apparente et une véritable hardiesse, quelque récompense de l'amirauté. La Reine l'avait déjà prise en son nom pour la garder au Roi; et le cardinal Mazarin, sans qu'il parût l'avoir en effet, la posséda de cette sorte quelques années. Ce prince fit beaucoup de propositions qu'on ne reçut point, comme celle de lui donner une armée pour conquérir la Franche-Comté, qu'il aurait après érigée en souveraineté. Cette proposition fut éludée par le souvenir des maux que les ducs de Bourgogne, princes du sang et souverains, avaient autrefois faits au royaume; et on lui en fit d'autres qu'il refusa aussi. Monsieur, oncle du Roi, par ses bonnes intentions et sa douceur, témoigna beaucoup d'affections à maintenir la paix dans la cour; et, pendant ces traités secrets, les choses ne laissaient pas de paraître en bon état. Le cardinal, ayant le pouvoir de contenter l'abbé de La Rivière, qui voulait être cardinal, était toujours bien servi de lui avec cette sûreté. Le duc d'Enghien n'était pas assez fort, quand même il aurait eu de plus mauvaises intentions qu'il n'en avait, pour former lui seul un parti et pour en espérer un bon succès. Beaucoup de personnes étaient disposées à brouiller; mais la Reine était encore trop bien appuyée : ses victoires affermissaient sa puissance. Le duc d'Orléans était content, et le ministre n'était pas encore assez haï : ainsi elle n'avait rien à craindre.

On ne peut pas avoir toujours du bonheur, et la vicissitude naturelle veut que le bien et le mal se succèdent l'un à l'autre. Il arriva dans cette saison toute victorieuse que le marquis de Leganez, suivant heureusement pour lui les ordres du roi d'Espagne son maître, vint attaquer à minuit les retranchements de l'armée du Roi à Lérida. Le comte d'Harcourt (1) tenait cette place assiégée, et on espérait qu'elle serait cause que bientôt on chanterait un *Te Deum* à Notre-Dame. Mais ce général espagnol lui défit deux régiments, tua beaucoup d'officiers, prit le canon et fit lever le siège à ce prince lorrain, qui de sa personne y fit des merveilles. Il eut trois chevaux tués sous lui ; mais il fut malheureux en ce qu'il avait entrepris ce siège sans l'ordre du ministre, et l'avait continué de même. Ce prince, qui avait autrefois fait de belles actions, fut blâmé de tout le monde ; et les plus modérés croyaient lui faire une grande grâce de dire de lui qu'il était vaillant, mais qu'il ne savait pas commander : tant il est aisé de perdre ce peu de fumée qui coûte si cher.

(1) Henri de Lorraine, dit *Cadet la Perle*, célèbre capitaine, né en 1601, mort en 1666 dans son gouvernement d'Anjou.

Pendant qu'on travaillait à contenter le duc d'Enghien, qui désirait beaucoup et à qui on voulait donner peu de chose, M. le prince son père tomba malade, et mourut en trois jours. Ses charges et ses gouvernements, étant très considérables, servirent à payer au fils les dettes qu'il croyait lui être dues: Ce prince de sang, premier en rang et rempli de mérite, mourut le lendemain de Noël 1646, environ à minuit : il finit sa vie chrétiennement et en bon catholique.

[1647] Le premier mois de cette année, sans nulle nouveauté qui mérite d'être écrite, les ennemis pensèrent surprendre Armentières; mais le maréchal de Gassion, le plus vigilant de tous les hommes, les prévint et sauva cette place.

Quoique je ne traite des grandes affaires qu'en passant, et à la mode d'une femme qui ne les a pu savoir à fond, et qui a souvent oublié de les remarquer, il est arrivé néanmoins qu'elles ont été publiées dans le cabinet; et je me suis quelquefois appliquée à écouter les acteurs quand ils en parlaient. Celles qui étaient de quelque considération venant à ma connaissance, j'en écris les endroits qui me sont échappés par le hasard, sans que je me sois souciée de les savoir toutes, ni dans toute leur étendue, parce que je n'ai pas eu le dessein d'écrire l'histoire régulièrement; mais j'ai pris soin seulement de ne dire que la vérité, qui m'est toujours venue par ceux qui avaient le plus de part dans les affaires. La paix que les Hollandais firent avec les Espagnols et que je veux marquer ici, est une preuve de ce que je dis : c'est un lambeau que je veux laisser tomber en marchant mon chemin ; il trouvera sa place avec les autres de même nature : et, comme il ne sera pas traité avec plus d'ordre et de suite, il n'aura pas aussi plus de prix ni de valeur.

Ce peuple rebelle à son Roi, qui avait donné tant de peine à Philippe second, qui avait assouvi par son joug la cruauté du duc d'Albe, et donné tant d'emploi à la valeur du prince de Parme, qui avait mis à de si grandes épreuves la vertu de Marguerite et celle de l'infante Clara-Eugenia; cette république, enfin, si célèbre par sa puissance, par la hardiesse de son entreprise, par son établissement et par les glorieuses actions que les princes d'Orange ont faites en la gouvernant, avait soutenu sa révolte par les assistances de la France; mais elle se résolut de l'abandonner, et d'achever de se mettre dans la possession d'une liberté légitime.

J'ai dit qu'elle leur avait été offerte, et que les ministres de France, les cardinaux de Richelieu et Mazarin, les en avaient toujours empêchés. L'abattement de leur véritable maître, dont les affaires étaient en mauvais état, leur donna le moyen de faire la paix [1] avec lui, en conservant

---

[1] En 1647, il n'y eut qu'une suspension d'armes entre l'Espagne et la Hollande. Le traité de paix fut signé le 30 janvier 1648. — Cf. le récit de Mme de Motteville avec ceux de Monglat et de Brienne.

leurs États usurpés, leurs conquêtes et leur domination. Ils firent alors un traité avec lui qui ne fut conclu que quelque temps après, et se rendirent paisibles seigneurs de ce pays, dont ils sont demeurés les souverains, avec la honte de demeurer aussi mauvais chrétiens qu'ils ont été mauvais sujets. Pour garder quelque mesure avec le Roi, ils retardèrent quelque temps à le signer, disant qu'ils voulaient travailler à faire la paix générale avant de se séparer entièrement de nous. On donna ordre au comte de Servien (1), qui était à Munster, d'y aller faire un voyage pour travailler à rompre tout à fait cette paix particulière; mais il n'y réussit pas : et ces peuples, suivant l'exemple de tous les autres, ne pensèrent qu'à leurs intérêts et à l'affermissement de leur grandeur.

D'Estrades, qui était auprès du prince d'Orange de la part du Roi, lorsque cet accommodement fut conclu, m'a dit que l'avarice de la princesse d'Orange en fut cause, et que les Espagnols la gagnèrent dans les derniers temps de la vie de son mari (2). Il assurait que ce prince, qui ressemblait par sa valeur et sa capacité à ses aïeux, n'aurait jamais consenti à cette paix, s'il eût été en état de suivre les sentiments de la gloire et de l'ambition. Il était persuadé que la fin de la guerre était

(1) Marquis de Sablé, né à Grenoble en 1593, mort en 1664.
(2) Henri de Nassau.

la fin de la puissance de sa maison, et que, ne se faisant plus redouter par les armes, ses peuples le mépriseraient. Mais ses maladies, en diminuant les forces de son corps, diminuèrent aussi celles de son esprit, et firent qu'il ne s'opposa point à cette négociation, comme il aurait fait s'il eût été en meilleure santé. Si l'avarice d'une femme commença cet ouvrage, celle du ministre, malgré le désir qu'il avait de l'empêcher, l'acheva.

Pour ne pas quitter si longtemps la cour de notre Régente, il faut revenir aux princes qui étaient le seul sujet des inquiétudes que pouvait avoir alors la Reine [janvier 1647]. Le prince de Condé étant devenu riche et puissant, il fut regardé de toute la cour comme celui dont l'amitié ou la haine allait faire la bonne ou mauvaise fortune des hommes.

Cet air victorieux que lui donnaient les batailles de Rocroy et de Fribourg et les prises de Furnes, de Mardick et de Dunkerque, le faisaient considérer de ses maîtres ; et la plupart cherchaient plutôt sa protection que celle du duc d'Orléans. C'est pourquoi ceux qui, par leurs grands établissements, étaient en état de faire du bien ou du mal lui ayant offert leurs services et s'étant attachés à ses intérêts, sa cour était fort grosse ; et, quand il venait chez la Reine, il remplissait sa chambre des personnes du royaume les plus qualifiées. Ses favoris, qui étaient la plupart des jeunes seigneurs qui l'avaient suivi dans l'armée, et participant à sa grandeur comme ils avaient eu part à la gloire qu'il y avait acquise, avaient été appelés les *petits-maîtres,* parce qu'ils étaient à celui qui le paraissait être de tous les autres ; et ce titre avait effacé celui des *importans.*

Dans cet état, quoique la qualité de fils de France mît différence entre le duc d'Orléans et lui, et qu'il lui rendît en apparence de grands respects, il ne laissait pas, dans toutes les occasions, d'en tirer tous les avantages qu'il en pouvait tirer et ne négligeait rien en quelque façon. Comme il assistait au conseil depuis la mort de M. le prince son père, il arriva qu'un jour, étant tous deux au conseil de direction, le duc d'Orléans, qui d'ordinaire avait son secrétaire derrière sa chaise, et quelques-uns de ses officiers, trouva mauvais que M. le prince en usât de la même manière, quoique M. le prince son père ne l'eût jamais fait. Ce prince s'en plaignit à M. le Chancelier, qui paraissait être ami de M. le prince, qu'il voyait devant lui. Il fut fort embarrassé : car Monsieur le priant de lui aller dire que s'il continuait à tenir derrière lui ses officiers, il les ferait chasser par force, ne pouvant se résoudre de lui aller faire ce compliment, il dit à Monsieur qu'il fallait là-dessus consulter d'Émeri, qui était l'homme du ministre, et qui avait vu feu M. le prince en ce conseil. D'Émeri qui était hardi et décisif, dit tout librement qu'il fallait que M. le prince se renfermât dans les mêmes bornes de monsieur son père, et qu'il fallait lui apprendre le mécontentement de Monsieur. Tous deux ensemble le lui allèrent faire savoir, dont il fut d'abord un peu surpris : mais après avoir été assuré que feu M. le prince ne tenait point d'officiers auprès de lui, il appela son secrétaire, et lui commanda tout haut de ne pas s'approcher de lui quand il serait au conseil; et tout bas il lui ordonna d'y venir quelquefois et de n'y tarder guère.

Monsieur étant satisfait, après le conseil, dit à M. le prince avant de sortir, qu'il ne devait point trouver mauvais ce qu'il avait fait, puisque cela était juste; et M. le prince lui répondit : « Il est « vrai, monsieur, et je ne refuserai jamais de vous « rendre ce que je vous dois; mais, satisfaisant à « tous les respects qui vous sont dus aux choses « de conséquence, il me semble qu'en cette baga- « telle que vous deviez m'en avertir plus douce- « ment. » A quoi Monsieur ayant ajouté un com- pliment en forme d'excuse, ils se saluèrent et demeurèrent bons amis, c'est-à-dire autant que le peuvent être de grands princes que l'intérêt et la politique peuvent tous les jours rendre ennemis.

Le comte d'Harcourt, qui était en Catalogne en mauvaise posture, puisqu'il était mal à la cour, demanda son congé pour revenir à Paris. Il lui fut accordé facilement; et il fut résolu, pour donner de l'éclat au nom français, que M. le prince irait commander l'armée de Catalogne, et qu'on lui donnerait des forces pour rétablir entièrement la réputation des armes du Roi. Cela fut arrêté au conseil le 9 de février, et tenu secret quelque temps pour des raisons que je n'ai pas sues.

Le prince de Condé, voyant le mois de mars avancé [22 mars 1647], voulut penser à son voyage de Catalogne.

Le prince de Condé n'était pas beau : son visage était d'une laide forme; il avait les yeux bleus et vifs, et dans son regard se trouvait de la fierté. Son nez était aquilin, sa bouche fort désagréable, à cause qu'elle était grande et ses dents trop sorties; mais dans toute sa physionomie il y avait quelque chose de grand et de fier, tirant à la ressemblance de l'aigle. Il n'était pas des plus grands, mais sa taille en soi était toute parfaite. Il dansait bien et avait l'air agréable, la mine haute et la tête fort belle. L'ajustement, la frisure et la poudre lui étaient nécessaires pour paraître tel; mais il se négligeait déjà infiniment : et dans ce grand deuil qu'il portait de feu M. le prince, il était peu aimable; car ayant le visage maigre et long, cette négligence lui était désavantageuse.

Le prince d'Orange mourut dans ce temps-là. Ce fut, par les raisons que j'ai dites, une perte pour la France. Le mérite de ce prince l'ayant fait estimer dans toute l'Europe, il en fut de même fort regretté.

Les fêtes de Pâques se passèrent à l'ordinaire. La Reine, après avoir fait le jeudi saint la cène chez elle, alla s'enfermer au Val-de-Grâce pour y passer les jours de toute la semaine sainte dans la retraite et la prière. Après les fêtes, on ne parla plus que de guerre et de voyage. La Cour fit dessein d'aller sur la frontière et même de passer plus avant que Compiègne et Amiens. Mme de Longueville revint alors de Munster à Paris. Cette princesse qui, absente, régnait dans sa famille et dont tout le monde souhaitait l'approbation comme un bien souverain, revenant à Paris [mai 1647], ne manqua pas d'y paraître avec plus d'éclat qu'elle n'en avait eu quand elle était partie. L'amitié que M. le prince son frère avait pour elle, autorisant ses actions et ses manières, la grandeur de sa beauté et celle de son esprit grossirent tellement la cabale de sa famille, qu'elle ne fut pas longtemps à la Cour sans l'occuper tout entière (1). Elle devint l'objet de tous les désirs; sa ruelle devint le centre de toutes les intrigues, et ceux qu'elle aimait devinrent aussitôt les mignons de la fortune. Ses courtisans furent révérés du ministre; et dans peu de temps nous allons la voir la cause de toutes nos révolutions et de toutes les brouilleries qui ont pensé perdre la France.

Ses lumières, son esprit et l'opinion qu'on avait de son discernement la faisaient admirer de tous

---

(1) Voir les deux ouvrages de M. Cousin, intitulés la *Jeunesse de Madame de Longueville* et la *Marquise de Sablé*.

les honnêtes gens ; et ils étaient persuadés que son estime seule était capable de leur donner de la réputation. Si elle dominait les âmes par cette voie, celle de sa beauté n'était pas moins puissante. Elle avait la taille admirable, et l'air de sa personne avait un agrément dont le pouvoir s'étendait même sur notre sexe. Il était impossible de la voir sans l'aimer et sans désirer de lui plaire. Sa beauté néanmoins consistait plus dans les couleurs de son visage que dans la perfection de ses traits. Ses yeux n'étaient pas grands, mais beaux, doux et brillants, et le bleu en était admirable : il était pareil à celui des turquoises. Les poètes ne pouvaient jamais comparer qu'aux lis et aux roses le blanc et l'incarnat que l'on voyait sur son visage ; et ses cheveux blonds et argentés, et qui accompagnaient tant de choses merveilleuses, faisaient qu'elle ressemblait beaucoup plus à un ange, tel que la faiblesse de notre nature nous les fait imaginer, que non pas à une femme.

Enfin, on peut dire qu'alors toute la grandeur, toute la gloire, toute la galanterie étaient renfermées dans cette famille de Bourbon, dont M. le prince était le chef, et que le bonheur n'était plus estimé un bien s'il ne venait de leurs mains. Le prince de Conti [1], cadet du frère et de la sœur, était sorti du collège depuis peu : et ce fut alors

---

[1] Armand de Bourbon, frère cadet du grand Condé (1629-1666).

qu'il commença de paraître dans le monde. Il était beau de visage; mais comme sa taille était gâtée, on l'avait destiné à l'Église. Il possédait beaucoup de bénéfices, et plusieurs personnes s'attachèrent à lui dans l'espérance de faire fortune par cette voie. Ce jeune prince, trouvant Mme de Longueville dans une grande réputation, voulait suivre ses sentiments et ses conseils, et se laissa tenter d'acquérir de l'estime par elle. Il souhaita de lui plaire, et plutôt en qualité d'honnête homme que comme son frère; il avait de l'esprit et il y réussit facilement.

La Reine, qui naturellement n'était ni jalouse ni ambitieuse, avait néanmoins de la froideur pour Mme de Longueville. Elle ne goûtait pas cette manière de faire profession publique de bel esprit : elle n'aimait nullement les façons. Elle avait de la raison et du bon sens : tout ce qui était en elle était naturel et sans art; et ces deux personnes, selon la mesure de leur âge, étant toutes deux infiniment aimables, avaient un caractère si différent, qu'il était impossible que l'inférieure, qui vivait en reine, et qui ne rendait pas de grands devoirs à sa souveraine, pût lui plaire.

L'occupation que donnent les applaudissements du grand monde, qui d'ordinaire regarde avec trop d'admiration les belles qualités des personnes de cette naissance, avait ôté le loisir à Mme de Longueville de lire et de donner à son esprit une connaissance assez étendue pour la pouvoir dire savante. Elle était naturellement trop préoccupée de ses sentiments, qui passaient alors pour des règles infaillibles, et ne l'étaient pas toujours; et il y avait trop d'affectation en sa manière de parler et d'agir, dont la plus grande beauté consistait en la délicatesse des pensées et dans un raisonnement fort juste. Elle paraissait contrainte; et la fine raillerie dont elle et ses courtisans faisaient profession tombait souvent sur ceux qui, en lui voulant rendre leurs devoirs, sentaient à leur dommage que l'honnête sincérité qui se doit observer dans la société civile était apparemment bannie de la sienne. Les vertus et les louables qualités des plus excellentes créatures sont mêlées des choses qui leur sont opposées; tous les hommes participent à cette boue dont ils tirent leur origine, et Dieu seul est parfait.

[Le 9 mai], la Reine prit le chemin de Compiègne avec intention d'aller de là jusques à Amiens. Le cardinal demeura trois ou quatre jours après elle dans Paris pour achever quelques affaires qui restaient à conclure, et partit pour l'aller trouver le 15 du même mois. Comme il était infatigable dans le travail, qu'il voulait faire les charges de tous les secrétaires d'État, qu'il ordonnait des finances, et qu'enfin il voulait connaître de tout, il était continuellement si occupé qu'il était impossible de le voir. Il avait autant de lumière qu'un homme, artisan de sa propre grandeur, en pouvait avoir. Il avait une grande capacité, et surtout une industrie et une finesse merveilleuse pour conduire et amuser les hommes par mille douteuses et trompeuses espérances. Il ne faisait du mal que par nécessité à ceux qui lui déplaisaient Pour l'ordinaire, il se contentait de s'en plaindre, et les plaintes produisaient toujours des éclaircissements qui lui redonnaient aisément l'amitié de ceux qui lui manquaient de fidélité, ou qui prétendaient se pouvoir plaindre de lui. Il avait le don de plaire, et il était impossible de ne pas se laisser charmer par ses douceurs; mais cette même douceur était cause, quand elle n'était pas accompagnée des bienfaits qu'il faisait espérer, que ces hommes, lassés d'attendre, tombaient ensuite dans le dégoût et le chagrin. Jusque-là, les plaintes des particuliers n'avaient pas fait une grande impression sur les esprits : elles étaient plutôt fondées sur l'aversion de sa faveur que sur la haine de sa personne. Le respect que le rayon de la puissance royale, qui l'environnait glorieusement, devait graver dans les cœurs des sujets du Roi, arrêtait ce que la malice humaine cherchait à blâmer en lui : et la tranquillité de la cour, jointe aux heureux succès de la guerre, lui avait donné jusques alors plus de réputation que le moindre des courtisans ne lui pouvait donner de honte. Mais peu à peu on allait découvrant en lui plusieurs défauts, dont les uns se pouvaient attribuer à tous les favoris, et les autres étaient plus essentiels. On disait qu'il ignorait nos coutumes, et ne s'appliquait pas assez soigneusement à les faire observer; qu'il ne se souciait pas, comme il l'aurait dû faire, de gouverner l'État par les lois anciennement établies; qu'il ne protégeait pas la justice selon qu'il y était obligé par sa qualité de premier ministre, et manquait aux soins qu'il devait au bien public. Ces péchés d'omission, quoique grands, ne pouvaient avec justice le déshonorer, parce qu'il pouvait alors avoir de bonnes intentions qui peut-être, étant connues, l'auraient dû justifier dans le public.

Ce peu de jours que ce ministre demeura dans Paris ne servit qu'à fomenter davantage l'envie qui commençait à paraître, parce que beaucoup de ceux qui souhaitaient de le voir n'y purent réussir. Lorsqu'il monta en carrosse pour s'en aller, toute la cour du Palais-Royal était pleine de cordons bleus, de grands seigneurs, de gens de qualité, qui par leur empressement paraissaient s'estimer trop heureux de l'avoir pu regarder de loin. Tous les hommes sont naturellement esclaves de la fortune; et je puis dire n'avoir guère vu de personne à la Cour qui ne fût flatteur, les uns plus, les autres moins. L'intérêt qui nous aveugle, nous surprend et nous trahit dans les occasions qui nous regardent : il nous fait agir avec plus de sentiment que de lumière; et il arrive même assez souvent qu'on a honte de ses faiblesses; mais on ne le peut apercevoir que par la sage réflexion que chacun se doit à soi-même, et après que l'occasion de mieux faire est passée.

Aussitôt que le ministre eut rejoint la Reine, il arriva nouvelle de la frontière que les ennemis paraissaient et faisaient mine de vouloir attaquer quelque place. Le maréchal de Villeroy partit aussitôt, à dessein de recevoir les troupes qui devaient composer une petite armée qu'on appelait l'armée de la Reine. Bientôt après les ennemis assiégèrent Armentières, avec des forces considérables que commandait l'archiduc Léopold, frère de l'Empereur, qui gouvernait les Pays-Bas, et dont la réputation était grande, tant pour la politique que pour la guerre.

La Reine fut inquiète de cette armée; et son ministre, ne voulant pas lui seul se charger des événements, envoya convier le duc d'Orléans de revenir à la Cour. Mais lui, qui savait qu'on n'avait pas désiré qu'il allât commander cette campagne l'armée du Roi, montra un peu de lenteur, et ne revint pas trouver la Reine plus tôt qu'il ne l'avait promis. Étant arrivé à Paris le 21 de mai, et Mme la duchesse d'Orléans avec lui, en très bonne santé, il en partit le 28 pour trouver la Reine.

La cour est le centre des princes, et il faut de plus grands sujets de colère et de dégoût que ceux dont le duc d'Orléans se plaignait pour les en pouvoir séparer. Il y trouva pour nouvelle que M. le prince avait assiégé en Catalogne cette même place qui, l'année précédente, avait occupé huit mois le comte d'Harcourt, sans nul autre effet que de l'avoir fait passer pour malheureux. Quand ce prince lorrain (1) fut chassé des retranchements de Lérida, il y avait quatre mille hommes dans la place; et M. le prince l'avait attaquée sachant que ce même nombre de troupes y était encore, dans la confiance qu'il avait peut être alors que cette victoire ne lui pouvait échapper. Depuis la première nouvelle de ce siège, il arriva aussitôt après un second courrier qui apprit à la Reine que ce général avait déjà fait ouvrir la tranchée et qu'il était logé dans les mêmes retranchements du comte d'Harcourt.

[1647.] Au mois de juin, la Cour étant à Amiens, je m'y rendis en allant en Normandie. Je trouvai la Reine assez chagrine; mais, ne voulant pas que son inquiétude parût, elle me fit l'honneur de me dire qu'elle croyait qu'à Paris on décriait fort les affaires du Roi à cause de la prise d'Armentières, qui s'était rendue aux ennemis depuis peu de jours, après un mois de siège; mais qu'elle voulait bien qu'on sût qu'elle ne regrettait pas trop la perte d'une place qui ne lui avait coûté l'année précédente que vingt-quatre heures; que l'armée était forte et qu'on allait la mettre en état de le rendre aux ennemis. En effet, le maréchal de Villeroy revint de l'armée pendant le séjour que

(1) *Vid.* note 1, page 91.

je fis à Amiens, qui assura qu'il l'avait laissée en bon ordre, par l'augmentation de quatre mille hommes qu'il venait d'y conduire avec force munitions de guerres. On fit la revue des troupes de la Ferté-Seneterre, qui n'étaient composées que de deux ou trois mille hommes, à dessein de les envoyer avec les autres.

Il arriva des nouvelles de Lérida, qui disaient que M. le prince se promettait de prendre cette place au 25 du mois. Je partis d'Amiens le lendemain de la Pentecôte. Je laissai la Reine et tous les courtisans dans un grand ennui ; et chacun en particulier regrettait les douceurs de Paris.

Le ministre était occupé à grossir l'armée pour la mettre en état de nous défendre des ennemis, qui, après avoir pris Armentières et Comines (1), petit château de peu de conséquence, vinrent prendre la ville de Lens, qui de même n'était pas de difficile prise. De notre côté, on manda au maréchal de Turenne en Allemagne d'amener ses troupes, les meilleures de l'Europe, qui n'y étaient plus nécessaires : les Suédois voulaient la paix, et le duc de Bavière était d'accord avec la France. Mais, avant qu'elles arrivassent, les ennemis étant en effet plus forts que nous, les deux armées se rencontrèrent auprès de Béthune, environ le 1er ou 2e de juin. Comme elles se rencontrèrent à la vue

---

(1) C'est au château de Comines que naquit le célèbre homme d'État et historien Philippe de Comines (1445-1509).

l'une de l'autre, nos généraux, le maréchal de Gassion (1) et de Rantzau (2), un peu mieux d'accord qu'à l'ordinaire, envoyèrent à la Cour demander la permission au cardinal de donner une bataille; mais le ministre, à ce que mes amis m'écrivirent en Normandie, n'en fut point d'avis, et Monsieur fut de ce même sentiment. On leur ordonna de se retirer, et d'attendre les troupes d'Allemagne.

Ces troupes ne purent venir, et le vicomte de Turenne fit savoir au ministre, peu de temps après, que son armée se mutinait, et que les Allemands ne voulaient point passer le Rhin qu'on ne leur eût payé les montres qu'on leur devait. Outre ces fâcheuses nouvelles, il arriva un courrier de M. le prince, qui annonça que le siège de Lérida était levé du 17 du mois (3), avec perte de toute son armée, qui s'était dissipée en trois jours, à cause de l'excessive chaleur de la saison et des grandes fatigues que les soldats souffrirent : elles furent telles qu'on ne les put retenir par l'espérance ni par la crainte. Le prince de Condé connut lui-même qu'il était difficile de finir bientôt

(1) Jean de Gassion, né à Pau en 1609, tué au siége de Lens en 1647. C'est à cause de lui, quoique après sa mort, que la terre et seigneurie de Camou (Basses-Pyrénées) fut érigée en marquisat (1650), sous le nom de Gassion. — Lire la notice que lui consacre Tallemant des Réaux. Cf. Monglat, 13e campagne.

(2) Josias, comte de Rantzau, était né dans le Holstein (1609). Il mourut en 1650.

(3) Cf. Monglat, 13e campagne, qui confirme tous ces détails.

cette entreprise, parce que les mineurs avaient trouvé du roc par tous les endroits où ils avaient voulu s'attacher; et il jugea plus à propos de lever le siège que d'attendre les ennemis, qui étaient en état de l'en chasser.

La haine qu'on avait déjà pour le ministre inspirait dans tous les cœurs le désir de quelque changement dans les affaires, afin de consoler ceux qui souffraient d'une si longue bonace et d'une faveur si établie. Les maux qui arrivèrent en cette campagne, par cette raison, donnèrent plus de joie qu'ils ne causèrent de tristesse; et on ne manqua pas de faire des chansons et des madrigaux à la honte de M. le prince.

Les plénipotentiaires écrivaient de Munster que les Espagnols, voyant que leur destinée commençait à devenir plus heureuse, faisaient déjà les entendus, et se moquaient de toutes les propositions qu'on leur faisait. Ils avaient cette année leurs troupes en état de nous prendre les places, que notre armée n'était pas encore assemblée; et alors des personnes éclairées crurent que le ministre se repentit de n'avoir pas profité des bons moments qui lui avaient donnés la paix entre ses mains, et qu'il souhaita que l'Empereur, par le mauvais état de ses affaires, pût forcer le roi d'Espagne de s'accommoder à la nécessité, et de revenir à certaines propositions, telles à peu près qu'il les avait accordées quelque temps auparavant.

Quand la paix n'aurait pas été si glorieuse à la France, elle n'aurait pas laissé de lui être commode et avantageuse, par le mauvais état où elle pouvait tomber. Les longues guerres l'avaient épuisée d'hommes, de forces et d'argent[1]. En ce temps-là, on a toujours douté si le ministre la voulait tout de bon; mais le moment heureux était alors passé, et cette heure si célèbre pour la bonne fortune ne devait pas sitôt revenir. Le cardinal, peut-être, eut de bons motifs pour différer la paix, qui avait paru à toute l'Europe dépendre de lui seul; mais comme on peut aisément soupçonner un ministre d'avoir plus d'égard à son bien particulier qu'au bien public, et que l'opinion commune a toujours été que la paix est leur ruine, à cause que toute la force du cabinet se ramasse plus aisément contre eux, on a jugé du cardinal Mazarin comme d'un homme qui avait appréhendé ces mêmes choses. La Reine, qui en effet désirait la paix, m'a toujours assuré dans tous les temps, qu'elle savait certainement que son ministre avait fait son possible pour la donner à la France et à toute l'Europe.

Les ennemis assiégèrent aussi, le 27 juin, Landrecies, place assez proche de Paris pour être de grand poids aux affaires du Roi. Leur hardiesse fit résoudre le cardinal, ou de faire lever le siège,

---

[1] Il faut lire dans les *Mémoires* de Laporte les détails navrants qu'il donne sur la croissance de la misère de 1646 à 1652.

ou de les combattre avec ce qu'il y avait de troupes dans l'armée, qu'on n'estimait pas à plus de quinze ou seize mille hommes. Cette résolution prise, nos généraux passèrent la Sambre à Castillon le 2 juillet, pour aller droit aux lignes des ennemis, qui furent témoins de ce passage avec une partie de leur armée commandée par le général Bec, lequel fut contraint de quitter le passage sans le disputer aux nôtres. Ensuite de cette action, l'armée du Roi marcha en bataille et approcha des lignes avec vingt-cinq pièces de canon, qui d'abord tirèrent de telle furie dans le camp des ennemis, qu'ils en furent incommodés, et plusieurs des leurs furent tués; mais les lignes se trouvèrent en si bon état de défense, le quartier de l'archiduc tellement fortifié, et ceux du comte de Bucquoy (1), du marquis de Caracène et des autres si bien retranchés, qu'il parut fort difficile à nos généraux de les pouvoir forcer (2). Mais, pour satisfaire à la bravoure de nos gens, ils envoyèrent offrir la bataille aux ennemis : ce qu'ils refusèrent. On a dit depuis que, si on les eût attaqués, et que le dessein et l'ordre du ministre eût été suivi, il aurait sans doute réussi, parce que l'épouvante se mit dans le camp des

(1) Jean-Albert d'Archambaud, comte de Bucquoy, successivement militaire, chartreux, trappiste, ermite, instituteur de pauvres, puis abbé bénéficiaire (1650-1740).

(2) Monglat rejette toute la faute sur le général de Rantzau qui, s'étant enivré, fut en retard de six heures, durant lesquelles l'armée espagnole se fortifia dans ses positions. — *Vid.* 13ᵉ campagne.

ennemis à la vue des troupes du Roi; qu'ils sont accoutumés aux miracles de la valeur française, et qu'ils en craignent toujours les choses les plus difficiles. Les ordres étant changés, l'armée se tint en bataille toute la nuit du 2 au 3, et se retira dans le même ordre, repoussant les ennemis dans leurs lignes quand il leur prenait envie de s'avancer vers eux.

L'armée du Roi laissa donc Landrecies recommandée au courage du gouverneur (1), et se sépara en deux. Elle était encore augmentée de quelques troupes nouvelles, une partie commandée par le général Rantzau et l'autre par le maréchal de Gassion. Le premier assiégea Dixmude, et la prit; et l'autre, en même temps, assiégea La Bassée, place considérable, et capable de réparer la perte de Landrecies. Il commença son siège par une défaite d'un grand convoi que les ennemis voulurent jeter dedans : ce qui fit voir clairement que cette entreprise lui réussirait, puisque les ennemis manquaient de ce qui était nécessaire à leur subsistance. En même temps nous perdîmes celle que nous avions voulu défendre; et le gouverneur se rendit sans attendre l'effet de la mine [le 15 ou 16 juillet (2)].

Le maréchal de Gassion, voyant que la prise de La Bassée était d'une grande conséquence, et

---

(1) Hudicour.
(2) Le 18 juillet, selon Monglat.

qu'il était nécessaire de s'en rendre maître avant que les ennemis le pussent venir troubler, fit dire à celui qui la commandait que, s'il ne rendait la place à l'instant même, qu'il allait lui donner l'assaut et qu'il ne pardonnerait ni aux femmes ni aux enfants. Cet homme, ne voulant point voir périr sa famille, proposa de se rendre dans quatre heures, si dans ce temps il n'était secouru. Le maréchal de Gassion, prenant courage sur cette proposition, dit tout haut, en mettant sa montre sur le fossé, que si dans trois quarts d'heure qu'elle sonnerait il ne se rendait, il leur déclarait qu'il n'y aurait plus de quartier pour lui ni pour ses habitants. Le commandant, menacé par la peur et par celle des bourgeois qui ne voulaient point mourir, lui porta les clefs de la ville et s'estima heureux de pouvoir éviter ses menaces.

Le maréchal de Gassion était vaillant, heureux et hardi : il était craint des ennemis, parce qu'il était homme à tout hasarder, et par conséquent à réussir en ce qu'il entreprenait. Toute la Cour le loua infiniment de sa fermeté. La Reine lui en sut gré ; et le ministre, qui voyait avec douleur la prospérité des ennemis de l'État, fut content de cette aventure, quoique d'ailleurs il n'aimât pas l'aventurier. Il était néanmoins si politique, qu'en recevant cette nouvelle, qui fut le remède de ses justes appréhensions, il s'arrêta tout court, et demeura si froid et si sérieux, à ce que me contèrent depuis ceux qui étaient présents, que ses particuliers amis crurent qu'il avait reçu quelque mauvaise nouvelle, et s'en allèrent tous chacun de leur côté, n'osant lui demander la cause de son chagrin. Ils en furent si fortement persuadés que, la nouvelle ayant été divulguée, ils s'imaginèrent encore, après avoir raisonné sur la mine du ministre, qu'il y avait quelque mal caché sous l'apparence de ce bien. Dans toutes les occasions de cette nature, on a toujours remarqué que ce ministre affectait d'être gai quand les affaires allaient mal, pour montrer qu'il ne s'étonnait point dans le péril ; et triste quand elles allaient bien, pour faire voir qu'il ne s'emportait pas dans la joie et dans la prospérité. Sur ce sujet, il avait double raison de paraître glacé : car il ne voulait pas montrer sentir le service que le maréchal de Gassion venait de rendre à l'Etat, afin d'éviter l'obligation de la récompense que ce général méritait.

Le murmure était grand à Paris sur toutes nos pertes. L'honneur de la prise de La Bassée était donné à Gassion, et on donnait le blâme des victoires que les ennemis avaient remportées sur nous au cardinal Mazarin. On les célébrait comme les marques de sa mauvaise conduite, et ses ennemis les donnaient au public comme des preuves évidentes de la doctrine qu'ils prêchaient. Ce murmure fut cause de quelques proscriptions. Le comte de Fiesque fut le plus considérable des exilés. L'abbé de Belebat fut aussi éloigné et Sarrazin (1), pour avoir fait des vers satiriques ; et quelques autres de peu de renom, qui, dans des cabarets et dans les lieux publics, avaient dit quelques sottises. On fit une ordonnance qui défendait de parler des affaires d'État; et la Reine témoigna beaucoup d'aversion pour ceux qui parlaient plus qu'ils ne devaient.

La Reine ayant remis l'ordre dans nos frontières, et laissé l'armée du Roi en état de se bien défendre, partit d'Amiens, et alla passer quelques jours à Abbeville. De là elle vint à Dieppe, dans le dessein d'aller à Rouen ; mais notre province fut si insensible à l'honneur que le Roi lui faisait, et particulièrement la ville de Rouen, qu'elle évita avec tout le soin possible de la recevoir. La Reine, de son côté, sembla d'appréhender le tracas et l'importunité de cette visite et des harangues qu'il aurait fallu entendre; elle se résolut de s'en retourner par Gournay, Gisors et Pontoise. Elle ne tarda que trois jours à Dieppe, dont le séjour lui fut agréable. Elle se plut à la vue de la mer, qu'elle voyait des fenêtres de sa chambre, et d'où elle vit des brûlots se consumer

(1) La branche de Fiesque qui a produit les comtes de Lavagne a fini avec J.-L. de Fiesque mort sans alliance en 1708. C'était une branche des Fiesque de Gênes. — L'abbé de Belebat appartenait à la famille des seigneurs de Hurault, de la noblesse de Touraine. — Le poète Sarrazin (ou mieux Sarrasin), secrétaire du prince de Conti, né en 1603, mort en 1654 (*Vid.* sur Sarrasin : Ch. Nodier, *Notice*, et V. Cousin, *La Société française au XVIIe siècle*, t. I).

sur la mer pour la divertir. Le Roi alla voir un vaisseau que la reine de Suède lui avait envoyé, grand et beau, et on fit devant lui une espèce de combat naval ; mais, pour combler de joie les habitants, on leur fit cet honneur de leur laisser la garde de la personne du Roi. Ce peuple, qui avait été fidèle à Henri IV, grand-père du Roi, méritait qu'on leur donnât des marques de la confiance qu'on avait en eux ; ils allaient criant dans les rues qu'on faisait bien de leur confier le Roi, et qu'il n'y avait point parmi eux de Ravaillacs. Les femmes couraient après Leurs Majestés, et les villageois de cette contrée, en les suivant, leur donnaient des bénédictions infinies, qui malgré leur vilain langage normand, ne laissaient point de leur plaire. J'ai ouï dire à la Reine même que l'affection qu'elle avait reconnue en ce peuple lui avait été assez agréable pour lui ôter la peine qu'elle ressentait d'ordinaire par de telles importunités. Quoique la Reine eût désiré de pouvoir éviter d'entendre des harangues, elle ne put néanmoins s'en exempter entièrement. Le parlement de Normandie vint la saluer, la chambre des Comptes, la cour des Aides. La Reine reprit le chemin de Paris avec plaisir, et bientôt après je la suivis, et m'en retournai la trouver.

J'arrivai à Paris le 28 août, fort lasse de mon voyage, parce que j'avais toujours couru. La campagne n'est belle qu'avec le repos et la solitude, quand on y peut goûter les plaisirs innocents que

la beauté de la nature nous fournit dans les bois et auprès des rivières. Je trouvai la Reine dans la chambre du duc d'Anjou ; il était malade d'une maladie assez considérable pour pouvoir donner de l'inquiétude à une aussi bonne mère qu'elle l'était. Il commençait néanmoins à se bien porter, et sa chambre était pleine de personnes des plus considérables de la Cour. Ce chagrin, qui est inséparable de la maladie, fit que ce petit prince se trouva incommodé de la bonne compagnie, et et qu'il supplia la Reine de les chasser tous, et de vouloir demeurer seule avec lui. La Reine lui dit qu'elle n'osait pas le faire, parce que Mme la princesse y était, et beaucoup des personnes qualifiées. Il lui répondit : « Eh ! bon Dieu, ma-
« dame, moquez-vous de cela. N'êtes-vous pas la
« maîtresse ? Et à quoi vous sert votre couronne,
« si ce n'est à faire votre volonté ? Vous me chas-
« sez bien quand il vous plaît, moi qui suis votre
« fils : n'est-il pas juste qu'un chacun ait son
« tour ? » J'étais auprès de la Reine ; et, comme elle trouva qu'il avait raison, elle me fit l'honneur de me dire « Il faut le contenter ; mais ce ne sera
« pas à sa mode, car il faut que je m'en aille pour
« lui pouvoir ôter tout ce qui l'importune. » Elle amena avec elle Mme la princesse, et tout ce qu'elle n'avait pu quitter.

Ce prince eut de l'esprit aussitôt qu'il sut parler. La netteté de ses pensées était accompagnée de deux belles inclinations qui commençaient à paraître en lui, et qui sont nécessaires aux personnes de sa naissance, la libéralité et l'humanité. Il serait à souhaiter qu'on eût travaillé à lui ôter les vains amusements qu'on lui a soufferts dans sa jeunesse. Il aimait à être avec des femmes et des filles, à les habiller et à les coiffer : il savait ce qui seyait à l'ajustement, mieux que les femmes les plus curieuses : et sa plus grande joie, étant devenu plus grand, était de les parer, et d'acheter des pierreries pour prêter et donner à celles qui étaient assez heureuses pour être ses favorites. Il était bien fait ; les traits de son visage paraissaient parfaits. Ses yeux noirs étaient admirablement beaux et brillants : ils avaient de la douceur et de la gravité. Sa bouche était semblable en quelque façon à celle de la Reine sa mère. Ses cheveux noirs, à grosses boucles naturelles, convenaient à son teint ; et son nez, qui paraissait devoir être aquilin, était alors assez bien fait. On pouvait croire que, si les années ne diminuaient point la beauté de ce prince, qu'il en pourrait disputer le prix avec les plus belles dames ; mais, selon ce qui paraissait à sa taille, il ne devait pas être grand.

Ce même jour, sur le soir, les gens du Roi vinrent trouver la Reine par son commandement. Elle les avait mandés pour se plaindre à eux du parlement, qui s'était opposé à certain tarif qu'on avait mis sur toutes les denrées, et qui jusques alors n'avait point été établi, à cause que le président de Mesmes, tenant la vacation en 1646, en avait défendu l'exécution ; mais, malgré cette défense, on avait remis l'affaire en délibération au conseil, où, dans le besoin qu'on avait d'avoir de l'argent, l'on avait trouvé à propos de maintenir l'autorité royale par cette voie. Le parlement, qui prétendait être en droit d'examiner les édits qui étaient à charge au peuple, ayant maintenu ce que le président de Mesmes avait fait, et ordonné que très humbles remontrances seraient faites à la Reine sur cette affaire, leur résistance fit résoudre la Cour à leur proposer quelques autres édits plus faciles à faire passer. Il se fit sur ce sujet une conférence au Palais-Royal, où se trouva le conseil du Roi et le parlement (1).

On avait cru que le chancelier haranguerait; mais le cardinal lui avait envoyé un mémoire fait par de Lyonne, secrétaire, où par son ordre les principaux points de son discours étaient marqués. Le chancelier, en s'assujettissant à cette leçon, ne trouva pas qu'il pût soutenir la gloire qu'il avait acquise toutes les fois qu'il avait parlé en public : il aima mieux ne rien dire, et s'excusa sur quelque incommodité. Dans cette conférence, on résolut enfin de passer le tarif, parce que le parlement jugea que, dans les propositions qu'on leur fit, l'avantage du peuple n'y serait pas plus grand. Ils résolurent seulement de le modifier, et ordonnèrent qu'il ne

(1) Cette conférence eut lieu le samedi 31 août.

se lèverait que pour deux ans, au bout desquels le parlement fit défense de ne plus rien lever ; et en même temps défense à la cour des Aides de s'en mêler. Pour faire recevoir à la Reine la hauteur de leur procédé avec moins de peine, ils adoucirent cette amertume par quelques autres édits qu'ils joignirent au tarif. Avec de l'argent, le cardinal Mazarin fut content ; et la Reine le fut aussi, parce qu'elle évita par cet accommodement la fatigue d'aller au parlement en personne faire passer ces mêmes édits, ce qu'elle eût été forcée de faire si la chose n'eût pris cette voie de douceur.

Le 11 septembre, nous vîmes arriver d'Italie trois nièces du cardinal Mazarin et un neveu. Deux sœurs Mancini et lui étaient enfants de la sœur cadette de l'Eminence ; et la troisième nièce était Martinozzi, fille de la sœur aînée de ce ministre. L'aînée des petites Mancini était une agréable brune qui avait le visage beau, âgée d'environ douze ou treize ans. La seconde était brune, avait le visage long et le menton pointu. Ses yeux étaient petits mais vifs ; et l'on pouvait espérer que l'âge de quinze ans lui donnerait quelque agrément. Selon les règles de la beauté, il était néanmoins impossible alors de lui en attribuer d'autre que celle d'avoir des fossettes à ses joues. Mademoiselle de Martinozzi était blonde : elle avait les traits beaux et de la douceur dans les yeux. Elle faisait espérer qu'elle serait effectivement belle; et si nous eussions été assez bons astrologues pour deviner dans sa physionomie les avantages de sa fortune comme on jugea ceux de sa beauté, on eût su en ce temps-là que sa destinée lui devait donner une grande qualité. Ces deux dernières étaient de même âge, et on nous dit qu'elles avaient environ neuf à dix ans.

Mme de Nogent les fut recevoir à Fontainebleau, par ordre du cardinal Mazarin; elle présenta à la Reine le neveu et les nièces de son ministre. La Reine les voulut voir le soir qu'elles arrivèrent et les vit avec plaisir. Elle les trouva jolies, et le temps que ces enfants furent en sa présence fut employé à faire des remarques sur leurs personnes. Mme de Senecé offrit à la Reine de les aller voir le lendemain et de leur aller faire un compliment de sa part; mais on lui fit entendre que le cardinal ne souhaitait point qu'on les visitât; et qu'étant logées chez lui dans sa maison, où il était bien aise d'aller quelquefois se reposer, s'il souffrait qu'on y allât, le monde l'incommoderait trop. Il ne doutait pas, sans trop se flatter, que s'il avait montré d'agréer les visites, la presse n'y fût extrême. Quand cet oncle si révéré, si heureux et si puissant vit arriver ses nièces, il quitta la Reine aussitôt qu'elles entrèrent dans son cabinet et s'en alla chez lui se coucher. Après qu'elles eurent vu la Reine, on les lui mena; mais il ne montra pas de s'en soucier beaucoup : au contraire, il fit des railleries de ceux qui étaient assez sots pour leur rendre des soins ; et malgré ce mépris, il est certain qu'il avait de grands desseins sur ces petites filles. Toute son indifférence là-dessus n'était qu'une pure comédie ; et par là nous pouvons juger que ce n'est pas toujours sur les théâtres des farceurs que se jouent les meilleures pièces.

Le lendemain, on ramena les nièces chez la Reine, qui les tint quelques moments auprès d'elle pour les mieux considérer ; et le cardinal Mazarin y vint aussi, qui n'en fut pas plus touché que le premier jour. On les montra ensuite en public. Chacun se pressa pour les voir, et les spectateurs se forcèrent de les traiter tantôt d'agréables et tantôt de fort belles : même on leur donna de l'esprit par les yeux ; et toutes les choses qui peuvent être louanges leur furent amplement attribuées par leur libéralité. Pendant que les courtisans s'empressèrent de parler sur ce sujet, le duc d'Orléans s'approcha de l'abbé de La Rivière et de moi, qui causions ensemble auprès de la fenêtre du cabinet, et nous dit tout bas : « Voilà tant de monde « autour de ces petites filles, que je doute si leur « vie est en sûreté, et si on ne les étouffera point « à force de les regarder. » Le maréchal de Villeroy s'approcha de lui en même temps, qui avait une gravité de ministre ; il lui dit aussi : « Voilà « des petites demoiselles qui présentement ne sont « pas riches, mais qui bientôt auront de beaux « châteaux, de bonnes rentes, de belles pierre- « ries, de bonne vaisselle d'argent, et peut-être de grandes dignités ; mais pour le garçon, comme il faut du temps pour le faire grand, il pourrait bien ne voir la fortune qu'en peinture, » voulant dire que son oncle pourrait tomber avant qu'il fut en âge de l'élever bien haut; en quoi, sans y penser, il prophétisa entièrement. Les filles sont devenues plus grandes dames qu'il ne croyait (1), et le garçon n'a point en effet joui de son bonheur, parce que la mort le déroba à la faveur de celui qui aurait pu le mettre en état d'être respecté de tout le monde.

La Reine, pour trouver quelque plaisir dans le changement, partit de Paris le 15 de septembre pour aller passer l'automne dans cette belle demeure de Fontainebleau, et laissa à Paris le petit Monsieur, qui n'était pas encore assez bien guéri pour lui donner cette fatigue. Le maréchal de Villeroy, qui voulait plaire à celui qui l'avait fait gouverneur du Roi, inspira dans le cœur de ce jeune prince le désir de mener le petit Mancini à ce voyage. Le Roi le demanda instamment à la Reine, qui volontiers pria le cardinal Mazarin que le petit Mancini n'allât point aux jésuites.

Cependant la France soutenait la guerre avec un peu plus de gloire que dans le commencement de la campagne. On fit à l'armée des ennemis une attaque qui réussit heureusement. On tua beau-

---

(1) L'aînée devint duchesse de Mercœur; la seconde, comtesse de Soissons; la troisième, princesse de Conti.

coup de leurs gens, et de notre part, Vardes seulement y fut blessé assez légèrement. On fit dessein sur Ypres; mais le maréchal de Gassion manqua au rendez-vous par la faute des guides. Le ministre en parut mal satisfait; et il douta qu'il ne l'eût fait exprès pour faire dépit au maréchal de Rantzau, qui avait proposé cette entreprise. Au lieu d'Ypres, on alla assiéger Lens ; et pour prendre plutôt cette place, toute l'armée, commandée par ces deux généraux ennemis, prit cette route.

A cette époque, Monsieur tomba malade. On dissimula à la Reine la gravité de son mal, mais à la nouvelle qu'il avait été saigné, la mère déclara qu'elle voulait aller voir son fils, et se résolut, malgré les règles de la dissimulation si souvent pratiquée par les rois, de faire à Paris un petit voyage de deux jours. Elle y devait aller, car on commençait déjà de murmurer dans Paris de ce qu'elle n'y était pas. Cette princesse fut étonnée quand elle vit Monsieur. Elle le trouva en état de lui donner une grande douleur, avec une pareille inquiétude. Ce prince, la voyant arriver, se jeta à son cou, et la tint longtemps embrassée, tout pâmé de joie et de plaisir de la revoir. Malgré la grandeur de sa maladie, il lui dit mille choses qui montraient assez que l'abattement de son mal ne lui avait point ôté la vivacité de son esprit. La présence de la Reine apparemment lui fit du bien : ce même jour son mal diminua beaucoup. La

Reine ne le quitta même qu'après trois jours, dans la créance certaine qu'il était en meilleur état, quoiqu'en effet il ne fût pas encore hors de péril.

En arrivant à Fontainebleau, elle dit tout haut qu'il se portait beaucoup mieux. A moi, elle me fit l'honneur de me dire que ce mieux n'était pas capable de lui ôter son inquiétude; mais néanmoins les médecins l'avait assurée qu'il n'y avait plus de danger en sa maladie. Comme la Reine avait sujet de craindre la perte d'un fils qui lui était si cher, et qui par lui-même était si aimable, le duc d'Orléans avait raison d'espérer que ce coup pouvait le mettre dans le rang de présomptif héritier de la couronne, qui n'était pas une petite place pendant le temps d'une régence. Mais tous faisaient bonne mine par des motifs différents : la Reine, qui aurait été au désespoir de perdre ce prince, contrefaisant la gaie ; et le duc d'Orléans, qui s'en serait consolé, n'osant faire le mélancolique, de peur d'être soupçonné d'une trop grande affectation; mais il avait aussi une telle frayeur qu'il ne lui échappât de montrer de la joie, qu'il n'osait ni parler ni rire sur aucun chapitre. Je n'ai jamais vu la Cour si grosse, excepté les premiers jours de la régence, qu'elle fut alors. Beaucoup de gens trouvaient leur compte dans cette aventure, et plusieurs venaient de Paris pour voir ce qui se passait à Fontainebleau et quelle mine on y faisait.

Comme les hommes aiment naturellement la

nouveauté, il semblait à tous que la puissance du cardinal en diminuerait; que la Reine, n'ayant plus que le Roi, en deviendrait plus faible, et que la puissance de ce prince augmenterait. Ce changement ne déplaisait point à un grand nombre de courtisans : il y avait beaucoup plus de gens de qualité attachés au duc d'Orléans et à M. le prince que non pas au ministre ; car, étant haï par son avarice prétendue, la libéralité imaginaire de ce prince faisait espérer aux fanatiques que la France serait leur proie. Il était du devoir d'un bon ministre d'être avare en de certaines occasions, de ne pas faire profusion des finances, et de tenir la main à ce que son pouvoir demeurât établi sous le nom du Roi enfant, pour y trouver tous les intérêts de l'État. Les princes, au contraire, s'ils eussent voulu suivre les méchantes maximes qu'on aurait voulu leur inspirer, en eussent demandé la dissipation, soit pour se faire puissants et en état de tenir tête à un roi majeur, soit pour faire des créatures et pour conserver leur crédit. Par toutes ces raisons, plusieurs personnes penchaient de leur côté, parce que peu de gens sont touchés de la raison, du devoir et de la fidélité que nous sommes obligés d'avoir pour nos maîtres; mais Dieu se moqua d'eux et envoya tout d'un coup un changement notable à Monsieur, frère du Roi; et, quelques jours après, madame la duchesse d'Orléans vint achever son dessein d'augmenter la Cour.

Le maréchal de Gassion, étant au siège de

Lens, fut blessé d'une mousquetade à la tête ; et, le 5 du mois [octobre], il mourut de ses blessures. Il reçut la mort avec une fermeté d'âme et l'esprit qui donna des marques visibles de son mérite et de son courage. Il fut infiniment regretté de toute l'armée, et particulièrement de ses officiers, des troupes ; et jusques aux simples soldats en témoignèrent de la douleur. On envoya Comminges de la part du Roi à l'armée, pour rassurer les esprits et confirmer les troupes du maréchal de Gassion dans le dessein de servir le Roi aussi fidèlement que par le passé. La Feuillade fut aussi tué à ce siège, qui avait du mérite et de l'esprit, et dont la perte affligea ses amis, qui avaient pour lui une très particulière estime. Il mourut chrétiennement, en prononçant souvent ces mots qui marquaient son détrompement de la vanité des hommes : « Eh ! après quoi courais-je ? »

Le prince de Galles vint à Fontainebleau voir le Roi et la Reine. On le régala de bals, comédies et promenades. Le Roi et lui s'accommodaient ensemble comme de jeunes princes qui se regardaient avec embarras ; tous deux étaient encore timides, et n'avaient pas cette liberté d'esprit que le commerce du monde apporte aux particuliers.

Après cette visite, on songea tout de bon à quitter Fontainebleau pour revenir à Paris trouver Monsieur, qui se sentait encore des restes de sa maladie. La Reine, en arrivant à Paris le 17 octobre, trouva Monsieur si changé de la longueur de sa maladie, et si maigri, qu'il en était défiguré.

La guerre se faisait sur nos frontières assez doucement, et les ennemis eurent cet avantage de finir la campagne par la prise de Dixmude. Le maréchal de Rantzau avait eu dessein de secourir cette place; mais, en arrivant à leurs lignes, il la trouva rendue du même jour.

M. le prince, après avoir emporté quelques petits avantages sur les ennemis et s'être opposé à un siège que les Espagnols voulaient entreprendre, partit de Catalogne pour revenir à la Cour, et laissa pour peu de temps le maréchal de Gramont commander à sa place. On attendait l'arrivée du cardinal d'Aix, frère du cardinal Mazarin, qui était nommé vice-roi en cette province (1).

Le Roi, au milieu de la plus grande santé du monde, le 10 novembre, quitta le jeu et se lassa de la comédie, puis dit à la Reine qu'il se trouvait mal, et qu'il avait mal aux reins. On crut alors que ce ne serait rien; mais, le lendemain, la fièvre le prit bien fort. Cette maladie, deux jours après, dégénéra en petite vérole, dont la Reine se consola d'abord, craignant quelque chose de pis. Elle quitta son appartement le même jour pour aller

(1) C'est le cardinal de Sainte-Cécile, mort à Rome en 1648. Il ne tenait pas son frère le ministre en bien haute estime. Cf. Monglat, 14ᵉ campagne.

oucher dans celui du malade. Comme la fièvre
u Roi continua, l'inquiétude de la Reine crois-
ait de moment en moment ; et les médecins
'eurent pas le pouvoir de la rassurer. Toutes les
unes personnes qui prétendaient en beauté ou
elles qui n'avaient point eu cette maladie, quittè-
ent le Palais-Royal. Monsieur, encore malade et
ible de sa maladie, fut envoyé chez de Mouroi,
tendant des finances, dont la maison, près de la
orte Saint-Honoré, était en bel air et proche le
alais-Royal. La Reine, dans cette occasion, em-
ortée par ses sentiments, n'observa nulle poli-
que à l'égard du public : et, par cet empresse-
ent, elle témoigna qu'elle avait une tendresse
finie pour le Roi, plus grande que pour son
cond fils, qu'elle aimait néanmoins beaucoup.
eux ou trois jours après, elle eut sujet de se
ssurer, la fièvre du Roi diminua tout d'un
up, et la petite vérole sortit en abondance.
e Roi, jusqu'au onzième jour de la maladie,
e donna nulle inquiétude à la Reine que celle
u'elle eut avant que la petite vérole eût paru.
lle souffrait de le voir souffrir ; mais, comme
est un mal qui est commun à tous les enfants,
le était toute résolue de se consoler de la perte
e sa beauté, pourvu que la vie lui demeurât. Le
 du mois, sur les neuf heures du matin, pen-
ant qu'elle était allée à Notre-Dame faire ses
évotions, tout d'un coup le Roi se trouva plus
al. La fièvre se redoubla : il tomba en fai-

blesse et y demeura trois quarts d'heure. La Reine, à son retour, le trouvant en cet état, eut le cœur pénétré d'une vive douleur, et peu s'en fallut qu'elle ne mourût elle-même. Tout le jour, au jugement des médecins, il fut en grand péril, et la Reine ne cessa de pleurer. Le duc d'Orléans fut toujours auprès d'elle : ce qui augmenta sa peine ; elle ne trouvait pas de soulagement ni de consolation à jeter des larmes devant lui. Le soir, jusqu'à minuit, le Roi se porta un peu mieux ; mais le lendemain matin son mal augmenta beaucoup davantage. Le dimanche, quatorzième jour de sa maladie, il se trouva si mal, que les médecins le crurent en état d'en craindre une prompte mort, parce que depuis le onzième qu'il s'était évanoui, toute la petite vérole était rentrée ; et quatre saignées qu'on lui avait faites ne lui avaient point diminué sa fièvre. L'ardeur en était si grande, qu'elle l'avait entièrement desséché par ce qui était sorti de son corps. Tout ce jour, la Reine pensa étouffer ; car naturellement elle ne pleurait guère, et, quand elle avait de la douleur, elle la renfermait en elle-même. Mais, comme la nature ne peut demeurer en tel état sans qu'il y paraisse, elle s'évanouit ce même jour au chevet du lit du Roi ; et le soir, fort tard, étant retirée et n'ayant de témoins que son ministre, quelques-unes de ses femmes et moi, elle pleura beaucoup. Comme nous la vîmes en cet état, nous la pressâmes de se mettre au lit :

e qu'elle fit ; mais elle ne pouvait avoir de repos
n aucun lieu. Enfin, sur le minuit, Dieu lui re-
onna cet enfant qui lui était si cher et dont la
ie était si nécessaire à la France. La fièvre lui
iminua, et la petite vérole sortit tout de nou-
eau. Le lundi et le mardi on le purgea ; et dès
ors sa maladie commença à diminuer jusqu'à sa
uérison entière. Les frayeurs de la Reine étant
assées, elle nous dit qu'elle avait senti dans cette
ccasion que, si elle eût perdu le Roi, elle n'au-
ait pu survivre à cette perte, et que la soumis-
on qu'elle aurait voulu avoir aux volontés divines
'aurait pu sans doute empêcher que sa douleur
e l'eût étouffée.

Dans cette maladie, le Roi parut à ceux qui
approchaient un prince tout à fait porté à la
ouceur et à la bonté. Il parlait humainement à
ux qui le servaient ; il leur disait des choses
pirituelles et obligeantes, et fut docile en tout ce
ue les médecins désirèrent de lui. La Reine en
çut des marques d'amitié qui la touchèrent vi-
ment ; car à tout moment il l'appelait, et la
iait de se tenir auprès de lui, l'assurant que sa
ésence diminuait beaucoup son mal. Aussi
Reine nous assura que dans toute sa douleur
le n'avait appréhendé de le perdre que par la
ule tendresse, et qu'elle l'aurait regretté parce
'elle l'aimait et par la qualité de fils, sans mê-
r celle de roi, dont elle nous dit n'être nullement
uchée.

Les Français avaient sujet d'espérer qu'ils verraient un jour ce jeune roi devenir aussi grand par les qualités de l'âme qu'il était déjà par sa couronne. Ils le regardaient comme un roi que Dieu leur avait donné pour exaucer les prières publiques et comme un enfant de bénédiction : ses perfections remplissaient les yeux de ses sujets, tant par sa personne que par ses inclinations, qui paraissaient toutes bonnes et portées à la vertu et à la gloire. L'impression de la puissance que Dieu lui destinait était marquée dans toute sa personne et dans tous ses actions. Nous ne lui avons jamais vu de ces sentiments opiniâtres qui sont naturellement dans les enfants. La Reine, par raison et par l'obéissance qu'il avait pour elle, le conduisait toujours à ce qu'elle voulait de lui. J'ai souvent remarqué avec étonnement que, dans ses jeux et dans ses divertissements, ce prince ne riait guère. Ceux qui avaient l'honneur de l'approcher lui disaient trop souvent, ce me semble, qu'il était le maître.

Comme le Roi se porta mieux, l'esprit de la Reine reprit sa tranquillité ordinaire ; et la Cour, avec l'arrivée de M. le prince, fut remplie d'une nouvelle grandeur et parée d'une nouvelle beauté par la quantité d'honnêtes gens qu'il y amena. Il avait su l'extrémité de la maladie du Roi, et n'avait pas voulu hâter son retour, exprès pour ne pas témoigner d'empressement dans un temps où il aurait semblé qu'il fût venu pour partager sa puissance avec le duc d'Orléans, dont apparemment il aurait eu la meilleure part. Il avait observé cette modération, quoique la Reine l'eût mandé par plusieurs courriers pour le presser de venir. Mme la princesse se vantait publiquement qu'elle et toute sa famille avaient fait paraître un grand désintéressement, et disait que la Reine avait bonne mémoire : ce qui marquait visiblement ses sentiments. Son dessein était aussi de reprocher par là au duc d'Orléans que, pendant le péril extrême où avait été le Roi, il s'était trouvé à un souper qu'un de ses domestiques lui donna, et qu'il avait souffert avec agrément quelque prophétie sur sa grandeur prochaine. En effet, l'histoire du repas ayant été sue, causa du chagrin à la Reine. Elle ne put pas s'empêcher d'en témoigner quelque froideur au duc d'Orléans ; mais elle ne dura guère : la joie qu'elle sentit de la guérison du Roi fut si grande, qu'elle occupa son cœur tout entier, et lui fit oublier une chose où le duc d'Orléans n'avait nulle part que la condescendance. D'ailleurs, ce prince avait si bien agi à son égard, qu'il semblait qu'en lui les sentiments des oncles des rois étaient changés, et que le Roi fût devenu son propre fils, et la Reine sa véritable sœur. La seule différence qu'on y pouvait alors remarquer était le grand respect qu'il portait à l'une et à l'autre.

D'autre côté, les courriers qui avaient été envoyés au prince de Condé l'avaient pressé de venir de la part de la Reine, parce qu'elle voulait le voir avant que ce malheur arrivât : c'est-à-dire le cardinal Mazarin voulait l'entretenir et prendre ses mesures avec lui, en le rendant susceptible de se lier aux intérêts de la Reine, en cas que le duc d'Orléans voulût se saisir de la puissance. Mais la guérison du Roi fit évanouir toutes ces intrigues, et consola la Reine, qui, moins occupée de la politique que de son affection, ne pensait qu'à rendre grâces à Dieu de ce qu'il lui avait redonné ses deux enfants une seconde fois, et en si peu de temps.

Les fêtes de Noël arrêtèrent pour quelque temps les affaires publiques et particulières. La Reine, étant au Val-de-Grâce, vit Monsieur, qu'elle n'avait encore osé voir, de peur de lui donner du mauvais air. Elle le trouva en bon état et bien remis de sa maladie. Quelques jours après il revint au Palais-Royal, et on lui fit voir le Roi, qu'il ne reconnut point, tant il était changé. Toutes les dames revinrent alors à la Cour, et on montra le Roi à tout le monde, qui était en mauvais état par l'enflure et la rougeur de son visage. Il gronda celles qui l'avaient abandonné : ce que l'on prit à bon augure ; c'était une marque qu'il ne serait pas aussi indifférent à l'amitié que le sont d'ordinaire tous les princes.

Ainsi finit cette année [1647], sans beaucoup de bonheur ni de grands maux effectifs ; et néanmoins un des plus habiles hommes de la Cour (1) et des mieux instruits me dit, ce jour-là, qu'il craignait qu'à l'avenir l'État ne fût troublé par beaucoup de malheurs, vu les mauvaises dispositions qui étaient dans tous les esprits. La Reine, tout au contraire, le soir du même jour, nous dit, comme elle se déshabillait assise à sa toilette, qu'elle avait de la joie d'entrer dans une nouvelle année, parce qu'en celle qui était passée elle n'avait eu que du mal, peu de bons succès à la guerre, et beaucoup d'inquiétude par la maladie de ses deux enfants qu'elle avait pensé perdre. Mais elle se trompa dans son souhait, et eut sujet de regretter le repos dont elle avait joui jusqu'alors. Les peines qui lui arrivèrent dans la suite lui firent connaître que la créature ne connaît ni ses forces ni sa faiblesse; que nos désirs nous trompent, et que nous devons nous laisser mener par cette puissance supérieure qui nous régit. Autrement, nous trouvons que par notre choix nous nous conduirions plus souvent dans le mal que dans le bien.

Le 7 de janvier, huit cents marchands de Paris s'assemblèrent et se mutinèrent à cause d'une taxe qu'on voulait imposer aux propriétaires des maisons, ou pour d'autres causes dont je n'ai pas bien remarqué les particularités. Ils députèrent

---

(1) Le marquis de Senneterre, ou mieux de la Ferté Saint-Nectaire.

dix d'entre eux pour parler de leur part au duc d'Orléans. Ils allèrent au Luxembourg; ils entrèrent dans sa chambre, lui demandèrent justice et firent entendre qu'ils n'étaient pas résolus de souffrir ces impôts; car, malgré la nécessité universelle du royaume, Paris seul voulait être riche, et ne voulait point entendre parler de donner de l'argent au Roi. Le duc d'Orléans leur fit espérer quelque modération, leur promit d'en parler à la Reine, leur remontra leur devoir et l'obéissance qu'ils devaient avoir à ses volontés, et les congédia avec le mot ordinaire des princes: *On verra.* Le lendemain cette troupe s'assembla tout de nouveau. Elle alla au palais; et, ayant trouvé dans la place le président de Thoré, fils d'Émery, surintendant des finances, ils crièrent contre lui, l'appelèrent le fils du tyran, et des menaces il s'en fallut peu qu'ils ne l'outrageassent effectivement; mais, à la faveur de quelques-uns de ses amis, il échappa de leurs mains.

Le jour d'après ils attaquèrent le premier président (1); ils murmurèrent tout haut contre lui, et même le menacèrent de lui faire payer en sa propre personne les maux qu'on leur voulait faire. Cet homme, dont la fermeté va se faire voir en plusieurs occasions égale à celle des plus illustres Romains, leur dit sans s'étonner que s'ils ne se taisaient et n'obéissaient aux volontés du Roi, il

---

(1) Mathieu Molé. (*Vid.* p. 77.)

allait faire dresser des potences dans la place pour faire pendre sur l'heure les plus mutins d'entre eux. A quoi ce peuple insolent répondit aussitôt qu'elles serviraient plutôt pour les mauvais juges, dont ils ne recevaient pas de justice, et qui étaient esclaves de la faveur.

La nuit du 10 au 11, les bourgeois continuant dans leur mauvaise humeur, tirèrent incessamment; et le lieutenant civil ayant envoyé par les quartiers de la ville pour en savoir la cause, ils répondirent qu'ils essayaient leurs armes pour le service du Roi, et disaient tous librement que, si on leur demandait de l'argent, ils étaient résolus de suivre l'exemple des Napolitains (1).

Le matin du 11, la Reine allant à la messe à Notre-Dame (ce qu'elle faisait régulièrement tous les samedis), il y eut environ deux cents femmes qui la suivirent jusque dans l'église, criant et demandant justice.

Après midi, on tint conseil sur les affaires présentes, où se trouva le premier président; et, après avoir bien consulté sur les remèdes du mal, il fut conclu que la Reine ordonnerait aux gens du Roi, qui furent mandés pour cela, de s'appliquer à maintenir l'autorité du Roi. Le soir, on fit commandement au régiment des gardes de se tenir sous les armes : on posa des sentinelles

(1) Les Napolitains venaient de se révolter contre l'Espagne, et avaient élu le duc de Guise duc de la République. (*Vid.* p. 87.) Ce fait est connu sous le nom de révolte de Masaniello.

et des corps-de-gardes dans tous les quartiers. Le maréchal de Schomberg fut commandé pour faire de même des Suisses; et Paris, cette nuit, fut pareil à un camp d'armée.

Le 12 au matin, le Roi alla entendre la messe à Notre-Dame, pour faire de sa première sortie une action de grâces et de reconnaissance envers Celui qui lui avait redonné la vie. Mais, au lieu de n'avoir que sa garde ordinaire pour de telles occasions, il y fut ce jour-là avec toutes les précautions nécessaires. Il fut suivi de tout ce qui pouvait servir à l'augmentation de la majesté royale, afin d'exciter par cette voie, dans l'esprit des peuples, le respect que ces sortes de choses produisent d'ordinaire dans les âmes faibles. Pendant que le Roi fut à Notre-Dame, on tint conseil chez la Reine, où il fut résolu que Leurs Majestés iraient une seconde fois au parlement pour y faire passer un édit de création de maîtres des requêtes et quelques autres édits, contre d'autres officiers du parlement. Cette démarche était devenue nécessaire à la suite d'une révolte des maîtres des requêtes existants, qui étaient mécontents de voir augmenter leur nombre.

Selon cette résolution, le Roi alla au parlement [le 15 janvier], non pas avec la même beauté qu'il avait la dernière fois qu'il y fut, mais avec les mêmes cérémonies. Le chancelier fit une longue harangue : il représenta les nécessités de l'État, le besoin que le Roi avait que ses peuples lui donnassent le moyen de subvenir aux frais de la guerre, afin que par la guerre on pût avoir une bonne paix. Le premier président fit une harangue qui parut faible à sa compagnie. Celle de l'avocat général Talon fut forte et vigoureuse. Il représenta la misère du peuple, et supplia la Reine de s'en souvenir dans son oratoire, lui disant qu'elle devait considérer qu'elle commandait à des peuples libres, et non pas à des esclaves; et que néanmoins ces mêmes peuples se trouvaient si accablés de subsides et d'impôts, qu'ils pouvaient dire n'avoir plus rien à eux que leurs âmes, parce qu'elles ne se pouvaient vendre à l'encan; que les lauriers et les victoires qu'on remportait sur les ennemis et dont on payait toutes leurs nécessités, n'étaient point des viandes qui les pussent nourrir ni vêtir. Il dit, outre cela, quelques paroles qui marquaient les plaintes universelles de tous les Français sur la longueur de la paix.

Cette hardiesse ne fut pas approuvée du ministre. Le soir il fit la guerre à la Reine de ce que Talon l'avait renvoyée dans son oratoire. Il fut secondé par les serviteurs familiers de cette princesse, qui trouvaient qu'elle n'y demeurait que trop longtemps, et qui, par l'intérêt de leur plaisir, lui en faisaient de continuels reproches. La Reine, naturellement équitable, pieuse et bien intentionnée, et ne voulant point connaître à fond et avec application la cause des malheurs qu'elle voyait devant ses yeux, elle ne put réussir à y donner remède : par conséquent, ils devinrent extrêmes, et la mirent en état de tout craindre.

Les édits furent assez modérés ; car on fut au palais plus pour maintenir l'autorité royale que pour augmenter les demandes. L'édit de création de douze offices de maîtres des requêtes en avait été la principale cause, parce qu'on avait jugé qu'il ne fallait pas souffrir leur révolte ; mais, comme cette affaire, dans l'ordre des destinées, devait être la cause et le commencement de beaucoup de grands événements, ce petit remède, bien loin de guérir le mal, l'aigrit entièrement, et eut des suites qui nous firent voir que Dieu, quand il lui plaît, donne à la fourmi la force de l'éléphant. Le peuple croyait avoir sujet de crier contre ceux qui voulaient fouler le peuple, et prétendait voir que plus on levait de deniers, et plus les coffres du Roi se fermaient. On entendait dire à tous que les gages des officiers de la couronne et des premiers de la Cour étaient retranchés, que les petits n'étaient point payés, que les grâces tarissaient, et que la Reine avait perdu cette belle qualité de libérale qu'elle tenait de son illustre naissance, quoique les revenus de la France fussent encore assez bien payés. La Cour, en effet, commençait à paraître dans une nécessité honteuse.

Le lendemain, la Reine manda les maîtres des requêtes. Elle les reçut dans son grand cabinet, accompagnée du duc d'Orléans, de M. le Prince, de son ministre, du conseil du Roi et de toute la Cour. Le chancelier leur fit une sévère réprimande, que la Reine interrompit de son pur mouvement, pour leur dire qu'ils étaient de plaisantes gens de vouloir borner l'autorité du Roi; et qu'elle leur montrerait bien qu'il pouvait créer de nouveau telles charges qu'il lui plairait. Le chancelier, continuant ensuite sa harangue, les interdit tous de leurs charges, et leur ordonna de rapporter à la Reine le papier qu'on disait qu'ils avaient signé entre eux, où ils se promettaient un secours mutuel; ou bien de signer tous qu'ils ne l'avaient point fait.

Quand ils eurent entendu ce discours et ce commandement, sans considérer le respect qu'ils devaient à la Reine, quelques-uns d'entre eux hochèrent la tête avec beaucoup de hardiesse, et tous montrèrent qu'ils n'étaient pas résolus d'obéir. Après avoir fait une profonde révérence, ils s'en allèrent mal contents et dans le dessein de se bien défendre. Ils sentirent qu'il y avait des nuages dans l'air, que le temps était mauvais pour la Cour, et qu'ils étaient en état de pouvoir résister : c'est pourquoi cette sévérité n'eut aucun bon succès. Le jour d'après [le 20 janvier], ils se présentèrent au parlement en corps, afin de s'opposer à l'enregistrement de leur édit. Se présentant comme parties, ils se mirent dans le parquet; et, quoique cet édit eût passé en présence du Roi, le premier président ne laissa pas de les recevoir en leur opposition. La Cour en fut mal satisfaite, et le ministre lui en fit de grandes plaintes ; mais il fut assez habile pour ne se pas étonner, et réussit à lui persuader que cela était dans l'ordre.

Sa réponse obligea la Reine de mander le parlement en corps pour leur dire qu'elle avait d'abord trouvé leur procédé blâmable, recevant l'opposition des maîtres des requêtes comme ils avaient fait ; mais qu'ayant ensuite appris que, par leurs ordonnances, il étaient en pouvoir de le faire, elle les excusait, et qu'elle consentait que, selon leurs états, ils s'assemblassent, comme ils avaient déjà fait, pour en conférer, et même d'en venir jusques aux remontrances ; mais qu'elle leur ordonnait de ne pas passer outre et de ne plus s'assembler à l'avenir.

Le parlement répondit par de belles protestations de fidélité ; et, sans avoir nul égard au commandement de la Reine, ils s'assemblèrent tout autant de fois qu'ils le trouvèrent à propos pour satisfaire à leur fantaisie. Nous allons voir de pareils commandements souvent réitérés, et souvent aussi fort peu considérés.

J'ai remarqué que le murmure était grand contre le ministre de ce qu'il n'avait pas fait la paix. Les peuples criaient contre lui, et les esprits disposés à la révolte ne lui pardonnaient pas cette faute. Les Hollandais, sur le point du retour du duc de Longueville, avaient désiré qu'il retardât quelque temps à Munster : ce qui avait fait espérer que, par leur entremise, l'Espagnol voulait peut-être entrer en quelque traité avec nous. Mais le roi d'Espagne, qui commençait à voir du changement dans le bonheur de la France par l'état où elle était, voulait alors qu'on lui accordât toutes ses demandes, et disait hautement que, sans de grands avantages, il renonçait à la paix. Ses propositions était si fortes, qu'il fut impossible de penser à aucun accommodement. Ainsi les Hollandais, qui avaient voulu nous quitter, ayant signé leur traité, le duc de Longueville se vit entièrement inutile au bien public. Il voulut aussi penser au sien particulier, et demanda la permission de revenir en France : elle lui fut accordée facilement; et il parut à la Cour avec ce seul avantage d'avoir vu faire la paix des Hollandais avec l'Espagne, qui apparemment nous devait être dommageable.

Le parlement incommodait la Cour par ses longueurs. Quelques-uns d'entre eux commençaient à parler fort haut; et la Reine, qui naturellement n'aimait pas à trouver de l'obstacle à sa puissance quand l'autorité du Roi se trouvait intéressée, s'ennuyait de la lenteur de leur procédé. Elle leur envoya demander s'ils prétendaient avoir droit de borner les volontés du Roi. Ils opinèrent là-dessus, et quelques-uns furent d'avis de visiter leurs registres, afin de faire à la Reine une réponse autorisée des exemples des siècles passés :

ce qui sans doute aurait infiniment déplu au ministre. Mais, le plus grand nombre étant d'opinion contraire, ils députèrent vers la Reine leur premier président, pour l'assurer de leur obéissance et de leur fidélité, et pour lui faire savoir que ce qu'ils en avaient fait en ce moment, et ce qu'ils avaient fait en faveur des maîtres des requêtes, n'avait été que sous le bon plaisir du Roi, et sans avoir aucun dessein de manquer au respect qu'ils lui devaient comme bons et fidèles sujets.

Ces protestations n'eurent aucune suite : cette compagnie ne laissa pas, continuant ses assemblées, de différer les édits nécessaires au service du Roi et avantageux au ministre. Leur conduite obligea la Reine de mander le parlement pour lui faire savoir ses résolutions. Elle voulait lui faire connaître qu'ils n'avaient aucun droit, après leurs remontrances faites au Roi et à elle de s'opposer à la vérification des édits. Elle voulait aussi leur ordonner d'apporter la feuille où leur arrêté avait été enregistré, qui contenait que leurs modifications auraient lieu ; et son dessein était de la faire déchirer en leur présence, Mais eux, s'étant assemblés, envoyèrent à la Reine, la supplier de trouver bon qu'ils n'y vinssent point, en l'assurant qu'ils étaient résolus de lui rendre tout le respect qui lui était dû.

La Reine, qui s'était levée plus matin pour les recevoir, tint conseil pour savoir ce qu'elle leur répondrait. Il y fut conclu qu'ils seraient mandés tout de nouveau, et qu'ils seraient reçus après son diner. Le procureur général, qui les alla trouver pour leur porter les ordres de la Reine, ne les trouva plus assemblés; ils s'étaient lassés d'attendre, et s'étaient séparés. On les manda pour le lendemain : et, afin que cette action fût plus solennelle, on assembla, pour les recevoir, les ducs et pairs de France; et ce qui se trouva de grands seigneurs à la Cour y furent conviés. Comme on voulait leur faire une sévère et publique réprimande, ils vinrent avec humilité en faire des excuses à la Reine par la bouche du premier président, dont la harangue fut toute pleine de soumission, de respect et de promesses de lui obéir : si bien qu'au lieu de châtiment ils reçurent un favorable accueil de la Reine, joint au commandement qu'elle leur fit de travailler incessamment aux affaires du Roi, sans y apporter aucun retardement. Elle leur dit qu'elle ne leur donnait que huit jours pour cette occupation.

La Reine prit ce temps-là [le 25 mars] pour aller faire un petit voyage à Notre-Dame de Chartres, où elle avait fait vœu d'aller lors de la maladie du Roi.

Pendant cette petite absence, les maîtres des requêtes interdits vinrent en corps trouver le Cardinal pour le supplier de les protéger auprès de la Reine et de les faire rétablir. Ils lui firent des excuses de leur révolte, et lui demandèrent pardon et grâce tout ensemble. Il les reçut avec un visage grave et sévère; et néanmoins il leur répondit doucement que, s'ils voulaient s'humilier et obéir aux volontés de la Reine, il les servirait auprès d'elle.

Cette action donna de la joie au ministre. Il dépêcha un courrier à la Reine pour lui apprendre cette nouvelle. Il crut que cette visite voulait dire que les maîtres des requêtes étaient résolus de souffrir cette création d'offices qui avait fait leur résistance; mais eux, qui n'avaient fait cette avance que pour parvenir à leurs fins et pour donner lieu au cardinal de se flatter de la gloire de leur rendre service, ne furent point satisfaits de sa réponse, et demeurèrent dans la même résolution qu'ils avaient prise auparavant. De sorte qu'il fut conclu au conseil d'ordonner aux conseillers d'État de rapporter les procès des particuliers, afin de faire connaître aux maîtres des requêtes que le Roi se pouvait passer de leur corps. Par ce châtiment, beaucoup de familles dans Paris demeurèrent dans l'affliction et dans l'inquiétude de perdre leurs charges. Comme dans la robe ce sont pour la plupart toutes personnes liées de parenté les unes aux autres, cette affaire leur parut de grande conséquence, car elle regardait toutes les cours souveraines. Ils voulurent donc faire connaître qu'ils ne souffriraient pas que, sous le nom du Roi, les favoris et les ministres pussent anéantir des officiers si considérables : et ils se réunirent tous ensemble pour les soutenir, prétendant par là se sauver eux-mêmes d'un semblable péril.

Le prince de Condé commença sa campagne cette année par un séjour de huit jours à Chantilly, où il alla passer la semaine sainte avec toute sa cour; et le duc d'Orléans fut destiné pour être le soutien de la Reine dans les affaires qu'on prévoyait qui devaient arriver du côté du parlement. Ces deux princes alors paraissaient avoir de bonnes intentions pour bien servir le Roi, soit dans la paix, soit dans la guerre.

Au mois de mai, M. le prince envoya à la Reine un courrier pour lui mander qu'il commençait de marcher vers les ennemis avec une fort belle armée. Cette nouvelle fit résoudre le ministre de mener la Cour sur la frontière, pour être plus en état de travailler à la grandeur de la France par l'abaissement des ennemis : ce qui se pouvait espérer facilement avec de bonnes troupes et un général tel que M. le prince; mais la Reine fut arrêtée à Paris par un nouvel embarras qui arriva aux affaires du Roi, dont la suite ne fut pas de petite conséquence à l'État.

On avait redonné la paulette (1) à toutes les

---

(1) La *Paulette* ou *droit annuel* était un impôt sur les charges de judicature. Chaque magistrat, pour être propriétaire de sa charge, devait payer un impôt de 1/60 du prix de son office. Charles Paulet, secrétaire de la chambre du Roi, en donna l'idée à Sully, qui l'établit en 1604. Paulet afferma le premier cet im-

compagnies souveraines, à condition de leur retrancher quatre années de leurs gages; et, pour contenter le parlement en son particulier, comme le corps du royaume le plus considérable et par conséquent le plus à craindre, on la leur avait redonnée sans leur rien retrancher. La chambre des comptes, la cour des aides, le grand conseil et tous les officiers de France, qui se trouvèrent incommodés par ce traitement, firent leurs plaintes au parlement, et demandèrent leur assistance pour soutenir leur droit contre l'oppression qu'ils disaient leur avoir été faite. Ils remontrèrent à cette compagnie qu'elle devait craindre d'avoir part quelque jour à cette ordonnance; que par leur abaissement ils devaient appréhender eux-mêmes de diminuer de puissance, et que, ne se soutenant point les uns les autres, ils étaient tous menacés d'une ruine totale, parce que les favoris n'ayant point d'obstacle plus redoutable que celui de la puissance du parlement, quand il subsisterait seul il serait facile de diminuer celle qui lui resterait, et de le mettre au rang des autres compagnies du royaume.

Le parlement fut touché de leurs raisons : il fut animé par la crainte d'un pareil traitement, et par le désir de s'élever, qui dominait alors les principaux esprits de cette grande compagnie. Elle

pôt pour neuf ans au prix de 2,263,000 livres; — d'où son nom. Lorsque la Paulette avait été payée, le décès du titulaire n'entraînait point déchéance, la charge passait aux héritiers.

s'assembla et murmura : ils dirent quasi tous que, s'ils abandonnaient leurs confrères, ils auraient sujet de se plaindre d'eux et qu'étant maltraités ils devaient croire qu'ils auraient bientôt leur part des maux; de sorte que, le 13 de mai, les chambres assemblées, ils donnèrent un arrêt où la jonction fut accordée avec les autres compagnies, et où il fut dit : qu'ils défendaient de recevoir aucuns officiers nouveaux, dans le temps où, la paulette n'étant point accordée à tous, les offices sont acquis au Roi, que premièrement la veuve et les héritiers ne fussent contents.

Sur leur arrêt, la Reine ordonne au chancelier de mander le parlement, et leur déclarer de sa part que, les ayant gratifiés en leur particulier, Sa Majesté avait cru qu'ils lui en seraient obligés; mais qu'ayant reconnu par leur procédé qu'ils prenaient cette grâce d'une autre manière, qu'elle leur promettait de ne plus demander les quatre années de gages qu'elle avait cru pouvoir retenir sur tous les officiers des autres compagnies; qu'elle laisserait les choses en même état qu'elles étaient avant cela; mais qu'aussi elle les priait de considérer la nécessité des affaires du Roi, et d'aviser à quelques autres moyens d'avoir de l'argent.

La Reine envoya au greffe [18 mai] défendre de recevoir l'argent d'aucun du parlement, révoquant le don qu'elle leur avait fait de la paulette, et les remettant dans la même égalité des autres officiers. Cette conduite fut approuvée des habiles gens, et aurait peut-être réussi si le ministre eût pu la soutenir. Mais comme le parlement se vit engagé à cette grande entreprise, il crut qu'il devait pousser sa résistance plus loin, et que, pour se tirer de cette affaire, il en fallait faire naître au cardinal Mazarin qui le pussent embarrasser et ils en cherchèrent les moyens avec soin.

Le premier président, qui ne voulait pas se déclarer contre la Cour, balançant entre elle et sa compagnie, agissait de sorte que, sans beaucoup travailler pour arrêter le cours de la révolte, on ne pouvait pas néanmoins se plaindre de lui. Le chancelier était habile homme, et aurait pu, selon ses lumières, donner de bons conseils qui auraient peut-être pu soutenir les intérêts du Roi; mais il était si soumis et si timide à l'égard du ministre, qu'il approuvait toujours tout ce qui venait de lui, sans jamais y apporter aucune résistance, ni même sans oser dire son avis.

Cette condescendance à la fin fut si extrême, que souvent M. le cardinal se plaignait de lui de ce qu'il le laissait embarrasser dans de mauvaises affaires; et il souhaitait qu'il voulût lui donner des avis contraires aux siens, qui pussent servir de remède aux fautes qu'il pouvait faire à l'égard du parlement.

Le 18 de mai, il arriva des nouvelles de M. le prince à la Reine, qui lui mandait qu'il allait assiéger Ypres. Cette ville est grande, mais elle n'est point forte, et il fallait beaucoup de forces pour la garder. On en désirait la prise, parce qu'on la trouvait nécessaire pour mieux garder Courtray, qu'on avait fortifié d'une citadelle; mais peu de jours après il en arriva d'autres, qui apprirent à la Reine et à son ministre que ce même Courtray avait été surpris des ennemis en trois heures de temps par l'armée de l'archiduc, et que la citadelle, où s'étaient retirés le peu de gens de guerre qui s'y trouvèrent, tiendrait bon encore quelque temps.

Cependant l'armée ennemie, qui était commandée par l'archiduc, et remplie des excellentes troupes du duc de Lorraine et de sa personne, fit sa circonvallation de telle sorte, qu'au jugement de tous, et de M. le prince même, il parut ou difficile ou entièrement impossible de les forcer. Ce fut un mauvais commencement de campagne que cette perte; mais la Reine, le soir que cette nouvelle était arrivée, dit gaiement, parlant de cette affaire, qu'elle ne s'étonnait pas de cela; qu'il n'était pas juste de prendre toujours sur les ennemis; que ce serait plutôt un larcin qu'une guerre, si quelquefois ils n'avaient leur tour; et, selon cet équitable arrêt, quelques jours après les nouvelles arrivèrent de la prise de la citadelle : ce qui fut aussi récompensé par celle d'Ypres, par M. le prince [1], dont le gouvernement fut donné à Paluau [2]. Il y eut aussi une défaite de quel-

(1) Le 29 mai.
(2) Marquis de Clérembault, maréchal de France, 1651.

ques troupes de l'armée impériale par M. de Turenne, dont l'armée était composée de Suédois et de troupes hessiennes et bavaroises. Cette défaite fut petite; mais on la célébra beaucoup, pour la réputation et le bien des affaires du Roi.

La Reine [le 25 mai], voyant la résolution que le parlement avait prise de tenir bon contre elle et de favoriser le droit commun, lui envoya ordonner de la venir trouver. Le chancelier leur parla de sa part, et leur parla fortement. En suite de ce discours, elle leur fit elle-même une rude réprimande, leur disant que, puisque leur compagnie abusait des favorables intentions qu'elle avait eues de leur faire du bien, elle protestait qu'à l'avenir elle ne ferait plus de grâces, et qu'elle leur défendait absolument de s'assembler, et de ne plus communiquer entre eux que par députés. Le premier président voulut lui répondre; mais elle, d'un visage sévère et menaçant, lui défendit de parler. Deux jours après, on manda aussi toutes les compagnies souveraines, chambre des comptes, grand conseil et cour des aides. On leur en dit autant, et avec plus de marques de rigueur, parce qu'on les considérait bien moins que le parlement; et comme le ministre jugea qu'il était nécessaire de faire craindre la colère de la Reine par des marques plus fortes que des paroles, qui ne font point de mal, on chassa quelques conseillers du grand conseil (1), et huit de la cour

---

(1) Turquant et d'Argouges, qui furent conduits à Mézières.

des aides (1), qu'on exila en plusieurs endroits différents du royaume. Le parlement témoigna beaucoup de ressentiment de cette petite rigueur, et tous résolurent de s'assembler malgré le commandement de la Reine.

Le jour de la Pentecôte, 1ᵉʳ du mois de juin, le duc de Beaufort, prisonnier depuis cinq ans dans le bois de Vincennes, s'échappa de sa prison environ sur le midi. Il trouva le moyen de rompre ses chaînes par l'habileté de ses amis et de quelques-uns des siens, qui, en cette occasion, le servirent fidèlement. Il était gardé par un officier des gardes du corps, et par sept ou huit gardes qui couchaient dans sa chambre et qui ne l'abandonnaient point. Il était servi par des officiers du Roi, n'ayant auprès de lui pas un de ses domestiques ; et, par dessus tout cela, Chavigny était gouverneur du bois de Vincennes, qui n'était pas son ami.

L'officier qui le gardait, nommé La Ramée, avait pris avec lui, à la prière d'un de ses amis, un certain homme qui, sous prétexte d'un combat qui le mettait en peine, à cause des édits du Roi qui défendaient les duels, avait témoigné désirer cet asile pour s'en sauver. Il est à croire néanmoins qu'il était conduit en ce lieu par les créatures de ce prince, et peut-être du consente-

---

(1) Omer Talon en nomme deux, Chazelles et Guérin, et un président du grand conseil, Cottin, et un conseiller, Dreux.

ment de l'officier ; mais j'ignore cette particularité, et n'en suis persuadée que par les apparences.

Cet homme d'abord, pour faire le bon valet, et montrer qu'il n'était pas inutile, s'ingérait plus que tout autre à bien garder le prisonnier ; et même on dit à la Reine, en lui contant cette histoire, qu'il allait jusqu'à la rudesse. Soit qu'il fût là pour servir le duc de Beaufort, soit qu'alors il se laissât gagner par ce prince, il s'en servit enfin pour communiquer ses pensées à ses amis, et pour prendre connaissance des desseins qui se faisaient pour sa liberté.

Le temps venu pour l'exécution de toutes leurs méditations, ils choisirent exprès le jour de la Pentecôte, parce que la solennité de cette fête occupait tout le monde au service divin. A l'heure que les gardes dînaient, le duc de Beaufort demanda à La Ramée de s'aller promener en une galerie où il avait obtenu permission d'aller quelquefois se divertir. Cette galerie est plus basse que le donjon où il était logé, mais néanmoins fort haute, selon la profondeur des fossés, sur quoi elle regarde des deux côtés. La Ramée le suivit à cette promenade, et demeura seul avec lui dans la galerie. L'homme gagné par le duc de Beaufort fit semblant d'aller dîner avec les autres ; mais, contrefaisant le malade, il prit seulement un peu de vin, et, sortant de la chambre, ferma la porte sur eux, et quelques portes qui étaient entre la galerie et le lieu où ils faisaient leurs repas.

Il alla ensuite trouver le prisonnier et celui qui le gardait, et, entrant dans la galerie, il la ferma aussi, et prit les clefs de toutes les portes. En même temps, le duc de Beaufort, qui était d'une taille avantageuse, et cet homme, qui était de son secret, se jetèrent sur La Ramée et l'empêchèrent de crier ; et, sans le vouloir tuer, quoiqu'il fût périlleux de ne le pas faire s'il n'était point gagné, ils le bâillonnèrent, le lièrent par les pieds et par les mains, et le laissèrent là. Aussitôt ils attachèrent une corde à la fenêtre, et se descendirent l'un après l'autre, le valet le premier, comme celui qui eût été puni très rigoureusement s'il eût manqué de se sauver. Ils se laissèrent tous deux couler jusque dans le fossé, dont la profondeur est si grande qu'encore que leur corde fût longue, elle se trouva trop courte de beaucoup : si bien que, se laissant choir de la corde en bas, le prince s'exposa au hasard de se pouvoir blesser : ce qui en effet lui arriva. La douleur le fit évanouir, et il demeura longtemps en cet état sans pouvoir reprendre ses esprits.

Étant revenu à lui, quatre ou cinq hommes des siens qui étaient de l'autre côté du fossé, et qui l'avaient vu presque mort avec une terrible inquiétude, lui jetèrent une autre corde qu'il s'attacha lui-même autour du corps ; et, de cette sorte, ils le tirèrent à force de bras jusqu'à eux : le valet qui l'avait assisté étant toujours servi le premier, selon la parole que le prince lui en avait donnée.

et qu'il lui garda ponctuellement. Quand il fut en haut, il se trouva en mauvais état ; car, outre qu'il s'était blessé en tombant, la corde qu'il avait liée autour de son corps pour monter lui avait pressé l'estomac, par les secousses qu'il avait endurées dans cette occasion ; mais ayant repris quelques forces par la vigueur de son courage et par la peine de perdre le fruit de ses peines, il se leva, et s'en alla hors de ce lieu se joindre à cinquante hommes de cheval qui l'attendaient au bois prochain.

Un gentilhomme des siens, qui était à cette expédition, m'a depuis conté qu'aussitôt après avoir vu cette troupe l'environner de tous côtés, la joie de se voir en liberté et parmi les siens fut si grande, qu'en un moment il se trouva guéri de tous ses maux ; et, sautant sur un cheval qu'on lui tenait tout préparé, il s'en alla, et disparut comme un éclair, ravi de respirer l'air sans contrainte, et de pouvoir dire comme le roi François Ier, dans le moment qu'il mit le pied en France en revenant d'Espagne : « Ah ! je suis libre ! »

Une femme qui cueillait des herbes dans un jardin au bord du fossé, et un petit garçon, virent tout ce qui se passa en ce mystère. Mais ces hommes qui étaient en embuscade les avaient tellement menacés pour les obliger à se taire, que, n'ayant pas beaucoup d'intérêt d'empêcher que ce prince ne se sauvât, elle et son fils étaient demeurés avec eux fort paisiblement à regarder tout ce qu'ils avaient fait. Aussitôt qu'il fut parti, la femme alla le dire à son mari, qui était un jardinier du lieu, et tous deux allèrent avertir les gardes. Mais il n'était plus temps.

Cette nouvelle surprit d'abord toute la Cour, et particulièrement ceux à qui elle n'était pas indifférente. Le ministre en fut sans doute affligé ; mais, à son ordinaire, il ne le témoigna pas. La Reine, qui avait autrefois regardé ce prince comme un ami, et qui était accoutumée à le haïr plutôt par raison d'Etat que par inclination, se consola aisément d'un peu de dépit que cette aventure lui donna, et sans doute que beaucoup de personnes en sentirent une grande joie : car, outre qu'il était aimé, et qu'il avait une grande cabale qui prenait part à ses intérêts, les ennemis du cardinal espérèrent que ce prince, étant libre, pourrait faire un parti en France, et apporter quelque nouveauté au gouvernement. On ne doutait pas qu'il n'eût de grands désirs de se venger de son ennemi, et que la mauvaise disposition des esprits ne lui en fît facilement trouver les moyens.

La Reine et M. le cardinal en parlèrent fort honnêtement, et ne firent qu'en rire, disant que M. de Beaufort avait bien fait. Chavigny seul fut accusé de n'avoir pas pris assez de soin de bien garder ce prisonnier, et la Reine le blâma hautement d'avoir laissé les dehors du donjon sans des sentinelles qui auraient pu apercevoir cette supercherie.

M. le cardinal fut en quelque inquiétude du lieu de la retraite du duc de Beaufort (1). Il eut peur qu'il ne s'en allât en Bretagne, où sont leurs principales terres, et qu'il n'y fît quelque rumeur et quelque faction. Mais un de mes amis (2), à qui le cardinal communiqua ses pensées sur ce sujet, le rassura entièrement, et lui dit que ce prince n'ayant point de places fortes ni d'argent, il ne pouvait rien faire contre l'État ni contre lui : contre l'État, à cause de son impuissance ; contre sa personne, à cause qu'il pouvait mieux payer ceux qui le garderaient, que l'autre ne pouvait récompenser ceux qu'il voudrait employer contre lui.

Le lundi 5 juin, le parlement s'assembla contre les ordres de la Reine ; mais le premier président, voulant quelquefois faire son devoir, les empêcha de parler, et ne voulut point donner audience.

Le lendemain, ils en firent autant ; et le président de Mesmes (3), après que le premier président eût parlé, leur dit qu'ils avaient quelque tort de montrer tumultuairement si peu de respect aux ordres de la Reine ; qu'il fallait toujours que les

(1) Le duc de Beaufort se retira dans le Vendômois.
(2) M. de Seneterre, d'une maison d'Auvergne : la Ferté Saint-Nectaire qui descendait de la baronnie la Ferté-Nabert.
(3) Henri de Mesmes, marquis de Moigneville, président à mortier au Parlement de Paris, mort le 29 décembre 1650. (Vid. Blanchard, Hist. des présidents.)

sujets témoignassent de l'obéissance et de la soumission à leur souverain ; que néanmoins il leur avouait librement qu'il trouvait qu'ils avaient sujet d'appréhender des chaînes bien dures, par les fers qu'ils voyaient donner aux autres; et qu'il était d'avis que la compagnie s'employât à chercher quelque remède. Que, pour cet effet, il était d'avis qu'on s'assemblât le lundi ensuivant pour aviser aux moyens de satisfaire la Reine, et d'empêcher que leur robe ne pût être déchirée comme celles de leurs voisins et de leurs confrères qui commençaient à être fort maltraités : ce qui leur devait être une marque que bientôt il leur en arriverait autant.

Ce discours fut blâmé par le ministre ; et la Reine en parla le soir en se déshabillant à mademoiselle de Beaumont, amie de Mme de Mesmes, pour faire savoir par cette voie ses sentiments au président de Mesmes, afin qu'il se corrigeât à l'avenir et qu'il changeât de conduite.

Le 8 juin on manda les gens du Roi, auxquels le chancelier parla dans le conseil, en présence de la Reine, de la résolution que le parlement avait prise de s'assembler, malgré sa défense. Il leur dit que la Reine, en leur défendant de s'assembler, n'avait point eu dessein de parler contre les privilèges de leur corps, mais seulement d'empêcher l'union des autres compagnies avec la leur ; et ensuite il s'étendit amplement sur leur rébellion, sur leur peu de respect, et sur ce que le Roi prétendait qu'il ne leur appartenait pas de protéger les autres contre ses volontés.

Le cardinal, de son côté, envoya chercher quelques particuliers du grand conseil et de la cour des aides. Il leur parla humainement, à ce qu'ils dirent, mais avec beaucoup de faiblesse. Il les assura qu'il les voulait obliger, leur dit qu'il trouvait leurs raisons fort bonnes et meilleures qu'il ne les avait crues ; qu'il les conseillait de s'adresser à lui, comme les dévots font aux saints à l'égard de Dieu, afin d'impétrer de même leur grâce de la Reine, tant pour eux tous en général que pour ceux qui, en leur particulier, avaient été bannis; qu'il leur promettait de s'y employer et que cependant il les priait d'obéir au Roi, et qu'il le fallait ainsi pour l'ordre des choses.

Ces douces paroles, dans un temps de révolte, ne firent aucun effet que celui de causer beaucoup de mépris pour le ministre et produire une grande raillerie contre sa mollesse et l'inégalité de sa conduite qui était quelquefois trop haute, puis tout d'un coup trop basse. Ce conte alla jusque dans les ruelles des dames : ce qui donna sujet à toute la France de dire qu'il était incapable de la gouverner et de la conduire.

Ce ministre, pour continuer dans sa manière ordinaire, fit donner un arrêt au conseil (1) d'en

(1) 10 juin 1648.

haut qui cassait celui du parlement, appelé l'*arrêt de jonction,* donné en faveur des autres compagnies. On manda aussi les gens du Roi qui, par ordre de la Reine, portèrent cet arrêt d'en haut au parlement. On y fit de nouvelles délibérations; et les gens du Roi rapportèrent à cette princesse de vieux registres, par où ils lui faisaient voir, et à ceux de son conseil, des exemples comme en d'autres occasions les compagnies souveraines avaient fait le semblable, mais cela ne put rétablir leur innocence.

Le soir du 12 juin, la Reine manda le lieutenant criminel, et lui commanda de faire sortir des prisons un homme que le président de Mesmes avait fait arrêter prisonnier, à cause qu'il l'avait trouvé devant sa porte écrivant les noms de ceux qui entraient chez lui. Cet homme avait néanmoins déclaré qu'il travaillait à ce mémoire par ordre de la Cour, et appartenir au prévôt de L'Isle. Le lendemain ce garçon, sortant de prison, vint trouver la Reine et lui fit des plaintes contre le président de Mesmes, disant qu'il avait reçu de grands outrages de ses gens; et la Reine, en se couchant le soir, nous dit en riant qu'elle le voulait venger des maux qu'il avait souffert. Elle le vengea si bien en effet, qu'elle commanda au grand prévôt de l'hôtel d'aller arrêter les domestiques de ce président dont l'homme se plaignait (1).

(1) D'après Omer Talon, cet homme était peut-être un espion de la Reine.

Le président de Mesmes ayant vu clairement qu'il n'était pas trop bien à la Cour, crut être obligé d'agir avec prudence : il quitta la partie, et dès le lendemain, il envoya faire ses excuses à sa compagnie, et leur manda qu'il était malade et qu'il avait besoin de prendre l'air.

Le 15 de juin, le parlement s'assembla tout de nouveau sur la protection qu'il voulait et prétendait pouvoir donner aux autres compagnies souveraines. Il voulut délibérer aussi sur la cassation de leur arrêt de jonction par celui qui leur avait été porté de la part du Roi; et tous ceux de cette compagnie conclurent enfin que leur arrêt serait maintenu par eux, malgré celui du conseil du Roi qui le cassait; que le lendemain ils s'assembleraient dans la chambre de Saint-Louis pour en délibérer amplement, et que les députés des autres compagnies y seraient reçus.

Ce coup fut mortel à la prospérité de la France, et fit espérer à ses ennemis que ces brouilleries intestines les allaient remettre dans le bel état dont ils étaient déchus par l'habile conduite du cardinal de Richelieu et par les heureux succès de la régence. Si cette hardiesse déplut à la Reine et à son ministre, c'est de quoi il est impossible de douter. Après le conseil tenu dans le cabinet sur cette affaire, il fut résolu qu'on casserait tout de nouveau ce dernier arrêt du parlement. La Reine commanda à Du Plessis, secrétaire d'Etat, suivi de Carnavalet et de quelques gardes du corps, d'aller au palais et d'apporter au Roi cet arrêt si pernicieux au repos public; mais les clercs du palais s'assemblèrent et crièrent de telle sorte contre lui et ceux de sa compagnie qu'il les fallait tuer, qu'il fut contraint de revenir sans rien apporter.

Le 16, on manda le parlement en corps. Il vint à pied au Palais-Royal, selon la coutume ordinaire. Pour les recevoir authentiquement, on assembla les ducs et pairs, les maréchaux de France et tous les officiers de la couronne. On mit un dais dans le grand cabinet, avec une estrade dessous; et le Roi et la Reine étaient sur cette espèce de trône, environnés de tout ce qu'il y avait de grands seigneurs à la Cour. Le visage de la Reine était sévère et plein d'une grave majesté qui marquait une colère menaçante.

Le chancelier leur fit un grand discours tirant à la réprimande, sans néanmoins leur rien dire qui les pût offenser; puis, ayant fait lire leur arrêt de jonction, leur remontra la faute qu'ils avaient faite, de se joindre comme gens factieux aux autres compagnies. Il fit lire tout haut l'arrêt du conseil d'en haut qui cassait le leur, et leur prouva que le Roi, pour maintenir son autorité, avait été forcé de faire ce qu'il avait fait; et, venant à celui qu'ils avaient donné le jour précédent, où, sans avoir égard au commandement du Roi, ils maintenaient cette jonction, il s'étendit là-dessus, leur représentant les grandes et nuisibles conséquences qui suivaient leur action.

Il conclut enfin par la lecture d'un autre arrêt donné par le Roi ce même jour : et ce dernier contenait un grand raisonnement sur toutes les choses présentes et passées, et cassait non seulement celui qu'ils avaient donné en faveur de la jonction de toutes les compagnies, mais encore celui qu'ils avaient donné le jour précédent 15 du mois; avec défenses expresses de s'assembler avec les députés des autres compagnies. Il leur ordonna de la part du Roi de s'employer seulement à rendre la justice à ses sujets, sans se plus mêler des affaires de l'État. Il leur dit que le Roi seul prétendait y avoir droit comme son propre héritage, et le pouvoir de gouverner à sa volonté, ou par lui, ou par ses ministres; que les voix dans leurs assemblées avaient été comptées, et non pas pesées; que dans la compagnie il y en avait eu de sages; que Sa Majesté était fâchée de ne les pouvoir séparer des autres pour les pouvoir dignement récompenser et les louer publiquement en cette occasion; mais qu'elle en ferait la différence quand il serait temps de le pouvoir faire; et, à l'heure même, fit commandement au greffier d'apporter à la Reine la feuille du dernier arrêt avant les vingt-quatre heures passées.

Le premier président voulut répondre; mais la Reine l'interrompit, et lui dit qu'elle ne voulait point de réponse; qu'en son particulier elle connaissait ses bonnes intentions, que cela suffisait; et qu'à l'égard des factieux qui troublaient le repos de l'État, elle les assurait, s'ils n'obéissaient au commandement du Roi, de les punir en leur personne, en leurs biens et en leur postérité.

Malgré cette cérémonie, aussitôt qu'ils furent retournés, ils s'assemblèrent après midi, et défendirent tous d'une voix au greffier de porter la feuille de leur arrêt à la Reine, selon qu'elle leur avait commandé. Ils mandèrent de plus aux députés des autres compagnies, qui étaient dans la chambre de Saint-Louis, qu'ils ne pouvaient s'assembler alors avec eux, que premièrement ils n'eussent délibéré entre eux sur ce qui leur avait été ordonné de la part du Roi.

Les politiques, qui raisonnaient dans le cabinet sur les affaires présentes, disaient tous que le peu de cas que le parlement faisait des défenses de la Reine devait obliger le ministre à le punir, se servant contre lui, pour soutenir l'autorité du Roi, des moyens qu'une juste vigueur peut fournir en de telles occasions. Mais, outre que beaucoup de gens, à qui la puissance du favori déplaisait, ne désapprouvaient pas tout à fait ce que faisait le parlement, ceux mêmes qui paraissaient conseiller le châtiment n'auraient pas souhaité que le cardinal eût suivi leur avis.

Le ministre, qui ne voulut point pousser les choses à l'extrémité, prit le parti de la douceur et de l'humilité, comme les autres prenaient celui de la force et de la fierté. Les choses ne pouvaient pas subsister, les uns menaçant sans faire de mal, et les autres offensant sans rien craindre. Le ministre rendit les armes, et suivit, malgré les maximes ordinaires de la politique, celles de la tolérance et de la douceur.

Le parlement, de son côté, n'envoya point la feuille qu'on leur avait ordonné d'apporter à la Reine : tous opinèrent hautement que leurs arrêts auraient lieu et que celui du Roi serait nul; et fut arrêté qu'ils s'assembleraient, malgré les défenses de la Reine, dans la chambre de Saint-Louis. Ils murmurèrent fortement, et firent connaître par leurs harangues que non seulement leurs intérêts, le droit annuel pour eux et celui des officiers les animaient avec justice; mais ils déclarèrent qu'outre cela ils voulaient prendre connaissance de l'administration des finances et se mêler de réformer l'État, qu'ils soutenaient n'être pas bien gouverné.

L'avocat général [1], voulant un peu s'acquitter de son devoir, et, comme l'homme du Roi, représenter au parlement l'excès de leur hardiesse, leur dit qu'ils en étaient venus si avant, qu'il fallait que l'autorité royale fût dégradée, ou que celle de leur compagnie fût anéantie; et leur conseilla, en homme sage, d'apporter quelque modération à leur emportement.

Il fut traité de ridicule par toute la jeunesse des

---

[1] Omer Talon. Voir dans ses *Mémoires* son discours et ses conclusions qui y sont en substance.

enquêtes, comme s'il eût dit les plus grandes impertinences : et celui qui en tant d'occasions avait montré tant de partialité pour les intérêts du parlement et du public, au premier mot qu'il voulut dire en faveur de l'autorité du Roi, fut maltraité et forcé de se taire.

Le ministre, voyant donc que ces mutins tenaient ferme contre lui, se résolut d'aller à eux, et de regagner ces esprits farouches par la facilité et l'intérêt. La Reine, qui les avait menacés en souveraine qui n'appréhendait rien, eut de la peine à se résoudre de suivre les sentiments du cardinal. Elle avait un grand mépris pour la robe, et ne pouvait pas s'imaginer que cette portion des sujets du Roi pût l'incommoder ni apporter du changement dans ses affaires.

Elle ignorait les grands événements qui, par des commencements bien moindres, ont renversé les royaumes les plus puissants. Elle proposait le châtiment comme un remède qui devait indubitablement arrêter la révolte dans sa source; et ce sentiment était tout à fait selon le bon sens et l'avis des plus habiles de la Cour. Mais elle était destinée à suivre souvent les volontés de son ministre, et il fallut qu'elle consentît à ce qu'il désirait de faire en cette occasion.

Il résolut donc, avec le duc d'Orléans et le prince de Condé, de faire offrir au parlement tout ce qu'il demandait. Il comprit alors qu'il avait trop poussé les compagnies souveraines, et il voulut que sa douceur en fût le remède. Selon cette dernière résolution, l'on fit assembler chez le duc d'Orléans [1] tous les doyens de chaque chambre. Ce prince leur parla cordialement, les assura de sa protection auprès de la Reine, leur promit d'intercéder pour eux, et leur fit espérer qu'on leur donnerait tout de nouveau le droit annuel gratis. On leur demanda de ne plus protéger les maîtres des requêtes, et on leur fit entendre que, s'ils voulaient seulement faire semblant d'être sages, on leur promettait tout bas à l'oreille qu'ils seraient bientôt rétablis; que de même, abolissant ce nom de jonction, on leur promettait de ne rien demander aux autres compagnies dont ils prenaient la défense, et de faire rappeler les exilés. Le chancelier les exhorta de tout son pouvoir à recevoir de bonne grâce les faveurs que la Reine leur accordait par l'entremise de Monsieur, oncle du Roi.

Le cardinal leur fit aussi un grand discours qui contenait la même chose, et qui concluait à les prier de considérer que, leur offrant tout ce qu'ils pouvaient désirer de la bonté de la Reine, ils seraient coupables envers les peuples, en refusant ces grâces, de tous les maux qui pouvaient arriver, et qu'ils en répondraient devant Dieu et les hommes, et en porteraient le blâme dans la postérité.

(1) Le 21 juin.

Cela fait, on espéra que les affaires s'accommoderaient, car les présidents, qui sont toujours plus de la cour que les conseillers, avaient fait espérer au cardinal que, moyennant cette douceur, la compagnie deviendrait sage. Mais ils ne se trouvèrent pas véritables dans leurs jugements, ni la politique du ministre avantageuse à l'État. Le cardinal fut blâmé d'en avoir usé de cette manière, parce que le succès le fit attribuer à faiblesse.

Cette journée déshonora le ministre, parce qu'il avait été prodigue des faveurs de son Roi, et que, par cette profusion, il avait attiré, par le refus de ceux du parlement, une grande diminution à la puissance royale; mais, dans le vrai, elle leur était plus honteuse qu'à lui, puisqu'elle était une marque certaine de l'iniquité de cette compagnie.

Le lendemain [les 22 et 23 juin], les chambres s'assemblèrent à l'ordinaire; et, bien loin de se tenir pour contentes, leurs délibérations allèrent à remercier le duc d'Orléans du soin qu'il prenait de leurs intérêts. Ils témoignèrent vouloir refuser les grâces que la Reine leur avait offertes, et demandèrent que remontrances lui fussent faites pour lui témoigner que ce n'était point pour leur intérêt qu'ils prétendaient s'assembler; mais que, comme bons serviteurs du Roi, ils désiraient travailler à réformer les abus de l'État, et la supplier que, pour cet effet, Sa Majesté ne trouvât point mauvais qu'ils suivissent leur première résolution.

Ils demandèrent, outre cela, que l'arrêt qui avait été prononcé contre eux fût annulé, et le leur tenu bon et valable. Cette hardiesse donna un sensible déplaisir au ministre, qui, s'étant mis au lit ce jour-là de meilleure heure qu'à l'ordinaire, outre le dépit de toutes ces mauvaises aventures, dit à un de ses amis, avec beaucoup de chagrin, que le chancelier et le surintendant l'avaient laissé tomber en confusion, et qu'ils s'en repentiraient.

Le cardinal, pour continuer de marcher dans la route qu'il avait choisie, fit offrir aux maîtres des requêtes que, s'ils voulaient faire supplier la Reine, par le chancelier, de les rétablir, il leur promettait qu'ils le seraient aussitôt. Mais ils le refusèrent, et lui répondirent, après l'avoir très humblement remercié, qu'ils ne pouvaient se départir du parlement, qui avait voulu prendre leur protection.

Pour revenir au parlement, dont les démarches faisaient alors toute l'occupation de la Cour, après avoir fait plusieurs délibérations, leur dernier arrêté fut de remercier Monsieur, de députer vers la Reine pour justifier leur arrêté du 13 mai et la sincérité du parlement, se plaindre des paroles injurieuses qu'on leur a dites en sa présence, des arrêts du conseil, en demander la suppression et la liberté des prisonniers, et assurer Sa Majesté qu'il ne se passera rien dans la chambre de Saint-Louis que pour le bien de son service.

La crainte qu'on avait de pis fit trouver cette conclusion supportable. On crut qu'ils viendraient faire des protestations de fidélité et de service à la Reine, qui pourraient porter les affaires à quelque accommodement. Le lendemain, elle les reçut dans sa petite galerie. Auprès d'elle étaient le duc d'Orléans, le cardinal et les autres ministres, selon l'ordre accoutumé : et comme on espérait quelque douceur de leur part, on les reçut les portes ouvertes; mais il arriva le contraire de ce qu'on avait espéré. La remontrance du premier président fut si forte et si hardie, qu'elle surprit tous les auditeurs, et la Reine en parut offensée.

Et lorsque la harangue fut terminée, toute interdite, elle fit approcher les gens du Roi, et leur dit que dans peu de jours elle ferait savoir ses volontés au parlement. L'état de la France était tel, qu'il n'était plus temps de se porter à la rigueur sans la hasarder à de grandes révolutions. Le parlement avait trop usurpé d'autorité. En refusant les grâces qu'on leur avait offertes, ils avaient montré au peuple qu'ils ne demandaient que le bien public, et le remède des désordres de l'État.

Ce même peuple était accablé de taxes et de tailles : le royaume était appauvri par de longues guerres; tout le monde était mal content. Les courtisans haïssaient le ministre : tous voulaient le changement, par déréglement d'esprit plutôt que par raison. Les gens de bien, sans considérer que c'est un mal quelquefois nécessaire, et que tous les temps, à cet égard, ont été quasi égaux, espéraient par le désordre quelque plus grand ordre; et ce mot de *réformation* leur plaisait autant par un bon principe, qu'il était agréable à ceux qui souhaitaient le mal par l'excès de leur folie et de leur ambition.

L'audace démesurée du parlement fit croire au ministre que le meilleur parti était celui de la dissimulation. Il se résolut donc de lui faire cette réponse, qui fut infiniment blâmée par les deux partis. Le 29 de juin au soir, on manda aux magistrats par les gens du Roi : que la Reine a si bonne opinion de leur fidélité, qu'elle ne peut croire que leurs assemblées puissent être par leur volonté en aucune façon préjudiciables au service du Roi; que, cela étant, elle leur permet de s'assembler, pourvu que toutes leurs délibérations aient à finir dans la semaine.

Les députés du parlement et des autres compagnies souveraines s'assemblèrent dans la chambre de Saint-Louis, selon leur volonté et le consentement de la Reine. Ils lui avaient extorqué cette permission malgré elle, dont ils faisaient peu de cas, aussi bien que de ses grâces et des douceurs de son ministre. Les premières propositions qu'on y fit furent hardies, séditieuses, et toutes en faveur du public et du peuple, afin de s'en faire aimer, et de se donner de la force par ce qui fait la force même des Rois⁽¹⁾.

La Reine, pour empêcher qu'ils ne le fissent d'eux-mêmes et contre son autorité, rétablit les maîtres des requêtes, et pour couvrir la royauté, on se servit de l'entremise de Monsieur, oncle du Roi, qui, sur un compliment qu'un maître des requêtes lui fit pour le remercier de ce qu'il avait témoigné les vouloir favoriser, leur offrit encore [t]out de nouveau d'y travailler.

Le 6 de juillet, le duc d'Orléans alla au parle[me]nt, et il fit un discours pour montrer la nécess[s]ité de travailler au bonheur de la France sans [b]lesser sa grandeur, et il offrit aux membres du [p]arlement une conférence sur toutes leurs propo[s]itions, leur promettant une entière sincérité sur [t]outes les choses qu'on y discuterait.

Ce même jour, les maîtres des requêtes vinrent [a]u Palais-Royal en corps remercier la Reine de [la] grâce qu'elle leur avait faite de les rétablir. [L]eur harangue fut humble et pleine de reconnais[sa]nce. Ils allèrent aussi chez Monsieur, oncle du [R]oi, et finirent par le cardinal.

En même temps arriva un courrier de Catalogne [qu]i apprit à la Reine que le maréchal de Schom[be]rg, qui commandait les armées du Roi en qua[lit]é de vice-roi dans ce pays de conquête, étant

---

(1) Ces propositions sont en leur texte authentique dans les [Mé]moires d'Omer Talon.

dans le commencement de l'entreprise de Tortose, qu'il avait assiégée depuis peu, fut averti que les ennemis, avec plus de forces que lui, allaient assiéger Flix; qu'il avait été ravitailler cette place et y jeter des hommes, puis était revenu achever son entreprise avec espoir d'y réussir.

Le 7 et le 8 se passèrent en conférences avec le parlement au Luxembourg. Tous témoignèrent beaucoup de satisfaction du duc d'Orléans, et de la douceur qu'il avait pour eux dans leurs conférences. Les députés de toutes les chambres des enquêtes et les compagnies souveraines y assistaient, et on y traita de toutes les affaires qu'ils avaient proposées à la chambre de Saint-Louis.

Les plaintes contre le surintendant d'Emery devenaient plus vives, il fut remplacé par le maréchal de la Meilleraye, grand-maître de l'artillerie. On lui donna la surintendance comme à un homme dont le cœur paraissait au-dessus de l'avare convoitise des richesses, et qui, par les grands établissements de sa fortune, n'en avait nul besoin. Cependant les troubles ne s'apaisèrent pas avec le départ du surintendant d'Emery; le royaume s'appauvrissait chaque jour, la paix du dedans en était troublée, et la France était en état de craindre la guerre civile.

La Reine fut contrainte d'emprunter de l'argent de quelques particuliers, et de mettre les pierreries de la couronne en gage. La cuisine du Roi se vit renversée (1), et pour payer les Suisses, qui ne voulurent rien prendre, il fallut que le ministre mît de gros diamants en pension, et que quelques-uns de ses amis lui prêtassent ce qu'il fallut de reste pour cet effet. Madame la princesse prêta à la Reine 100,000 livres; la duchesse d'Aiguillon lui offrit de l'argent, et beaucoup d'autres en firent autant.

Les conférences des ministres et du parlement se continuèrent chez Monsieur au Luxembourg, mais sans produire d'effet. Elles se terminèrent par une résolution contenant une déclaration royale concernant les intendants des provinces. Ils étaient ainsi atteints par la volonté de la Reine, du moins le pouvait-on croire et non par celle du parlement.

Le duc d'Orléans se rendait fréquemment au parlement, qui profitait de sa présence pour faire toujours quelque proposition nouvelle. Le prince parlait de bonne grâce et avec éloquence dans les conférences publiques et particulières, il témoignait toujours agir de jugement, répondait à toutes les difficultés avec de l'esprit et de la douceur. La Reine avait sujet d'en être satisfaite. Elle l'était en effet. Mais les délibérations n'étaient pas toujours à l'avantage du Roi, et les courtisans disaient que la maladie de l'État était tombée en fièvre

---

(1) Cf. Monglat, 14ᵉ campagne. — D'Emery ne payait plus la maison du Roi.

tierce. Le cardinal, dans ce temps-là [14 juillet], eut des moments où il eut peur.

Les 16 et 17 de juillet, le duc d'Orléans retourna porter au parlement les déclarations du Roi, qui contenaient ce que le parlement avait demandé. Il y eut beaucoup de disputes sur le plus et le moins; mais tout fut conclu sous le bon plaisir de la compagnie.

Le prince de Condé, impatient de se voir à l'armée sans rien faire, et peut-être un peu jaloux de la réputation du duc d'Orléans, voulut avoir part aux affaires du parlement. Le ministre y consentit volontiers, à condition qu'il surprendrait la Reine, qui ne devait pas paraître avoir écouté cette proposition.

Aussitôt après ce consentement, qui fut le 20 du mois de juillet, on sut que le prince de Condé allait arriver de l'armée, et son retour étonna toute la Cour. Le duc d'Orléans se trouva surpris de voir qu'il revenait. Il ne put pas croire que la Reine et le cardinal eussent ignoré ce dessein : c'est pourquoi il se fâcha, et dit tout haut qu'il avait sujet de se plaindre de la Reine, qui, sans lui en rien dire, appelait un autre à son secours, qui ne la pouvait pas servir mieux que lui, ni avec plus d'affection.

Pour trouver un remède à la plainte du duc d'Orléans, il fut conclu, après une longue conférence faite entre la Reine, le cardinal et l'abbé de La Rivière, que la Reine enverrait prier Monsieur de trouver bon qu'elle reçût M. le prince, avec promesse de le renvoyer commander l'armée le plus tôt qu'elle pourrait.

Le prince de Condé fut reçu de la Reine avec un visage riant. Il demeura une heure renfermé avec la Reine et le ministre, puis il s'en alla chez lui, où toutes les personnes de qualité lui allèrent rendre hommage.

Le lendemain, par un bonheur tout particulier qui donna lieu à la Reine de dégager la parole qu'elle avait donné à Monsieur, oncle du Roi, on reçut nouvelle que l'armée des ennemis faisait mine de marcher, et montrait d'avoir quelque dessein sur nous : si bien que le lendemain, jour de Sainte-Madeleine, M. le prince prit congé de la Reine, et s'en retourna bien vite.

La campagne, jusque-là, n'avait pas été heureuse. Le prince n'avait pu empêcher la prise de Courtray; Ypres, il est vrai, était tombée en ses mains, mais le fait était de peu d'importance.

Le maréchal de Schomberg (1) avait le commandement de l'armée de Catalogne, que le cardinal de Sainte-Cécile, frère du cardinal Mazarin, avait quitté par dédain de cet emploi. — Outre le secours qu'il avait donné à Flix, il arriva un

(1) D'une maison de Misnie dont une branche s'était établie en France au XVIe siècle. Celui-ci est Charles de Schomberg, duc d'Halluin, pair et maréchal de France, né en 1601, mort en 1656. (*Vid.* P. Anselme, t. IV.)

courrier de sa part le 26 de juillet qui apprit à la Reine la prise de Tortose. L'entreprise était heureuse et hardie, mais la faveur du maréchal à la Cour n'en fut pas plus grande : ce n'est pas toujours la vertu ni les belles actions qui la donnent.

Le comte d'Harcourt loua infiniment cet exploit de guerre et dit au cardinal Mazarin que cette place de Tortose, quoique moins forte que Lérida, était plus utile, et qu'elle ouvrait le chemin pour entrer en Espagne quand on voudrait.

Le 29, les députés du parlement vinrent faire leurs remontrances à la Reine, sur les désordres du gouvernement dont ils se plaignaient, et sur le reste des propositions faites à la chambre de Saint-Louis. Ils s'arrêtaient particulièrement à vouloir régler le fait des finances, ôter aux *partisans* le profit qu'ils font sur le Roi, et aux particuliers le profit qu'ils avaient en s'intéressant avec eux. Après plusieurs conseils tenus pour cet effet, la résolution de la Reine fut de mener le Roi au parlement, afin de finir toutes ces contestations, en leur accordant tout ce qu'ils demandaient. Elle voulut même leur donner quelque chose de plus pour acquérir le peuple et le gagner pour le Roi. On dressa donc une déclaration par où elle le comblait de grâces ; et en même temps on leur défendait de s'assembler, avec dessein d'user de la dernière rigueur s'ils contrevenaient à cet ordre : la Reine le disant à un chacun, afin qu'on le publiât par Paris, et que ceux du parlement ne le pussent ignorer.

La Reine alla au parlement le 30 du mois, selon l'ordre ordinaire, pour faire des grâces à tous, ou pour châtier ceux qui ne les recevraient pas avec la reconnaissance et le respect qu'ils devaient. On avait résolu au conseil, pour acquérir la bienveillance des peuples, au lieu du demi-quartier qu'on leur avait relâché sur les tailles par ordre du parlement, qu'on leur donnerait le quartier tout entier, afin que cette libéralité leur parût venir de la seule volonté du Roi.

La Reine, en sortant de la grand'chambre (1), dit au premier président qu'elle attendait de lui qu'il obéirait aux ordres du Roi, et empêcherait que désormais le parlement ne s'assemblât pas davantage. Elle dit aussi au président de Bellièvre que c'était à lui à commencer et à tenir la chambre de la Tournelle. Ils répondirent avec respect qu'ils obéiraient; mais ils ne le purent faire.

Le soir, la Reine, parlant de tout ce qui s'était passé, nous dit qu'elle attendait avec impatience ce qui se ferait le lendemain, qui se trouva pareil à beaucoup d'autres jours; car ils demandèrent tous à s'assembler et le firent tumultuairement, grondant contre le Roi de ce qu'il leur avait défendu une

---

(1) Celle où dans les parlements se tenaient les audiences solennelles.

chose qu'ils maintenaient être dans leur pouvoir. Ils ne parlèrent toutefois point de la chambre de de Saint-Louis, qui était le chapitre délicat : et le premier président, voulant un peu satisfaire la Cour, les fit attendre si longtemps qu'enfin l'heure sonna, qui les sépara malgré eux; mais ce fut en criant tout haut qu'ils voulaient délibérer sur la déclaration du Roi (1), et que, si on les en empêchait, ils ne le souffriraient pas.

Le cardinal Mazarin se montrait fort modéré : il désirait éviter par les négociations la guerre civile; malgré cela le mal ne put finir : cette race libertine (2) voulut s'assembler, et, le 4 août, Monsieur fut contraint d'y aller. Ils acceptaient la suppression de leur réunion à la chambre de Saint-Louis, mais demandaient l'établissement d'une chambre de justice, ce qui était de même conséquence. Le 5 août, ils reprirent leurs délibérations. Leur arrêt de ce jour fut d'obéir au Roi, et de travailler jusqu'après la mi-août aux affaires des particuliers.

Voilà donc le duc d'Orléans qui revient trouver la Reine, fort content d'avoir obtenu de cette compagnie une suspension d'armes, avec espé-

(1) Cette déclaration concernait les règlements sur le fait de la justice d'après les ordonnances d'Orléans, Moulins et Blois, — la disposition du 18 juillet sur la remise du demi-quartier des tailles, diverses autres mesures financières, — et la défense aux quatre compagnies de s'assembler à la chambre de Saint-Louis sans ordonnance du parlement et permission royale.

(2) Le parlement.

rance que tout ira bien, et qu'ils se contenteront du passé.

Le Roi ayant fait la même grâce au parlement de Rouen qu'à celui de Paris, lui redonnant gratuitement la paulette, il la reçut avec tant de mépris, qu'au lieu d'enregistrer la déclaration ils la mirent au greffe, et l'y laissèrent sans en faire nulle mention : ce qui fut remarqué avec colère par la Reine, et avec honte pour son ministre, qui se voyait méprisé de tous côtés, et qui en ressentait beaucoup de déplaisir.

Le parlement d'Aix en Provence, que notre Régente avait fait semestre (1) par l'avis de d'Émery, en fit autant et plus que les autres. Les anciens se transportèrent en une autre ville, et chassèrent les officiers nouveaux. Toutes choses se brouillaient dans les provinces aussi bien qu'à Paris, et l'on voyait partout un déchaînement horrible de malédictions contre le gouvernement, et une liberté effrénée de médire du ministre.

Pendant que M. le prince avait fait son petit voyage à Paris, les ennemis assiégèrent Furnes, place qui n'était nullement forte et dont ils s'emparèrent. La nouvelle en arriva le 6 août ; dont

---

(1) Avait fait semestre, c'est-à-dire que la Reine avait créé au parlement d'Aix des offices nouveaux dont les titulaires exerçaient leur charge pendant 6 mois, restreignant ainsi le travail et le revenu des anciens offices, qui ne fonctionnaient à leur tour que pendant 6 mois ; cette mesure fiscale était fort mal vue.

la Reine fut fâchée, parce qu'en l'état où étaient les affaires, les moindres pertes étaient d'une grande conséquence.

Le 16 août et le 20, le parlement se réunit, et le 21 il y eut au Luxembourg une conférence qu'il avait demandée pour régler le tarif. Monsieur y alla. A son retour, il dit à la Reine que tout allait bien et que le tarif (1) était réglé.

Cependant ils ne finissaient point leurs assemblées : de sorte qu'à proprement parler ils se moquaient du nom du Roi, de l'autorité de la Reine et de celui qui gouvernait l'État, dont les forces commençaient à diminuer à mesure que celle de cette compagnie s'augmentait.

Ce même jour, il arrive un homme d'Arras, qui assure qu'il y a une bataille donnée, et qu'ils l'ont entendue par le bruit des canons. Il disait qu'il n'était revenu personne; mais que c'était une marque du gain de la bataille, puisqu'il n'y avait point eu de fuyards sur la frontière, et qu'apparemment ils devaient avoir été occupés à poursuivre et à dépouiller les ennemis.

Cette nouvelle arriva le matin à huit heures; elle fut agréablement reçue du cardinal. Il envoya le maréchal de Villeroy éveiller la Reine pour la lui apprendre : et, quoiqu'elle n'en fût pas tout à fait certaine, elle ne laissa pas de lui donner un

---

(1) C'est-à-dire les impôts dont le parlement autorisait la levée.

grand plaisir; et même elle ne douta pas qu'elle ne fût véritable, parce qu'elle la voyait nécessaire.

On savait déjà que M. le prince, ayant appris que les ennemis marchaient devers Lens, avait envoyé tout le bagage de l'armée dans Arras et les autres villes frontières, avec une ferme résolution de donner bataille. Il croyait, avec raison, qu'une célèbre victoire serait une parfaite réparade la langueur de sa campagne, et du mauvais état des affaires du Roi; et il ne doutait pas qu'il ne battît les ennemis, s'il pouvait venir aux mains avec eux. Son cœur, amoureux de la gloire et ennemi de la crainte, le forçait, par ses sentiments héroïques, à se croire invincible, particulièrement quand son roi avait besoin qu'il le fût.

La Reine passa toute cette journée dans l'impatience de savoir ce qui était arrivé; et le soir à minuit, comme elle se déshabillait pour se mettre au lit, arriva le comte de Châtillon, que M. le prince avait fait partir aussitôt après la bataille. L'on sut ensuite que ce noble courrier y avait fait des merveilles dignes de lui et de sa race. Il assura la Reine de son bonheur, et lui apprit que tout ce qu'elle aurait pu désirer sur ce sujet était arrivé; que la victoire était demeurée aux Français, après l'avoir disputée aux ennemis aux dépens de leur vie et de leur sang, avec la prise du canon des ennemis; que le général Bec et son fils étaient prisonniers, le prince de Ligne, le comte de Saint-

Amour, général de l'artillerie, trois mille morts sur la place, et cinq mille prisonniers, sans un nombre incroyable de blessés (1). Le prince de Condé eut sujet d'être content de cette journée.

Après les premiers sentiments que cette victoire causa dans l'âme de la Reine, sa raison et son bon naturel lui firent souhaiter la paix, et la politique joua son jeu ordinaire. Elle savait que son ministre était blâmé de ne la point faire : c'est pourquoi elle affecta soigneusement de dire devant toute la Cour qu'après cette bataille elle espérait que l'Espagne la souhaiterait, et que, cela étant, elle la croyait indubitable, aussi bien que celle de l'Empire, qui était presque faite.

La Reine, voulant faire chanter le *Te Deum* à Notre-Dame, pour rendre grâces à Dieu de la bataille gagnée, et y faire porter plusieurs drapeaux conquis sur les ennemis (2), voulant aussi se servir de ce jour de triomphe pour apporter quelque remède aux révoltes du parlement et le punir de sa dernière désobéissance, qui, après tant de grâces accordées et tant de commandements réitérés, avait paru aux yeux de tout le monde cacher une audace criminelle sous l'apparence d'une fausse fidélité.

---

(1) A cette bataille de Lens (20 août 1648), les ennemis étaient commandés par l'archiduc Léopold-Guillaume, frère de l'empereur Ferdinand III. Notre armée n'était que de 14,000 hommes et celle des ennemis de 16 ou 17,000.

(2) Ces drapeaux, au nombre de soixante-treize, furent portés dans le chœur de l'église par les Suisses.

Pour cet effet, bien d'accord avec le duc d'Orléans et son ministre, elle commanda à Comminges, lieutenant de ses gardes, d'aller prendre le président de Blancmesnil, le président Charton, et surtout un nommé Broussel, conseiller de la grand'chambre, qui avait toujours levé l'étendard contre le Roi, et avait ouvert tous les avis qui allaient à la destruction de l'autorité royale. Ce jour fut choisi pour cet effet de l'avis du cardinal, à cause que la cérémonie du *Te Deum* donnait lieu de mettre le régiment des gardes sous les armes, et qu'il est d'ordinaire rangé sur le chemin du Roi et aux environs de Notre-Dame, où logeait Broussel. Et comme il y avait sujet d'appréhender que le peuple ne s'émût pour sa défense, on voulut avoir de quoi se défendre contre cette canaille, qui ne devait pas apparemment trouver des forces suffisantes pour résister au nom du Roi et au bruit glorieux du favorable succès de cette victoire.

La Reine ayant donné ses ordres à Comminges, il donna les siens pour l'exécution de l'entreprise qui lui était confiée. Il envoya deux de ses exempts, ainsi qu'il me le conta lui-même fort exactement, l'un au président de Blancmesnil, l'autre au président Charton, et se réserva l'exécution la plus périlleuse, qui était celle de prendre Broussel, l'ami du peuple et son protecteur.

La Reine, après le *Te Deum*, et après avoir

recommandé cette affaire au souverain des souverains, comme une rigueur forcée et nécessaire au repos public, en sortant de l'église dit tout bas à Comminges : « Allez, et Dieu veuille vous assister; » bien contente elle-même, à ce qu'elle nous conta depuis, de pouvoir espérer que bientôt elle serait vengée de ceux qui avaient méprisé son autorité et celle du Roi son fils.

Le Tellier [1], secrétaire d'État, dit aussi à Comminges, dans ce même temps, qu'il pouvait aller, et que tout était prêt, voulant lui dire par là qu'ils étaient tous trois en leur logis. Comminges demeura donc à Notre-Dame avec quelques gardes, attendant qu'un ordre qu'il avait donné pour cette affaire eût eu son effet. Comme c'est l'ordinaire aux officiers des gardes du corps de ne jamais quitter la personne des rois, on donna aussitôt avis à quelques-uns du parlement qui étaient restés dans l'église que le lieutenant des gardes de la Reine y était : ce qui semblait menacer la liberté de quelques particuliers de leurs compagnies. A cet avis, chacun d'eux prit la fuite; et, à leur gré, l'église n'avait pas assez de portes pour les laisser sortir au plus tôt. Le peuple, qui était répandu aux environs de ce lieu, et qui était venu pour voir passer le Roi, entendant ce mur-

---

[1] Michel Le Tellier (1603-1685) était l'homme de confiance de Mazarin. Il devint ministre d'État, se démit en faveur de son fils Louvois (1666) du ministère de la guerre, et fut nommé chancelier garde des sceaux. (*Vid.* Bossuet, *Or. fun.*)

mure, se mit par troupes, et commença à écouter et regarder ce que cela voulait dire.

Comminges avait envoyé son carrosse, avec quatre de ses gardes et un exempt, au bout de la rue de Broussel, qui était étroite et petite, avec commandement à l'exempt, aussitôt qu'il le verrait paraître à pied auprès de sa maison, d'aborder la porte avec le carrosse, les portières abattues et les mantelets levés ; ce qu'il ordonna, à ce qu'il me dit, afin de n'être pas attaqué dans son carrosse avec son prisonnier, sans qu'il le pût voir et y donner ordre. Il vint donc à pied, et frappa à la porte. Un petit laquais lui ayant ouvert sans différer, il se saisit de l'entrée, et, y laissant deux gardes, monta aussitôt avec deux autres dans l'appartement de Broussel. Il le trouva sur la fin de son dîner, et sa famille autour de lui. Comminges lui dit qu'il lui apportait un ordre du Roi pour se saisir de sa personne ; mais que, s'il voulait s'épargner la peine de lire la lettre de cachet qu'il lui montra, il n'avait qu'à le suivre et obéir.

Cet homme, âgé de soixante et tant d'années, malgré le courage qu'il avait témoigné dans le parlement, se troubla, entendant nommer le Roi de cette sorte, et témoigna que cette visite lui déplaisait fort. Il lui répondit qu'il n'était pas en état d'obéir, qu'il avait pris médecine, et qu'il demandait du temps. Une vieille femme du logis se mit à crier aux voisins qu'on voulait emmener son maître et leur demanda du secours, disant avec mille injures à Comminges qu'il ne serait pas obéi, qu'elle l'empêcherait bien de faire du mal à son maître. Au bruit de cette femme, le peuple s'assembla dans cette petite rue ; les premiers qui accoururent en amenèrent d'autres, et en un moment, elle fut pleine de canaille. Comme ils virent ce carrosse plein d'armes et d'hommes, ils se mirent tous à crier qu'on voulait emmener leur libérateur. Il y en eut qui voulurent couper les rênes des chevaux, et qui parlèrent de rompre le carrosse ; mais les gardes et le petit page de Comminges le défendirent vaillamment, et s'opposèrent à leur dessein, menaçant de tuer tous ceux qui voudraient l'entreprendre.

Comminges, qui entendit la rumeur du peuple et de la maison, et qui vit le désordre qui pouvait arriver s'il tardait davantage à exécuter son dessein, crut qu'il fallait se hâter ; et, prenant Broussel par force, le menaça de le tuer s'il ne marchait. Il l'arracha de sa maison et des embrassements de sa famille, et le jeta dans son carrosse malgré qu'il en eût, ses gardes allant devant pour écarter le peuple qui le menaçait et le voulait attaquer. Sur ce bruit, les chaînes se tendent dans les rues, et, au premier détour, Comminges se trouva arrêté : si bien que, pour s'échapper, il fallut souvent faire tourner le carrosse, et donner à tout moment une espèce de bataille contre le peuple, dont la troupe grossissait à mesure qu'il avançait dans son chemin.

A force d'aller, il arriva enfin vis-à-vis du logis du premier président sur le quai, où son carrosse versa et se rompit. Il était perdu, si dans ce même endroit il n'eût trouvé les soldats du régiment des gardes qui étaient encore en haie, et qui avaient ordre de lui prêter main-forte. Il s'était élancé hors de son carrosse versé ; et, se voyant entouré d'ennemis qui le voulaient déchirer, n'ayant que trois ou quatre de ses gardes qui n'étaient pas capables de le sauver de ce péril, il s'écria : *Aux armes, compagnons ! à mon secours !* Les soldats, toujours fidèles au Roi dans tous les temps de cette régence, l'environnèrent, et lui donnèrent toute l'assistance qu'il leur fut possible.

Le peuple l'environnait aussi avec des intentions bien contraires ; et là se forma un combat de main et d'injures seulement, qui n'était pas moins périlleux à l'État que les plus grands qui se sont jamais donnés avec le fer et le feu. Comminges demeura dans cet état assez longtemps, jusqu'à ce qu'un de ses gardes lui eût amené un autre carrosse qu'il prit à des passants, dont par menaces il avait fait sortir quelques femmes, et dont le cocher, malgré leur résistance, fut contraint de servir en cette occasion. Comminges le prit, et laissa le sien sur la place, que le peuple, de rage et de dépit, rompit en mille morceaux. Celui qui le menait par force se rompit tout de nouveau à la rue Saint-Honoré ; et ces accidents servirent à faire savoir cette action à toute la ville de Paris, et à émouvoir la compassion d'une infinité de gens qui fomentèrent ensuite la sédition.

Enfin il arriva un autre carrosse, que Guitaut, oncle de Comminges et capitaine des gardes de la Reine, envoyait au-devant de lui, prévoyant que peut-être il en aurait besoin. Celui-là lui arriva fort à propos : il se jeta dedans, et son prisonnier avec lui, et gagna un relais qui l'attendait proche des Tuileries, où logeait alors Mademoiselle. Ce relais le mena au château de Madrid, et de là à Saint-Germain, selon l'ordre qu'il en avait de la Reine. Elle avait dessein de le faire conduire de ce lieu, par un exempt, en celui où l'on avait résolu de l'envoyer, qui, à ce que je crois, était Sedan.

Quand les Parisiens eurent perdu de vue leur Broussel, les voilà tous comme des forcenés, criant par les rues qu'ils sont perdus, qu'ils veulent qu'on leur rende leur protecteur, et qu'ils mourront tous de bon cœur pour sa querelle. Ils s'assemblent, ils tendent toutes les chaînes des rues, et en peu d'heures ils mirent des barricades dans tous les quartiers de la ville. La Reine, avertie de ce désordre, envoie le maréchal de La Meilleraye par les rues pour apaiser le peuple et lui parler de son devoir.

Le coadjuteur de Paris (1), qui par une ambition

---

(1) J. F. Paul de Gondi, cardinal de Retz (1614-1679), archevêque de Corinthe *in partibus* (1644), fut depuis 1643 coadjuteur de son oncle J. F. de Gondi. Durant la première Fronde, il fut « l'âme qui fit mouvoir le corps. » Ses *Mémoires* sont un

démesurée, avait des inclinations bien éloignées de vouloir travailler à remédier à ce mal, y fut envoyé aussi. Mais voulant cacher cette pente qu'il avait à souhaiter quelque nouveauté, il sortit à pied, avec son camail et son rochet; et, se mêlant parmi la foule, prêche le peuple, leur crie la paix, et leur remontre l'obéissance qu'ils devaient au Roi, avec toutes les marques d'une affection à son service tout à fait désintéressée. Peut-être même qu'il agissait de bonne foi en cette rencontre; car comme son désir était seulement d'avoir part aux grandes affaires, par quelque voie que ce pût être, si par celle-ci il eût pu entrer dans les bonnes grâces de la Reine, et se rendre nécessaire à l'État, son ambition étant satisfaite, il n'en aurait pas pris une autre.

Le peuple, à toutes les paroles qu'il leur dit, répondit avec respect pour sa personne, mais avec audace et emportement contre ce qu'ils devaient au nom du Roi, demandant toujours leur protecteur, avec protestation de ne s'apaiser jamais qu'on ne le leur rende. Et sans trop considérer ce qu'ils devaient au grand maître le maréchal de La Meilleraye, ils lui jetèrent des pierres, le chargèrent de mille injures; et, en le menaçant, firent des imprécations horribles contre la Reine et contre son ministre. Ils lâchèrent contre lui des

des monuments remarquables de notre littérature. Sa famille était originaire de Florence; l'un de ses membres avait suivi Catherine de Médicis en France.

insolences qui eussent mérité le gibet si le Roi eût été le maître, et si la Reine, par une vengeance particulière, eût été capable de faire mourir quelqu'un.

Ces deux hommes revinrent au Palais-Royal consulter ce qui se devait faire dans cette occasion, où les paroles paraissaient un remède trop faible pour un si grand mal. Mais, comme on jugea qu'il ne fallait point encore, dans cette première chaleur, aigrir davantage le peuple, il fut conclu qu'ils retourneraient s'exposer aux coups de pierres et aux injures. Ils le firent de bonne grâce, quoique le maréchal de La Meilleraye eût les gouttes et ne pût marcher sans l'aide d'un bâton, et que le coadjuteur eût une santé assez faible. On y envoya aussi des soldats, pour voir si les armes ne feraient point de peur à cette furieuse troupe; mais après que quelques coups les eurent un peu écartés, leur colère augmenta davantage, et leur rage en devint plus forte. Cette médecine, qu'on ne leur donna que par force, et pour essayer si les apparences seraient utiles à leur guérison, n'ayant pas eu d'effet, on cessa de la pratiquer; et on crut que le mieux était de ne rien faire d'extraordinaire, de peur de faire connaître aux Parisiens le danger où leur folie exposait la France.

On passa toute cette journée dans l'espérance que ce tumulte pourrait s'apaiser, mais avec beaucoup de crainte qu'il ne s'augmentât. On tint conseil au Palais-Royal à l'ordinaire et nous y demeurâmes paisiblement, riant et causant, selon notre coutume, de mille fariboles. Car, outre qu'en telles occasions personne ne veut dire ce qu'il pense et ne veut pas paraître avoir peur, nul aussi ne veut être le premier à pronostiquer le mal. Plusieurs personnes, en effet, vinrent trouver la Reine, qui, légèrement et sur de fausses apparences, lui dirent que ce n'était rien et que toutes choses s'apaisaient.

Sur le soir, le coadjuteur revint trouver la Reine de la part du peuple, forcé de prendre cette commission pour lui demander encore une fois leur prisonnier, résolus, à ce qu'ils disaient, si on le leur refusait, de le ravoir par force. Comme le cœur de la Reine n'était pas susceptible de faiblesse, et que d'ailleurs le cardinal ne trouvait pas son avantage à être toujours battu, elle se moqua de cette harangue, et le coadjuteur s'en retourna sans réponse. Un de ses amis et un peu des miens, qui, peut-être aussi bien que lui, n'était pas dans son âme au désespoir des mauvaises aventures de la Cour, et qui ne l'avait pas quittée de toute la journée, me dit à l'oreille que tout était perdu ; qu'on ne s'amusât point à croire que ce n'était rien ; que tout était à craindre de l'insolence du peuple ; que déjà les rues étaient pleines de voix qui criaient contre la Reine, et qu'il ne croyait pas que cela se pût apaiser aisément.

La nuit qui survint là-dessus les sépara tous,

et confirma la Reine dans sa créance que l'aventure du jour n'était nullement à craindre.

Ce même jour, le premier président était venu au bruit des exilés trouver la Reine, pour lui demander ses confrères ; mais elle l'avait renvoyé sans réponse. Le peuple, qui le soupçonnait d'être d'accord avec la Cour, alla chez lui ; des coquins remplis de rage crièrent contre lui qu'il était un traître, et qu'il avait vendu sa compagnie : si bien qu'il fut contraint, pour les apaiser, de sortir à pied dans les rues, et se présenter à ces mutins pour se justifier à eux. Sans cette fermeté, ils eussent été peut-être plus loin dans leur insolence. Sa douceur calma leur furie, et ils reçurent ses justifications à condition qu'il retournerait demander Broussel : ce qu'il fit avec aussi peu de succès que la première fois.

Le lendemain, selon qu'il avait été résolu au conseil le jour précédent, le chancelier (1) eut ordre d'aller au palais pour y présider, pour calmer les esprits et empêcher les désordres qui pourraient arriver sur le prétexte de cette affaire (2). La sédition avait donné de la terreur à tout le monde, et les amis du chancelier lui dirent que cette occasion leur paraissait infiniment périlleuse pour lui.

---

(1) Pierre Seguier (1588-1672).

(2) On a cru aussi qu'il allait interdire le parlement ; mais je n'en ai rien su de certain. Il ne me parut alors aucune marque de ce dessein, et je ne l'ai entendu dire que longtemps après.

(Note de l'auteur).

[l] vit des mêmes yeux que les autres le danger où s'exposait; mais cette âme, trop attachée à la [sa]veur, ne le fut point à l'amour de la vie. Il pré[fé]ra à cette crainte l'avantage de faire une action [q]ui fût au-dessus du commun; et comme la Reine [m]ême l'avait jugée nécessaire, il voulut y aller [sa]ns montrer aucune marque de faiblesse.

Il partit à cinq heures du matin, et s'en alla au [P]alais, ou, pour mieux dire, il partit de sa mai[so]n dans ce dessein. L'évêque de Meaux (1), son [fr]ère, voulut aller avec lui, et la duchesse de Sully, [sa] fille, belle, jeune et courageuse, se jeta dans son [ca]rrosse, quoi qu'il pût faire pour l'empêcher de [s']y mettre. Comme il fut sur le Pont-Neuf, trois [o]u quatre grands pendards abordèrent son car[ro]sse et lui demandèrent insolemment qu'il leur [re]ndît leur prisonnier, lui disant que, s'il ne le [fa]isait, ils le tueraient à l'heure même. Ces déses[pé]rés ayant commencé le bruit, il en arriva d'autres [qu]i l'environnèrent et qui le menacèrent de la [m]ême chose.

Lui, ne sachant comment faire pour s'échapper [d]oucement de cette canaille, commanda à son [co]cher de passer outre et d'aller devers les Augus[ti]ns, où était la maison du duc de Luynes (2), son [a]mi, pour y entrer au cas qu'il fût contraint par [la] multitude, ou pour s'acheminer plus sûrement,

(1) Dominiqne Ier Séguier, évêque du 26 août 1637 au mai 1659.
(2) Charles d'Albert; peu après il devint frondeur.

par le pont Notre-Dame, au palais ; car il cru
que les bons bourgeois ne le laisseraient pas a
pillage de ces mutins. Étant arrivé auprès de
Augustins, ce peuple commença de s'écarter : d
sorte qu'il prit résolution de s'en aller de là à pie
au palais, et de mettre son carrosse chez le du
de Luynes : mais il n'eut pas fait trois pas, qu'u
grand maraud vêtu de gris commença à crier tou
de nouveau contre lui : « Aux armes, aux armes
« Tuons-le, et vengeons-nous sur lui de tous le
« maux que nous souffrons. »

A ceci le tumulte s'échauffe et s'augmente, e
le chancelier fut contraint de se jeter dans l'hôte
de Luynes, pour s'y sauver tout de bon. Guèr
de gens n'étaient encore éveillés dans cette maison
il fut reçu seulement d'une bonne vieille femme
qui, voyant un chancelier de France lui demande
du secours, le prit par la main et le mena dan
un petit cabinet fait d'ais de sapin, qui était a
bout d'une salle. Il n'y fut pas plutôt entré, lu
et sa troupe, que voici cette canaille qui vint
avec des cris effroyables, demander où il était, e
dirent, avec mille sermens, qu'ils le voulaien
avoir. Les uns disaient : « Ce sera prisonnie
« pour prisonnier ; et nous en ferons un échang
« avec notre cher protecteur. » Les autres, plu
méchants, disaient qu'il le fallait démembrer e
mettre par quartiers, afin d'en mettre les morceau
par les places publiques, et montrer leur ressen
timent par leur vengeance. Ils allèrent enfin l

chercher jusqu'à ce petit cabinet; et, comme ils virent le lieu assez abandonné, ils se contentèrent seulement de donner quelques coups contre les ais, et d'écouter s'ils n'entendaient point de bruit; puis allèrent ailleurs le chercher. Il est à croire que ce ministre, dans le temps qu'ils étaient à sa porte, n'était pas à son aise, et qu'il sentit qu'il était homme. Il se confessa dans ce cabinet à son frère l'évêque de Meaux, et se prépara tout à fait à la mort.

Il avait envoyé au Palais-Royal demander du secours; et, dès qu'on sut le péril où il était, on envoya commander aux gendarmes et aux chevau-légers d'y aller. Le maréchal de La Meilleraye s'achemina pour l'aller quérir avec deux compagnies de Suisses, et cet illustre prisonnier fut tiré de ce péril par la venue du grand maître. Il le fit prendre sous les bras pour l'amener à pied au Palais-Royal, car dans cet embarras on ne put trouver son carrosse, et toutes choses étaient bonnes, hormis d'être exposé à la furie du peuple.

Le lieutenant civil (1) vint aussi donner de l'aide au chancelier; et, le rencontrant en chemin, il le mit dans son carrosse, avec sa fille la duchesse de Sully et l'évêque de Meaux. Comme ils passèrent devant la place Dauphine, au milieu du Pont-Neuf, le peuple, qui était en colère d'avoir perdu sa proie, fit une décharge sur eux, dont il y eut

(1) Dreux d'Aubrai, comte d'Offremont.

quelques soldats de tués de ceux qui environnaient leur carrosse. La duchesse de Sully reçut un coup de mousquet au bras, d'une balle qui avait déjà perdu sa force, car ils tirèrent de loin : par conséquent elle ne la blessa que par une grande contusion. Un exempt du Roi, celui qui est toujours à la suite du chancelier, fut tué par cette canaille, de même qu'un des gardes qui l'accompagnent. Ils arrivèrent chez le Roi assez alarmés de cette aventure : et le chancelier y demeura quelques jours, n'osant pas retourner chez lui, de peur que la populace animée ne fît dessein d'aller piller sa maison.

Voilà comme se passa le matin de la seconde journée, qui ne fut pas meilleure que la première. Au réveil de la Reine, sur les neuf heures du matin, on lui apprit cette nouvelle. Elle en fut fâchée infiniment, non seulement par la pitié qu'elle eut d'une personne de cette qualité qui pour son service avait été deux heures entre les mains de mille coquins dignes de la corde; mais encore par la blessure que son autorité recevait de ce coup, qui devait être d'une dangereuse conséquence à l'État, et avoir de mauvais effets par le bruit qu'elle ferait chez les étrangers.

Après que la Reine eut essuyé ce chagrin, dont la cause lui faisait voir, malgré sa fermeté à ne s'ébranler de rien, qu'elle devait tout craindre, il fallut qu'elle se levât pour recevoir le parlement, qui la vint trouver en corps à pied pour lui de-

…ander le prisonnier. Elle leur parla vigoureuse-
…ent, de bon sens et sans s'émouvoir (1), car en
…tte occasion elle agissait selon ses propres sen-
…ments et d'elle-même. Entre beaucoup de
…oses qu'elle leur dit, ces mots me restèrent dans
…. mémoire, qui me parurent dignes d'être remar-
…ués : que cela était étrange et bien honteux pour
…ıx d'avoir vu, du temps de la feue Reine sa
…elle-mère, M. le prince en prison à la Bastille,
…ıns en avoir montré aucun ressentiment; et que,
…ur Broussel, eux et le peuple fissent tant de
…ıoses ; que la postérité regarderait avec horreur
… cause de tant de désordres, et que le Roi son
…s aurait un jour sujet de se plaindre de leur
…océdé, et de les en punir.

Le premier président lui répondit peu de chose;
… le président de Mesmes, l'interrompant, prit
…ıssi la parole, et lui dit : « Oserai-je, madame,
vous dire qu'en l'état où sont les peuples il ne
faut penser qu'au remède, et que Votre Majesté doit, ce me semble, éviter la douleur de
rendre ce prisonnier par force, en nous le redonnant de sa propre volonté et de bonne
grâce. » La Reine lui répliqua qu'il était im-
…ıssible de faire ce tort à l'autorité royale, et lais-
…r impuni un homme qui l'avait attaquée avec
…nt d'insolence ; qu'ils devaient bien voir par la

---

(1) Cf. Retz et Omer Talon. Elle avait, disent-ils, le ton
…s aigre.

douceur de sa régence quelles étaient ses intentions, et qu'en son particulier elle était toute disposée à lui pardonner; mais qu'ils savaient bien qu'il y avait une certaine sévérité à quoi les rois étaient obligés, pour contenir les peuples dans quelque crainte.

Après ces sortes de disputes elle les quitta, et le premier président, courant après elle, la conjura tout de nouveau de bien penser à ce qu'elle faisait. A quoi la Reine, instruite en cet endroit par son ministre, comme elle l'avoua depuis, leur répartit que, de leur côté, ils fissent ce qu'ils devaient; qu'ils témoignassent à l'avenir plus de respect aux volontés du Roi; et que, de sa part, cela étant, elle leur ferait toutes les grâces qu'ils pourraient justement prétendre d'elle.

Sur cette proposition, toute la compagnie se résolut de s'en retourner au palais s'assembler là-dessus, pour savoir ce qu'ils avaient à répondre. Ils sortirent de chez la Reine dans le même ordre qu'ils étaient venus : et comme ils arrivèrent dans la rue Saint-Honoré, aux premières barricades qu'ils rencontrèrent, ils furent arrêtés par le peuple qui les environna, criant et demandant Broussel. Plusieurs s'approchèrent du premier président, et, lui présentant le pistolet à la gorge, lui dirent mille injures, et le menacèrent que, s'il ne leur faisait rendre M. de Broussel, ils le tueraient. Ils montrèrent en effet assez de désir de le maltraiter; mais il se sauva par sa fermeté et sa constance, les assurant qu'il venait d'y travailler de toute sa force ; et, sur ces paroles, ils lui donnèrent la vie, à condition qu'il s'en retournerait à l'heure même trouver la Reine, lui signifiant que, s'il ne l'obtenait, ils le mettraient en mille morceaux.

Toute cette compagnie revint donc sur ses pas, bien étonnée de voir que la furie du peuple s'étendait jusque sur eux. Ils se reconnaissaient la cause de ces désordres, et n'y auraient pu remédier s'ils avaient voulu l'entreprendre ; car, quand le peuple se mêle d'ordonner, il n'y a plus de maître, et chacun en son particulier le veut être.

Comme ils n'avaient pas mangé de tout le jour, la Reine eut soin de leur faire porter du pain, du vin et quelques viandes ; puis le duc d'Orléans vint tenir sa place parmi eux. Le chancelier Séguier s'y trouva pour présider et le cardinal parla pour leur montrer combien il était facile de s'accommoder.

Toute cette journée, malgré les barricades, il y eut beaucoup de monde chez la Reine, qui fut toujours au cercle avec la reine d'Angleterre et plusieurs princesses, attendant la résolution que prendrait le parlement. Le cardinal n'était pas sans inquiétude, et dans cette même attente il alla s'enfermer dans le petit cabinet de la Reine avec l'abbé de Rivière, qui n'était pas si chagrin que lui ; car il espérait que l'abaissement du ministre servirait à son élévation.

Le parlement ayant achevé sa délibération, il vint trouver la Reine, qui les alla recevoir dans sa petite galerie, n'ayant nulles femmes auprès d'elle. Le premier président, au nom de sa compagnie, lui protesta de leur fidélité par un compliment assez court, et lui rendit compte de leur délibération, par laquelle ils promettaient de différer et surseoir toutes leurs délibérations jusques après la Saint-Martin, hormis sur les rentes et sur le tarif. Cet arrêté n'était rien de bon. On voyait sous cette promesse une véritable intention de recommencer tout de nouveau quand la Saint-Martin serait passée, et qu'alors ils pourraient s'assembler à leur gré sur toutes matières : et néanmoins, en conséquence de ce délai, la Reine, forcée par l'état où se trouvait Paris, leur accorda leur prisonnier, et leur donna dès cet instant une lettre de cachet pour le faire revenir avec les carrosses du Roi, qui furent commandés pour l'aller quérir en diligence.

Voici donc le prisonnier Broussel que la Reine est contrainte de rendre : le parlement est victorieux, et lui et le peuple sont les maîtres. Les bourgeois avaient pris les armes par ordre du Roi, de peur que la canaille insolente ne devînt trop absolue ; et les colonels des quartiers et compagnies de la ville faisaient leurs gardes avec tant d'ordre, qu'on peut dire que jamais désordre ne fut si bien ordonné, une sédition aussi grande et aussi impétueuse que celle-là devant vraisemblablement causer plus de mal qu'elle n'en causa.

Mais les bourgeois, qui avaient pris les armes fort volontiers pour sauver la ville du pillage, n'étaient guère plus sages que le peuple, et demandaient Broussel d'aussi bon cœur que le crocheteur. Ils étaient remplis de joie de penser qu'il étaient nécessaires à quelque chose. Ils croyaient avoir part au gouvernement puisqu'ils gardaient les portes de la ville; et chacun dans sa boutique raisonnait sur les affaires d'État. Ils ne faisaient pas tant de bruit que les autres, mais ils demandaient Broussel gravement, et disaient qu'ils ne se désarmeraient point s'ils ne le voyaient de leurs yeux.

Après que le parlement eut eu son audience, toute cette compagnie sortit du Palais-Royal, et s'en retourna aussi triomphante que la Reine était humiliée. Le peuple et les bourgeois leur vinrent demander ce qu'ils avaient fait pour Broussel. Ils leur répondirent qu'ils avaient obtenu sa liberté; et un de ses neveux, qui était en leur compagnie, parut avec la lettre de cachet, et leur promit qu'il serait à Paris le lendemain à huit heures du matin. Cette promesse leur donna quelque consolation et un peu de repos.

La nuit fut assez fâcheuse; car en de telles rencontres on doit tout craindre. L'alarme fut grande au Palais-Royal: la Reine même, avec toute sa fermeté, eut de l'inquiétude. Les bourgeois tiraient incessamment, et ils étaient si près de la maison du Roi, que les sentinelles du régiment des gardes et celles de la rue Saint-Honoré se regardaient de fort près. Les menaces qu'ils faisaient ne furent pas cachées au cardinal, et, malgré la gaieté qu'il avait affectée en public, il ne laissa pas de se précautionner en homme qui avait peur. Il ne se coucha point de toute la nuit, étant toujours botté et prêt de monter à cheval, en cas qu'il y eût été contraint par la rage et la folie du peuple. Il y avait un corps-de-garde chez lui, un à sa porte, et dans son écurie un grand amas de mousquets, pour se défendre s'il eût été attaqué. Il fit tenir dans le bois de Boulogne quelque cavalerie pour l'escorter s'il était contraint de sortir; et ceux qui étaient attachés à lui ne le quittèrent point qu'il ne fût jour.

Le lendemain les mutins, en attendant la venue de leur prisonnier, continuèrent leurs menaces, disant tout haut qu'ils voulaient envoyer quérir le duc de Beaufort et le mettre à leur tête. Cette insolence s'augmenta quand on leur dit qu'on avait vu de la cavalerie dans le bois de Boulogne. Ne pouvant deviner ce que c'était, ils s'imaginèrent qu'il y avait dix mille hommes dans cette embuscade, et que c'était pour les châtier de leur révolte. Lorsqu'ils entendirent huit heures sonner, et que leur prisonnier n'était point encore venu, ce fut de si grands redoublements de cris, et de si terribles menaces, que Paris dans cet instant était quelque chose d'effroyable. Enfin, ce tribun du peuple étant arrivé à dix heures, les exclamations de joie furent infinies ; les chaînes furent détendues, les barricades rompues pour le laisser passer. Et jamais triomphe de roi ou d'empereur romain n'a été plus grand que celui de ce pauvre petit homme, qui n'avait rien de recommandable que d'être entêté du bien public et de la haine des impôts. Il fut mené à Notre-Dame, où le peuple voulut qu'on chantât un *Te Deum ;* mais ce pauvre homme, honteux de tant de bruit, s'échappa de leurs mains, et sortant par une petite porte de l'église, s'en alla chez lui, où beaucoup de gens de la Cour le furent voir par curiosité.

Après le retour de Broussel, il semblait que tout ce désordre devait cesser; mais les bourgeois, sans avoir nulle soumission aux ordres et aux volontés du Roi, ne voulurent point quitter leurs armes, ni ôter leurs barricades que par l'ordre du parlement ; et disaient tout haut qu'ils ne reconnaissaient point d'autres maîtres ni d'autres protecteurs. Ainsi le même matin, en présence de Broussel, qui de chez lui avait été droit au parlement, cette compagnie, maîtresse de la vie du Roi et de la ville, donna un arrêt en ces termes :

« La Cour cejourd'hui, les chambres assem-
« blées : ouï le prévôt des marchands de cette
« ville, sur les ordres qu'il avait donnés en con-

« séquence de l'émotion qui était arrivée le jour
« de devant-hier, hier et ce matin; ouï aussi le
« procureur général du Roi, a ordonné que toutes
« les chaînes tendues et barricades faites par les
« bourgeois seront détendues, démolies et ôtées;
« enjoint à eux de se retirer chacun chez soi, et
« s'appliquer à leurs vacations. Fait en parle-
« ment, le 28 août 1648. »

En suite de cet arrêt, tous obéirent si ponctuellement, que deux heures après on pouvait aller
par Paris comme dans les temps les plus paisibles :
et toutes choses se calmèrent, de sorte qu'il semblait que le passé eût été un songe.

Deux charrettes de poudre, qu'on fit entrer pour
le régiment des gardes, par la porte Saint-Antoine,
mirent de nouveau le feu à la rébellion, et Paris
reprit la même face que le matin et la veille. Le
prévôt des marchands fut mandé, l'affaire lui fut
exposée, et il fut chargé de l'expliquer au peuple.
Il obéit aux ordres de la Reine, mais il ne fut pas
écouté. Le bruit de la rue Saint-Antoine gagna la
rue Saint-Honoré. Il y avait des gens assez méchants pour jeter des billets par les rues et dans
les places publiques, qui conseillaient aux bourgeois de prendre les armes, et qui les avertissaient
charitablement qu'il y avait des troupes aux environs de Paris, avec avis certain que la Reine
voulait enlever le Roi, ensuite les faire saccager,
pour les punir de leurs révoltes. La Reine montra
une grande énergie et une grande confiance en

Dieu; le cardinal se tint prêt à partir. Ses chevaux furent bridés toute la nuit, et ses gens en état de le pouvoir suivre. Il alla même visiter le corps-de-garde des bourgeois, pour entendre ce que disait le peuple, et faire ses jugements lui-même. Mais enfin, sur le minuit, les bourgeois voyant que les gardes effectivement n'étaient plus devant le Palais-Royal, où il n'y avait que deux pauvres sentinelles, à la paix qui paraissait régner dans la maison du Roi, ils commencèrent à se rassurer. Ce qu'ils firent enfin, après que par l'ordre de la Reine on leur eut porté les clefs des portes de la ville, et que les magistrats, qui allèrent toute la nuit par les rues, leur eurent juré qu'ils n'avaient rien à craindre. Le bruit s'apaisa, de sorte que Comminges, étant allé dans les rues voir l'état des choses, vint assurer la Reine qu'il n'avait presque rencontré personne. C'est pourquoi nous la quittâmes, pour aller chercher dans le repos quelques consolations à nos misères.

Les 29 et 30 août, Paris reprit un esprit de paix : il n'y resta nulles traces de désordre, ni de la violente émotion du peuple.

Le coadjuteur (1), qui avait beaucoup d'esprit et de savoir, et qui avait outre cela un grand cœur et de la grandeur dans l'âme, ayant cru être obligé d'employer en cette occasion le crédit que son caractère et sa dignité lui donnaient pour

(1) *Vid. supra,* page 190.

apaiser la sédition arrivée auprès de son église, était allé dans les rues dans l'intention de rendre au Roi et à la Reine tout le service dont il était capable; et il s'imaginait en avoir rendu un assez grand et être en état de continuer à en rendre. Cependant il sut qu'au lieu de le louer de ce qu'il avait fait, on s'était moqué de lui, et que le ministre avait dit qu'il avait peur, et qu'il avait souffert le soir chez lui que Beautru en fît des railleries, ce dont il se plaignit hautement à ses amis, qui étaient en grand nombre.

Les affaires de la guerre allaient leur chemin ordinaire du côté de Flandre; la bataille que nous y avions gagnée nous en rendait en quelque façon les maîtres. M. le prince alla assiéger Furnes, que les ennemis ne pouvaient pas secourir.

Le 3 de ce mois [septembre], le parlement vint au Palais-Royal recommencer tout de nouveau ses persécutions ordinaires. Le premier président fit des remontrances à la Reine sur les articles de la déclaration. Ils demandèrent qu'on leur en donnât une autre selon leurs formes : ils montrèrent encore vouloir un quart des tailles exempt de toutes non-valeurs; demandèrent de plus qu'il se fît un fonds pour payer les gages des officiers, qui ne se payaient plus depuis longtemps; que tous les officiers subalternes fussent reçus au droit annuel sans qu'on leur demandât aucun supplément, et que les rentes fussent payées les trois quartiers ou tout au moins la moitié. Enfin c'était la chose du monde à quoi ils pensaient le moins qu'à obéir à la Reine, ni même à tenir leur parole.

Cette princesse, perdant courage pour en avoir trop, leur répondit doucement qu'elle serait bien aise qu'ils prissent connaissance des affaires de l'État et de la nécessité où était le Roi ; que, cela étant, elle s'assurait de leur fidélité et de leur affection ; qu'ils ne demanderaient plus de remises pour le peuple en un temps où toutes ses affaires étaient en désordre. Et néanmoins, forcée par la nécessité qui était alors son guide, elle leur accorda quasi tout ce qu'ils demandaient, hormis le quart des tailles exempt de toutes charges, qui allait à beaucoup plus que ce qu'elle avait eu intention d'accorder par la dernière déclaration. Elle leur concéda même avec le consentement du cardinal Mazarin de continuer le parlement pendant les vacances. Le ministre se trouva contraint de leur accorder ce qu'ils paraissaient désirer, à cause qu'ils avaient dit qu'ils étaient résolus de continuer le parlement malgré la Cour.

Le 12 de septembre, on reçut des nouvelles de Furnes, qui apprirent à la Reine que le prince de Condé avait reçu devant cette place une mousquetade à la hanche, si favorable qu'il n'en avait eu qu'une contusion, à cause de son collet de buffle, qui par hasard s'était redoublé en cet endroit.

Monsieur le prince, après la prise de Furnes, témoigna désirer infiniment de s'approcher du

Roi, et la Reine, qui n'était pas si satisfaite du duc d'Orléans qu'à son ordinaire, y consentit volontiers, afin d'avoir un appui considérable envers le peuple, et un second contre le duc d'Orléans, en cas qu'il fût capable de penser à profiter du mauvais état où étaient ses affaires.

Le 12 septembre, la Reine manifesta le désir d'aller faire un petit voyage à Ruel. Le Roi partit le lendemain avec la Cour. Il y eut bien quelques cris dans Paris, mais le départ put s'effectuer. La Reine, après être allée au Val-de-Grâce, se rendit aussi à Ruel. Le parlement et le peuple de Paris, se voyant privés de la personne du Roi, eurent de la crainte; et cette crainte augmenta leur rébellion et leur audace.

D'autre part, il était à croire que le parlement ne s'était pas porté tout seul à de si grandes entreprises. Châteauneuf (1) et Chavigny furent soupçonnés par le cardinal d'être les deux pôles sur lesquels cette grande entreprise était fixée; et il est à croire qu'il ne se trompait pas.

L'un était un homme, comme je l'ai déjà dit, qui avait toujours regardé la place du ministre comme si elle lui avait été usurpée par lui. L'autre était un ami irrité, et devenu ennemi du cardinal : il croyait avoir travaillé à son élévation par le feu cardinal de Richelieu, et que ses amis, à sa

(1) Charles l'Aubespine, marquis de Châteauneuf (1580-1653), successivement conseiller au Parlement de Paris, ambassadeur de France, garde des sceaux.

considération, l'avaient servi pour l'établir auprès
de la Reine. Ces deux hommes, estimés des chefs
de parti, ayant des sentiments pareils, qui, par
des chemins et des cabales contraires, tendaient à
une même fin, eurent aussi tous deux à peu près
une égale destinée.

Aussitôt que la Reine fut arrivée à Ruel, Châteauneuf reçut commandement du Roi de se retirer chez lui, à cinquante lieues de Paris, afin de l'éloigner d'un lieu où il faisait de continuelles intrigues contre le ministre. Chavigny était alors [le 18 septembre] au bois de Vincennes, dont il était gouverneur. Ce même matin, sur les onze heures, on vint lui dire qu'un gentilhomme ordinaire du Roi le demandait. On avait mis dans le donjon, depuis la bataille de Lens, les prisonniers d'importance qui avaient été pris en cette occasion..

Chavigny crut que celui qui venait de la part du Roi apportait quelque ordre qui regardait ces étrangers : si bien qu'il envoya son lieutenant, et lui ordonna d'exécuter ce qui lui serait commandé par ce gentilhomme. Mais son lieutenant lui vint dire que c'était à lui-même qu'il voulait parler. Il le fit donc entrer, et reçut par lui une lettre de cachet qui lui commandait de partir dans deux heures pour aller à Chavigny, et de mener sa femme avec lui. Comme il eut vu cet ordre, il le montra à deux de ses amis [1] qui étaient avec

---

[1] M. Du Plessis, secrétaire d'État, et d'Amontot, mon parent, estimé dans le grand monde autant qu'en notre province

lui, et leur dit : « Messieurs, il faut que nous
« nous séparions. Nous pensions dîner ensemble;
« mais il vous faut retourner à Paris, et moi il
« faut que je parte pour m'en aller où le Roi me
« commande d'aller dans deux heures. » A cette
nouvelle, madame de Chavigny s'approcha de
lui : ils conférèrent ensemble sur ce qu'ils avaient
à faire, et résolurent, avant que de partir, qu'elle
irait à Paris prendre des papiers et quelques
hardes dont elle avait besoin.

Ils ne s'attendaient pas à un plus grand mal
que celui qu'ils envisageaient alors, qui n'était
que de quitter Paris. Mais, un moment avant
qu'elle montât en carrosse, on vint dire à son mari
qu'un capitaine des gardes, nommé de Droit,
demandait à le voir. Comme il fut entré, il lui dit
qu'il était venu de la part du Roi pour prendre
possession du bois de Vincennes. Aussitôt après
ce commandement, Chavigny lui fit donner toutes
les clefs, et de Droit, les ayant reçues, posa ses
gardes par toutes les avenues et à toutes les portes
du château, puis vint trouver Chavigny; et alors
il l'arrêta prisonnier de la part du Roi, et lui
donna des gardes dans sa chambre.

Madame de Chavigny, en même temps, qui
était dans son carrosse, prête à partir pour aller
chez elle, reçut commandement de ne point retourner à Paris, et de s'en aller à Chavigny toute

où il était né, et alors intime ami de Chavigny. (*Notes de l'auteur.*)

seule. Il fallut donc en sortir; et, remontant malgré les gardes, dans la chambre de son mari, elle l'en trouva déjà environné. Ils ne lui permirent pas de parler bas; mais, voulant l'embrasser, il lui mit entre les mains des lettres de M. le prince qu'il avait dans sa poche. Elle m'a dit depuis qu'elles étaient de conséquence, et propres à lui nuire. Ils se dirent quelques mots; puis aussitôt après elle fut contrainte de le quitter, afin d'obéir à l'ordre qu'elle venait de recevoir.

Ses amis s'en retournèrent à Paris; et, pour lui, il fut conduit dans le donjon pour y prendre la place du duc de Beaufort et des autres prisonniers dont il avait été le gardien.

Il demeura quelque temps au bois de Vincennes, puis il fut envoyé prisonnier au Havre; mais il en sortit plus tôt que le ministre n'aurait désiré.

Les deux cabales qui subsistaient quasi en la personne de ces deux hommes (1) en firent une affaire d'État, qui fut embrassée par ceux du parlement comme leur étant avantageuse. Ils voulurent que ce fût pour eux une barricade qui à l'avenir les pût mettre à couvert des coups que peuvent faire ceux qui ont en main la puissance des rois.

Le 22 du mois ils s'assemblèrent, et ne vou-

(1) Chavigny et Chateauneuf. La disgrâce de Chavigny fut suivie de celle de son ami, M. de Fontrailles, qui put toutefois conserver sa liberté.

lurent plus entendre parler ni du tarif ni des rentes. Ils se plaignent de la violence commise en la personne de M. de Chavigny, homme de bien et plein d'honneur, et disent tout haut qu'il est outragé par celui qui lui doit sa fortune, par un étranger, par un homme qui ruine le Roi et l'État, en lui dérobant ses finances pour les envoyer en Italie. Enfin ils disent contre le ministre, et en faveur du prisonnier, tout ce que l'intérêt a coutume de suggérer en ces occasions à des hommes passionnés.

Après avoir délibéré sur ce qu'ils avaient à faire, leur arrêté fut d'envoyer des députés à la Reine à Ruel, pour la prier de ramener le Roi dans vingt-quatre heures, de ne cesser de s'assembler jusqu'à ce qu'ils aient réformé l'État et changé de ministre. Et, pour y parvenir, ils envoyèrent des députés aux princes du sang, pour les supplier de se trouver le lendemain au parlement, afin qu'en leur présence ils puissent travailler à régler les désordres et abus qui se sont glissés dans le royaume par la faute de celui qui le gouverne. Ils dirent tout haut que leur intention est de donner le lendemain un arrêt conforme à celui de 1617, qui fut donné après la mort du maréchal d'Ancre, qui portait qu'à l'avenir aucun étranger, de quelque qualité qu'il fût, ne pourrait gouverner l'État. Ce même jour, le premier président fut député pour venir trouver la Reine, et le président de Maisons vers les princes, pour les supplier de se trouver le lendemain à leur délibération.

M. le prince était à Paris. Il était arrivé depuis peu de l'armée, et n'avait pas encore vu la Reine. Le président de Maisons le fut trouver pour lui faire sa députation en forme. Madame la princesse me dit ce même jour à Ruel, que son fils avait répondu à ce président : qu'il partait pour venir trouver la Reine et recevoir ses ordres ; qu'il les priait d'en vouloir faire autant, et se résoudre tous de lui obéir comme il avait intention de le faire. Quelques heures après, tous les députés ensemble arrivèrent à Ruel, avec le bruit qu'une telle députation devait faire dans une Cour toute partialisée.

Les députés du parlement arrivèrent sur les trois heures de l'après-midi, avec une fierté qui tenait un peu de la bravade.

La harangue du premier président fut courte. Il dit à la Reine qu'il était venu de la part de sa compagnie pour supplier Sa Majesté de vouloir revenir, et ramener le Roi dans sa bonne ville de Paris, parmi ses bons et fidèles sujets. Il fit des plaintes de la part de sa compagnie sur l'emprisonnement de M. de Chavigny, fit d'instantes prières pour sa liberté, et conclut en suppliant la Reine de ne pas trouver mauvais s'ils s'étaient résolus de s'assembler pour travailler incessamment à la réformation de l'État.

La Reine lui répondit qu'elle s'étonnait de voir

que les rois fussent privés du privilège dont jouissent tous les particuliers ; que c'était l'ordinaire à ceux qui demeurent dans Paris de quitter la ville dans la saison qu'il était pour jouir du reste des beaux jours, et qu'il était étrange que les sujets voulussent empêcher leur souverain de vivre comme les autres hommes ; qu'elle était fort mal satisfaite de leurs mutineries, et de ce qu'ils se mêlaient de censurer toutes ses actions, dont elle ne devait rendre compte qu'à Dieu seul et au Roi son fils, quand il serait en âge d'en pouvoir juger ; qu'elle avait fait arrêter M. de Chavigny par de bonnes et fortes raisons ; qu'elle ne trouvait pas leur demandes justes, ni leurs assemblées légitimes, et qu'ils prissent garde à les réformer.

Le président de Maisons fit sa harangue au duc d'Orléans en présence même de la Reine, et le supplia, de la part de sa compagnie, de se trouver le lendemain à leurs délibérations, lesquelles ils étaient résolus de continuer jusqu'à ce qu'ils eussent mis l'ordre requis et nécessaire dans l'État.

Le duc d'Orléans lui répondit fortement qu'il voulait se joindre aux intérêts de la Reine pour la défense de l'autorité royale, qui était infiniment offensée par leur procédé ; que, leurs assemblées se faisant sans sa permission, elles ne pouvaient être que très contraires à son service ; qu'ayant l'honneur d'être oncle du Roi, il était obligé de maintenir son autorité, et de travailler de toute sa puissance à faire obéir la Reine, ce qu'il croyait devoir être fort aisé, et répéta plus d'une fois qu'il la ferait bien obéir et maintiendrait M. le cardinal contre leurs cabales séditieuses.

Le prince de Condé, qui était venu se rendre auprès du Roi et de la Reine, répondit à la même harangue qui lui fut faite : Qu'ayant appris de la bouche de la Reine que Sa Majesté ne leur avait permis de s'assembler que pour le tarif et les rentes, il voulait bien leur dire, en sa présence, qu'il ne souffrirait point leur désobéissance ni leurs entreprises; qu'il mettrait jusqu'à la dernière goutte de son sang pour soutenir ses intérêts contre eux, qu'ayant l'honneur d'être ce qu'il était au Roi, il était résolu de mourir pour son service, et ne s'en départirait jamais, ni de l'amitié qu'il avait promise à M. le cardinal, dont les intérêts lui étaient très chers et très considérables.

Le prince de Conti leur proposa une réponse prise des deux premières, les assurant qu'il ne se départirait point des sentiments de Monsieur et de monsieur son frère; qu'il était serviteur de la Reine, et voulait mourir dans ses intérêts et dans ceux de M. le cardinal.

Le duc de Longueville, voulant faire la figure de prince du sang, voulut parler au président de Maisons; mais, soit par ordre ou par hasard, il se trouva interrompu par le chancelier (1). Puis

---

(1) Omer Talon dit que le duc de Longueville parla.

tous ensemble, tantôt les uns, tantôt les autres, parlèrent à ces messieurs du parlement pour leur remontrer leur faute, et les désordres que par ce chemin ils allaient causer dans le royaume.

Monsieur était resté à Paris, malade de la petite vérole. La Reine résolut de l'en tirer, ainsi que de se rendre avec la Cour à Saint-Germain, ce qui fut exécuté.

Le lendemain 23 de septembre, on envoya au parlement, de la part du Roi, une déclaration portant défenses de s'assembler, hormis pour parler du tarif et des rentes. Toute cette nuit beaucoup de personnes quittèrent Paris, beaucoup d'autres firent emporter leurs meubles; et chacun devinait, sans être astrologue, que nous étions à la veille de beaucoup de malheurs. Le peuple et les bourgeois sentaient déjà, par leurs craintes, la punition de leur révolte. Ils faisaient des provisions de blés : les vivres enchérissaient, et toutes choses leur présageaient la colère du ciel et celle du Roi. Quand les Parisiens surent qu'on avait enlevé Monsieur, ils en murmurèrent, et quelque canaille s'assembla devant le Palais-Royal. Elle fut assez longtemps à crier qu'ils étaient perdus, et qu'on les voulait saccager, puisque Monsieur était parti. Mais cela n'eut point de suite considérable.

Le parlement, de son côté, délibérait sur la dernière déclaration du Roi. Pendant qu'ils étaient assemblés, ils reçurent deux lettres, l'une du duc d'Orléans, l'autre du prince de Condé, leur demandant de venir conférer avec eux à Saint-Germain, où se tenait alors la Cour. On arrêta qu'on députerait à Saint-Germain vers les princes.

Le 29, les députés allèrent à Saint-Germain, où la Reine était arrivée le 24. Ils y furent, remplis de présomption et d'orgueil, et firent leur conférence chez le duc d'Orléans, dont le ministre fut exclu à leur prière. Le rang qu'il tenait dans l'État ne le put garantir de cet affront.

Ils demandèrent ensuite :

« 1° Qu'il leur fût donné toute sûreté pour eux en leurs personnes en particulier et au peuple en général; qu'on donnât sûreté pour tous ceux qui étaient exilés, le retour des bannis et la liberté des prisonniers, de quelque qualité et condition qu'ils fussent; qu'il ne pût être au pouvoir des ministres, sous le nom du Roi, d'emprisonner qui que ce fût sans que vingt-quatre heures après le parlement eût pu prendre connaissance.

« 2° Que le quart des tailles tout entier, et sans être sujet à aucunes diminutions, fût remis au peuple; — et conclurent par demander le retour du Roi à Paris. »

Ces propositions parurent dures et trop hardies; et, après que les princes eurent disputé sur chaque article, la conférence finit avec peu de satisfaction de part et d'autre.

La conférence fut remise à deux jours après pour y faire réponse; et, ce terme expiré, voici ce qu'on leur répondit de la part du Roi :

« 1° Que la liberté de M. de Chavigny étant une pure grâce de la Reine, elle devait dépendre d'elle; mais que, selon la bonté de Sa Majesté, on pouvait l'espérer lorsqu'elle le trouverait à propos.

« 2° Que le retour du Roi serait à la saison où l'on a coutume de retourner à Paris, pourvu que le parlement et le peuple se rendissent dignes de ce bonheur par leur soumission et leur obéissance. »

L'article des prisonniers et des exilés fut refusé; celui par lequel ils demandaient d'en prendre connaissance vingt-quatre heures après fut de même refusé, et traité de chose impossible et trop contraire à l'autorité royale.

Pour le quart des tailles, la Reine leur répondit qu'elle était toute prête de l'accorder, mais qu'elle leur ferait voir les nécessités de l'État et les grandes dépenses qu'elle était contrainte de faire; qu'après cette connaissance elle croyait qu'eux-mêmes trouveraient que cela ne se pouvait pas; et que, s'ils jugeaient le contraire, elle le ferait volontiers.

Le 1er du mois d'octobre ayant été pris pour recommencer la conférence à Saint-Germain, les députés y arrivèrent chargés de nouvelles propositions, et de vingt-cinq articles qui furent proposés par eux. Tous furent octroyés, hormis les deux que j'ai déjà marqués avoir été refusés. Le cardinal Mazarin n'assistait à aucune de ces conférences. Ils revinrent le 3, et ce jour-là, le principal achoppement fut sur leurs premières demandes. Ils disaient qu'ils avaient pour eux une ordonnance de Louis XI, par laquelle ce Roi voulait que nul ne pût être mis en prison, sans être renvoyé vingt-quatre heures après à ses juges naturels. Ils disputèrent fortement sur cet article, mais enfin ils cédèrent, consentant que la connaissance n'en fût donnée que trois mois après, excepté pour les gens de robe, à l'égard desquels ils se maintinrent toujours dans l'ordre préfix de Louis XI.

Enfin, la conférence ayant duré jusques au soir fort tard, les affaires ne purent se décider, à cause que les députés voulaient absolument ce que la Reine ne voulait point du tout leur accorder.

Les princes les quittèrent, et vinrent prendre le cardinal dans son appartement. Ils allèrent tous ensemble trouver la Reine dans le parc, où elle était allée faire un tour de promenade, attendant le succès de leur longue négociation. Le conseil fut tenu dans le propre carrosse de la Reine, sur ce qu'ils avaient à faire. Le chancelier exposa le fait, et l'obstination des députés à vouloir la sûreté des prisonniers, les retirant de la puissance des Rois pour les faire juger juridiquement et hors de la domination des favoris, qu'ils disaient être quelquefois injustes.

La Reine, entendant parler de l'opiniâtreté de ceux du parlement, interrompit le chancelier pour dire que son avis était de ne plus écouter aucune proposition de paix. Le cardinal parut vouloir accorder au parlement ce qu'il demandait. Le prince de Condé n'était pas fâché de cette sûreté publique que le parlement demandait; pour le duc d'Orléans, il conclut enfin à être de l'avis du cardinal, et préférer comme lui l'accommodement à la guerre.

La Reine, les princes et le ministre se quittèrent tous dans la grande place qui sépare les deux châteaux. Les princes retournèrent trouver les députés, qui les attendaient au château neuf, où logeait le duc d'Orléans, et le cardinal s'en retourna dans son appartement.

Les princes dirent aux députés que, pour ce jour, ils n'avaient pu rien gagner sur l'esprit de la Reine; mais ils leur promirent de faire encore de nouveaux efforts pour vaincre sa fermeté. Dans cette espérance, ils les prièrent de vouloir revenir le lendemain, les assurant qu'ils achèveraient sans doute de décider de toutes choses.

Ils firent de grands efforts pour cela, mais la Reine tenait bon. Le cardinal, de son côté, résolut de tirer du parlement la meilleure composition qu'il lui serait possible; et quand il eut pris ses mesures, il fit changer la Reine. Ce que les députés demandaient leur serait accordé, à condition qu'au lieu de trois mois qu'ils demandaient, en faveur des prisonniers, pour être renvoyés à leurs juges naturels, elle en demandât six avant que le Roi fût obligé de les rendre.

Les affaires en cet état, il se tint un conseil, où

il fut arrêté qu'ils feraient ensemble un concordat où la Reine déclarerait pour la décharge de sa conscience, ou plutôt pour réparer sa gloire et son honneur, que c'était à la prière des princes et à la nécessité présente de l'État qu'elle s'était résolue d'accorder au parlement les choses qu'il avait demandées. Ce que cette princesse signa avec une douleur incroyable, et avec les sentiments d'une reine qui véritablement aimait ses enfants et l'État.

Ensuite de cette résolution, les députés, arrivant à Saint-Germain, trouvèrent leurs affaires faites, et n'eurent rien de plus difficile à exécuter qu'à remercier la Reine et les princes. Ils s'en allèrent, remplis de présomption, donner part à leur compagnie de leur victoire. Elle fit là-dessus ce qu'elle avait accoutumé de faire, qui est de s'assembler; et il fut arrêté qu'ils enverraient des députés chez le premier président pour examiner tous les articles dont la Cour était demeurée d'accord, et ceux qu'ils demandaient encore, afin de dresser eux-mêmes la déclaration qu'ils voulaient que le Roi leur donnât. Mais la malice était alors si surabondante dans tous les esprits, qu'il y eut des conseillers qui furent d'avis, afin de demeurer toujours en état de s'assembler, de laisser venir la déclaration du Roi telle qu'il lui plairait de l'envoyer et après délibérer sur chaque article.

Quelques jours se passèrent après cet assassinat

commis contre l'autorité royale, que la Reine était triste; et le duc d'Orléans et le prince de Condé, dans une joie excessive. Ils se regardèrent comme les maîtres de l'État, de la Cour, de la noblesse, du parlement et des peuples, et se laissaient flatter par les soins que prenaient les compagnies souveraines, et chaque particulier, d'acquérir leur faveur.

M. le prince était revenu de l'armée avec de très droites intentions; les grands services qu'il rendit à la Reine, bientôt après cet accommodement, lui en furent de grandes preuves. Mais il y avait dans sa famille des personnes dont l'esprit était gâté (1), qui travaillaient à le corrompre. Et les intérêts de Chavigny achevèrent en cette occasion de le faire relâcher de sa première résolution. Il est difficile de protéger des intérêts opposés l'un à l'autre. Ce changement flétrit alors la beauté de ses sentiments, mais elle n'en fut pas détruite tout à fait. Et sur les plaintes que la Reine lui fit de l'avoir abandonnée, je sais qu'il lui fit de nouvelles protestations de fidélité, qui n'empêchèrent pas qu'elle ne demeurât quelque temps mal satisfaite de lui.

Ce que le ministre avait été contraint de faire, accordant au parlement toutes leurs demandes, le forçait de mettre Chavigny en liberté dans six mois. Il crut, cela étant, qu'il valait mieux le

---

(1) La duchesse de Longueville.

faire sortir promptement; et ceux qui furent du secret ne manquèrent pas aussitôt d'en faire avertir sa femme, lui faisant savoir que ses peines n'avaient pas été inutiles, quand elle avait travaillé, par ses parents et ses amis, à faire que le parlement s'intéressât à la liberté de son mari.

Le 12 d'octobre, le peuple s'assembla en tumulte au palais, sur un certain impôt qui regardait les taverniers : ce qui fut cause qu'eux et les marchands de vins se querellèrent. Le prévôt des marchands y pensa perdre la vie.

Le lendemain, jour où Madame accoucha d'une fille, au grand regret du duc d'Orléans et de la Reine même, les députés du parlement vinrent après midi trouver notre Régente. On leur fit des plaintes des désordres qui se passaient à Paris; ils demandèrent de nouvelles décharges pour le peuple ; la Reine leur redonna encore douze cents mille livres de diminution sur tous les impôts qui se lèvent à Paris. Le jour d'après, quantité de canailles firent un grand vacarme devant le palais, criant contre le parlement de ce qu'il ne les soulageait pas. Toutes ces menées furent sues à Saint-Germain et donnèrent de nouvelles inquiétudes à la Reine.

Le parlement résolut de demander à la Reine deux millions pour le peuple, et les gens du Roi vinrent pour cela le 13 d'octobre à Saint-Germain. Ils obtinrent les deux millions. Au parlement, Broussel fut d'avis de remercier la Reine des présents qu'elle faisait au peuple, mais ajouta qu'il était d'avis de demander encore quelque diminution sur les tailles. Le 18, les gens du Roi vinrent faire leur rapport à la Reine de ce qui s'était passé au parlement. La Reine, pleine de dépit et d'embarras, ne fit point de réponse.

Le 24, le premier président apporta à la Reine la déclaration de la part de sa compagnie, qui avait été dressée par eux-mêmes, où toutes leurs demandes étaient pleinement expliquées. On tint conseil là-dessus, et comme il fallait en ce jour recevoir la paix pour tâcher d'éviter la guerre, les différents sentiments causèrent beaucoup de disputes et de raisonnements dans le cabinet.

La Reine pressa les princes de l'assister, et de lui tenir la parole qu'ils lui avaient donnée dans la dernière conférence, où ils lui promirent de lui aider à châtier les rebelles, s'ils ne se contentaient de toutes les grâces qu'elle leur faisait, et leur représenta que la demande que le parlement lui faisait tout de nouveau sur les tailles les devait obliger à ne plus balancer, et à renoncer à la paix pour suivre ses sentiments. Ils lui répondirent qu'ils ne se sépareraient jamais de ses intérêts, mais que la chose était dangereuse à l'État.

Le maréchal de la Meilleraye qui, selon les apparences, devait parler selon les sentiments du ministre, fut d'opinion qu'il fallait nécessairement faire la paix telle qu'il plaisait au parlement de la demander, et son avis fut suivi de celui de tous les autres.

La paix étant résolue, on scella la déclaration, et on l'envoya au parlement. Cette compagnie fit la grâce au Roi de la recevoir, et de promettre d'obéir à la Reine, qui leur ordonna, pour la centième fois, de ne se plus assembler. La conclusion de la paix mit aussitôt Chavigny en liberté, comme un des principaux articles qui avait été accordé secrètement. On lui ordonna d'aller à une de ses maisons : ce qu'il fit avec une joie extrême, avouant à ses amis qu'il avait infiniment souffert par la privation de la liberté.

Ce trouble public étant apaisé, la Discorde vint jeter une pomme vermeille dans le cabinet, pour y faire naître une petite guerre qui parut en devoir causer une fort grande. Le 28 au matin, le maréchal d'Estrées (1) et le marquis de Seneterre vont trouver l'abbé de la Rivière, pour lui annoncer de la part de la Reine et du ministre que M. le prince demande le chapeau de cardinal pour le prince de Conti son frère, et que la nomination faite en faveur de cet abbé soit révoquée, afin qu'elle puisse être donnée à ce prince.

Cette nouvelle surprend ce favori. Il croit à peine ce qu'il entend dire. Son malheur venant après la paix faite avec le parlement, lui sembla

---

(1) Jean d'Estrées, de l'illustre famille d'Estrées de Picardie, vice-amiral, maréchal de France, vice-roi d'Amérique (1624-1707).

plus grand. Il le sentit fortement, et ses plaintes eurent toutes les marques d'un violent désir de s'en venger. M. le duc d'Orléans reçut cette nouvelle de la manière que son favori pouvait le souhaiter, et trouva que c'était à lui de se plaindre. Il vint en effet trouver la Reine au sortir de la messe, et dans une audience particulière que la Reine lui donna, il lui reprocha vivement le parti qu'elle avait pris, si contraire aux engagements qu'elle avait avec lui touchant le chapeau de la Rivière. La Reine répondit fort tranquillement que, vu le grand intérêt que M. le prince avait à faire le prince de Conti son frère cardinal, elle s'était résolue de l'envoyer dire à l'abbé de la Rivière, avec promesse de le contenter en d'autres dignités telles qu'il voudrait les demander, et que, s'il eût été sage, il aurait accepté ce parti; qu'au reste s'il voulait se fâcher, elle en serait affligée, mais qu'elle tâcherait de s'en consoler.

Étant revenue à Paris la veille de la fête de tous les Saints, la Reine visita Mme la duchesse d'Orléans, qui était en couche, mais sa visite se passa froidement, et finit sans que le duc d'Orléans, qui vint dans la même chambre, s'approchât d'elle, ce qui fut désapprouvé des personnes les plus intéressées.

Le cardinal Mazarin alla aussi prendre congé de Madame, que sa couche devait retenir encore quelque temps à Saint-Germain; et de son appartement, passant à celui de M. le duc d'Orléans, il fut reçu de ce prince froidement. Il lui dit, parlant de l'affaire présente, qu'il n'était pas en volonté de souffrir cet affront. Ce fut le même terme dont il se servit pour exprimer son ressentiment ; et cela fut cause que le ministre ne put pas retourner à Paris jouir de la paix qu'il avait achetée si chèrement, sans craindre de nouvelles inquiétudes. Ce même jour, le Roi et la Reine, le prince de Condé et toute la cour se rendirent dans cette célèbre ville, où, selon la légèreté ordinaire des peuples, la Reine fut reçue avec des témoignages extrêmes d'une grande joie.

Deux jours après, le duc d'Orléans alla au Palais-Royal, accompagné des princes lorrains, du duc de Nemours (1), des ducs de Candale et de Brissac, et de quantité de personnes de grande condition. Tous les mécontents du royaume allèrent s'offrir à lui. La presse fut grande au Luxembourg : on y pestait publiquement contre la Reine et son ministre ; et M. le prince, étant du parti de la Cour, ne reçut pas en cette occasion tant de marques de la bonne volonté publique et particulière, qu'en reçut de toutes parts le duc d'Orléans.

Le 4 du mois de novembre, le duc d'Orléans alla voir Madame à Saint-Germain ; et ce même

(1) Charles-Amédée de Savoie. Le duché de Nemours avait été donné à titre d'engagement à Philippe de Savoie, comte de Genève. Il resta dans cette maison jusqu'en 1659 et fit alors retour au domaine royal de France.

jour il y eut comédie au Palais-Royal, pour montrer à ce prince que son mécontentement et son absence ne donnaient pas de grandes inquiétudes à la Reine. Il n'y eut que ceux de la cabale du prince de Condé et les courtisans ordinaires qui prirent leur part de ce plaisir. Les autres, voulant montrer cette partialité au duc d'Orléans, n'y parurent point. Il revint le lendemain, et fut au conseil avec un visage rempli de chagrin. Mais, outre que son ressentiment paraissait fondé sur une chose trop petite à son égard, on savait trop bien qu'il avait souvent menacé sans faire de mal; et et on le connaissait si paresseux, qu'il était presque impossible d'en avoir peur.

L'ambition excessive de l'abbé de la Rivière fut cause qu'il refusa l'archevêché de Reims et de l'argent qu'on lui offrit. Il ne voulait que le chapeau ; pourtant il gardait toujours dans son cœur un dessein particulier de s'accommoder, et voulut remettre les choses dans un état plus tranquille et qui fût plus stable pour lui. La réussite semblait difficile à cause du grand parti de mécontents qui s'était formé autour de Monsieur. Mais celui-ci, pendant un accès de goutte simulé, ayant pénétré, par les avis de ses serviteurs, dans les sentiments du prince de Condé, fut pressé ensuite de se rejoindre à la Reine.

L'abbé de la Rivière, dans ce même désir, chercha les moyens de faire son accommodement. On parle, on traite, on négocie ; et le ministre voulant satisfaire le duc d'Orléans, il le fit facilement. Ceux qui ont l'autorité en main ont mille moyens pour arriver à leurs fins.

Pour prémices de la paix, Monsieur vint chez la Reine lui faire une simple visite, qui fut de concert assez froide pour éviter de joindre en si peu de temps les deux extrémités. Mais, pour marque de leur réconciliation, la Reine fit de grandes plaintes de ce que ceux qui avaient pris le parti de Monsieur avaient cessé de la voir. Cela fut cause que ce prince pria ses amis et ses serviteurs d'aller au Palais-Royal. Ils le firent, et la Cour de la Reine reprit aussitôt sa première face. Cette princesse, qui voulait du repos, fut fort contente quand on vint lui dire que son grand cabinet était rempli de beaucoup de personnes attachées aux intérêts du duc d'Orléans.

Le 13 du mois, l'abbé de la Rivière alla voir le ministre, qui commença sa réception par l'embrasser étroitement, l'assurant de son amitié et de ses bonnes intentions à le faire cardinal. Il lui fit mille serments de n'avoir nullement contribué à ce qui était arrivé, lui montra d'avoir d'appréhendé l'unique domination du prince de Condé; et après ces premiers discours ils entrèrent en matière, et demeurèrent d'accord de toutes les conditions de leur accommodement.

Le premier article dont ils parlèrent, fut de la grande affaire qui était la cause de toutes les autres. Le cardinal promit à l'abbé de la Rivière que le Roi et la Reine feraient leur possible pour faire qu'il pût être satisfait; que le duc de Mercœur reviendrait à la Cour, et rentrerait dans les bonnes grâces de la Reine et du ministre : ce qui était déjà fait par le ministre même ; que Montreuil serait remis entre les mains du duc d'Orléans, pour le donner à qui bon lui semblerait ; que la Reine consentirait à l'accommodement du duc de Lorraine, dont néanmoins on ne devait parler que par forme et pour contenter Madame ; que tous ceux qui s'étaient déclarés en faveur du duc d'Orléans ne seraient pas moins considérés de la Reine que les autres qui étaient demeurés dans son parti, et que Sa Majesté trouverait bon que Monsieur les protégeât dans leurs intérêts.

Le même soir, le cardinal Mazarin présenta le duc de Mercœur à la Reine, dont le protecteur apparent était le duc d'Orléans, quoiqu'on sût déjà qu'il s'était fait des amis du ministre par madame d'Ampus, sa parente du côté de la duchesse de Beaufort, son aïeule.

Le lendemain, l'abbé de la Rivière étant allé voir le ministre, après avoir eu avec lui une longue conversation sur toutes les affaires présentes, le cardinal se mit dans son carosse et alla faire une visite à Monsieur au Luxembourg. Il y fut bien reçu ; et ce prince, après lui avoir fait un traitement favorable, alla trouver la Reine, suivi du ministre et de son favori ; et ce fut là que leur réunion se confirma tout à fait, au grand contentement des parties. Par cette paix, la joie fut entièrement rétablie à la Cour, à la réserve de Madame, qui se voyait, par cet accommodement, hors de toute espérance de tirer le duc de Lorraine, son frère, de l'état où il était. Elle connut facilement que l'article qui le regardait était fabuleux, qu'il serait sans effet, et mis sur le papier seulement pour se moquer d'elle. Mademoiselle ne fut pas plus contente.

Le soir de cet accommodement, la Reine nous conta que l'abbé de la Rivière lui avait protesté qu'il avait été au désespoir de s'être vu quelque temps la cause de ses chagrins, et qu'il en avait demandé pardon avec beaucoup d'humilité. Nous vîmes, par ce qui arriva le lendemain, que l'article secret du traité de cette paix était qu'il entrerait au conseil, attendant que la Reine le pût faire cardinal. Il fut reçu en qualité de ministre d'État, avec une grande satisfaction de son maître. Ce prince crut qu'il lui était avantageux d'avoir une de ses créatures en cette place, et que cela le rendrait quasi le maître des affaires.

La Saint-Martin passée, il sembla que le parlement et les cours souveraines ne se voulaient pas contenir dans les termes de cette déclaration dernière, qui vraisemblablement devait donner la paix à la France, et mettre fin à toutes les mauvaises dispositions qui avaient paru dans les esprits. La cour des aides donna un arrêt qui défendait à tous particuliers de faire nulles avances au Roi, quelque besoin qu'il en eût. Il arriva aussi quelque petit différend entre le parlement et le chancelier sur la chambre de l'édit, qui ne fut pas agréable à la Cour. Il n'était pas difficile de juger par toutes ces choses que la Cour était encore menacée de quelque trouble, et que ce qui était passé n'était que les marques de l'avenir.

Le 15 du mois, ceux du parlement ayant tous unanimement demandé l'assemblée des chambres, ils l'obtiennent de leur premier président, qui sous divers prétextes les en avait empêchés. La Reine, voyant leur opiniâtreté, se résolut d'y envoyer les princes avec les ducs et pairs. Plusieurs questions furent agitées par les esprits mutins de cette compagnie, qui le furent extrêmement ce jour-là. Ils se plaignirent de ce qu'on avait manqué à quelques points de la déclaration dernière. Le président Viole (1) dit tout haut qu'il y avait non seulement de grands sujets de plaintes, mais que plusieurs autres désordres de l'État demandaient qu'on pensât tout de bon à y remédier ; et que, si on voulait plus ponctuellement examiner les choses, il était prêt de les exposer au public et de nommer ceux dont il voulait parler, et qui nuisaient au bien public. Sur ce discours, le duc d'Orléans voulant l'interrompre, il s'en plaignit, et lui dit qu'il avait droit de parler

---

(1) « Le président Viole avait été toute sa vie un homme de plaisir et de nulle application à son métier... Il était aussi ami intimissime de Chavigny. » (Mém. de Retz).

en ce lieu ; qu'il savait le respect qu'il lui devait, et qu'il aurait souhaité, pour le bien de l'État, que lui et M. le prince eussent voulu entrer dans les sentiments de sa compagnie, pour penser aux remèdes de tant de maux. Le prince de Condé lui répartit fort aigrement que c'était à eux d'écouter ce que Monsieur et lui leur voudraient dire, et point à aucun de ce corps à se mêler d'affaires d'État. En leur disant toutes ces choses, il y ajouta le ton menaçant : ce qui étonna toute la compagnie ; car en d'autres occasions il avait épargné le parlement.

Cette seconde journée ne fut pas plus douce que les autres. Le président de Novion représenta les droits du parlement, le pouvoir qu'ils avaient de se mêler des affaires de l'État. Ce fut pourtant sans emportement, et avec des termes plus respectueux qu'à l'ordinaire. Ils dirent aussi que depuis le changement du surintendant, on avait reçu seize millions, sans que les gens de guerre ni aucun des particuliers eussent été payés. Le duc d'Orléans l'avoua librement, et dit en général en quoi ils avaient été employés. Enfin leur arrêté fut de s'assembler chez le premier président pour examiner tout de nouveau la déclaration, afin que, sur les articles en quoi on aurait contrevenu de la part du Roi, très humbles remontrances fussent faites à la Reine, pour la supplier d'y remédier.

Cette conclusion fut agréable à la Reine, qui,

jugeant de la mauvaise volonté des parlementaires par leur procédé, trouva dans cette suspension d'armes un bonheur considérable, parce qu'elle lui donna du temps pour aviser aux remèdes d'un mal qu'elle voyait empirer continuellement, malgré tout ce qu'elle avait fait pour tâcher de le faire finir.

Les soudaines mutineries des Parisiens étaient aussi de grandes marques de la corruption universelle des âmes et des esprits. Les mécontents faisaient courir des bruits ridicules, pour persuader le peuple que la Reine voulait se venger et faire saccager Paris. On publia par des libelles que la nuit de Noël devait produire de funestes événements ; et ceux qui voulaient persuader cette fausseté, paraissaient avoir une méchanceté bien effective.

Le peuple, qui recevait toutes ces rêveries sans les examiner, se laissait emporter à une grande haine contre la Reine. Il n'y avait point de rues ni de places publiques qui ne fussent remplies de placards diffamatoires. Il y avait un poteau au bout du Pont-Neuf, qui, tous les matins, se trouvait rempli de vers satiriques, où le respect qui est dû aux personnes royales était impunément violé.

Le coadjuteur avait demandé le gouvernement de Paris ; on le lui avait refusé, et par conséquent il n'était pas plus satisfait du ministre que par le passé. Il fit sous main inspirer aux curés de Paris le désir de se mêler d'affaires d'État. Cette occupation leur parut belle, particulièrement en cette occasion, où l'on pouvait tout faire sous un prétexte de conscience qui paraissait fort plausible au public. Ils s'assemblèrent et l'allèrent trouver en corps, pour lui représenter qu'ils avaient droit de s'opposer aux prêts que le Roi demandait, parce que c'était une usure qui avait été tolérée jusques alors, mais non jamais permise ; et que si les cours souveraines y passaient, ce serait autoriser le péché.

Cette action des curés, qui en soi pouvait être bonne, mais qui paraissait venir du coadjuteur, incommoda le ministre. Il eut peur que le parlement ne profitât de cette conjoncture pour le tourmenter davantage ; car on y proposait déjà de faire des consultations avec la chambre des comptes sur cet article. Toutes ces choses obligèrent la Reine de retirer sa déclaration, et de ne plus parler des besoins ni des affaires du Roi. Ainsi le coadjuteur donna des preuves de ce qu'il était capable de faire, et se vengea promptement de la défiance qu'on avait eue de lui, en attendant que de nouvelles matières pussent lui donner lieu d'en faire davantage.

Le maréchal de Villeroy, le dernier jour de cette année, dans l'attente de la duché, fut reçu ministre dans le conseil du Roi, où il y avait peu de personnes qui en capacité le pussent surpasser. Il était modéré, naturellement équitable, complaisant, humble et habile tout ensemble.

[1649] La France était en tel état, qu'il était impossible qu'elle pût subsister longtemps de cette manière. Il fallait que le Roi reprît de la puissance, ou que ses sujets lui ôtassent entièrement celle qui lui restait; et cette pensée devait être odieuse aux gens de bien. Le Roi était faible, les princes avaient trop de force, le ministre était décrédité, et le parlement faisait de trop grandes entreprises contre l'autorité royale. Toutes choses étaient hors des limites ordinaires : l'ordre était renversé; et les Français, pour avoir trop de maîtres, n'en connaissaient plus aucun. Il fallait donc que dans la Cour quelqu'un de Paris formât le dessein de surmonter l'autre. Tous y travaillaient, et chacun de son côté n'oubliait rien pour y parvenir.

Pendant que ce dessein occupe les premières personnes de l'État, madame de Longueville parut sur le théâtre, pour y fournir, par son ambition, une ample matière aux arrêts de la Providence divine.

Les vœux du prince de Marsillac, comme je l'ai dit, ne lui avaient point déplu; et ce seigneur, qui était peut-être plus intéressé qu'il n'était tendre, voulant s'agrandir par elle, crut lui devoir inspirer le désir de gouverner les princes ses frères. Comme elle était capable d'une grande ambition, parce que celui en qui elle avait de la confiance en était entièrement possédé, ce conseil lui plut. Elle avait pris le soin de persuader au jeune prince de Conti de se faire cardinal, afin de plaire au prince de Condé, et le laisser par ce moyen l'héritier de son partage.

Elle aurait voulu qu'on donnât Le Havre au duc de Longueville, mais ce dessein n'avait pas eu de succès, et quant à ses persuasions à l'égard du prince de Conti, elle n'en avait tiré aucun avantage. Elle s'embarqua davantage avec les cabales de la Cour. Elle voulut y engager M. le prince son frère aîné, mais elle ne le trouva pas disposé à se laisser conduire à ce qu'elle souhaitait, parce que ses desseins allaient contre l'État.

Ce dégoût la sépara de lui en quelque façon, l'obligea de s'attacher tout à fait au soin de gouverner le prince de Conti, qu'elle voulait faire servir à l'usage qui lui conviendrait le mieux. Elle se servit fort habilement de la tendresse que ce jeune prince avait pour elle, et il lui fut facile de l'assujettir entièrement à toutes ses volontés.

De son côté, la Reine, affligée de ce que le parlement, sous l'apparence du bien public, remplissait la France de véritables maux, s'appliqua soigneusement au soin de faire voir aux princes que cette compagnie ne se souciait de rien moins que du repos de l'État, et que leurs démarches et leurs prétentions, même les plus justes, n'étaient que des prétextes pour travailler à la ruine du royaume et à l'extinction de la royauté. Elle se résolut enfin de ne plus écouter aucune de leurs propositions, et ne voulut plus penser qu'à l'exécution de ce qu'elle croyait devoir être le seul remède de ses inquiétudes. Le cardinal souhaitait infiniment de se voir, par le châtiment des coupables, délivré de leur tyrannie ; et, sans la crainte du péril qui se trouvait dans une si haute entreprise, il aurait été le plus animé à le rechercher, comme celui qui souffrait le plus de leur persécution.

Le prince de Condé s'était attiré la haine du parlement par la réponse ferme et sévère qu'il avait faite depuis peu à Viole dans la grand'-chambre. Il avait d'ailleurs pris une liaison assez forte avec le duc d'Orléans, par son favori, pour espérer, par l'appât du chapeau, d'en disposer à son gré. Il avait des désirs déréglés, ou du moins ambitieux : de grands princes tels que lui n'en manquent pas. Il crut, par cette voie, réussir dans ses desseins sans y trouver l'opposition qu'il devait toujours craindre du côté de ce prince, qui lui était supérieur. Il voulut aussi s'acquérir envers la Reine et son ministre un mérite tout entier, lui aidant à venger le Roi du mépris que ses sujets faisaient de son autorité. Pour cet effet, il s'offre à la Reine, il l'assure de sa fidélité pour le dessein qu'elle avait dans le cœur. Il fait plus : il la persuade de la facilité de l'entreprise, et lui dit qu'avec lui et les bons soldats qui sont dans ses armées, elle ne peut douter qu'elle ne voie dans peu de temps les Parisiens et le parlement à ses pieds.

La Reine goûte cette douce harangue avec joie. Elle veut tout hasarder pour rétablir la puissance royale qui paraissait mourante, et dont le mauvais état demandait les extrêmes remèdes. Avec un protecteur tel que M. le prince, le ministre ose tout entreprendre, et conseille la Reine de l'écouter. Cette princesse, se voyant secourue et consolée, bien contente de pouvoir espérer une fin à sa peine, fait un complot entre elle, le prince de Condé et son ministre, de sortir de Paris secrètement, pour le châtier par les voies les plus fortes, et se détermine de ne plus parler à ses peuples que par la bouche de ses canons.

M. le prince, qui prétendait être le maître dans sa famille, offrant à la Reine sa personne, ses services et son gouvernement de Bourgogne, l'assure aussi de celui de Normandie, dont le duc de Longueville, son beau-frère, était gouverneur. Selon ces sûretés, la Reine fit dessein, sortant de Paris, d'aller établir le camp de l'armée à Saint-Germain, d'où elle pouvait faire la guerre aux rebelles, et recevoir de Normandie tout le recours dont elle pourrait avoir besoin. Elle crut aussi qu'elle pourrait en faire un lieu de retraite, au cas qu'elle ne pût pas, aussi facilement qu'elle l'espérait, réduire Paris et ce qui était dans ses murailles dans une entière obéissance.

Pour la perfection de ce dessein, il fallait gagner le duc d'Orléans, et l'obliger à se mettre de la partie. Il était difficile de l'espérer ; car, n'étant point l'auteur de cette pensée, il ne pouvait y donner son approbation.

Il était aimé dans le parlement, il se plaisait à l'être. Sur le bruit qui courut que la Reine voulait quitter Paris, (car les secrets des Rois ne sont jamais entièrement cachés), quelques-uns des plus considérables du parlement vinrent le trouver et le prièrent de demeurer avec eux.

Le duc d'Orléans ne profita point des désirs de ces âmes criminelles qui voulaient qu'il pût injustement devenir maître jusqu'à la majorité du Roi, mais pour les en récompenser, il fit tous ses efforts pour détourner la Reine de son dessein. La Reine, l'allant voir au Luxembourg, comme il avait encore un peu la goutte, lui témoigna un grand désir de lui voir prendre part à sa destinée. Elle l'en prie, l'en presse et l'en conjure, par cette amitié qui avait toujours tenu quelque place dans le cœur de l'un et de l'autre.

Le duc d'Orléans, qui était naturellement bon, et qui avait un favori qui avait intérêt de le voir toujours content et à la Cour, se voyant pressé par la Reine d'une manière si obligeante, ne la put refuser, et la résolution fut prise entre la Reine, lui, le prince de Condé et le ministre, d'exécuter cette grande action avec toutes les précautions qui en devaient être les suites nécessaires. Les ordres furent donnés et le jour arrêté pour sortir de Paris; et ceux qui avaient en dépôt le secret royal furent entièrement fidèles à le garder. Le duc d'Orléans ne le dit point à Madame ni à Mademoiselle, et M. le prince le cacha soigneusement à Mme la princesse sa mère et à Mme de Longueville, cette illustre sœur avec qui il croyait être si bien.

Malgré ce secret, un certain bruit se répandit par Paris que la Reine avait quelque dessein. Le parlement avait peur ; tout le monde parlait de ce qu'il ne savait point, chacun se demandait l'un à l'autre ce que c'était : nul ne le pouvait dire. Mais, par un pressentiment écrit dans la nature, la vérité, quoique cachée, ne laissait pas d'être sue. Toute la Cour était en alarme ; et tous ceux qui ont accoutumé de raisonner sur les affaires d'État, et qui veulent être ministres malgré les rois, avaient de grandes occupations.

Le 5 janvier, la veille des Rois, ce jour si célèbre, et dont on parlera sans doute dans les siècles à venir, j'allai le soir chez la Reine, où j'avais accoutumé de passer la plus grande partie de ma vie. Je la trouvai dans son petit cabinet, tranquillement occupée à regarder jouer le Roi, et nonchalamment appuyée sur le coin de la table, qui ne paraissait penser qu'à ce qu'elle voyait. Pour divertir le Roi, la Reine resta avec nous et nous fit l'honneur, à Mme de Bregy, à ma sœur et à moi, de séparer un gâteau. Elle commanda qu'on nous apportât une bouteille d'hypocras, nous la forçâmes d'en boire un peu et nous criâmes : « La Reine boit ! » Nous soupâmes ensuite dans sa garde-robe. Nous fûmes si dupes enfin, que nous nous moquâmes avec elle de ceux qui avaient dit qu'elle partirait cette même nuit ; et jamais elle ne nous parut plus cordiale et de meilleure humeur. La Reine passa le reste du soir avec cette égalité d'esprit dont elle accompagnait toutes les actions de sa vie ; et tout ce que nous y aurions pu remarquer, fut qu'elle nous parut plus gaie qu'à l'ordinaire. Les princes et le ministre lui firent leur cour selon leur coutume. Mais ils n'y tardèrent pas, parce qu'ils allaient souper chez le maréchal de Gramont.

La Reine nous avoua, depuis l'exécution de cette grande aventure, qu'elle eut alors de la peine à s'empêcher de rire ; et qu'ensuite elle eut quelque bonté pour nous et quelque compassion de nous laisser dans une ville qu'elle quittait avec le dessein de l'assiéger. Mais nous lui avons toujours maintenu qu'elle ne fut point alors susceptible d'aucun sentiment de pitié, et que la vengeance et la joie occupèrent entièrement son cœur.

Comme la Reine fut prête à se déshabiller, et qu'il était déjà tard, Beringhen, premier écuyer, qu'elle avait envoyé chercher, entra dans son cabinet. En le voyant, elle se leva, le prit à part pour lui commander les carosses du Roi. Un peu après minuit, en se levant de dessus son siège, elle nous dit qu'elle allait parler à M. le premier d'une affaire de charité. Si, dans ce moment, nous eussions été capables de défiance, et pas tout à fait aveugles, ces paroles de la Reine nous auraient pu ouvrir les yeux, parce qu'elle n'avait pas accoutumé de nous rendre raison des commandements qu'elle faisait ; et nous eussions connu qu'en cas de voyage, le premier écuyer devait être du secret. Mais comme la Reine parlait souvent à M. le premier, nous n'y pensâmes pas, et nous nous occupâmes à parler de ces agréables bagatelles qui font toute la belle conversation.

Après ses ordres donnés, la Reine se déshabilla ; et comme elle était prête de se coucher, Mlle de Beaumont, qui venait de souper chez Beringhen, que la Reine venait d'instruire, nous dit, à Comminges et à moi, qu'il y avait quelque dessein en campagne, et que ce qui se disait n'était pas une affaire de raillerie.

Comminges et moi commençâmes alors à ouvrir les yeux, et nous contâmes à Mlle de Beaumont que la Reine ayant envoyé quérir M. le premier, elle nous avait voulu justifier sa conduite avec lui. Alors nous eûmes sujet de craindre et de douter. Mais quand nous vîmes la Reine dans son lit, nous nous allâmes coucher, en disant que l'événement nous apprendrait la vérité de toutes ces illusions.

Aussitôt que nous fûmes parties, les portes du Palais-Royal se fermèrent avec commandement de ne les plus ouvrir. La Reine se releva pour penser à ses affaires, et ne fit part de son secret qu'à sa première femme de chambre, qui couchait auprès d'elle. On donna les ordres nécessaires aux capitaines des Gardes que nous avions laissés dans la chambre de la Reine, pas plus savants que nous. Le maréchal de Villeroy, à qui on donna la connaissance de cette résolution quand il fut nécessaire qu'il la sût, laissa dormir le Roi jusqu'à trois heures du matin ; puis le fit lever, lui et Monsieur, pour les faire monter dans le carrosse qui les attendait à la porte du jardin du Palais-Royal. La Reine se joignit au Roi et à Monsieur.

Ces trois personnes royales furent suivies du maréchal de Villeroy, de Villequier et de Guitaut, capitaines des Gardes de Leurs Majestés; de Comminges, lieutenant des Gardes de la Reine, et de Mme de Beauvais, sa première femme de chambre. Ils descendirent par un petit escalier dérobé qui, de l'appartement de la Reine, allait dans le jardin, et sortant par cette petite porte qui est par delà le Rondeau, montèrent dans les carrosses qui les attendaient. La Reine, étant au Cours, qui était le lieu du rendez-vous, s'y arrêta pour attendre que le duc d'Orléans, M. le prince et toute la maison royale, fût venue la joindre.

Après le souper et le jeu, qui finit chez le maréchal de Gramont plus tôt qu'à l'ordinaire, le duc d'Orléans et M. le prince de Condé s'en allèrent chacun chez eux pour donner ordre à leurs affaires domestiques et faire sortir de Paris leurs familles. Le ministre demeura où il était, s'amusant à jouer pendant que ses confidents firent emporter ce qu'il avait de plus précieux, et sortir ses nièces, qui étaient encore auprès de Mme de Senecé. L'heure du rendez-vous le pressant de partir, il se mit dans un carrosse avec quelques-uns de ses amis, qu'il avertit alors de ce qui se passait, et s'en alla trouver la Reine qui l'attendait déjà dans le Cours.

Là se trouvèrent les personnes les plus considérables de la Cour, qui ne furent averties qu'à l'instant de sa sortie, dont furent sa dame d'honneur, ses filles, et beaucoup d'autres. Chacun allant chercher son ami l'emmenait avec lui pour se sauver ensemble, et quitter cette ville qui allait être l'objet de la colère de son Roi. Et tous ceux qui purent prendre la fuite le firent avec empressement. Jamais nuit sans assaut et sans guerre ne fut remplie de tant d'horreur et de trouble.

Je fus avertie comme les autres à l'heure que la Reine partit; et un de mes amis, domestique du cardinal Mazarin, vint heurter à ma porte avec un carrosse à six chevaux, pour me convier de suivre la Reine. Mais je ne le voulus pas faire pour plusieurs raisons, qui toutes regardaient ma commodité et mon repos.

Toute la maison royale étant assemblée, excepté Mme de Longueville qui, prévenue, n'avait point voulu partir, donnant pour prétexte son état de grossesse, elle prit le chemin de Saint-Germainen-Laye (1). Le Roi, la Reine et toute la Cour se trouvèrent en ce lieu sans lit, sans officiers, sans meubles, sans linge et sans rien de tout ce qui était nécessaire au service des personnes royales et de toutes les autres qui les avaient suivies. La Reine étant arrivée, coucha dans un petit lit que le cardinal Mazarin avait fait sortir de Paris quelques jours auparavant, à cette intention. Il avait de même pourvu à la nécessité du Roi, et il se trouva aussi deux autres petits lits de camp, dont l'un servit à Monsieur, et l'autre demeura pour lui. Madame la duchesse d'Orléans coucha une nuit sur la paille, et Mademoiselle aussi. Tous ceux qui avaient suivi la Cour eurent la même destinée; et en peu d'heures, la paille devint si chère à Saint-Germain, qu'on ne pouvait pas en trouver pour de l'argent.

Lorsqu'on sut dans Paris le départ du Roi, de la Reine et de toute la Cour, le désespoir s'empara de tous les esprits, et la confusion commença avec le jour dès les cinq à six heures du matin. Les cris furent grands dans les rues, et l'émotion s'y rendit universelle.

Le parlement, voyant les marques visibles de la vengeance royale qui était prête d'éclater sur lui, voulut d'abord travailler à la sûreté de la ville, et

---

(1) Elle accoucha d'un fils durant le siège de Paris. Elle habitait alors l'Hôtel-de-Ville. Le prévôt des marchands tint cet enfant sur les fonts baptismaux et lui donna pour prénoms Charles-Paris.

ce même soir, il ordonna aux bourgeois de prendre les armes. Cette compagnie parut étonnée de ce coup; et le peuple et les bourgeois qui se conduisent d'ordinaire par emportement, étaient les uns comme des forcenés, et les autres vomissaient mille imprécations contre le Roi et la Reine, contre le ministre et même contre les princes.

La Reine, en partant de Paris, écrivit une lettre à messieurs de la ville (1), par où elle leur déclarait qu'elle ne voulait point de mal au peuple ni aux bons bourgeois. Elle leur faisait part de son dessein, et leur apprenait qu'elle avait été contrainte de fuir les violences du parlement, dont les cabales et les intelligences criminelles avec les ennemis de l'État lui ôtaient le moyen de pouvoir vivre en sûreté dans Paris. Elle leur promettait aussi qu'elle ne laisserait pas de les aimer, pourvu qu'ils voulussent lui aider à la venger de ses ennemis. Le Roi même leur écrivit une lettre fort douce.

Le 7, de Lisle, capitaine des gardes du corps, apporta de la part du Roi une interdiction (2) au parlement et à toutes les cours souveraines de Paris, avec commandement d'aller à Montargis, et les autres cours chacune dans quelque lieu sem-

---

(1) Aux échevins et aux prévôts des marchands.

(2) L'interdiction pouvait être prononcée soit à l'égard de fonctions particulières, soit à l'égard du lieu où celles-ci étaient exercées. Dans le cas présent, le roi défend au parlement le séjour à Paris.

blable. La compagnie assemblée refusa de recevoir l'ordre du Roi, sur quelques formalités qu'ils dirent n'avoir pas été observées. Et nonobstant les lettres du Roi et de la Reine, qui faisaient espérer quelque bon traitement aux bourgeois, la Reine fit défenses à tous les villages circonvoisins d'autour de Paris de porter dans la ville aucunes denrées de quelque nature que ce pût être. On arrêta le pain, on arrêta le bétail; et de la part du Roi, il parut visiblement qu'il voulait punir la ville de Paris.

Le parlement étonné, ne sachant à quoi se résoudre, prend le parti de députer vers la Reine pour la supplier de lui apprendre la cause de sa fuite, de lui nommer les noms de ceux qu'elle accuse d'avoir intelligence avec les ennemis de l'État, et offre de leur faire leur procès. Ces têtes orgueilleuses s'humilient et commencent à craindre la rigueur de leur prince offensé. La Reine et son ministre refusèrent d'écouter les députés du parlement. La Reine leur fit dire qu'il ne devait plus être à Paris; qu'elle le croyait à Montargis, où tous les membres de ce corps avaient ordre de se retirer; qu'elle désirait qu'ils obéissent au Roi, et qu'après cela elle aviserait à ce qu'elle aurait à faire. D'habiles gens crurent que si la Reine les eût écoutés, dans l'état où ils étaient alors, remplis d'étonnement et vides d'espérance, leur repentir eût été véritable. Cette dernière clémence qui aurait peut-être encore passé pour faiblesse et légèreté dans l'esprit de beaucoup de gens, n'aurait pu vraisemblablement réussir à la satisfaction de la Reine. Il fallait quelque chose de plus considérable pour rétablir l'autorité du Roi et la puissance du ministre telle qu'il désirait l'avoir.

Les députés partirent de Saint-Germain le soir du 7 janvier, après avoir été refusés de la Reine; et le lendemain matin ils firent leur rapport à la compagnie d'une manière qui lui fit comprendre le mauvais état où elle était. Le désespoir alors leur redonne des forces : ils se jugent perdus s'ils ne se sauvent par les remèdes extraordinaires.

Ils mirent donc le fondement de leur espérance sur la haine que le peuple et les grands du royaume avaient contre le ministre. Sur ce fondement, ils donnèrent un arrêt contre le cardinal Mazarin, où ils le condamnaient comme perturbateur du repos public, ennemi du Roi et de son État, et enjoignaient à tous ses sujets de lui courre sus, sans pourtant lui avoir fait son procès, sans l'entendre en ses justifications, et sans droit aucun de le pouvoir juger.

Ce même jour, cette compagnie donna ordre à la police, et aux moyens de lever de l'argent pour se mettre en état de défense. Ils se taxèrent eux-mêmes les premiers afin de donner exemple aux autres, et chaque conseiller au parlement donna cinq cents livres. Toutes les compagnies souveraines en firent autant. Chaque porte-cochère paya vingt-cinq ou cinquante écus. Il se fit de tout cela une grande levée de deniers qui furent destinés à payer leurs gens de guerre. Le marquis de La Boulaye fut le premier qui prit commission du parlement pour lever des troupes à leur solde, et peu après, il fut suivi de quantité d'autres plus grands seigneurs que lui.

Les personnes qui étaient attachées au Roi et qui étaient restées à Paris, étaient les seules qui fussent à plaindre ; car le peuple les menaçait continuellement de les piller, et nous n'osions nous montrer sans danger de nos vies. Ma sœur et moi voulûmes nous sauver de Paris. Nous menâmes avec nous une de nos amies qui demeurait avec moi, personne de naissance et de mérite. Nous fîmes ce que nous pûmes pour sortir par la porte Saint-Honoré, avec l'intention de nous servir de l'assistance de quelques personnes qui nous attendaient hors la porte de la ville. Mais les pauvres qui se trouvèrent auprès des Capucins, voyant que nous voulions sortir, se mirent par troupes autour de nous, et nous forcèrent de nous retirer dans l'église de ces bons pères, où ils nous suivirent avec rumeur. Ils nous obligèrent enfin d'en sortir pour tâcher de trouver du secours vers le corps-de-garde où nous espérâmes rencontrer quelques gens raisonnables. Mais les soldats parisiens, animés contre tout ce qui paraissait vouloir aller à Saint-Germain, nous ayant fait peur par les menaces, nous retournâmes sur nos pas pour aller vers l'hôtel de Vendôme.

Le suisse de cette maison, bien loin de nous recevoir, nous ferma la porte, et justement où des coquins avaient dépavé la rue pour en tirer des armes, afin de nous martyriser à la manière de saint Étienne. Mlle de Villeneuve, cette amie qui demeurait avec moi, voyant un de ces satellites venir à elle avec un grès dans la main, pour lui jeter sur la tête, lui dit d'un ton ferme et tranquille qu'il avait tort de la vouloir tuer, puisqu'elle ne lui avait jamais fait de mal. Elle lui parla avec tant d'esprit que ce maraud, malgré sa naturelle brutalité, s'arrêta. Il jeta la pierre ailleurs, et s'éloigna d'elle; mais ce fut pour venir à ma sœur et à moi, qui depuis l'hôtel de Vendôme, avions toujours couru pour nous sauver dans Saint-Roch.

Nous y arrivâmes, grâces à Dieu, malgré les injures et les menaces de cette canaille animée à la proie et au pillage. Aussitôt que j'y fus, je me mis à genoux devant le grand autel, où se célébrait une grand'messe. Ces dragons qui nous avaient suivies, respectèrent si peu le service divin, qu'une femme, à mes yeux plus horrible qu'une furie, me vint arracher mon masque de dessus le visage, en disant que j'étais une mazarine, et qu'il me fallait assommer et déchirer par morceaux. Comme naturellement je ne suis pas vaillante, je sentis une très grande peur. Je voulus dans ce trouble m'en aller chez le curé qui était mon confesseur, pour lui demander du secours. Mais ma sœur, qui eut plus de courage et de jugement que moi, me voyant poursuivie par deux filous qui, aussitôt que j'approchai de la porte, me crièrent : *La bourse!* me retira de leurs mains et m'empêcha de sortir de l'église, car tout était à craindre de leur barbarie.

Le peuple s'assemblait de plus en plus dans l'église où il entrait en foule, et qui retentissait en hurlements où je n'entendais autre chose, sinon qu'il nous fallait tuer. Le curé vint à ce bruit, qui leur parla et eut de la peine à leur imposer silence. Pour moi, faisant semblant de me vouloir confesser, je le priai d'envoyer quelqu'un me quérir promptement du secours. Il le fit aussitôt; et le marquis de Beuvron (1), mon voisin, avec les officiers du quartier qui se trouvèrent alors au corps de garde, et d'autres gens qui entendirent parler du péril où j'étais, vinrent nous en tirer, et faisant écarter toute cette canaille, ne nous voulurent point quitter qu'ils ne nous eussent ramenées en notre logis, où nous arrivâmes si malades qu'il nous fallut mettre au lit.

J'avoue, à ma honte, que je n'ai jamais eu de maladies, quoique j'en ai eu de fort grandes, où j'aie eu une plus grande peur de la mort. Depuis ce jour-là, je ne songeai plus à sortir de Paris. Mais ne pouvant plus vivre en repos chez moi, je fus supplier la Reine d'Angleterre de me recevoir

---

(1) De la famille de Bertrand (Berry). La baronnie de Beuvron fut érigée en marquisat en faveur de Pierre d'Harcourt, par lettres du mois d'août 1593.

sous sa protection au Louvre. Ce qu'elle fit quelques jours après avec beaucoup de bonté, me faisant donner deux belles chambres meublées des meubles de la couronne, dont elle et toute sa cour se servait. Je m'y retirai avec ma sœur, Mlle de Villeneuve et mes femmes. Et nous ne songeâmes plus qu'à faire des provisions pour nous garantir de la famine, attendant que nous pussions avoir la fin de cette guerre, ou avoir un passeport pour aller en sûreté où je voudrais.

Mais, pour revenir aux affaires publiques, Mme de Longueville, qui était demeurée à Paris sous le prétexte de sa grossesse, n'y était restée en effet que dans la pensée de triompher du Roi, de la Reine et de son ministre, et, ce qui est plus surprenant, pour se venger de M. le prince son frère, dont elle ne croyait pas devoir être satisfaite.

Étant donc enivrée de ses grandes idées, quand elle vit que le bruit courait que la Reine voulait sortir de Paris, elle ne balança pas et prit des mesures avec le coadjuteur de Paris, qui ne désirait rien avec plus de passion que de trouver de la matière propre à faire réussir ses desseins.

Il voulait être cardinal, mais il voulait encore, avec le chapeau, avoir à la Cour la place qu'y occupait celui que le parlement en voulait chasser. Et ainsi ces deux personnes, ayant toutes deux les mêmes pensées dans l'esprit, se trouvèrent fort utiles l'une à l'autre, sans songer si leur union pouvait subsister toujours comme elle leur était convenable pour lors, et sans trop s'inquiéter des grands maux dont elle allait être la cause.

Mme de Longueville, après avoir fait son plan et connu qu'il était temps de se déclarer contre la Cour, manda au prince de Conti, son frère, qui était à Saint-Germain, et au duc de Longueville, son mari, qu'il fallait quitter la Cour, et que l'ambition les appelait ailleurs. Ces deux princes, persuadés par différents motifs, suivant aveuglément les avis d'une princesse qui ne marchait que dans les ténèbres, se dérobent de Saint-Germain, la nuit du 10 de janvier, et paraissent à la porte de Paris avant le retour du soleil. Ils furent reçus par les bourgeois de cette ville désolée avec les marques d'une grande joie; et je n'ai jamais ouï tant de bruit que cette arrivée en causa dans toute la ville.

Madame la Princesse, étrangement surprise de cette retraite, apprit elle-même cette nouvelle à la Reine, en lui demandant pardon pour ses enfants, du mal qu'elle allait recevoir de leur infidélité. La Reine consola elle-même cette princesse, et l'assura que, ne doutant point de son innocence, elle ne la considérait pas moins. Elle manda aussitôt ce qu'elle venait d'apprendre au cardinal Mazarin par le maréchal de Villeroy, qui par hasard avait été le témoin de cette harangue. Cette nouvelle ne fut pas agréable au ministre, qui, plus intéressé à cette guerre qu'aucun autre, en vit toutes les conséquences, et en ressentit, par cette raison, un sensible déplaisir.

La présence du prince de Conti arrêta le tumulte à Paris; et le respect qui était dû à un prince du sang, fit que l'horreur et la désolation répandue par toute la ville cessa aussitôt qu'il y fut entré.

Le duc de Longueville avait un brevet d'un de nos rois, par lequel il prétendait devoir passer immédiatement après les princes du sang; et il avait intention de se servir de l'appui du prince de Conti, son beau-frère, pour prendre ce rang dans le parlement, ou du moins pour l'emporter alors sur le duc d'Elbœuf. Mais ce prince lorrain le prévint; car sachant que le prince de Conti s'était mis au lit en arrivant, il alla au parlement le matin du 10, et se fit recevoir général avant que son compétiteur pût être nommé. Le duc de Longueville en fut presque au désespoir, et depuis ce jour, il ne se trouva point au parlement; et ce fut un juste châtiment de son infidélité (1).

Pendant que nous souffrions dans Paris, l'armée du Roi bloqua la ville et se saisit de tous les passages des vivres. Le maréchal de Gramont commandait à Saint-Cloud, et le maréchal Du Plessis à Saint-Denis. Chacun craignait le pillage, et tous cachaient dans des niches ou dans des

---

(1) Retz et Monglat ont raconté avec détails toute l'histoire de ces compétitions.

maisons religieuses ce qu'ils avaient de plus précieux : car le larcin était permis, les crimes étaient légitimes; les méchants étaient les maîtres. On fouilla beaucoup de maisons par ordre du parlement, avec assez de rudesse. Le droit des gens était une chimère qui était traitée de ridicule; et les taxes commencèrent à se faire impunément sur tous ceux qui avaient de l'argent.

Le duc de Bouillon s'était enfin déclaré du parti de la Fronde (1), le marquis de Noirmoutiers aussi; et le duc de Beaufort était accouru à Paris pour avoir part à la guerre. Le maréchal de La Motte, pour se venger de sa prison, suivit l'exemple des autres. Tous furent déclarés généraux sous le généralissime le prince de Conti, et le duc d'Elbœuf était le premier après lui.

M. le prince était au désespoir de l'outrage qu'il croyait avoir reçu par le prince de Conti, son frère, et par Mme de Longueville, sa sœur. Et ce qui n'était d'abord qu'un désir d'obliger la Reine, devint un véritable désir de se venger de sa famille, qui s'était séparée de lui. Il était le premier à se railler des bravoures du prince de Conti : il n'épargnait nullement sa mauvaise taille et la

(1) Monglat raconte ce qui donna naissance à ce mot. L'on sait qu'il vient d'un jeu d'enfants défendu par le parlement. Or, un jour de délibération à la grand'chambre, le président Le Coigneux parlait selon les idées de la Cour; son fils Bachaumont, conseiller des enquêtes, dit à ses voisins : « Quand ce sera mon tour, je *fronderai* bien l'opinion de mon père. » Le mot fit fortune.

faiblesse de sa complexion, qu'il disait n'avoir nul rapport aux fatigues et aux fonctions de général.

Le 12 janvier, par ordre du généralissime, on attaqua la Bastille, qui fit mine de se vouloir défendre, et qui néanmoins se rendit aussitôt. Le parlement ordonna que les taxes qui avaient été faites sur eux, et l'argent qui avait été pillé chez les particuliers, serviraient à lever des troupes; et les commissions furent expédiées pour quatorze mille hommes de pied et quatre mille chevaux. Le commandement de la Bastille fut donné au fils de Broussel (1), qui ne méritait pas d'être si bien payé de ses criminelles entreprises.

Le duc de Beaufort présenta requête au parlement pour être justifié sur les accusations qui avaient été faites contre lui pendant sa prison; et, de la même manière que le cardinal Mazarin avait été condamné sans être ouï, ce prince fut absous, sans autres preuves de son innocence que celle d'être ennemi du ministre. Il fut reçu avec éloge, et béni de tous, comme un homme maltraité de la fortune, et dont la naissance et le courage leur pouvait être utile. Outre ces gens qu'on appelle esprits forts, parce qu'ils sont toujours contre le Roi, qui lui étaient attachés, il avait le bonheur d'être ardemment aimé des Parisiens et des harengères; et cet amour populaire lui a tant donné de réputation dans nos guerres, qu'il en a mérité

(1) La Louvière.

le nom de roi des halles, dans tous les vaudevilles qui se firent alors.

Le 16 ou 17 janvier, pour commencer la guerre, le maréchal de La Motte, avec environ cent chevaux, alla jusqu'à la vue des troupes du Roi, et le maréchal Du Plessis vint aussitôt à sa rencontre. Les Parisiens, qui eurent peur, se retirèrent, à ce qu'ils dirent, par respect et pour n'avoir pas voulu tirer les premiers contre les troupes du Roi. Ce même jour, le premier président, soit par quelque animosité particulière, soit pour faire quelque service à la Cour, empêcha le coadjuteur de prendre séance au parlement. Il la prétendait avoir en l'absence de son oncle, archevêque de Paris; et le premier président ne put pas s'y opposer longtemps, car le coadjuteur avait beaucoup d'amis. Il la prit malgré lui, disant qu'il y avait des exemples où les coadjuteurs avaient pris la place des archevêques.

Le 21 janvier, les généraux de Paris firent une grande sortie à dessein d'escorter un convoi de blés qu'ils ne trouvèrent point, et ne rapportèrent aucune marque de victoire de ce grand exploit de guerre, que celle d'un rhume général, parce qu'il faisait très froid. Comme le pain commençait d'enchérir, le peuple de Paris redoubla de furie contre toutes les personnes de qualité qui paraissaient mazarins : ce qui rendit la canaille pire que des démons. Les propres meubles du Roi et de la Reine, ses habits et son linge, qu'elle avait voulu ravoir, avaient été pillés; et le nom du Roi devint si odieux à ses sujets, que ses pages et valets de pied étaient courus dans les rues comme des criminels et des ennemis.

La première levée de deniers, qui avait monté, à ce qu'on disait, à trois millions de livres, étant finie, il fallut que les principaux de la ville et du parlement fissent sur eux de nouvelles taxes. Le président de Novion donna lui seul, cette seconde fois, cinquante mille livres : et à son exemple, beaucoup de personnes firent de magnifiques libéralités. Mais cela ne leur plaisait pas, et il est à croire qu'ils auraient alors volontiers préféré la condition obscure des particuliers à l'honneur qu'ils avaient de commander à des princes et d'en être servis; car les gages de telles gens sont grands. Le seul duc d'Elbœuf, sous prétexte de faire des levées, leur coûtait déjà, lui et ses enfants, plus de quarante mille écus : mais enfin il fallait soutenir les fautes passées et avoir du pain.

Le duc de Beaufort, à la tête de cinq ou six mille hommes, fit dessein d'aller attaquer Corbeil. Il était ce jour-là monté sur un cheval blanc; il mit quantité de plumes blanches à son chapeau; et dans cet état, ayant attiré par sa bonne mine l'admiration du peuple, il en reçut de grandes bénédictions. Le prince de Conti alla le conduire jusqu'à la porte de la ville. Le coadjuteur, aussi grand guerrier que bon prédicateur, était de la partie; et le duc de Brissac, son parent et ami, qui était aussi du parti de Paris, fut de cette entreprise.

Le lendemain, cette armée parisienne revint sans coup férir. Ces badauds quittèrent leur général à trois pas des portes de la ville; et leur poltronnerie fut cause que ce prince, malgré sa valeur et le désir qu'il avait de se venger, n'osa jamais attaquer Corbeil; car le prince de Condé, qui faisait la guerre dans les formes, y avait mis douze cents hommes pour le garder.

Les bourgeois, qui jusqu'alors n'avaient point encore beaucoup souffert, étaient si fiers, qu'ils ne craignaient rien; et les imprécations contre la Reine et le ministre redoublaient chaque jour avec beaucoup d'insolence. Le prince de Conti et le parlement avaient envoyé traiter en Espagne, afin de pouvoir subsister par les forces étrangères, quand les autres leur manqueraient. Ils se moquaient des menaces du ministre, qui faisait courir le bruit qu'il s'accommodait avec le duc de Lorraine, et que Pigneranda, le ministre du roi d'Espagne, allait venir sur la frontière traiter la paix avec lui.

Mais bientôt les misères commencèrent à se faire sentir dans Paris, et les pauvres pâtissaient déjà beaucoup. Toutes les denrées enchérissaient; et quoique ce fût peu souffrir pour une ville assiégée, cette disette ne laissait pas d'incommoder beaucoup, et surtout les pauvres. Les eaux étaient fort débordées cette année, et Paris était devenu semblable à la ville de Venise. La Seine le baignait entièrement : on allait par bateau dans les rues ; mais, bien loin d'en recevoir de l'embellissement, ses habitants en souffraient de grandes incommodités.

Pendant que les calamités augmentent à Paris, les conseils redoublent à Saint-Germain, où l'inquiétude était proportionnée au mauvais état des affaires du Roi. Des deux côtés on souffrait. Le duc d'Orléans, suivant son inclination favorable au bien public, fit écrire à ses créatures qu'il les conseillait de penser à la paix. Il fait plus : il en parle à la Reine, qui, malgré ses sentiments, est contrainte de l'écouter. Ce radoucissement fit venir à la Cour l'archevêque de Toulouse, de la part de quelques-uns du parlement; et il eut une grande conférence avec le ministre, qui lui témoigna désirer de pacifier toutes choses. Ceux qui commandaient le parti des factieux n'y étaient pas encore tout à fait disposés ; et le voyage de ce prélat n'eut alors aucun effet, que celui de commencer de part et d'autre à tracer les prémices d'un accommodement futur. A son retour, le prince de Conti lui défendit de rendre compte en public des favorables paroles qu'on lui avait dites. Il eut peur que les peuples ne s'humiliassent, et que le respect qu'ils devaient au Roi ne reprît sa place dans leurs cœurs.

Le ministre commençait alors à dire qu'il voulait bien s'en aller hors de France, pourvu que l'autorité royale n'en fût point blessée.

M. le prince ne voulait point de paix; et, sachant les négociations du duc d'Orléans, il dit à Seneterre qu'il ne traitait avec aucun du parti ennemi; mais que, si M. le duc d'Orléans ou le ministre se laissaient entendre là-dessus, qu'il traiterait avec mille, parce qu'il ne voulait pas être pris pour dupe, et demeurer le dernier chargé de toute la haine publique. Il disait de plus qu'il voulait vaincre les Parisiens comme des poltrons, et les généraux, comme des gens qui ne pouvaient s'accommoder ensemble, et dont la valeur était inutile, par la différence des sentiments et des cabales, et par le désordre qui se rencontre toujours dans un grand parti composé de plusieurs personnes.

Les généraux frondeurs eurent avis que l'armée du Roi devait venir attaquer Charenton, un de leurs meilleurs passages pour leur faire venir des vivres dans Paris. Ils y avaient mis une garnison considérable, et un vaillant homme pour le défendre. Quand on le sut à Paris, ceux qui y commandaient firent aussitôt dessein de l'empêcher, et de sortir avec toutes leurs troupes, qui étaient en aussi grand nombre qu'ils le voulaient. La multitude en était infinie, et chaque Parisien était alors soldat, mais soldat sans courage.

M. le prince, la terreur des Parisiens, vint donc (le 8 février), comme un torrent qui emporte tout ce qu'il rencontre, fondre sur ce village retranché, barricadé, et bien muni de braves gens. Le duc d'Orléans était en personne dans l'armée du Roi ; et tout ce qui portait une épée, de ceux qui étaient à la Cour, y fut aussi. L'armée était petite, mais elle était bonne, et le nom du général augmentait ses forces de beaucoup. M. le prince, accoutumé à de plus grandes victoires, enleva le quartier, tua tout ce qui lui osa résister, et tailla en pièces la garnison, qui était de deux mille hommes. Clanleu, qui la commandait, y fut tué, se défendant vaillamment, refusant la vie qu'on lui voulut donner, et disant qu'il était partout malheureux, et qu'il trouvait plus honorable de mourir en cette occasion que sur un échafaud.

Ensuite de cette expédition, M. le prince rangea son armée en bataille, et eut le loisir de la mettre en bon ordre avant que celle de Paris pût arriver à la vue de ses troupes. Les deux armées furent assez longtemps à se regarder, sans se faire aucun mal. Celle du Roi avait fait ce qu'elle avait dessein de faire ; et celle de Paris n'avait que de très faibles intentions de l'attaquer, et pas assez de courage pour résister aux troupes du Roi.

Cette nombreuse et mauvaise armée ne sortit point de ses retranchements, qui furent les dernières maisons de Picpus ; et l'arrière-garde demeura toujours bien à son aise dans la place Royale. Les deux armées se retirèrent chacune de leur côté : celle du Roi, glorieuse et satisfaite, et celle de Paris, bien honteuse de n'avoir donné d'autres preuves de sa vaillance que celle des menaces et des injures. Elles n'avaient pas été faites à leurs ennemis d'assez près pour être entendues, et c'est pour cette raison qu'elles ne furent pas vengées.

Les généraux parisiens, mal satisfaits de leur journée, se retirèrent doucement. Ils essuyèrent mille injures de leurs bourgeois, qui étaient en colère de ce qu'on ne les avait pas menés au combat. Ils juraient qu'ils auraient fait des merveilles, et qu'ils auraient porté la mort et l'effroi dans toute l'armée du Roi. Leur chagrin procédait de ce qu'ils avaient perdu un passage qui leur apportait des vivres, qu'il ne leur restait plus que Brie-Comte-Robert ; et, n'ayant que cette seule ressource, ils voyaient que bientôt ils seraient en état de craindre la faim. Mais, quoique leurs généraux en fussent plus tristes qu'ils ne le pouvaient être, comme ils n'étaient pas persuadés de leur vaillance, ils n'osèrent jamais attaquer les enseignes royales, et le duc de Bouillon, qui alors était malade, et que l'on avait envoyé consulter sur ce sujet, n'en avait point été d'avis.

J'étais logée au Louvre, où la Reine d'Angleterre m'avait fait l'honneur de me recevoir, mais souvent je pensais à me rendre à Saint-Germain. Depuis le combat de Charenton, des négociations pacifiques avaient été commencées entre la Cour et ceux du parlement, et je pensais que je pouvais quitter Paris. Nous partîmes donc, ma sœur et moi, accompagnées de notre petit domestique, et escortées d'une troupe de cavalerie du régiment du prince de Conti, commandée par Barrière, qui avait le malheur d'être compté au nombre des ennemis de la Reine, après avoir été un de ses plus fidèles serviteurs. Nous fûmes reçues à Saint-Denis par le comte du Plessis, qui commandait à la place du maréchal du Plessis, son père. Il nous donna un bon repas et de bons lits, et le lendemain, nous arrivâmes heureusement à Saint-Germain.

Il nous fallut prendre un grand détour, et nous passâmes par plusieurs villages où nous remarquâmes une désolation effroyable. Je trouvai la Reine dans son cabinet, accompagnée du duc d'Orléans, du prince de Condé, de la princesse de Carignan et d'une grande presse. La Cour alors était fort grosse, parce que tous ceux qui n'étaient point de la Fronde s'étaient rendus auprès du Roi.

La Reine était au milieu de ce grand monde, qui paraissait gaie et tranquille. Elle ne paraissait point appréhender les malheurs dont elle était menacée par les gens de bon sens, et qui jugeaient de l'avenir par les choses passées et présentes.

Quand je partis de Paris, j'avais le cœur rempli de tout ce que l'on m'avait dit dans cette ville. Je croyais que la Reine était menacée de perdre sa couronne, ou tout au moins la régence. Mais, étant à Saint-Germain, je fut surprise quand j'entendis les railleries qui se faisaient contre les

Parisiens et les frondeurs, et contre ceux qui lamentaient sur les misères publiques.

Le soir, après que la Reine fut retirée, elle me commanda de lui dire tout ce que je savais de l'état de Paris et de celui des esprits. Comme j'avais une véritable tristesse dans l'âme, je lui contai librement ce qui m'avait paru de contraire à ses intérêts. On s'imaginait à Paris qu'elle ignorait l'état de ses affaires.

Il est néanmoins véritable qu'elle était instruite de tout ce qu'il était nécessaire qu'elle sût; mais, voulant travailler à punir, ou du moins à modérer l'excès de l'audace du parlement, et ne voulant pas non plus éloigner son ministre, ses résolutions étaient prises, et toutes les crieries du public ne la faisaient nullement changer.

Le 22 ou 23 février, le nonce et l'ambassadeur de Venise vinrent trouver la Reine, l'un, de la part du Pape, et l'autre, de sa république. Dans leur audience, ils l'exhortèrent fort à la paix, et touchèrent, à son avis, un peu trop fortement à ce qui paraissait être le sujet de la guerre. Elle s'en fâcha; et les interrompant, elle leur dit qu'elle trouvait bien des gens qui lui disaient qu'il fallait faire la paix et qu'il fallait pardonner, mais que personne ne lui parlait de rétablir l'autorité du Roi son fils, qui s'en allait détruite, si elle ne travaillait à la relever en châtiant les rebelles, et les forçant à se remettre à leur devoir.

Le 25 février, les députés de Paris arrivèrent;

et le premier président, qui suivit l'exemple du nonce, fut traité de même manière.

Le même soir, le premier président et le président de Mesmes vinrent trouver la Reine comme des particuliers, et conférèrent dans son cabinet avec le ministre, où se trouvèrent les princes; et, malgré l'arrêt que leur compagnie avait donné contre lui, ils le traitèrent toujours de premier ministre. Ils firent espérer à la Reine, avant que de partir, une autre députation pour parler tout de bon de la paix, et lui demandèrent finement des vivres et du blé pour autant de jours qu'on y travaillerait, supputant pour chaque jour ce qui était à peu près nécessaire pour fournir Paris.

La Reine ne leur accorda pas leur demande, mais leur fit espérer que, s'ils agissaient fidèlement, elle ne leur refuserait rien de tout ce qui serait raisonnable.

Lors d'une seconde députation, les blés furent accordés; mais la Reine eut sujet de se repentir d'avoir eu pitié de ceux qui souffraient. Elle redonna des forces à ce parti, et ne diminua pas leur malice : si bien qu'elle perdit les avantages qu'elle aurait pu tirer de leurs souffrances.

Les députés, étant arrivés à Paris, firent leur rapport à la compagnie. Le premier président y reçut des reproches pour avoir conféré avec le cardinal sans le reste des députés. Là-dessus s'éleva dans le palais un grand bruit et des cris effroyables, qui de ce lieu allèrent au peuple assemblé dans les rues. Tous demandent des nouvelles de la députation; et comme le bruit courut que le premier président avait conféré avec le ministre, ils se mutinèrent et dirent tous qu'ils ne voulaient point de paix avec le Mazarin, et quelques-uns proposèrent d'aller chez le premier président pour le piller et le punir de ce qu'il voulait s'accommoder avec lui.

La canaille était payée pour crier contre les commencements de la paix. Les frondeurs, qui ne la voulaient point, ou plutôt qui voulaient qu'elle se fît par eux, avaient fait faire cette sédition contre le premier président, exprès pour l'embarrasser et l'intimider. Mais cet homme, ayant déjà montré sa fermeté en beaucoup d'occasions, fit voir en celle-ci autant de courage qu'en toutes les autres; et, sans s'étonner, il dit au duc de Beaufort qu'il devait faire apaiser ce tumulte; autrement que le désordre se ferait si grand, que peut-être lui-même n'en pouvant pas être le maître, il en serait fâché, par les grands maux qu'il pourrait causer à toute la ville; beaucoup des plus considérables de cette compagnie se réunirent au premier président.

Ce prince, le chef des crieurs, fut enfin contraint, pour éviter un plus grand mal que celui de revoir le Mazarin dans Paris, d'aller lui-même apaiser le désordre. Il assura le peuple qu'on ne le trompait point, en leur disant à tous qu'il chasserait le Mazarin. Ce bruit étant apaisé, on résolut d'envoyer tout de nouveau des députés à la Cour, sept de chaque chambre, pour aller traiter la paix; ce qui donna quelque espérance aux gens de bien, et fit croire à la Reine que les choses se passeraient comme elle le désirait. Elle ne pouvait pas s'imaginer que les députés osassent lui demander ce qu'ils savaient certainement qu'elle ne voulait pas leur accorder.

Le premier président, après avoir fait ce coup, sortant de la galerie du Palais pour entrer chez lui, une grande multitude de coquins le vinrent attaquer. Un de la troupe l'ayant menacé de le tuer, ce grave magistrat lui dit froidement : « Mon « ami, quand je serai mort, il ne me faudra que « six pieds de terre, » et, sans se hâter d'un pas, il s'en alla chez lui fort satisfait d'avoir fait résoudre cette seconde députation.

Le deuxième jour du mois de mars, les gens du Roi vinrent à Saint-Germain trouver la Reine pour lui dire la députation ordonnée par le parlement. Ils lui demandèrent des passe-ports, et la supplièrent d'ordonner du lieu de leur conférence. Ils firent aussi quelques insistances de la part des ducs de Beaufort et de Bouillon (1) pour y être admis; mais, ayant été bien reçus à leur égard, ils furent refusés sur l'article des autres. On choisit pour le lieu de la conférence le château de Ruel, comme

---

(1) Frédéric Maurice de la Tour, duc de Bouillon, prince de Sedan (1605-1651). C'est le frère aîné de Turenne.

étant à moitié chemin de Paris et de Saint-Germain; et les généraux, qui en particulier redoublèrent leurs instances, n'y furent point admis.

Le duc d'Orléans, le prince de Condé, le ministre, l'abbé de la Rivière et Le Tellier allèrent au rendez-vous où se trouvèrent les députés, avec ordre exprès de leur compagnie de ne point conférer avec le cardinal Mazarin. Dès le soir du même jour, des difficultés s'élevèrent à cause de la présence de Mazarin et arrêtèrent la conférence.

Le lendemain, comme ils furent près de se séparer à cause de cette difficulté, le duc d'Orléans, voulant toujours avoir quelque part à la paix, au lieu de celle que le prince de Condé avait eue à la guerre, trouva un accommodement, qui fut que lui ni M. le prince n'assistassent point à cette conférence. Il fut résolu qu'ils se tiendraient à part et le ministre avec eux, qu'on y laisserait seulement le chancelier et Le Tellier, et trouvèrent qu'une chambre entre eux et le lieu de la conférence n'empêcherait pas d'entrer en matière : ce qu'ils firent; et alors il sembla que les sujets voulaient donner des lois à celui dont ils les devaient recevoir.

Tout ce jour les parlementaires furent fiers; et ceux qui venaient de Ruel à Saint-Germain ne croyaient pas que les affaires se pussent accommoder, car la manière dont ils parlaient faisait croire qu'ils se rendraient difficiles sur l'article du ministre. Mais cette férocité se trouva consister en bonne mine, et ces apparences n'allaient qu'à contenter les sots, les emportés et le peuple. Le jour d'après ils changèrent de méthode; et les députés, prenant l'air de la Cour, montrèrent en effet que ce charme avait autant de pouvoir sur eux que sur les autres hommes. Cependant les Parisiens, par l'ordre des généraux et du parlement, ne laissaient pas de continuer à vendre publiquement les meubles du cardinal Mazarin, qui, depuis l'arrêt donné contre lui, avaient été, à l'encan, vendus aux passants à tel prix qu'on voulait en donner; et sa bibliothèque, ramassée avec tant de soin, fut dispersée à tous ceux qui la voulurent piller.

Le 6, le cardinal vint faire un petit voyage à Saint-Germain pour instruire la Reine de tout ce qui se passait. Le soir, après qu'il l'eut quittée, comme ceux qui l'environnaient étaient curieux d'apprendre des nouvelles, la Reine nous dit, à M. le premier et à moi, qu'il n'y avait encore rien d'avancé, ni aucune solide espérance d'obtenir ce qu'on désirait, qui était que le parlement s'humiliât; puis nous dit qu'à la fin, pourtant, elle croyait que tout irait bien.

Pendant cette conférence il arriva une nouvelle qui fit changer les résolutions de plusieurs, qui augmenta les forces du Roi, et diminua un peu l'orgueil et la fierté des Parisiens. Le vicomte de Turenne[1], qui commandait l'armée du Roi en

(1) Henri de la Tour d'Auvergne, vicomte de Turenne, était

Allemagne, et qui s'était peu auparavant déclaré du parti des parlementaires à cause que le duc de Bouillon, son frère, en était, ayant voulu amener ses troupes au secours du parti parisien, avait été abandonné de toute l'armée, qui, voulant être fidèle au Roi, alla se rejoindre à Erlac, Allemand au service de la France. Il ne resta à ce général que deux ou trois régiments, en qui il n'osa se confier; et se voyant sans puissance, plein de confusion et de repentir, il se retira seul à Heilbrun.

Cette même nuit que le ministre coucha à Saint-Germain, M. le Prince lui envoya une lettre qu'il avait reçue du vicomte de Turenne, qui, malheureux et humilié, demandait pardon de sa faute. Il le suppliait par cette lettre de lui continuer sa protection, et d'obtenir du ministre sa grâce et l'absolution de son péché.

Cette nouvelle abattit, pour quelques jours, les forces des parlementaires et des généraux, car ils avaient une grande espérance en cette armée.

Le coadjuteur (1), voulant cacher aux Parisiens cette fâcheuse nouvelle d'Allemagne autant qu'il

---

le deuxième fils du duc Henri de Bouillon. Né à Sedan en 1611, après une glorieuse carrière militaire, il fut tué à Salzbach le 27 juillet 1675. (*Vid.* J. Roy, *Hist. de Turenne*. Paris, 1882, éd. Hurtrel.)

(1) Turenne était frère du duc de Bouillon, et Retz était fort lié avec la duchesse de Bouillon, ce qui, outre l'intérêt de cette défection de Turenne au point de vue de la Fronde en général, explique l'émotion du cardinal et du duc.

lui serait possible, parut au parlement ce même jour, et par une harangue éloquente, leur offrit les troupes de ce général qui n'en avait plus : ce qui servit de pâture à la populace, mal informée de la vérité.

Le ministre, à qui cette même nouvelle avait fait reprendre de l'audace, rempli d'espérance et de joie, retourne à Ruel ; il y trouve ses ennemis bien disposés, mais pas si soumis qu'il l'avait cru. Deux ou trois jours se passèrent en petite chicanerie. Il était facile de juger que ce qui était souhaité des deux côtés ne manquerait pas d'arriver.

Enfin le 11 mars au matin, le maréchal de Villeroy, qui avait reçu des lettres de Ruel, vint assurer la Reine que tout allait bien ; à midi arriva un courrier du ministre qui lui apprit que la paix était assurée, et le soir de ce même jour, la paix fut signée, et la Reine, une heure après, en reçut la nouvelle avec beaucoup de joie.

Le samedi 13 mars, on s'assembla au parlement pour voir les articles de la paix. Les généraux firent grand bruit, et se plaignirent hautement des députés, qui l'avaient signée sans attendre leur consentement. Les factions furent si fortes en leur faveur, que le premier président ne put jamais rendre compte à la compagnie de sa députation, et tous lui reprochèrent qu'il avait abandonné ceux de son parti.

Le peuple cependant faisait le bruit accoutumé autour du Palais ; et, sachant que le cardinal avait signé la paix, quelques-uns de cette canaille, payés pour mal faire, s'avisèrent d'aller chercher le bourreau pour brûler, à ce qu'ils disaient, les articles de cette paix qu'ils ne pouvaient souffrir, et menacèrent, à leur ordinaire, le premier président de le tuer. Mais lui, qui était accoutumé à ces douceurs, sans en faire grand cas, envoya dire aux bourgeois de prendre les armes, afin de faire tenir le traité fait par eux; et leur manda qu'ils avaient intérêt au repos public, et qu'ils devaient alors montrer s'ils étaient gens de bien. Ils lui obéirent, et les généraux se trouvèrent fort incommodés de sa résistance. Cela fut cause que les conseils redoublèrent dans la ruelle de Mme de Longueville. Cette princesse, aussi bien que les autres, était fort mal satisfaite du mauvais état de leurs affaires, et n'oubliait rien pour le rendre meilleur.

Les généraux employèrent toute la nuit du 14 au 15 à solliciter leurs amis et à fortifier leurs cabales, afin de pouvoir réussir au dessein qu'ils avaient de s'accommoder avantageusement.

Le lendemain, le parlement s'assembla pour la ratification de la paix et pour tâcher d'établir le repos de la France malgré les troubles qui l'agitaient. Mais les factions furent si fortes et les difficultés si grandes, que la compagnie demeura assemblée jusqu'à six heures du soir dans une contestation continuelle.

Enfin le conseiller Saintôt (1) put partir pour

(1) Nicolas de Saintôt, conseiller du Roi, maître des cérémonies de France, mort en 1655.

Saint-Germain et annoncer à la Reine que la paix était reçue. Mais les généraux n'avaient pas confiance à la députation du parlement qui se rendit à Saint-Germain pour confirmer la paix ; ils nommèrent le duc de Brissac, Barière et Créci pour venir traiter de leurs demandes. Ils arrivèrent à Saint-Germain le 18 mars, et par leurs cahiers ils demandaient toute la France.

La Reine en fut outrée de douleur. Ces gens qui avaient voulu détrôner le Roi son fils (voilà ses mêmes mots), demandaient des récompenses quands ils méritaient des châtiments et des punitions de leurs crimes. Notre ministre se trouvait aussi fort incommodé par cette hydre qu'il combattait incessamment sans la pouvoir terrasser tout à fait. Ceux qui étaient véritablement à plaindre étaient les gens de bien qui composaient la Cour, qui étaient privés des récompenses qu'ils croyaient mériter par leurs fidélités. La rage remplissait leur cœur d'autant plus amèrement qu'il allait en apparence montrer quelque joie.

Les généraux consentirent à diminuer leurs prétentions et même à les abandonner entièrement, s'il plaisait au Roi et à la Reine de chasser leur ennemi(1), et dans ce dessein le comte de Maure, frère du duc de Mortemart, de l'illustre maison de la Rochechouart, fut député par eux et arriva à la Cour le 20 de mars. Il eut peu de satisfaction,

(1) Mazarin.

car il fut reçu comme un homme qui venait jouer la farce de la comédie sérieuse qui venait de finir, et toute la plaisanterie tomba sur lui. Il exécuta néanmoins avec exactitude la commission dont il s'était bien voulu charger, et malgré les railleries, fit dans le conseil sa déclaration en forme contre le ministre.

Le chancelier, rejetant bien loin cette proposition, lui dit que cela était une affaire finie, que de leur côté comme de celui du Roi la paix était faite, et que toutes haines et animosités étaient terminées et abolies.

Les conférences qui se faisaient à Saint-Germain sur les prétentions des généraux furent interrompues par l'entrée de l'archiduc en France. A l'exception de quelques emportés, le murmure fut grand contre le prince de Conti, Mme de Longueville et le coadjuteur, qui semblaient vouloir continuer et entretenir la guerre avec le secours des Espagnols..

Les généraux, voyant que l'approche de l'armée des Espagnols était plus capable, en l'état des choses, de leur faire perdre le peu de crédit qui leur restait que de l'augmenter, pour tirer du ministre ce qu'ils pourraient, firent donner un arrêt par lequel on ordonna que la vente de ses meubles serait continuée. Cela lui fit beaucoup de peine, car il aimait ce qui était à lui, et particulièrement ce qu'il avait fait venir des pays étrangers avec tant de soin. Sa maison était magnifiquement meublée : il y avait de belles tapisseries, des statues, des tableaux. Cette perte fut cause que ses ennemis gagnèrent beaucoup avec lui, qu'il leur accorda la paix avec la plus grande partie de toutes leurs demandes, et que les conférences redoublèrent matin et soir chez le chancelier à Saint-Germain.

L'abbé de la Rivière, qui avait toujours un insatiable désir du chapeau, ne pensait qu'à l'obtenir du Pape. Il avait le consentement de la Reine et de M. le prince, mais il n'avait pas celui du prince de Conti; et ne se tenant point en sûreté du côté de ce prince, il cherchait à lui plaire, afin de l'obliger à lui céder ce qu'il ne souhaitait point pour lui. Ce prince répondit aux offres qu'il lui fit faire : que, s'il voulait porter son maître à lui faire accorder les articles (1) qu'il demandait, que très volontiers il lui laisserait la nomination du chapeau de cardinal. Cela fit que le duc d'Orléans, pressé par l'abbé de la Rivière, eut tant de passion pour la paix : ce qui contribua beaucoup à la faire conclure désavantageusement pour le Roi. On peut juger par là que les sentiments ni les intérêts du ministre n'étaient pas toujours la cause de ses apparentes faiblesses, et que ses

---

(1) C'est-à-dire la satisfaction des exigences qu'il avait exposées pour son compte parmi celles des autres généraux frondeurs. Il demandait pour lui une place dans le conseil d'en haut, une place forte dans son gouvernement de Champagne, et plusieurs faveurs pour le prince de Marsillac.

fautes étaient souvent causées par celles des autres.

Tant de prétentions à satisfaire, embarrassaient infiniment le ministre; et, à mesure qu'il accordait des grâces, soit aux compagnies, soit à quelques particuliers, il renaissait de nouveaux prétendants qui faisaient de nouvelles demandes, et cette misère s'augmentait toujours au lieu de diminuer.

Les généraux entrèrent en de grandes défiances les uns des autres ; et à leurs insatiables désirs se joignit la jalousie. Ils avaient chacun dans Saint-Germain des députés à basses notes, qui traitaient pour eux, et qui tyrannisaient celui qui souhaitait de les tyranniser à son tour.

Le premier président et le président de Mesmes, pour obéir à leur compagnie, en présence des princes, dirent qu'ils avaient ordre de supplier la Reine de donner à ses peuples le contentement de voir éloigner d'elle et de ses conseils un ministre qui avait mérité leur haine. Le duc d'Orléans lui répondit que la Reine ne voulait point accorder leurs demandes ; que lui et son cousin le prince de Condé, qui avaient le plus d'intérêt à l'État et à la couronne, ne lui conseillaient pas de chasser M. le cardinal Mazarin; qu'il était capable et habile à bien servir le Roi et l'État; qu'ils en étaient contents, et qu'ils étaient résolus de le soutenir. Il parla fort hautement à tous les députés, mais les libéralités et les concessions royales furent encore grandes.

Les députés du parlement arrivèrent à Paris

remplis de joie des honorables conditions qu'ils rapportaient de Saint-Germain. Car, comme je l'ai remarqué, ils avaient obtenu de la Reine, par leur habileté et par les différentes causes qui faisaient agir les principaux acteurs, d'être déchargés des articles qu'on leur avait imposés au premier traité. On se relâcha de l'obligation qu'ils avaient de venir à Saint-Germain, où était le Roi, pour tenir son lit de justice. On leur permit encore de s'assembler quand bon leur semblerait, et ils reçurent aussi quelques autres gratifications touchant les finances, toutes en faveur du peuple. Ils firent assembler le parlement pour rendre compte de leur heureux voyage. Le prince de Conti ne s'y trouva point : il parut malade, exprès pour donner ce reste de temps aux négociateurs d'achever leur accommodement à la Cour. Mais enfin, le mercredi saint, la Reine étant aux ténèbres dans la chapelle du château de Saint-Germain, il arriva un courrier de Paris, que Le Tellier amena, qui apporta la paix entièrement reçue par le parlement, les généraux et le peuple, tous montrant d'en être fort contents. Cette paix donna quelque repos à la Reine, de la joie au ministre et de la douleur à ses ennemis.

Le prince de Conti fut le premier qui sortit de Paris pour venir saluer la Reine. Il fut présenté par M. le prince, et reçu en présence de ceux du conseil. Après les compliments ordinaires, M. le prince lui fit embrasser le cardinal Mazarin, et réchauffa leur conversation autant qu'il lui fut possible. Le prince de Conti ne l'alla point voir chez lui pour cette première fois, afin de garder quelque mesure entre la guerre et l'accommodement, et M. le prince le fit trouver bon à la Reine.

Monsieur, oncle du Roi, présenta le duc d'Elbœuf, et le prince de Conti, après avoir satisfait pour lui, fut celui qui présenta les autres à son tour, qui furent : le duc de Bouillon, le prince de Marsillac, le comte de Maure et beaucoup d'autres. La Reine les reçut assez froidement. Le ministre, tout au contraire, ne manqua pas de jouer son personnage ordinaire de tempérance et de douceur, leur disant lui-même qu'il croyait avoir eu tort envers eux, et qu'ils étaient excusables d'en avoir eu du ressentiment.

Le duc de Longueville arriva de Normandie avec une grande suite. Il vint saluer la Reine, qui le reçut gravement. Je remarquai que ce prince en parut interdit, et qu'il ne put jamais lui dire une parole de bon sens. C'était un homme de grande considération. Il voyait qu'il lui était honteux d'avoir fait cette faute contre le service du Roi et de la Reine, dont il n'avait nul sujet de se plaindre, et qu'il était tombé dans ce malheur plutôt par légèreté que par raison. Quand il arriva, chacun se pressa autour de cette princesse pour entendre ce qu'il lui dirait : car il est difficile de bien défendre une mauvaise cause. Il n'eut jamais la hardiesse de parler : il pâlit, puis il devint rouge, et ce fut toute sa harangue. Après cet éloquent repentir, il salua le cardinal Mazarin, et un moment après ils se retirèrent auprès d'une fenêtre, se parlèrent longtemps, et ensuite se visitèrent réciproquement et demeurèrent amis en apparence.

La Cour revit aussi Mme de Longueville et Mlle de Longueville, sa belle-fille, qui aussi bien que les autres avait été une grande frondeuse. Elle avait de la vertu et beaucoup d'esprit, et il lui était pardonnable d'avoir suivi les sentiments de son père.

La joie de la paix fut alors traversée par les ennemis, qui assiégèrent la ville d'Ypres. Jarzé fut commandé pour aller avec quelques troupes faire quitter les armes au marquis de La Boulaye. Il faisait son possible pour émouvoir dans la Champagne quelques nouvelles révolutions; mais il n'y réussit pas. Le dégât que firent les troupes du Roi donna un faux prétexte au parlement de vouloir s'assembler exprès pour y donner ordre, voulant encore se mêler de toutes les choses dont il ne lui appartenait pas de connaître.

Peu après, je quittai la Reine, et vins faire un petit voyage. Je trouvai cette grande ville encore pleine de cet esprit de rébellion qui depuis quelque temps l'avait entièrement occupée, et sans être astrologue, je prévis aisément que cette paix ne serait pas de longue durée.

En ce même temps [le 13 mars] la Reine partit

pour aller à Compiègne donner ordre aux affaires que les anciens ennemis de l'État lui donnaient sur la frontière. Ils continuaient le siège d'Ypres (1) où Beaujeu se défendit si bien, qu'il le fit durer plus longtemps qu'on n'avait cru.

Le séjour de la Reine à Compiègne servit un peu à délasser son esprit des affaires, qui en avaient troublé le repos.

Le ministre, voulant donner quelques soins à la conservation de nos frontières, fit résoudre la Reine de changer son séjour de Compiègne en celui d'Amiens (2). Il forma des desseins avantageux à la France, afin de donner des bornes aux progrès des ennemis, et plus encore pour calmer les tempêtes du dedans du royaume par les bons succès que les armes du Roi lui pouvaient faire espérer. Il supplia le duc d'Orléans d'aller passer quelque temps à Paris, afin d'assoupir par sa présence le bruit qui se faisait encore contre le Mazarin : ce qui lui donnait beaucoup d'inquiétude, et lui faisait craindre que le reste de cette malice publique ne s'opposât à son bonheur particulier, et ne l'empêchât d'avoir part à la paix.

(1) Ypres se rendit le 8 mai ; — le 10, selon Monglat.
(2) Il est facile de dégager du récit les maximes politiques de Mazarin. L'on sait que la principale peut-être était de pourvoir, à quelque prix que ce fût, aux affaires présentes, persuadé que les maux à venir trouveraient leurs remèdes dans l'avenir même. Louis XIV aimait à faire ressortir cette manière de penser et d'agir (Chefs-d'œuvre de Louis XIV, 1, 170).

Ce prince, qui voulut obliger la Reine, la suivit jusque dans Amiens. Il lui aida à prendre les résolutions nécessaires au service du Roi, puis revint prendre Madame qui l'attendait à Compiègne, et qui, par grande merveille, l'avait suivi cette année. De là il s'en retourna préparer l'entrée de celui qui avait besoin de son assistance et de sa protection, mais qui apparemment commençait à se lasser de cette dépendance.

Je partis de Compiègne pour revenir à Paris le même jour [le 7 juin] que la Cour partit pour Amiens, et ne suivis point la Reine. A mon retour, je trouvai les esprits aussi malintentionnés que jamais, et les libelles des séditieux plus dangereux à l'État que ceux qui jusqu'alors avaient seulement attaqué la personne du cardinal. Un de ceux-là prononçait hardiment que quand les révoltes étaient générales, les peuples avaient un juste droit de faire la guerre contre leur roi, que leurs griefs devaient être décidés par les armes, et qu'ils pouvaient dans ce temps-là porter la couronne dans d'autres familles, ou changer de lois.

A l'arrivée de la Cour dans Amiens, le cardinal Mazarin manda au marquis d'Hocquincourt, gouverneur de Péronne, de le venir trouver, pour l'entretenir de quelques affaires importantes.

Ils se virent enfin dans une campagne, au milieu de cinquante hommes de cheval de chaque côté. Hocquincourt était un bon Picard, franc cavalier et bon ami. Il dit au cardinal, qui lui témoignait vouloir être de ses amis à des conditions avantageuses, qu'il ne lui pouvait accorder son amitié ni recevoir ses efforts s'il ne lui permettait de travailler à les remettre bien ensemble, lui et le duc de Beaufort, ayant promis de ne rien faire sans ce prince. Le ministre, qui ne demandait que la paix, lui donna pouvoir d'aller traiter avec son ami le duc de Beaufort, et consentit même à quelques offres qu'il lui permit de lui faire de sa part.

Hocquincourt partit ensuite de Péronne, et vint à Paris chercher ce prince, pour tâcher de lui persuader cet accommodement. Il le trouva embarrassé dans une grande brouillerie qu'il avait eue avec beaucoup de personnes de la Cour, et malintentionné pour le cardinal. Si bien que, ne pouvant réussir dans sa négociation, et voyant qu'il était obligé au ministre, il se dégagea du parti de la Fronde et s'accommoda avec le cardinal, sans pourtant se défaire de son gouvernement.

Cependant le ministre travaillait à diminuer la haine que le peuple avait contre lui. Il fit semblant de faire une paix plus importante à la France que celle des braves de la Cour et de la Fronde. Pour cet effet, il partit de Compiègne le 22 du mois de juillet, pour aller à Saint-Quentin s'aboucher avec Pigneranda, ministre d'Espagne, et dans le vrai avec le comte d'Harcourt, sur une entreprise qui regardait la guerre.

Aussitôt après le retour du cardinal Mazarin [le 22 juillet], le prince de Condé revint de Bourgogne, où il s'était rendu quelque temps après la paix de Ruel, et comme il n'était pas encore résolu de s'abandonner à toutes les passions d'une sœur qui ne le gouvernait pas toujours autant qu'elle le souhaitait, il parut avoir la même chaleur pour les intérêts de la Reine que par le passé. Madame de Longueville, qui tâchait par mille soins de changer son esprit, avait déjà tellement altéré celui de madame la princesse, que depuis la paix elle n'avait point vu la Reine, et paraissait en tous ses discours entièrement refroidie pour elle. Cette princesse frondeuse, après avoir fait ce grand changement en la personne de madame la princesse sa mère, pour raccommoder M. le prince son frère avec les peuples, fit courir le bruit qu'il était devenu dévot en son voyage, et qu'un chartreux estimé, d'une grande vertu, l'avait converti. Elle faisait toutes ces choses en lui disant qu'il serait trop heureux un jour de suivre ses conseils, et en lui prédisant qu'il se repentirait de la protection qu'il avait jusque-là donnée au cardinal Mazarin.

Le 2 août, il partit de Paris pour aller à la Cour, et séjourna quelques jours à Chantilly. Il arriva le 6 du mois à Compiègne ; et, sans faire nulle façon, il alla d'abord visiter le cardinal Mazarin, et lui fit paraître beaucoup de bonne volonté, et montra qu'il était tout à fait éloigné des pensées dont on le soupçonnait. Il vit ensuite la Reine, et lui dit en riant que tout ce qu'on avait publié de lui était faux : qu'il n'était devenu ni frondeur ni dévot, et l'assura qu'il renonçait de bon cœur aux sentiments de sa famille, qu'il avoua franchement d'être un peu gâtés. Il lui promit de travailler à la ramener dans les bonnes voies, et répondit de leur fidélité. La Reine en fut satisfaite, et crut avoir sujet d'être en repos sur tous les bruits contraires qui avaient couru.

Le duc de Beaufort fit demander à la Reine si elle aurait trouvé agréable qu'il allât lui rendre ses devoirs ; mais le ministre, qui n'avait pas réussi en sa politique de consentir qu'elle vît le coadjuteur, n'approuva pas qu'elle traitât favorablement le roi des frondeurs [1er août].

Le 9, il fut résolu que le Roi irait bientôt à Paris. Monsieur et M. le prince, pour obliger les Parisiens, pressèrent la Reine de s'y résoudre, et assurèrent le cardinal de leur protection. Cette nouvelle excita une grande joie parmi les bourgeois, et mit les mécontents hors de l'espérance de pouvoir se soutenir contre la Cour. Le Roi et la Reine arrivèrent à Paris le 18 du mois d'août, et nous admirâmes une merveille qui à peine était croyable, vu les choses passées. Le Roi et la Reine furent reçus avec tous les applaudissements et les cris de joie accoutumés. On ne parla pas du tout du Mazarin, et toutes ces acclamations publiques paraissaient présager une véritable paix.

Ce fut donc un véritable prodige que l'entrée du Roi en ce jour, et une grande victoire pour le ministre. Jamais la foule ne fut si grande à suivre le carrosse du Roi ; et il semblait, par cette allégresse publique, que le passé fût un songe. Le Mazarin si haï était à la portière avec M. le prince, qui fut regardé attentivement de tous ceux qui suivaient le Roi. Ils se disaient les uns aux autres, comme s'ils ne l'eussent jamais vu : voilà le Mazarin.

Quand le Roi et la Reine arrivèrent, la foule sépara du carrosse du Roi les gendarmes, les chevau-légers et toute la suite royale. Les peuples, qui les arrêtaient, par la presse qui se rencontra dans les rues, bénissaient le Roi et la Reine, et parlaient à l'avantage du Mazarin. Après que la Reine fut entrée chez elle, ils se mirent tous à faire des feux de joie, et à bénir le Mazarin qui leur avait ramené le Roi. Il leur avait fait sous main distribuer de l'argent.

La Reine fut ravie de cette réception. Il lui semblait que ces applaudissements étaient des marques de l'approbation qui était due à sa fermeté ; et cette joie publique lui fut d'autant plus agréable qu'elle s'y attendait moins.

Le Palais-Royal se trouva aussi rempli de personnes principales et de qualité, que les rues étaient de menu peuple. Le Roi et la Reine furent salués de cette illustre troupe, et en particulier par le duc de Beaufort, que le duc d'Or-

17

léans amena du milieu de cette foule dans le petit cabinet. Le ministre n'y était pas : il était allé se reposer dans son appartement.

Ce prince fit à la Reine, après avoir salué le Roi, un compliment composé d'une protestation de fidélité. Elle lui répondit seulement que les effets la persuaderaient de la vérité de ses paroles. Le duc d'Orléans, qui savait que cet entretien ne pouvait pas durer longtemps, dit tout haut qu'il fallait laisser reposer la Reine de la fatigue qu'elle avait eue, et sortit aussitôt en protestant qu'il était lui-même bien las. M. le prince le suivit, et le duc de Beaufort en fit autant.

Le lendemain, le coadjuteur, à la tête du clergé, vint saluer le Roi et la Reine. Il fit à Leurs Majestés une harangue qui, par sa brièveté, montrait assez qu'il était au désespoir d'être obligé de leur en faire. Il parut interdit. Son audace, sa hardiesse et la force de son esprit ne l'empêchèrent pas en cette occasion de sentir ce respect et cette crainte que la coutume et le devoir ont si fort imprimés dans nos âmes pour les personnes royales. Je remarquai aussi que le coadjuteur, malgré cette grande frayeur qui l'avait saisi, eut la fierté de ne pas regarder le cardinal : il fit sa révérence au Roi et à la Reine sans jeter les yeux sur lui, et s'en alla bien fâché sans doute contre lui-même, d'avoir donné des marques publiques du trouble de sa conscience.

Ensuite de cette harangue vint le parlement, la

chambre des comptes, la cour des aides, le grand conseil, les maîtres des requêtes, le corps des marchands, la ville, et tous ceux enfin qui ont accoutumé de saluer le Roi quand il revient dans Paris. Toutes les compagnies, par leurs paroles, témoignaient qu'elles étaient fort soumises.

Le coadjuteur n'était pas en sûreté à Paris sous la puissance royale : il fallait qu'il rendît hommage au ministre, ou qu'il quittât ce grand poste d'où il l'avait si fièrement frondé. La nécessité de lui faire une visite le fit résoudre d'y aller le lendemain de sa harangue; et par le conseil de ses amis, il s'acquitta de ce devoir. Ils parlèrent du passé, l'avenir parut douteux, et de grandes justifications se firent de part et d'autre. Le prince de Conti ne laissa pas de traiter cette visite de lâcheté et de faiblesse; et comme ils n'étaient plus dans la même intelligence que par le passé, il se moqua de lui d'avoir été se soumettre à une personne qu'il disait lui-même si méprisable.

La Reine étant à Paris, voulant commencer sa première visite par Notre-Dame, elle y fut entendre la messe le premier samedi suivant, et y voulut mener le Roi. En passant par les rues, son carrosse fut continuellement suivi du peuple : et toute cette canaille, qui lui avait manqué de respect et de fidélité, lui donna mille bénédictions. Dans le Marché-Neuf, les harengères, qui avaient tant crié contre elle, la pensèrent, par amitié, arracher de son carrosse. Elles se jetèrent toutes en foule sur elle ; chacune de ces mégères voulait toucher sa robe, et il s'en fallut peu qu'elle ne fût déchirée de cette vilaine troupe. Elles criaient toutes qu'elles étaient bien aises de la revoir, et lui demandaient pardon de leurs fautes passées avec tant de cris, de larmes et de transports de joie, que la Reine même et ceux de sa compagnie en furent étonnés, et regardèrent ce changement comme un petit miracle. Il fallut dans l'église soulever le Roi en haut et le montrer au peuple, qui, par des cris redoublés de : *Vive le Roi* ! montra combien est grande l'impression de fidélité et d'amour qui se trouve naturellement dans le cœur des sujets envers leur Roi. Elle y est variable et défectueuse, mais elle y revient facilement.

Mazarin, qui voulait devenir le maître absolu de la Cour, faisait ce qu'il pouvait pour gagner le prince de Conti ; mais ce prince, inspiré par M{m}e de Longueville, demeurait dans le dessein de se conserver le chef des mécontents. Le ministre n'eut point l'air d'y prêter attention et mit toute son application à faire que la Reine traitât ce prince comme tous les autres.

Depuis quelque temps l'on parlait à la Cour du mariage du duc de Mercœur et de Mademoiselle de Mancini, et M. le prince en avait montré du chagrin (1) ; malgré cela, le ministre résolut

(1) Ce mariage faisait tomber les espérances de M. le prince sur l'amirauté. Mazarin l'ayant offerte au duc de Vendôme en

d'achever cette affaire et de se donner par ses nièces des alliances considérables : son dessein n'était pas de fâcher les princes du sang : au contraire, il désirait ardemment de conserver leur amitié. Mais il voulait subsister par lui-même et n'avoir plus besoin de protecteur. Il envoya donc Le Tellier à M. le prince, pour lui dire qu'enfin il souhaitait d'achever ce mariage ; qu'il ne pouvait pas refuser un prince de cette qualité qui désirait être son parent, ni manquer de reconnaître cette obligation en acceptant ses offres.

Le coup était rude pour M. le prince. Il le reçut d'abord en se moquant du ministre : « Ah ! « monsieur, le voilà donc mort, ce grand prince « que M. le cardinal craint d'une si étrange « manière ! En vérité, le voilà bien vengé ! » Et après un grand éclat de rire, il reprit le parti de la civilité, dit que la Reine était la maîtresse, et qu'ayant donné son consentement dès Compiègne, il ne voulait pas s'en dédire. — Ce prince alors reprit cette petite froideur qui avait déjà paru dans sa manière d'agir avant son voyage de Bourgogne, et ses créatures allèrent publiant par le monde que M. le prince avait sujet de se plaindre qu'on méprisait son amitié, et qu'on pourrait bien s'en repentir.

cas de réussite du projet et comme compensation au gouvernement de Bretagne qu'on ne lui donnerait pas. D'autre part, le prince de Condé pénétrait Mazarin, et aurait voulu qu'il ne devînt pas indépendant par l'alliance de sa nièce.

La Cour paraissait en bon état, le parlement frondait toujours un peu, et n'en laissait pas passer une seule occasion. Le mariage qui déplaisait à M. le prince s'avançait : les articles se dressaient. On promettait l'amirauté au duc de Vendôme, et la survivance à son fils ; pour dot, deux cent mille écus et le premier gouvernement qui vaquerait. M. le prince ne dit plus mot là-dessus ; mais il ressembla au parlement : il gronda sur d'autres sujets. Le duc de Bouillon et le vicomte de Turenne poursuivirent leur remboursement de Sedan. On leur avait fait espérer l'Auvergne, Château-Thierry et plusieurs autres villes : ce qu'ils n'avaient point encore. M. le prince les protégea hautement ; et parlant de leur affaire au chancelier, il s'emporta et jura contre lui, disant d'un ton de grande colère, que M. le cardinal lui avait promis de les satisfaire, et qu'il fallait qu'il le fît. Le duc de Longueville, qui voulait profiter des intrigues de madame sa femme, déclara vouloir qu'on lui donnât le Pont-de-l'Arche, situé sur la rivière de Seine, à quatre lieues de Rouen. Le prince de Condé en fit son affaire Il en parla au ministre, et dit au duc de Longueville que c'était une affaire faite, et que le cardinal ne lui avait demandé que huit jours pour y faire résoudre la Reine. Mais lorsque M. le prince, mal content du cardinal et racommodé avec sa famille, le pressa pour la conclusion de cette affaire, le cardinal ne le satisfait point, parce, disait-il, que la Reine y résistait.

Voilà donc M. le prince animé par lui-même et par toute sa famille. Il parla en maître, et montra au cardinal Mazarin de l'audace et du dépit. Le ministre, sur les plaintes de ce prince, lui répondit, pour sa défense, que cette place était d'une telle conséquence qu'elle rendait le duc de Longueville le maître absolu de la Normandie; et que lui, qui avait l'honneur d'être premier ministre, et en qui le Roi et la Reine avaient remis le soin de soutenir les intérêts de l'État, était obligé de le défendre. Comme, sur les instances de M. le prince, le ministre eut souvent répondu de pareilles raisons, M. le prince ne pouvant plus souffrir qu'il osât lui parler de la force qu'il devait avoir à défendre l'État, lui qui l'avait vu si faible, et qui croyait l'avoir soutenu par sa protection, en fit des railleries, et se moquant de sa vaillance en cette occasion, ou dans quelque autre semblable, il lui dit un jour en le quittant : *Adieu, Mars;* et le traitant de ridicule, il alla se vanter dans sa famille de cette parole, comme si elle eût été digne de l'immortaliser.

Le ministre sentit cet outrage : toute la Cour se troubla sur cette querelle, et chacun forma des desseins sur le mécontement du prince de Condé. Les frondeurs se réveillèrent, qui n'étaient pas fort endormis. Le parlement fit du bruit; et toute la cour, par cette brouillerie, se trouva partialisée.

La Reine, suivant son inclination naturelle qui allait à la fermeté, aussi vigilante, aussi forte et aussi confiante sur elle-même qu'à son ordinaire, dit tout haut qu'elle ne donnera point le Pont-de-l'Arche au duc de Longueville, que cela était tout à fait contre les maximes de l'État, et qu'elle ne se soucie pas de tout ce qui peut en arriver, pourvu qu'elle fasse son devoir.

Enfin, le 14 septembre, Le Tellier alla trouver M. le prince de la part du cardinal. Il lui dit qu'il avait encore parlé à la Reine de sa prétention, et que Sa Majesté connaissant de quelle importance était cette place, ne pouvait consentir qu'elle demeurât au pouvoir du duc de Longueville (1), parce qu'elle craignait qu'un jour le Roi son fils ne lui en fît reproche ; qu'ainsi il était contraint de lui dire qu'il n'avait pu gagner cela sur son esprit ; qu'il le suppliait de vouloir considérer ses raisons et de ne pas trouver mauvais s'il ne pouvait le servir en cette occasion.

M. le prince répondit à cet ambassadeur qu'il le priait d'aller trouver M. le cardinal, pour lui dire qu'il ne veut plus être son ami, qu'il se tient offensé de ce qu'il manque de parole, et qu'il n'est pas résolu de le souffrir ; qu'il ne le verra jamais que dans le conseil ; et qu'au lieu de la protection

---

(1) Henri II, duc de Longueville, fils de Henri Ier d'Orléans, duc de Longueville, gouverneur de Picardie, se distingua dans l'armée, en Franche-Comté, 1637, en Allemagne, 1639, en Piémont, 1642. Il fut l'un des chefs de la première Fronde.

qu'il lui avait donnée jusqu'alors, il se déclarait son ennemi capital. Sur cette réponse, le cardinal manda à M. le prince que cela était bien étrange qu'il se laissât gouverner par madame sa sœur et par le prince de Conti son frère, après ce que lui-même lui avait dit de l'un et de l'autre; et que, pour lui, il serait toujours son serviteur. Cette harangue déplut à M. le prince : il ne voulut pas qu'on pût croire de lui qu'il se laissât gouverner. Mais elle fut agréable à Mme de Longueville : ce fut une marque certaine et publique du pouvoir qu'elle commençait d'avoir sur M. le prince.

Voilà toute la cour, à ce bruit, qui court chez M. le prince. Les frondeurs furent ravis de le voir leur chef, et d'espérer qu'ils pourraient un jour combattre sous ses enseignes. Ils ne doutaient pas qu'ils ne pussent avec lui renverser la France à leur gré, et cette illusion leur était agréable.

Beaucoup de sages ambigus travaillaient à la paix. Parmi eux, l'abbé de la Rivière, pour obliger le cardinal à soutenir sa nomination à Rome et pour le bien commun. Il retint son maître dans le parti royal et lui fit connaître que dans l'état des choses il devait maintenir le ministre. Mais le duc d'Orléans ne montrait pas son opinion. Dans une visite qu'il lui fit, la Reine lui adressa de grands reproches de ce qu'il ne s'était pas assez déclaré pour elle; et, pressé de tant de côtés, il fallut qu'il montrât publiquement qu'il voulait se mêler de cette grande affaire.

M. le prince, qui par son inclination n'avait pas de penchant à la guerre civile, sachant l'intention du duc d'Orléans, alla le voir, et demeura longtemps enfermé avec lui. Ce prince le pria de ne point souffrir qu'un parti se formât par cette presse de mutins et d'esprits factieux qui l'environnaient déjà, et le conjura de préférer le repos public aux sentiments particuliers. M. le prince lui promit de fuir pour quelques jours cette inutile ostentation. Il lui remit ses intérêts entre les mains, et donnèrent tous deux la commission à l'abbé de la Rivière de travailler à cette paix.

M. le prince vint chez la Reine, le 15 septembre, suivi d'une grande troupe de courtisans. Il fut assez longtemps avec elle, et le ministre était en tiers. Leurs discours furent de choses communes, mais le prince de Condé adressa la parole au cardinal par deux ou trois fois, qui fut une marque de quelque radoucissement.

Le lendemain 16 septembre, il vint au Conseil, où il entretint le duc d'Orléans de sa prétention, et affecta de parler tout haut, afin que la Reine le pût entendre. Il dit à Monsieur qu'il le suppliait de se souvenir que le Pont-de-l'Arche lui avait été promis par le ministre, de son consentement; et que cela étant, il était obligé de soutenir ses intérêts.

Quant il fut parti, de grandes conversations se firent entre la Reine, le duc d'Orléans, le ministre, l'abbé de la Rivière et Le Tellier. Ce fut en ce conseil que l'on prit des mesures pour apaiser ce différend, qui furent enfin au désavantage du Roi et de la Reine. Et cette princesse, malgré ses sentiments magnanimes, eut la honte de se dédire de toutes les protestations qu'elle avait faites de ne donner jamais cette place au duc de Longueville.

Quand M. le prince eut accepté le don qu'on lui faisait, il alla aussitôt trouver le duc d'Orléans pour l'en remercier. Il le suivit ensuite chez la Reine, à qui il rendit les grâces qu'il lui devait de ce présent. Elle commanda aussitôt qu'on allât chercher le ministre, afin qu'il vînt prendre part à cet accommodement et à la conversation qui fut publique, assez civile de la part de M. le prince, et entièrement soumise de celle du cardinal.

Ces désordres, soit dans la Cour, soit dans le parlement et dans les provinces, ne remplissaient pas les coffres du Roi. Les princes du sang aidaient à le vider, et le peu de soumission du parlement empêchait les peuples de payer. Le maréchal de La Meilleraye ne se mêlait plus des finances; et le ministre n'osant encore se déclarer tout à fait sur le dessein qu'il avait d'y remettre d'Émery [1], les avait laissé administrer par deux directeurs, d'Aligre [2] et Morangis, gens de probité,

---

(1) Michel Particelli, sieur d'Émery, était d'origine italienne. Sa famille était établie en France (1596-1650).

(2) Étienne d'Aligre était fils d'un chancelier de France. Il occupa lui-même diverses charges et devint garde des sceaux (1672), et chancelier en 1674 — (1592-1677).

mais qui auraient été plus propres sous le règne d'un roi habile qui n'aurait eu besoin que de fidélité, que sous un règne troublé par mille révoltes, et sous un ministre avare, accablé des besoins du Roi et des siens propres. Cette charge s'anéantissait entièrement sous la conduite des directeurs qui l'exerçaient, et celui qui gouvernait crut qu'il était nécessaire de leur donner un chef sous qui la puissance du Roi reprît plus de force. Par toutes ces raisons, il se résolut enfin de faire revenir d'Émery. Car il avait connu par expérience qu'il ne faut pas s'imaginer qu'on puisse jamais satisfaire le public sur ses fantaisies.

Mais le président de Maisons et le marquis de La Vieuville [1], leurs amis, firent retarder ce retour. Enfin le prince d'Orléans ayant tenu bon encore quelque temps, se rendit enfin après tant de combats à ce que le cardinal Mazarin désirait. L'abbé de la Rivière, qui avait été des amis d'Émery, qui n'avait nul sujet de se plaindre de lui, et qui ne lui avait été contraire que pour faire plaisir au président de Maisons, et pour mettre un homme dans les finances qui lui fût entièrement obligé, ne put y résister davantage, et il fallut qu'il laissât aller cette affaire selon le torrent qui l'emportait. Ainsi d'Émery fut tout de nouveau

---

[1] Ils étaient l'un et l'autre compétiteurs à la Surintendance. La Vieuville avait été surintendant sous Louis XIII, mais Richelieu l'avait banni et relégué en Hollande. La reine Anne d'Autriche lui était favorable.

nommé à la surintendance, au contentement du public et de ses amis particuliers.

Il promit à son retour de payer les rentiers sur la ville et destina à cet effet certain fonds qui se distribuait toutes les semaines (1). Comme il y avait beaucoup de personnes dans Paris qui avaient intérêt à cette sorte de bien, chacun se tut sur son retour. Il se fit des amis dans le parlement ; et celui qui, un an auparavant, avait été chassé avec des marques de la haine publique, fut reçu de tous avec joie et bénédiction, tant il est vrai que les peuples ne se gouvernent que par caprice ou par quelque petit intérêt.

Chavigny, depuis qu'il était sorti de prison, avait été toujours exilé ; mais, ayant un procès contre le président Le Coigneux, qui lui demandait certains remboursements sur sa charge de chancelier de Monsieur, qu'il avait autrefois possédée, il se servit de ce prétexte pour demander permission à la Reine de revenir à Paris. Le cardinal Mazarin, naturellement doux, et pressé par le souvenir du passé, y consentit, à condition qu'il ne verrait point la Reine. Quand il fut arrivé, toute la Cour alla le visiter: M. le prince y fut aussi, qui lui promit tout de nouveau son amitié ; et ce ministre, mal content et disgracié, lui renouvela

---

(1) C'est François Ier qui, en 1522, établit les rentes de l'Hôtel-de-Ville ; il y avait des rentes constituées sur la ville, sur le Clergé, sur le Roi, mais au XVIe comme au XVIIe siècle, elles n'étaient pas régulièrement payées.

les vœux de son attachement, qui était déjà bien grand, et que le mauvais traitement qu'il prétendait avoir reçu du ministre, avait rendu plus fort et plus étroit. Il fit demander au duc d'Orléans s'il aurait agréable qu'il allât au Luxembourg lui faire la révérence. Ce Prince l'agréa, et il en fut assez bien reçu. Son favori et Chavigny, qui étaient ennemis, se visitèrent avec cette civilité apparente qui se pratique dans le monde au milieu de la haine et de l'envie.

L'ambition, qui est sans doute la passion dominante de la Cour, entraîna M. le prince à se lier avec une tête sans cervelle, Jarzé, qui ayant en même temps les bonnes grâces du ministre, obtint de pouvoir venir chez la Reine dans les heures du soir. Faute de sagesse et de raison, Jarzé s'était mis en tête de montrer à la Reine que, par son zèle et ses sentiments, il allait pour elle fort au-delà de la fidélité que les sujets doivent à leurs souverains. Bientôt cette conduite de Jarzé fit du bruit par le monde. Mme de Beauvais, première femme de chambre de la Reine avait flatté Jarzé qu'elle le rendrait agréable à la Reine, ce qui, dans son intention, ne regardait que la fortune de son ami. Le cardinal apprit toutes ces menées, en avertit la Reine qui se résolut d'abandonner Mme de Beauvais et fit comprendre à Jarzé la vanité et le ridicule de sa folie.

La suite de cette histoire fut dangereuse à l'État par ses événements. Ce qui n'était qu'une bagatelle, se mêlant à de plus grandes choses, vint à produire de terribles effets. M. le prince, qui par sa hauteur travaillait à son abaissement, prit cette affaire avec tant de chaleur qu'il supplia la Reine de revoir Jarzé et de lui pardonner.

Ce fut alors que le ministre connut visiblement que la douceur que M. le prince de Condé, Mme de Longueville et le prince de Conti avaient eue pour lui n'avait été qu'une feinte, à dessein seulement de tirer de la Reine le brevet du prince de Marsillac; et leur artificieuse manière d'agir lui fit juger qu'il ne fallait point qu'il espérât de sincère réconciliation de leur côté.

Ce trouble réveilla le parlement de la Fronde. Comme ils ne pouvaient souffrir le raccommodement de M. le prince avec la Cour, quoique très imparfait, ils commencèrent à reprendre des forces. Tous voulaient la division du cabinet, et voyaient avec joie que le cardinal Mazarin ne pouvait être content de M. le prince. Les frondeurs espéraient que, les choses venant dans les dernières extrémités, il arriverait qu'ils reprendraient liaison, soit avec le ministre, soit avec le prince de Condé.

Le 4 de décembre, il y eut un grand bruit au Parlement à cause des rentes. Ceux qui faisaient naître les embarras excitaient le peuple à vouloir des syndics. Ils voulaient mettre les choses en état que, si le surintendant (1) venait à manquer au

---

(1) D'Émery.

paiement qu'il avait promis, on pût l'attaquer là-dessus.

En même temps venaient de mauvaises nouvelles de Bordeaux, où depuis longtemps se produisaient des désordres importants dans la ville et dans le parlement.

Ces peuples étaient protégés par M. le prince, qui n'aimait pas le duc d'Épernon (1), et qui n'était peut-être pas fâché d'avoir en France un lieu de sûreté contre la Cour. Le duc d'Orléans, de son côté, ayant toujours eu cette inclination d'accommoder les affaires plutôt que de les aigrir, voulut aussi que cette affaire s'accommodât. Il fit en sorte, conjointement avec M. le prince, que, malgré leur rébellion, le ministre fût obligé d'envoyer un ordre secret au maréchal Du Plessis de faire la paix avec ces mutins, pourvu qu'ils la voulussent souhaiter. On lui envoya de quoi soutenir la guerre languissamment, mais non pas assez de quoi la finir par la force. Si bien que ces peuples, se sentant soutenus par des princes si puissants, et mal attaqués par le Roi, allèrent de pis en pis, et

---

(1) Jean-Louis de Nogaret (1554-1642), mignon de Henri III, qui le combla d'honneurs, et érigea pour lui la baronnie d'Épernon en duché-pairie (lettres de novembre 1581). Il refusa ses services à Henri IV, chercha à se faire en Provence une principauté indépendante, puis se soumit. Il était près de Henri IV lorsque Ravaillac le frappa. Depuis, sa fortune subit diverses vicissitudes. Il devint gouverneur de la Guyenne, en 1622, mais en 1638, on dut lui adjoindre Condé; en 1641, on l'exila à Loches.

nous ne verrons de longtemps la fin de cette petite guerre.

Lors des troubles du 4 décembre au parlement, Joly (1) avait parlé fort insolemment au premier président. Par une brigue apparemment faite par le coadjuteur et les principaux frondeurs, ce même Joly reçut un favorable coup de pistolet, comme il était dans son carrosse allant chez le président Charton (2). Il cria, le président Charton vint à son secours, mais le peuple n'y prit point de part, et parut aussi peu offensé de ce coup que Joly en parut peu blessé. Joly et deux autres syndics avec le président Charton ne laissèrent pas d'achever l'entreprise. Ils allèrent droit au Palais demander justice de cet assassinat. D'abord il se fit un grand vacarme. Broussel proposa de faire fermer les portes de Paris afin de renfermer dans la ville celui qui avait fait le coup. Mais les plus sages firent arrêter qu'on informerait selon l'ordre ordinaire.

En ce même temps, le marquis de la Boulaye courait par la ville, le pistolet à la main, criant au peuple : *Aux armes ! trahison de Mazarin !* En cet état, il vint au Palais, en ce lieu il cria encore plus haut, mais nul honnête homme ne s'émut à

---

(1) Guy-Joly, conseiller au Châtelet et auteur de mémoires sur son temps.

(2) Rue des Bernardins, près de l'église Saint-Nicolas-du-Chardonnet.

sa voix; il fut contraint de s'aller cacher chez le coadjuteur (1).

Les cris de La Boulaye n'ayant pas eu plus d'effet que ceux de Joly, les frondeurs jugèrent peut-être à propos d'effacer le souvenir de l'aventure du matin par quelque événement plus considérable. En effet, le soir après le conseil, ce prince étant allé chez Prud'homme, baigneur, un de ses écuyers l'y vint trouver, pour l'avertir de la part du président Pérault, son intendant, qu'un marchand venait de lui dire qu'on avait dessein de l'assassiner; et l'écuyer lui conta, pour appuyer son avis, qu'en passant par la place Dauphine, étant dans un de ses carrosses, des coquins qui étaient amassés en cet endroit lui avaient tiré cinq ou six coups de carabine, sans que, par bonheur, il eût été blessé.

Ce rapport ayant été fait à M. le prince, le chevalier de Gramont, attaché à M. le prince, envoya son carrosse avec ses livrées passer sur le Pont-Neuf, pour voir ce qui en arriverait. Le succès fut tel qu'on s'était imaginé. On tira dans ce carrosse; et comme il n'y avait personne dedans, les assassins, ou qui faisaient semblant de l'être, n'attrapèrent rien. Le carrosse de Duras [2], qui

---

(1) Retz pense que La Boulaye agissait à l'instigation de Mazarin. — La Boulaye se cacha chez le duc de Vendôme, un mazarin, et non chez Retz.

(2) Jacques Henri de Durfort, fils du marquis Gui Aldonce de Duras, gouverneur de Franche-Comté (1674), maréchal de France. Le marquisat de Duras devint en sa faveur duché simple par lettres de février 1689.

venait après, où il n'y avait que des laquais, fut traité de la même sorte, et un de ces laquais fut tué. Des gens de M. le prince me dirent alors qu'ils étaient quarante ou cinquante hommes à cheval, et ce même nombre avait paru le matin auprès de la maison de La Boulaye, où logeait le duc de Beaufort (1). Le lendemain, toute la Cour fut troublée de cette aventure.

Les choses étaient alors si brouillées, qu'il était difficile de discerner qui était ami ou ennemi. La Reine, au milieu de ce trouble, me parut satisfaite plus qu'à son ordinaire. Elle disait à ses familiers qu'elle s'en consolait, vu qu'elle n'était point mêlée à toutes ces querelles.

Le lendemain, le duc d'Orléans, M. le prince et le prince de Conti allèrent au parlement; et, sur la requête des gens du Roi, il fut ordonné qu'il serait informé sur le prétendu assassinat de Joly, et contre ceux qui avaient voulu soulever le peuple, M. le prince ne voulut pas alors parler de lui, parce qu'il voulait avoir des preuves suffisantes pour pouvoir attaquer ses ennemis par les formes. Ils retournèrent le jour d'après. On décréta prise de corps contre La Boulaye. M. le prince se déclara de son assassinat et en fit ses plaintes.

---

(1) François de Vendôme, duc de Beaufort, fils de César de Vendôme et de la duchesse de Mercœur, conspire avec Cinq-Mars, puis devient le chef des *Importants,* le *Roi des Halles.* Il remplit le XVIIe siècle de sa personnalité vaniteuse et incapable (Paris 1616 — Candie 1669).

Les choses étant dans cette extrémité, le coadjuteur alla voir M. le prince, dans le dessein, à ce que j'ai ouï dire, de former de nouvelles liaisons avec lui, mais M. le prince irrité le rebuta et ne le voulut point voir. — Le cardinal Mazarin était traité de la même sorte.

Le coadjuteur, le duc de Brissac et toute la cabale frondeuse, sans paraître abattus de l'état où ils étaient, se résolurent d'aller tenir leur place au parlement, le jour que les princes avaient fait dessein d'y aller porter les informations faites contre La Boulaye et contre eux. Ils y allèrent, et comme on voulut parler de cette affaire, diverses objections s'élevèrent, et les frondeurs furent à la fin si bien servis qu'on éluda sur le principal, et qu'on délibéra sur la présence du président Charton dans une affaire où il était nommé. On fit durer cette dispute si longtemps qu'enfin l'heure sonna.

Le 22, la séance du parlement ne finit qu'à cinq heures du soir. On y lut les informations faites contre toute la Fronde, et de longues discussions se produisirent à cet effet de retenir ou de faire sortir tous les membres du parlement intéressés dans l'affaire. Le lendemain et deux jours après, les embarras continuaient, et les princes déclarèrent qu'ils ne voulaient plus demeurer en ce lieu passé onze heures.

On délibéra sur la récusation faite en la personne du premier président, et cette délibération fut si longue qu'elle ne put être achevée quand les Princes sortirent. On cria *Vive le Roi et le duc de Beaufort!* Monsieur le trouva mauvais, et fit taire cette canaille, qu'on voyait visiblement être payée pour cela.

M. le prince était embarrassé de cette affaire. La Cour paraissait entrer dans ses intérêts, et la Reine montrait tant de chaleur contre ses ennemis, que les courtisans croyaient lui plaire, en faisant des vœux pour lui. Le duc d'Orléans paraissait dans ce commencement assez disposé à le vouloir défendre. Ce prince se croyait assuré de sa protection ; mais ce n'était que des apparences, et les spectateurs étaient trompés. Il sentait son mal sans le connaître ; car, malgré la confiance qu'il avait dans les belles apparences de la Reine et du duc d'Orléans, il était inquiet et paraissait chagrin de cette affaire.

La fête de Noël n'apaisa point ces désordres ; et le lendemain, il arriva une nouvelle qui surprit la Reine, qui fâcha le ministre, et qui acheva de gâter entièrement les affaires de M. le prince, qui, par toutes les voies, courait à son malheur. Ce fut celle du mariage du duc de Richelieu avec Mme de Pons (1). Mme de Pons se servit pour

---

(1) Mme de Pons, fille de François Poussart, marquis de Fort, baron du Vigean, et de Mme du Vigean, très liée avec la duchesse d'Aiguillon. — Elle était veuve de Fr.-Alex. d'Albret, sire de Pons. — Le duc de Richelieu était neveu de la duchesse d'Aiguillon.

faire réussir ce mariage de l'amitié que Mme de Longueville avait pour elle, et par cette princesse, elle obligea M. le prince à protéger son union comme une chose qui lui pouvait être avantageuse. Mme de Pons voulait un mari.

Mme de Longueville voulait que son amie eût le gouvernement du Havre-de-Grâce, place qui pouvait rendre le duc de Longueville maître absolu de la Normandie. Son dessein et celui de M. le prince fut qu'en protégeant Mme de Pons, elle serait obligée de se lier entièrement à eux et à leur fortune.

Mais la duchesse d'Aiguillon traversait leurs pensées secrètes, par le dessein qu'elle avait de faire épouser Mlle de Chevreuse au duc de Richelieu, son neveu, qui, malgré son amitié pour Mme de Pons, paraissait un peu amoureux de cette princesse. Mais des Marets, qui conseillait le duc, lui persuada qu'il ferait mieux d'épouser cette laide Hélène [1], destinée à faire du bruit, que cette belle personne que sa tante lui destinait. Il l'assura qu'étant du parti de M. le prince, il n'avait nul sujet d'appréhender que la duchesse d'Aiguillon désapprouvât son choix, ni le pût jamais inquiéter.

Toutes ces choses ensemble firent ce mariage, qui fut fatal à M. le prince, peu heureux à ceux qui s'épousèrent, douloureux à Mme d'Aiguillon,

---

[1] C'est ainsi que les courtisans appelaient Mme de Pons.

et nullement utile à Mme de Longueville, qui, dans la suite des temps, elle qui l'avait fait, ne trouva pas dans le Havre le secours qu'elle avait espéré.

Il se célébra à la campagne, en présence de M. le prince, qui voulut y être, et qui fit ce que les pères et mères ont accoutumé de faire en ces occasions. La Reine fut donc surprise quand elle apprit que ces noces s'étaient célébrées de cette manière (1), et désapprouva cette action. Mais peu de jours après, le jeune duc de Richelieu envoya à la Reine un gentilhomme, et lui écrivit pour lui faire des excuses de son action. La Reine lui fit répondre qu'il avait eu grand tort de manquer au respect qu'il lui devait, mais que si, à l'avenir, il réparait sa faute par une grande fidélité, il n'était pas impossible d'en obtenir le pardon.

Cependant le parlement s'occupait à juger du différend qui était entre M. le prince, le coadjuteur et le duc de Beaufort. Le 3 janvier 1650, il fut arrêté que M. le président (2) resterait le juge de cette affaire. Le duc de Beaufort et le coadjuteur avaient d'abord demandé la récusation de M. le prince; mais le 4, ils retirèrent leur requête, et demandèrent à être jugés à l'heure même. Cette action parut belle, hardie et pleine de confiance en leur justice, et leurs amis la cé-

(1) Ce mariage eut lieu le 26 décembre 1649.
(2) Le président Charton.

lébrèrent infiniment, mais non devant la Reine, qui, croyait-on, haïssait beaucoup plus les frondeurs que M. le prince. Mais tout n'était qu'illusion. On amusait le prince de Condé, les courtisans et le peuple.

Les frondeurs, sachant assez combien le cardinal avait sujet de haïr le prince de Condé, et se voyant eux-mêmes embarrassés dans une affaire qui leur mettait sur les bras un ennemi tel que lui, pour se sauver eux-mêmes et pour perdre M. le prince, proposèrent au cardinal de l'arrêter, et lui dirent qu'eux se mettant de son parti, ils feraient en sorte, par leurs liaisons et les amis qu'ils avaient dans le parlement, que le prince prisonnier ne trouverait point de secours, et que personne ne parlerait en sa faveur.

Cette proposition fut agréée comme le salut des deux partis, et peu de personnes la surent. Pendant que ce projet se préméditait, le parlement continuait dans les procédures; et le 12 du mois il fut ordonné que l'affaire du coadjuteur, du duc de Beaufort et de Broussel serait séparée de celle de La Boulaye, de Joly et de ses complices (1).

Le duc d'Orléans fut le premier qui, de son propre mouvement, proposa ou de les juger présentement, ou de séparer leur affaire : ce qui fut une marque visible de l'affection que ce prince

---

(1) Les Mémoires d'Omer Talon et ceux du cardinal de Retz donnent des détails sur cette affaire.

avait pour les chefs de la Fronde, et du désir intérieur qu'il avait que M. le prince n'emportât pas la victoire sur eux. La jalousie avait été toujours grande entre ces princes, et pour lors elle était beaucoup augmentée dans l'âme du duc d'Orléans par l'extrême autorité que M. le prince prenait dans l'État. M. le prince commença de s'apercevoir alors que le duc d'Orléans l'abandonnait, et n'allait plus au Palais qu'à regret. Il ne se trompait pas. D'autre côté, la Reine et son ministre, lassés de la domination de M. le prince, le regardaient comme l'usurpateur de l'autorité royale, et comme un prince qui était à craindre par sa hauteur et par son ambition. L'affaire de Jarzé, le Pont-de-l'Arche, le mariage du duc de Richelieu, et son aversion pour le mariage de la nièce du cardinal, avaient tellement comblé la mesure, que la Reine ni son ministre ne pouvaient plus souffrir cette grandeur si formidable, qui, selon les apparences, pouvait devenir dangereuse à l'État. Elle était de mauvais augure au moins pour le ministre en son particulier; et, par cette raison, le cardinal Mazarin entra volontiers dans toutes les propositions de ses ennemis. Il crut que ce qu'il devait au Roi et ce qu'il se devait à lui-même l'obligeaient de mettre des bornes à la puissance de ce prince, qui n'en voulait plus avoir sur aucun sujet.

Pour bien admirer le changement que nous allons voir, il faut se souvenir du siège de Paris et de la guerre fomentée par le coadjuteur et le duc de Beaufort; qu'alors M. le prince avait été l'appui du ministre, celui seul qui à son égard ne balança jamais, et qui dans cette occasion avait marché le plus droit à maintenir sa fortune penchante, et au soutien de l'autorité royale. Il faut se souvenir qu'après avoir gagné quatre batailles contre les étrangers, il avait acquis la haine publique, et de toute sa famille en particulier, pour cette querelle royale, dont il s'était fait le défenseur. Il ne faut pas oublier que Mme de Chevreuse, étant en Flandre, avait été d'intelligence avec les frondeurs; que Laigues avait été traiter avec l'Espagnol par le moyen de cette princesse; que le duc de Beaufort avait été mis à la Bastille en partie à la suscitation de feu M. le prince, et que Mme de Montbazon avait été exilée pour avoir été l'ennemie de Mme la princesse, qui, mère d'un fils aussi puissant que l'était alors le duc d'Enghien, avait fièrement bravé ses ennemis, et n'avait rien oublié pour satisfaire sa vengeance.

Le dessein de faire arrêter M. le prince plut au ministre, non seulement pour se voir délivré d'un prince du sang qui le méprisait, mais encore parce qu'il crut qu'il allait être le maître de la France. Il voyait une des cabales détruite par la perte de leur chef. L'autre, qui semblait se donner à lui, ne lui faisait plus de peur; et, par la disgrâce de l'abbé de la Rivière, il espérait qu'à l'avenir il aurait le même crédit auprès du duc d'Orléans que jusqu'alors il avait eu auprès de la Reine, et qu'ainsi sa domination serait entière et assurée.

Les frondeurs avaient d'autres pensées. Ils entraient en apparence dans les intérêts du ministre. Mais n'ayant plus ce redoutable prince pour ennemi, ils s'imaginaient que le cardinal, faible et haï, n'oserait leur rien refuser, et qu'il leur serait tout à fait soumis; que le duc d'Orléans n'ayant plus La Rivière, il se laisserait gouverner par le coadjuteur, leur ami, pour lequel il montrait avoir de l'inclination et de l'estime; que ce prince, étant conduit par eux, se rendrait le maître de la Cour; et que par lui leur puissance s'établirait sur tous d'une manière stable et permanente.

La Cour, intérieurement en cet état, prend la résolution d'exécuter promptement son dessein, et d'arrêter M. le prince, le prince de Conti et le duc de Longueville, afin que les deux derniers ne pussent, par une guerre civile, secourir le premier.

Les mesures furent prises pour exécuter ce qui devait changer tant de choses. Le duc de Longueville était malade à Chaillot : il avait montré assez d'aversion pour venir chez le Roi, à cause de certains avis qu'il avait reçus. Mais ayant promis de se trouver au conseil pour une affaire du marquis de Beuvron dont on devait parler, la Reine délibéra de prendre cette occasion pour exécuter son dessein. Elle fit semblant de se trouver mal, et cette feinte indisposition lui donna le prétexte de faire fermer ses portes, de peur du bruit. Le conseil amenait une grande foule de monde au Palais-Royal, et cette action demandait la sûreté, et par conséquent la solitude. Cette raison obligea la Reine d'ordonner au capitaine de ses gardes de ne laisser entrer personne, que ceux qui devaient tenir le conseil ; le duc d'Orléans n'y vint point, pour ne pas être le témoin oculaire du malheur de ce prince, qui vivait en sûreté sur sa parole.

Le matin de ce jour, (1) le prince de Condé alla voir le cardinal, qu'il trouva occupé à parler à Priolo, domestique du duc de Longueville, à qui le cardinal dit mille douceurs pour son maître, le priant de se trouver après midi au conseil. M. le prince, entrant dans la chambre du ministre, lui dit de continuer son discours. Puis, s'approchant du feu, il trouva de Lyonne (2), secrétaire du cardinal, qui écrivait, sur une petite table, certains ordres nécessaires pour l'exécution de l'affaire du jour. De Lyonne les cacha soigneusement sous le tapis, faisant ensuite la meilleure mine qu'il lui fût possible.

Cette visite finie, le prince de Condé alla dîner chez madame sa mère. Elle avait eu quelque avis

---

(1) 18 janvier.
(2) Hugues de Lyonne, qui devint un homme d'État de premier mérite, 1611-1671.

ou quelque pressentiment de sa disgrâce. Si bien qu'après le dîner, ayant tiré à part messieurs ses enfants, elle dit au prince de Condé de prendre garde à lui et qu'assurément la Cour ne lui était point favorable. M. le prince lui répondit que la Reine l'avait encore assuré depuis peu de son amitié, que le cardinal vivait fort bien avec lui. Le prince de Marsillac, par un esprit de pénétration et d'habileté, avait souvent jugé que les affaires allaient mal pour leur parti, et dans cette pensée, il leur recommandait toujours de ne se trouver jamais tous trois (1) au Conseil. Mais l'ordre de Dieu était qu'ils ne profiteraient point de ses avis. Le prince de Condé fut le premier qui alla chez la Reine, et les deux autres le suivirent bientôt après. Il y trouva madame sa mère, et demeura quelque temps dans la ruelle du lit de la Reine en simple conversation. Après quelques discours communs, il quitta la Reine et laissa Mme la princesse auprès d'elle. Ce fut la dernière fois qu'il la vit. Il rencontra M. le cardinal qui se rendait chez la Reine et s'arrêta avec lui dans le petit cabinet, d'où l'on entre dans la galerie où se tenait le Conseil. — Peu après, le duc de Longueville, puis M. le prince de Conti arrivèrent. — Le ministre fit prévenir la Reine, qui aussitôt donna congé à Mme la princesse, disant qu'elle allait au Conseil; et ce fut aussi la dernière fois qu'elle

(1) Le Prince, le prince de Conti et le duc de Longueville.

la vit. Les princes passèrent dans la galerie, la Reine leur manda qu'elle allait les trouver et se retira dans son oratoire; le cardinal prit l'abbé de la Rivière par la main, et lui dit tout bas : « Repassons dans ma chambre, j'ai quelque chose de conséquence à vous dire. »

Au lieu de la Reine qu'on attendait dans le Conseil, Guitaut entra dans la galerie avec ses gardes. Ils arrêtèrent M. le prince, M. le prince de Conti et le duc de Longueville, et les conduisirent dans un carosse qui était prêt pour les recevoir, avec Comminges et quelques gardes. On les fit sortir par la porte de Richelieu, pour ne point traverser Paris et on les conduisit par de fort mauvais chemins au donjon de Vincennes.

Quand ils furent arrivés dans la chambre qu'ils devaient occuper, ils n'y trouvèrent point de lits pour les coucher. Il furent contraints tous trois, pour se divertir, de jouer aux cartes. Ils passèrent toute la nuit dans cette occupation; et Comminges m'a dit que ce fut avec gaieté et beaucoup de repos d'esprit. Le prince de Condé raillant le prince de Conti et le duc de Longueville, leur dit mille choses agréables. Ce qui témoignait assez la fermeté de son courage, et que, s'il avait paru ému, et s'il avait tant de fois inutilement demandé à voir la Reine et le ministre, la vivacité de son esprit et la force de ses passions y avaient plus de part que sa faiblesse. M. le prince ajouta à l'occupation, outre le jeu, une grande dispute qu'il eut avec Comminges; touchant l'astrologie. Et j'ai ouï dire à ce même Comminges, qui demeura huit jours auprès de lui, qu'il n'avait jamais passé de si bonnes heures que celles qu'il eut dans sa conversation; et que s'il eût pu n'être pas touché de compassion de son malheur, et qu'il eût été capable de cette sévérité qu'il faut avoir pour garder des personnes de cette conséquence, il aurait souhaité demeurer avec lui tout le temps de sa prison. Quand, au bout de peu de jours, il fut contraint de le quitter, il me dit qu'il avait pleuré en se séparant de lui, et que M. le prince, en l'embrassant, avait eu aussi les larmes aux yeux. Il est certain néanmoins, que le prince ni le gentilhomme n'étaient pas tous deux accusés d'être susceptibles d'une grande tendresse.

Le dessein était aussi formé d'arrêter Mme de Longueville, mais elle avait appris le malheur de ses frères chez la princesse Palatine, avait pu se rendre à l'hôtel de Condé pour y voir Mme la princesse sa mère, et lorsqu'elle connut que la Reine la demandait au Louvre, elle jugea que c'était pour l'arrêter, et partit à l'heure même, marchant toute la nuit, à dessein de gagner promptement la Normandie. Elle y arriva le lendemain, aussi lasse qu'elle était affligée; et, pour comble de désolation, elle n'y fut pas favorablement reçue. Ses enfants demeurèrent auprès de Mme la princesse sa mère, qui, n'ayant pas eu de part à ses intrigues, en eut une tout entière aux malheurs que lui causa son ambition et à ceux qu'elle avait procurés à toute sa famille.

Une demi-heure après que le prince de Condé fut arrêté, Chavigny, qui était dans ses intérêts, ignorant encore cette nouvelle, alla visiter madame Du Plessis-Guénégaud (1), qui venait de la savoir par un laquais que son mari lui avait envoyé; car, étant secrétaire d'État, il avait été au Conseil un des témoins de cet emprisonnement.

Cette dame était chèrement aimée de Chavigny. Il n'avait rien de caché pour elle, et l'étroite liaison qu'il avait prise avec M. le prince contre le ministre lui était connue. Quand elle le vit, ne doutant pas de la peine que lui causerait sa prison, elle lui en parla en le plaignant. Chavigny, qui ne le savait point encore, apprenant cette nouvelle, fut saisi d'une vive douleur. Elle le surprit et l'étonna; et, après avoir rêvé quelques moments, il leva les yeux au ciel, et frappant des mains l'une contre l'autre, il dit : « Voilà un grand « malheur pour M. le prince et pour ses amis. « Mais, il faut avouer le vrai, le cardinal a bien « fait : sans cela il était perdu. » Ces paroles cachaient sans doute beaucoup de mystères; et, vu l'état des choses, on peut dire que le ministre, en cette occasion, n'avait pas été malhabile, et

---

(1) Son mari était Henri Guénégaud, seigneur du Plessis et de Fresne, marquis de Plancy, etc., secrétaire d'État, garde des sceaux de l'ordre du Roi. Il se démit de sa charge, qui passa à Colbert, en 1669. — (1609-1676).

qu'il méritait un favorable succès de sa hardiesse.

La Reine, ayant appris que les princes étaient arrivés et qu'ils étaient environnés des grosses murailles du donjon du bois de Vincennes, fit ouvrir les portes du Palais-Royal, afin d'y laisser entrer tout le monde. Cette nouvelle ayant été divulguée, la foule fut grande chez la Reine. Les frondeurs avaient si bien frondé, qu'ils avaient mis leurs ennemis hors de combat; et ils se hâtèrent de venir jouir de leur victoire dans un lieu où, peu auparavant, ils étaient haïs et traités d'ennemis. Les curieux ne manquèrent pas d'y venir aussi, pour savoir les causes et les particularités de ce grand événement. Ceux mêmes qui plaignaient les princes y accoururent de même, les uns pour faire bonne mine et pour ne se point rendre suspects, les autres pour apprendre quelles en seraient les suites, et pour former déjà des projets pour l'avenir.

Les serviteurs et les amis des princes, les voyant arrêtés, se sauvèrent dans les places où ils commandaient (1) avec le plus de diligence qu'il leur fut possible. Le duc de Bouillon et le vicomte de Turenne furent les premiers à prendre la fuite. On les manqua seulement de quelques moments,

(1) Du côté de la Meuse : Stenay, Clermont, Jametz et Damvilliers; en Bourgogne : le château de Dijon, Saint-Jean-de-Losne et Seurre; en Berri : Mouron; et en Normandie, le vieux palais de Rouen, Dieppe, Caen et Pont-de-l'Arche (Mémoires de Monglat.

eux et le prince de Marsillac. Selon la résolution de la Reine, ils devaient avoir la même destinée; mais ils furent avertis de bonne heure. Le vicomte de Turenne se retira à Stenay, qui appartenait au prince de Condé; et le président Pérault, intendant de sa maison et de ses affaires, fut mené ensuite au bois de Vincennes.

Le soir de ce jour si célèbre, la Reine, se montrant à toute la cour, parla du prince de Condé avec une grande modération. Elle dit à tous qu'elle était fâchée d'avoir été forcée, pour le repos de l'État, de le faire arrêter, vu son mérite, sa naissance et ses services; mais que les intérêts du Roi l'avaient emporté par-dessus ces considérations.

La nuit suivante, le duc de Beaufort, par l'avis du duc d'Orléans, fut à cheval dans les rues pour se montrer au peuple, et pour rassurer quelques petites gens qui disaient qu'on les trompait, et que sans doute c'était leur bon prince qu'on avait mis en prison. Les feux de joie furent grands dans Paris pour la prison du prince de Condé; car le peuple le haïssait, à cause de l'opposition qu'il avait toujours eue contre leur protecteur, le duc de Beaufort. Ce favori du peuple, se voyant alors en état de pouvoir profiter des faveurs de la cour, se voulut raccommoder avec le ministre. Il lui envoya faire un compliment, et voulut même, pour lui montrer plus de soumission, envoyer prendre ordre de lui pour la marche dangereuse qu'il fit cette nuit dans les rues.

J'avais ouï dire, le soir auparavant, que l'abbé de la Rivière était mal dans ses affaires, et qu'il n'avait point su le secret de cette aventure. Je m'approchai de lui, pour savoir ce qui en était. Il me répondit qu'il était vrai qu'il n'avait eu nulle connaissance de cet emprisonnement. « Com-« ment, lui dis-je, vous êtes donc perdu ? — N'en « doutez pas, me dit-il; mon maître ne me parle « plus, et le pied me glisse, et je ne laisse pas « d'être tranquille. » Il me quitta pour suivre le duc d'Orléans chez le cardinal Mazarin, qui conservait avec lui toutes les apparences d'une grande amitié.

Le duc de Beaufort et le coadjuteur n'avaient point encore vu le Roi et la Reine, à cause qu'ils étaient accusés d'un crime (1), et qu'il fallait suivre l'ordre de leur justification. Il allèrent ce jour, 21 du mois, au Palais, pour y être lavés de toutes leurs taches. Il est aisé de juger qu'ils en revinrent revêtus de leur robe d'innocence, et qu'ils y allèrent sans nulle inquiétude d'être condamnés.

Le lendemain, les frondeurs, remplis de gloire apparente ou véritable, et satisfaits de leur destinée, allèrent au Palais-Royal saluer Leurs Majestés ; et le duc d'Orléans les présenta. Ils furent reçus selon le temps, c'est-à-dire comme des personnes à qui toutes choses arrivaient plutôt selon

(1) Nous avons vu précédemment que le prince de Condé avait le 14 décembre 1649 déposé une plainte contre eux pour avoir trempé dans une tentative d'assassinat dirigée contre lui.

leurs souhaits que selon leurs services. L'abbé de la Rivière ne leur ressemblait pas : sa faveur était mourante, et son courage la soutenait encore pour quelques jours seulement. Il ne se trouva point à cette présentation ; mais il arriva chez la Reine peu de temps après. Je lui demandai en quel état étaient ses affaires. Il me dit en riant qu'il était faible, et qu'il vivait de régime. Il disait vrai ; mais, malgré son régime, sa maladie ne laissait pas d'empirer. Le ministre commençait de montrer le peu de volonté qu'il avait de lui tenir sa parole, et par conséquent sa faveur était menacée d'une prompte fin. La Reine, en ma présence, ne laissa pas de lui demander aussi comment il était avec Monsieur. Et lui, comme si c'eût été un jeu, lui répondit en raillant que son maître ne le regardait plus, et que n'ayant plus de nourriture il fallait périr d'inanition.

Cet abbé, voyant qu'il était perdu, jugea qu'il fallait finir de bonne grâce. Il voulut encore parler au duc d'Orléans, pour tâcher de se justifier à lui. Mais ce prince évita son entretien, et ne voulut jamais l'écouter. Quand il connut clairement que son malheur n'avait point de remède et que son maître n'avait plus d'oreilles pour lui, il lui fit demander, par son ami le marquis de Termes, la permission d'aller passer quinze jours à sa maison du Petit-Bourg. Cette grâce lui fut accordée avec facilité, et même avec quelque apparence de quelque prolongation. Il donna ce même soir à souper à beaucoup de ses amis, et montra tant de gaieté, que plusieurs crurent qu'il était raccommodé. Le lendemain, il partit à six heures du matin, sans montrer ni trouble, ni chagrin.

Il perdit en même temps la faveur, le chapeau et l'espérance qu'il avait eue qu'au défaut du chapeau il pourrait être archevêque de Reims. Mais, en résignant à un autre l'espérance d'être cardinal, il sembla aussi perdre son ambition et en vouloir laisser les inquiétudes à son successeur. Il fut trahi, dans la maison du duc d'Orléans, de ceux qu'il avait obligés et qui lui devaient leur fortune, et suivi seulement de quelques-uns qui ne lui devaient rien : ce qui arrive quasi toujours à ceux qui se sont vus en état d'obliger.

Sur la fin du mois, on eut nouvelle que le vicomte de Turenne avait déjà pris la qualité de lieutenant général de l'armée du Roi pour la liberté des princes. La Reine ayant depuis congédié les troupes que les princes commandaient, beaucoup de celles-là furent trouver le vicomte de Turenne à Stenay, et se rallièrent, à ce qui fut dit à la Reine, environ jusqu'au nombre de trois mille hommes. On résolut aussitôt d'envoyer le duc de Vendôme avec une armée en Champagne, pour s'opposer à cet ennemi, avec les provisions du gouvernement de Bourgogne, qui était au prince de Condé.

La Reine, de son côté, se résolut d'aller en

Normandie pour s'assurer de cette province, de toutes les places qui y sont, qu'elle ne jugea pas devoir laisser sous la domination de Mme de Longueville.

De son côté, Mme de Longueville, qui avait été mal reçue à Rouen par le marquis de Beuvron, résolut de s'en aller à Dieppe, à dessein de chercher en ce lieu quelque soulagement. Beaucoup de gentilshommes du pays la furent visiter; ils lui menèrent quelques soldats, et d'autres lui offrirent et lui prêtèrent de l'argent. Elle eut dessein de se tenir dans cette place tant qu'il lui serait possible, et, si le Roi l'en chassait, de se mettre dans un vaisseau, et d'aller chercher dans les pays étrangers, à l'exemple de Mme de Chevreuse, le refuge que les malheureux y trouvent toujours.

Montigny, gouverneur de Dieppe, et homme de bien, en recevant Mme de Longueville, ne laissa pas d'envoyer assurer la Reine de sa fidélité. Le marquis de Beuvron en avait fait autant. En cela il était louable. Tous deux avaient de grandes obligations au duc de Longueville; et, dans une pareille conduite, ils eurent peut-être des sentiments différents. Mme de Longueville avait tenté d'aller au Havre. Mais le duc de Richelieu ne put la recevoir, à cause qu'il n'en était pas tout à fait le maître. Les principaux officiers étaient tous à Mme d'Aiguillon, qui devait haïr un neveu rebelle et ingrat. Si bien que Mme de

Longueville, qui avait fait avoir ce gouvernement à son amie dans le dessein d'en profiter pour elle-même, eut le déplaisir de voir que ce mariage en partie était cause de ses maux, et qu'elle n'en put pas même recevoir le moindre soulagement dans sa disgrâce.

La Reine, suivant sa résolution, partit de Paris, le 1er février, et arriva à Rouen, le 3 du mois. Le cardinal demeura quelques jours à Paris, pour donner ordre à toutes ses affaires, et s'en alla ensuite rejoindre la Reine, pour travailler à chasser de Dieppe la duchesse de Longueville.

Le comte d'Harcourt, qui avait eu les provisions du gouvernement de Normandie, commandait l'armée du Roi, qui était faible. Sa personne royale ne fut pas suivie à son ordinaire : il n'avait que quarante gardes, trente chevau-légers et trente gendarmes. Il avait peu d'argent et peu de troupes, mais l'autorité de la puissance légitime égale souvent la force des plus gros bataillons.

Le Roi et la Reine furent reçus à Rouen, avec de grandes marques de joie, telle que le méritait un jeune roi, dont la beauté et l'innocence devaient plaire à ces peuples. Ils ne l'avaient jamais vu, non plus que la Reine, qui, ayant voyagé par toute la France, n'avait point encore été dans cette grande et importante ville. Le 7 du mois, Chamboi qui commandait dans le Pont-de-l'Arche, et qui avait ordre de Mme de Longueville de rendre la place à la première sommation du Roi, la remit aussitôt, moyennant deux mille pistoles, qu'il demanda pour les frais de la garnison.

La Reine, en arrivant à Rouen, ôta le marquis de Beuvron du vieux Palais. Car encore qu'il eût presque chassé de Rouen Mme de Longueville, on ne voulut pas néanmoins se fier à un homme dont la conduite était incertaine, et qui n'agissait par aucun motif que par celui de la crainte, et par l'inclination qu'il avait d'être toujours pour celui dont les affaires allaient le mieux. Elle y mit en sa place un capitaine du régiment des Gardes, nommé Fourille, pour y commander seulement par commission.

La Croisette, qui commandait dans Caen, avec cinquante mille livres de rente que le duc de Longueville son maître lui avait données, envoya aussitôt assurer Leurs Majestés de sa fidélité, et reçut dans la ville et le château un exempt pour y commander en sa place.

La Reine envoya commander à Mme de Longueville de quitter Dieppe et d'aller à Coulommiers, où Mlle de Longueville s'était déjà rendue. Mais cette princesse avait le cœur trop ulcéré contre ses ennemis, pour obéir à des ordres qu'elle disait venir de leur part, sous le nom de la Reine. Elle se sentait capable des plus grandes entreprises, et elle jugea qu'il valait mieux se réserver à quelque chose de plus utile à son parti, qu'au repos de cette maison, où elle crut ne pouvoir rencontrer une sûreté entière.

En recevant l'ordre de la Reine, elle fit semblant d'être malade, et promit d'y obéir aussitôt qu'elle serait en santé. Le Plessis-Bellière fut commandé pour aller à Dieppe avec quelques troupes ; et, comme elle vit qu'elles s'approchaient, elle fit son possible pour gagner le gouverneur de cette place, lui voulant persuader de tenir bon contre les forces royales. M. de Montigny, qui, à ce que l'on a cru, voulait être fidèle au Roi, lui représenta la difficulté de l'entreprise, et lui fit voir qu'il ne pouvait pas lui seul, sans argent et sans troupes, faire ce qu'elle souhaitait. La conclusion fut de lui conseiller de fuir par mer, et de s'en aller en Flandre attendre quelque meilleure saison.

Mme de Longueville, qui savait que le plus grand service qu'elle eût pu rendre aux princes était de leur conserver la Normandie, ne se rendit point à ce dernier coup. Elle voulut essayer si elle pourrait engager dans son parti les bourgeois, les officiers et le menu peuple de la ville. Elle leur parla vigoureusement, elle usa de prières douces et humbles, et n'oublia rien à leur dire de tout ce qui pouvait les animer à prendre sa défense. Elle se servit de la haine publique du Mazarin, et leur représenta qu'il leur serait glorieux, s'ils voulaient mander au Roi, qu'ils lui ouvriraient les portes, pourvu qu'il ne voulût point l'amener avec lui; mais ses paroles restèrent sans effet. Ils déclarèrent à cette princesse que leur résolution était d'envoyer vers Leurs Majestés les assurer de leur fidélité, et mandèrent au Roi qu'il serait toujours le maître de leur ville quand il lui plairait d'y venir. Mme de Longueville, se trouvant sans ressource, vit toutes ses espérances évanouies.

Quand cette princesse se vit pressée par Le Plessis-Bellière, qui la menaçait d'assiéger le château où elle était, elle sortit par une petite porte de derrière qui n'était pas gardée. Elle alla deux lieues à pied pour gagner un petit port, où elle ne trouva que deux barques de pêcheurs. Le vent était si grand, la marée si forte qu'elle ne put prendre la mer. Elle résolut de se rendre chez un gentilhomme du pays de Caux, qui la reçut et la cacha avec beaucoup d'affection et de bonté.

Ensuite de cette aventure, elle demeura environ quinze jours, se cachant de lieu en autre, selon les avis qu'elle avait; et enfin, elle envoya au Havre, où elle gagna le capitaine d'un vaisseau anglais. Elle y fut reçue sous le nom d'un gentilhomme qui s'était battu en duel. Et cet homme, ayant été bien payé, ne s'en informa pas davantage, et la vint trouver à quelque petit port particulier. Ce vaisseau la passa en Hollande, où elle fut visitée du prince d'Orange, de la princesse royale sa femme, et de la princesse sa belle-mère; puis elle s'en alla à Stenay. Quand elle y fut, elle écrivit au Roi une lettre, en forme de manifeste, qui fut estimée (1). Elle était pleine

---

(1) Elle y explique et justifie sa sortie du royaume. Vid. Bibl. Nat. Coll. Dupuy, t. 754.

d'artificieuses plaintes ; et sans doute qu'elle l'avait composée elle-même, ayant toujours écrit aussi bien que personne du monde.

La Reine croyant, au rapport de Du Plessis-Bellière, qui était entré dans Dieppe, que Mme de Longueville était embarquée, puisqu'il ne l'avait pu trouver, se résolut de venir à Paris. Elle partit de Rouen, le 22 de février.

La Reine, à son retour, reçut toute la cabale frondeuse, avec des témoignages de bonne volonté qui leur furent agréables. Mais comme ils en voulurent des marques effectives, ils lui demandèrent le retour de Châteauneuf, avec les sceaux pour lui. Ils allaient tous bien droit à se soutenir les uns les autres, particulièrement cet homme qu'ils regardaient comme leur chef, et à qui ils voulaient donner la place du ministre.

Le cardinal, qui connaissait où tendaient leurs désirs, écouta leurs propositions avec peine. Il y résista quelque temps. Mais, n'ayant nul sujet de douter de la fermeté de la Reine, il crut qu'il était de sa prudence de contenter cette cabale, et de donner quelque autorité à Châteauneuf, afin de leur faire voir à tous qu'il était en état de ne rien craindre.

Il espéra que le garde des sceaux de Châteauneuf, comme habile courtisan, venant à connaître qu'il ne pouvait avoir la première place, se contenterait de la seconde, et que peut-être il se servirait de lui pour modérer l'ardeur impétueuse de la Fronde. Le coadjuteur avait lui seul une si grande cabale, une âme si hardie, un cœur si rempli de passions, et un génie si puissant pour se faire aimer de ceux qui le connaissaient, qu'il était assez difficile au ministre de l'empêcher d'entrer dans le cœur du duc d'Orléans, et par conséquent impossible de leur refuser à tous ce qu'ils voulaient déterminément. Ayant déjà mis ce prince de leur côté, ils avaient sujet de croire que leurs volontés devaient être des lois immuables. Mais les habiles dissimulations de celui dont ils croyaient devenir les maîtres, surmontèrent à la fin la force des plus forts.

Le retour de ce second ministre étant résolu des deux côtés, le premier jour de mars, sur les sept heures du soir, La Vrillière alla de la part du Roi et de la Reine demander les sceaux au chancelier Seguier. Il les rendit, et lui dit qu'il croyait avoir bien servi le Roi, et s'être dignement acquitté de cette charge depuis dix-sept ans qu'il en était possesseur; qu'il savait bien que la raison d'État, plutôt que son démérite, obligeait la Reine à cela. C'est pourquoi il la suppliait de croire qu'il les rendait sans regret, espérant qu'elle lui ferait toujours la grâce de le traiter comme très fidèle serviteur du Roi et d'elle.

Le lendemain, mercredi des Cendres, Châteauneuf vint saluer le Roi et remercier la Reine. Il est à croire qu'il avait commencé ses compliments par le ministre; et l'on m'assura qu'il l'avait fait fortement, et qu'il lui avait dit qu'il voulait être son véritable ami. Le Palais-Royal fut en ce jour rempli de beaucoup de monde. Cet homme, qui était tant visité à Montrouge lorsqu'il était sans pouvoir, devint aisément l'idole de tous les courtisans. On crut qu'il allait chasser le ministre, ou tout au moins avoir part au ministère. Quand il arriva, il fut suivi d'un chacun ; tous le voulaient voir. Il semble que le cardinal Mazarin était déjà déchu de sa grandeur, qu'il n'était plus le ministre de la Reine, qu'elle était changée, et que toute l'autorité était remise entre les mains de ce nouveau venu.

Le cardinal, qui avait de grands désirs de se soutenir dans la place qu'il avait, fit bonne mine à son rival, et ne montra point le craindre. Il lui offrit sa maison, il voulut qu'il y logeât quelque temps, et le traita si aimablement qu'il l'obligea à se louer de lui, et à publier hautement qu'il lui était redevable, et qu'il était son serviteur et son ami. La Reine, pour gratifier la Fronde de toutes manières, confirma au fils de Broussel le gouvernement de la Bastille, qu'il avait usurpé pendant la guerre. Elle fit venir en plein cercle cet homme qui lui avait donné de si mauvaises heures, et le traita bien. Toutes ces choses se firent par le conseil du cardinal et selon sa politique ordinaire, qui était de gagner le temps et dissimuler.

Ensuite de l'établissement du garde des sceaux de Châteauneuf, la Reine résolut d'aller en Bourgogne pour affermir entièrement l'autorité du Roi par la prise de Bellegarde, qui tenait pour le prince de Condé. Elle partit le 5 de mars, suivie seulement de ses dames, de la princesse de Carignan, et de la princesse Louise sa fille.

Le cardinal demeura un jour après la Reine, pour se recommander aux charitables soins de Mme de Chevreuse, de Laigues, du coadjuteur, et des principaux chefs de cette troupe. Les choses étaient si troublées, l'orage paraissait si près d'éclater, et les prophéties étaient si funestes, que ce jour beaucoup de gens, de part et d'autre, crurent que le cardinal serait assassiné, et plusieurs avis lui en furent donnés. Il partit enfin, et laissa dans Paris le duc d'Orléans, le garde des sceaux, et toute la secte frondeuse. Le Tellier et Servien, employés par la Reine dans le secret des affaires demeurèrent aussi pour servir le Roi, et pour être les champions fidèles du ministre contre ses mauvais amis.

Les partisans du prince de Condé ne dormaient pas : ils travaillaient à émouvoir le parlement en leur faveur; et suivant les exemples passés, ils tâchaient d'émouvoir le public par son intérêt. On s'assembla le 29 au parlement pour établir une chambre de justice à la maison de ville, et pour faire payer les rentiers. Quelques particuliers, pour obtenir de la Cour ce qu'ils souhaitaient, fomentaient ces remuements.

Le fils du président Le Coigneux (1), en l'une des chambres des enquêtes, eut la hardiesse de proposer le premier de faire le procès aux princes, afin qu'ils fussent traités selon la déclaration donnée à Saint-Germain (2) à la paix de Paris, où le Roi promettait, au bout d'un certain temps fort bref, qu'il ne retiendrait point de prisonniers sans leur faire leur procès, ou les absoudre s'ils étaient innocents. Ils demanda qu'ils fussent traités selon cette promesse. Mais, le parti des princes étant encore faible, Le Coigneux fut sifflé de toute la compagnie, et sa proposition fut sans effet.

La princesse palatine travaillait de son côté en faveur des prisonniers. Elle avait déjà trouvé moyen de faire tenir de ses lettres, et chez elle s'assemblaient souvent ceux qui travaillaient à leur liberté. Cette princesse, semblable à beaucoup d'autres dames, ne haïssait pas les conquêtes de ses yeux; qui étaient en effet fort beaux. Mais outre cet avantage trop dangereux à notre sexe, elle avait ce qui valait mieux, je veux dire de l'esprit, de l'adresse, de la capacité pour conduire une intrigue, et une grande facilité à trouver un expédient pour parvenir à ce qu'elle entreprenait (3).

(1) Voir Tallemant des Réaux sur les Le Coigneux, famille de robe, d'où sont sortis les Montmeillan et les Belabre.

(2) La déclaration du 24 octobre 1648.

(3) Anne de Gonzague était la deuxième fille du prince Charles de Gonzague-Clèves, premier du nom, duc de Nevers, etc ; elle naquit en 1616. Sa sœur aînée fut reine de Pologne.

Aussitôt qu'elle se fut résolue à servir les princes, elle s'appliqua avec soin aux moyens de réussir dans son dessein. Comme il lui parut nécessaire d'attirer les frondeurs à leur parti, elle se servit de Mme de Rhodes, qui était son amie, pour proposer à Mme de Chevreuse le mariage du prince de Conti avec sa fille Mlle de Chevreuse, et chercha, pour gagner les autres chefs, quelque autre intérêt considérable, capable de les toucher chacun en particulier; et cela n'était pas difficile à trouver, car tous en avaient de grands et de petits.

Le duc de Nemours, qui était ami du prince de Condé, et mal satisfait du ministre, était un de

Elle et sa sœur cadette étaient destinées à la vie religieuse.
C'est dans cette vue qu'Anne de Gonzague fut élevée à l'abbaye de Faremoustier, au diocèse de Meaux. Cette éducation fut précisément ce qui la détourna de la vie monastique. Son père étant mort en 1637, elle vint à la Cour de France, et quelque temps après, elle épousa le prince Édouard, l'un des treize enfants que Frédéric V, duc de Bavière, comte palatin du Rhin, avait eus d'Élizabeth, fille de Jacques Ier, roi d'Angleterre. De ce mariage naquirent quatre enfants, dont une fille qui, en 1663, épousa Henri-Jules, duc d'Enghien, depuis prince de Condé. En cette année de 1663, elle devint veuve. Depuis, elle eut une vie fort agitée, montra un scepticisme rare chez les femmes en matière religieuse, mais elle se convertit et passa les douze dernières années de sa vie dans de continuels exercices de piété. Elle mourut à Paris en 1684, âgée de soixante-huit ans, laissant la réputation d'une femme pleine de dextérité dans les affaires e l'art de se concilier les esprits. — Il faut éviter de la confondre avec une autre princesse palatine qui fut la seconde femme de Monsieur, frère de Louis XIV. — L'oraison funèbre d'Anne de Gonzague de Clèves fut prononcée par Bossuet.

ceux qui agissaient le plus puissamment par ses amis à la liberté des prisonniers. Le président Viole était un violent solliciteur, et Longueil y faisait des merveilles, en ce qu'il ne se lassait jamais de l'intrigue. Tous approuvèrent les pensées de la princesse palatine, particulièrement celle qu'elle avait eue sur le mariage du prince de Conti et de Mlle de Chevreuse. Mme de Longueville, qui en fut avertie par elle, lui manda aussi de Stenay qu'elle l'estimait bonne, et qu'on y travaillât.

Pendant que toutes ces intrigues se préméditaient à Paris, la Reine était en Bourgogne, où elle avait été reçue avec beaucoup de marques d'affection. L'armée du Roi ne put si tôt qu'elle le souhaitait entreprendre le siège de Bellegarde, à cause des grosses eaux : il fallut attendre quelque temps. Le 4 avril, on commença la circonvallation de cette place ; et le ministre, qui la fut visiter en personne, en approcha de si près qu'il pensa y être tué, un de ses gentilshommes ayant été blessé proche de lui.

Le 12 du même mois (avril), la Reine, avertie qu'on travaillait à soulever le parlement en faveur des princes, envoya commander à Mme la princesse la mère d'aller à Montrond, attendu qu'elle avait des intelligences avec les ennemis de l'État. En même temps on commanda à un lieutenant des gardes du corps d'arrêter Mme la princesse sa belle-fille, et de la garder à Chantilly. Cette princesse en ayant eu avis, et conseillée par ceux qui croyaient sa personne nécessaire à leurs desseins, mit une de ses filles dans son lit, et se sauva malgré les gardes, elle et le duc d'Enghien son fils, et s'en alla à Montrond avant que les gens du Roi y fussent arrivés. On crut que la Reine avait commandé à Mme la Princesse la mère d'aller en ce lieu, afin que l'escorte du Roi qui la conduirait se pût saisir de cette maison, qui est forte et capable de quelque résistance. Mais elle, au lieu d'y aller, se sauva de nuit de Chantilly, et demeura cachée quelque temps sans que la Reine pût savoir où elle était. Pendant qu'elle se cachait, Mme la princesse sa belle-fille fut menée à Montrond par ceux de son parti, qui se saisirent de cette place, à dessein de s'en servir pour leur sûreté.

En Bourgogne, le siège de Bellegarde continuait, et beaucoup de vœux se faisaient, tant par les frondeurs que par les créatures des princes, afin qu'il ne se pût pas finir si tôt : tous espérant que le mauvais état des affaires leur serait avantageux, quoique ce fût par des fins bien différentes. Le Roi, quoique jeune, alla dans le camp se montrer à son armée. Les soldats furent ravis de le voir, et souffrirent sans murmurer qu'on les payât de cette monnaie seule. Le désordre de ses affaires en mettait un fort grand dans ses finances, et les troupes, par cette raison, étaient mal payées. Celui qui commandait dans la place (1) fit tirer à

(1) Saint-Micau.

la vue du Roi ; mais, ayant reconnu sa faute, il en envoya faire des excuses. La présence de ce jeune monarque, animant ceux qui combattaient pour lui, leur redonna des forces, et les révoltés qui commandaient dans Bellegarde en furent affaiblis. Au bout de quelques jours ils demandaient à capituler, et promirent de se rendre aussitôt qu'ils auraient envoyé à Stenay. Pendant la trêve qui leur fut accordée, ceux du camp et de la ville se visitèrent : et comme ils étaient tous bons Français, parents et amis les uns les autres, ils se firent de grandes caresses, avec un sensible regret d'avoir à se tuer comme s'ils eussent été ennemis. Voilà le malheur de la guerre civile.

Le 27 d'avril, jour de la mercuriale (1), auquel les chambres s'assemblent, Mme la princesse mère, qui, depuis qu'elle était disparue de Chantilly, avait été cachée dans Paris, parut au parlement à cinq heures du matin, accompagnée du marquis de Saint-Simon et de la duchesse de Châtillon, pour y demander justice sur la détention des princes, ses enfants, et de son gendre le duc de Longueville. Elle présenta sa requête à tous les

(1) Les corps judiciaires tenaient le mercredi (*mercurii dies*) les assemblées privées où le ministère public faisait diverses remontrances sur les devoirs des magistrats. François Ier (ord. de Villers-Coterets, 1539) prescrivit que les mercuriales fussent mensuelles ; Henri III les rendit semestrielles. Aujourd'hui le discours de la rentrée des cours et tribunaux est une tradition dégénérée des anciennes mercuriales.

conseillers de la grand'chambre. Beaucoup la refusèrent; mais un nommé Des Landes-Payen la reçut avec dessein de la rapporter à sa compagnie.

Après que Des Landes-Payen l'eut rapportée, le premier président fut député de la compagnie vers le duc d'Orléans, pour lui demander, de la part du parlement, sûreté pour cette princesse. Le duc d'Orléans dit qu'il fallait qu'elle obéît au Roi, pour déterminer ce qu'il avait à lui dire de plus précis. La réponse que le duc d'Orléans avait faite au premier président n'étant pas définitive, on ordonna que, s'agissant de la sûreté de madame la princesse, en attendant que le duc d'Orléans répondrait, le parlement la prendrait en sa protection, et qu'elle serait priée de demeurer dans l'enceinte du Palais, dans telle maison qu'il lui plairait de choisir.

Le lendemain, le parlement députa tout de nouveau le premier président vers le duc d'Orléans, pour lui parler des intérêts de Mme la princesse. Mais ce prince le gourmanda, et le traita de partisan des princes. Les frondeurs qui ne voulaient pas que le parlement leur échappât et se mît du côté des prisonniers, servirent fidèlement le Roi dans cette occasion, et employèrent toutes leurs forces et tout leur crédit pour faire que la requête de Mme la princesse fût sans effet. Le duc d'Orléans, qui avait aussi un grand intérêt à empêcher que M. le prince sortît de prison, maintint l'autorité du Roi, et dit qu'il fallait que Mme la princesse lui obéît, et qu'elle s'en allât de Paris, puisqu'elle y était contre les ordres du Roi.

Le 29, le duc d'Orléans alla au parlement, où la réponse définitive touchant la requête de Mme la princesse se devait faire. Après avoir pris séance, le duc d'Orléans fit une récapitulation de tout ce qui s'était passé depuis la détention des princes. Il représenta la douceur que la Reine avait eue pour Mme la princesse, la laissant à Chantilly sans gardes, et dit que ce qui avait obligé la Reine à lui ordonner de quitter ce lieu était les intelligences que cette princesse avait avec ceux de Bellegarde, et que, pour empêcher cette communication, il avait fallu l'envoyer plus loin. Il dit encore que, Mme la princesse n'ayant point obéi, il croyait qu'il y allait du service du Roi de souffrir sa résistance, et qu'en son particulier il la servirait, s'il pouvait, auprès de la Reine; mais qu'il fallait qu'elle montrât d'acquiescer aux ordres du Roi. Quand il était entré au Palais, Mme la princesse l'avait prié de lui être favorable, et de se souvenir que ses enfants avaient l'honneur de porter son nom. Il lui avait répondu qu'il fallait faire ce que le Roi lui avait commandé, et qu'après son obéissance il la servirait en tout ce qui lui serait possible.

Le premier président, nonobstant la harangue du duc d'Orléans, insista toujours pour demander que quelque grâce fût accordée à Mme la princesse, et qu'elle pût demeurer en état de travailler auprès de la Reine à la liberté des princes ses enfants, assurant qu'elle n'avait point de mauvaises intentions contre le service du Roi. Enfin le duc d'Orléans, conseillé par les créatures du cardinal qui étaient demeurées auprès de lui, accorda à Mme la princesse trois jours de sûreté après le retour de la Cour, pour pouvoir implorer la miséricorde de la Reine, qui devait revenir bientôt, moyennant qu'elle quittât Paris, et qu'elle s'en allât à quelque maison voisine attendre ses ordres.

Ainsi la chose se passa moins avantageusement pour Mme la princesse que ses amis ne l'auraient souhaité. Et, comme on ne délibéra point sur sa requête, cette affaire demeura quelque temps ensevelie. Elle quitta Paris, et s'en alla à Chilly pour y attendre le retour de la Reine, et passer les trois jours qui lui furent accordés par le duc d'Orléans.

La Reine, revenant de Bourgogne (1), parut mal satisfaite de Mme la princesse et de ceux qui l'avaient visitée pendant son séjour : ce que peu de personnes avaient manqué de faire, même les domestiques du Roi.

Elle envoya le maréchal de L'Hôpital à Mme la

(1) Elle partit de Dijon, avec le Roi, le 25 avril, et arriva à Paris le 3 mai.

princesse lui ordonner de partir ; mais elle s'excusa sur quelques incommodités qui pouvaient l'en empêcher. Le 6, l'affaire étant entrée en négociation et traitée par le président de Nesmond, elle consentit de partir et de s'en aller, au lieu de Montrond, à Valery, maison qui appartient au prince de Condé : remettant à une autre fois la poursuite de sa requête, à cause du crédit des frondeurs.

Pour récompenser les frondeurs de l'opposition qu'ils avaient faite à Mme la princesse, la Reine, à son retour, leur fit assez bonne mine, et le cardinal leur cacha tout ce qui avait déplu de leur conduite. Le duc de Vendôme reçut alors de la Reine l'amirauté, et on en donna la survivance au duc de Beaufort, apparemment raccommodé avec le ministre.

La Cour étant à Paris, on déclara Mme de Longueville, le duc de Bouillon, le vicomte de Turenne et le duc de La Rochefoucauld [1] criminels de lèse-majesté. On envoya cette déclaration à tous les parlements de France.

Mme de Longueville et le maréchal de Turenne, étant à Stenay, avaient fait leur traité avec les Espagnols, et prétendaient qu'il leur était avantageux, à cause qu'ils avaient sauvé Stenay, dont ils demeuraient les maîtres. Le duc de La Rochefoucauld, ayant assemblé grand nombre

---

[1] Le prince de Marsillac.

de noblesse, se déclara ouvertement contre le Roi. Il voulut, pour son premier exploit, ainsi que je l'ai déjà dit, se saisir de Saumur. Mais, ayant manqué son entreprise et sachant que le maréchal de La Meilleraye, gouverneur de Bretagne, marchait déjà contre lui, avec quelques troupes, il résolut d'envoyer quatre cents gentilshommes à Montrond, et de s'en aller trouver le duc de Bouillon, qui avait de grandes intelligences dans Bordeaux.

Ces deux révoltés résolurent ensemble de fomenter autant qu'il leur serait possible la rébellion de ces peuples, afin de s'en servir pour soutenir la guerre contre le Roi. Ils y trouvèrent Langlade, secrétaire du duc de Bouillon, afin de travailler par lui à ce grand ouvrage. Langlade, ayant l'esprit vif et plein de lumières, parlait à la mode de ceux qui sont propres pour tromper les dupes. Avec ces qualités et la nécessité qui le pressait de rendre ce service à son maître, qui sans ce refuge se voyait perdu et leur parti détruit, il travailla si bien et avec tant de dextérité, qu'il aida à persuader ceux de Bordeaux d'entrer dans les intérêts des princes.

En même temps, les ducs de Bouillon et de La Rochefoucauld, sachant le commencement de cette négociation, envoyèrent Chavagnac enlever de Montrond Mme la princesse, femme du prince de Condé, et le petit duc d'Enghien, son fils, parce qu'ils jugèrent que, le Roi venant les attaquer où ils étaient, ils n'auraient pas pu s'y défendre longtemps. Ils furent au-devant d'elle, avec trois cents gentilshommes que leur amena le marquis de Sillery, beau-frère du duc de La Rochefoucauld. Ils les menèrent dans la vicomté de Turenne, où ils demeurèrent quelques jours pour aviser à ce qu'ils avaient à faire.

Les conducteurs de Mme la princesse et du duc d'Enghien se résolurent enfin d'aller à Bordeaux tenter cette aventure. A leur vue, la ville leur ferma les portes. Le parlement et les bourgeois refusèrent de les recevoir, elle et le duc d'Enghien, son fils. Il y avait dans Bordeaux beaucoup de créatures de M. le prince, qui disaient ne demander pour Mme la princesse que la sûreté, afin qu'elle pût être à couvert des violences du cardinal. Mais beaucoup d'autres s'opposaient à leurs sollicitations, et préféraient avec raison leur repos et leur devoir à la guerre et au crime de lèse-majesté.

Toutes ces contrariétés firent une si grande rumeur dans la ville, qu'enfin il fut résolu dans le parlement que Mme la princesse et le duc d'Enghien seraient reçus dans Bordeaux (1), avec leurs domestiques seulement, et dénièrent d'abord aux ducs de Bouillon et de La Rochefoucauld la même grâce. Les chefs du parti, que le parlement n'avait pas voulu recevoir, ne s'étonnèrent pas.

(1) Mme la princesse fut reçue à Bordeaux le 15 juin.

Ils se logèrent à un faubourg de la ville, et y reçurent plusieurs visites de ceux qui leur étaient affectionnés et qui négociaient pour eux.

Lenet (1), serviteur du prince de Condé, était entré avec Mme la princesse. Il travailla fortement pour elle, sut persuader les plus entêtés du bien public qu'il était juste d'assister M. le prince. Ces favorables dispositions firent résoudre les ducs de Bouillon et de La Rochefoucauld à se hasarder à la honte d'un refus. Ils demandèrent qu'on leur permît au moins de pouvoir visiter une fois Mme la princesse, sous prétexte qu'ils avaient à l'entretenir de ses affaires. Et, après en avoir obtenu la permission, ils y furent un soir fort tard; et, comme ils y virent que le peuple souffrait leur présence patiemment, ils y demeurèrent. Chacun d'eux présenta une requête au parlement; ils implorèrent sa protection pour six semaines, promettant, pendant ce temps-là, de se justifier auprès du Roi.

Ils avaient amené quelques troupes, qui demeurèrent aux environs de Bordeaux assez incommodées. Ils n'osèrent d'abord parler de guerre. C'était une proposition trop délicate, et il fallait laisser engager les Bordelais dans leur parti, par

---

(1) Lenet, né à Dijon, procureur général au Parlement de cette ville, conseiller d'État, mort en 1671. Il est l'auteur de Mémoires estimés et d'une curieuse correspondance conservée à la Bibliothèque nationale, à Paris.

les grandes choses qui nécessairement devaient arriver.

Le duc de Bouillon envoya en Espagne un gentilhomme à lui, nommé de Bas, qui avait de l'esprit, afin d'obliger le Roi Catholique de payer leurs troupes, et se servir de leur rébellion pour diminuer les forces du Roi à leur avantage commun. Le roi d'Espagne reçut de Bas avec joie : il goûta cette proposition. Le ministre d'Espagne le traita bien, et de Marolles aussi, gentilhomme attaché à M. le prince, qui fit ce voyage dans le même dessein. On leur promit tout ce qu'ils demandaient, de l'argent, des vaisseaux et des troupes. Les Bordelais se déclarèrent ensuite, et reçurent le duc d'Enghien pour généralissime, et les ducs de Bouillon et de La Rochefoucauld pour généraux ; et pour lieutenants-généraux, les marquis de Sauvebœuf et de Lusignan.

Ce grand parti commençant à prendre des forces, les généraux jugèrent à propos de renvoyer en Espagne une seconde ambassade plus considérable que la première, afin de hâter le secours qu'ils en espéraient. Le marquis de Sillery y fut, et traita avec eux avec succès. Le roi d'Espagne trouva qu'il lui était avantageux d'embarrasser le Roi dans la Guyenne et ailleurs, favorisant à Stenay Mme de Longueville, et à Bordeaux Mme la princesse et le duc d'Enghien.

Le duc de La Rochefoucauld, fortement occupé des intérêts de Mme de Longueville, envoya

Gourville l'avertir de ces favorables succès; et, bien instruite par lui de leurs desseins, elle n'oublia rien pour faire voir à la Reine et à toute l'Europe que si son cœur, suivant le tempérament de son âme un peu trop passionnée, avait donné quelques marques de faiblesse, ce même cœur avait toute la force et toute l'élévation qu'un illustre sang était capable de lui inspirer.

Gourville (1) fut pris dans son voyage par les troupes du Roi. Mais comme sous une apparence simple et grossière il cachait beaucoup d'esprit, d'habileté et de finesse, il sut si bien se déguiser, que Mme de Longueville, avec la rançon ordinaire, l'envoya dégager avant que la Cour sût qu'il fut prisonnier.

Le duc de Saint-Simon (2), gouverneur de Blaye, fut alors convié par Mme de Longueville de se lier à leur parti. Comme cette place, où il commandait, était de grande conséquence, et qu'elle est proche de Bordeaux, le parti qu'il pouvait prendre devait être d'une grande considération, ou pour le service du Roi ou pour fortifier ses ennemis. Il balança quelque temps;

(1) Jean Hérault de Gourville (1625-1703), valet de chambre du duc de La Rochefoucauld, puis maître d'hôtel, secrétaire et agent politique du prince de Marsillac, servit Condé et devint receveur général des tailles sous Fouquet. Plus tard poursuivi, il se sauva en Hollande, mais revint servir ensuite Louis XIV, qui le nomma son ministre près de la cour de Brunswick. Il a laissé des Mémoires curieux sur son temps.

(2) Le père de Saint-Simon, l'auteur des Mémoires.

mais, le devoir l'emportant sur tout le reste, il demeura ferme dans le service du Roi. Dans ce même temps, les ennemis parurent sur la frontière, avec une puissante armée que commandait l'archiduc, auquel le vicomte de Turenne s'était joint.

La Reine, voulant aller défendre les provinces et les frontières des insultes de ceux qui les voulaient attaquer, partit pour Compiègne le 2 juin, avec intention de s'opposer à cette grande armée, qui venait braver la sienne, alors fort petite. Pendant que nos troupes s'assemblaient, l'armée de l'archiduc assiégea le Catelet. Le cardinal alla lui-même à l'armée, et la mit bientôt en état de se pouvoir faire craindre.

Le Catelet, n'étant pas bien fortifié, fut pris par les ennemis [1]. Vandi, qui commandait dans cette place, s'y défendit vaillamment, et il y tua deux hommes de sa main, qui lui vinrent proposer de se rendre. Mais enfin, malgré sa résistance, il fut pris par ceux de sa garnison. Ils le lièrent, et, ensuite de cette révolte, ils firent leur composition et se donnèrent aux ennemis.

L'archiduc, qui voulait profiter de nos désordres, aussitôt après assiégea Guise. Le vicomte de Turenne était avec lui, et toutes ses troupes. Bridieu était gouverneur de Guise, qui résolut de se défendre de la manière qu'il était attaqué.

[1] Le siège commença le 10 juin, et le 15 la ville se rendit.

Le cardinal, sachant que la place n'était pas en bon état, fit savoir à ceux qui étaient dedans qu'il voulait les secourir, et par cette espérance leur augmenta le désir d'y acquérir de la gloire par une généreuse résistance. Le maréchal Du Plessis, gouverneur de Monsieur, frère du Roi, commandait notre armée. Mais le désordre de nos affaires était cause qu'elle manquait d'argent, et par conséquent elle n'était pas en état de rien faire.

Le ministre fit plusieurs voyages sur la frontière; et, sachant que Bordeaux, par les choses qui s'y passaient, demandait la présence du Roi, il s'appliqua au secours de Guise. Il réussit dans son dessein.

Les ennemis, après avoir donné l'assaut et s'être rendus les maîtres de la ville, furent contraints de lever le siège (1).

Les frondeurs cependant, qui voyaient que les affaires de M. le prince allaient bien, et qui craignaient que le ministre, pour se sauver de leur mauvaise volonté et des maux que la faction des prisonniers lui pouvait faire, se résoudrait peut-être à leur redonner la liberté, eurent peur qu'un fâcheux retour du malheur ne les remît dans le même état dont ils étaient sortis. Cette peur les convia de travailler puissamment à changer les sentiments du duc d'Orléans à l'égard du cardinal, en lui disant continuellement qu'ayant eu

---

(1) Le 1er juillet, dans la nuit.

part à la prison du prince de Condé, il ne fallait pas qu'il devînt heureux malgré lui; qu'il n'était pas juste de laisser le ministre le maître de sa liberté; et lui conseillèrent de demander à la Reine qu'elle mît les princes dans la Bastille, au lieu qu'ils étaient dans le bois de Vincennes, parce que dans ce lieu, dont le fils de Broussel était gouverneur, ils ne seraient plus sous l'autorité du Roi, et qu'ainsi le ministre ne serait plus en pouvoir d'en disposer à son avantage et sans sa participation.

Ces propositions eurent le pouvoir de le persuader, et de lui faire naître dans l'âme le désir de suivre leurs avis, qui lui parurent tout à fait selon ses intérêts. Il gronda, il fut inquiet et de mauvaise humeur; mais la Reine faisait ce qu'elle pouvait pour calmer ces orages.

Ce prince fut à Compiègne la voir, elle employa toute la force de ses raisons et ses agréables manières à lui prouver qu'il ne devait point se laisser aller aux pernicieux conseils de ceux qui voulaient les brouiller. Elle l'assura tout de nouveau qu'on ne mettrait jamais les princes en liberté sans son consentement; elle sut si bien ménager son esprit, qu'elle amortit pour quelque temps les fâcheuses agitations de son âme, et le fit résoudre à ne plus parler de ce changement.

La Reine ne laissa pas de juger qu'il y avait eu de craindre, que l'esprit du prince, qui commençait à se dévoyer du bon chemin, ne se gâtât davantage. Cette inquiétude l'obligea de mander au cardinal, qui était sur la frontière, de se rendre promptement auprès d'elle. Le ministre, ayant suivi les ordres de la Reine, revint aussitôt; et toute la Cour arriva à Paris le 29 juin. Sa présence dissipa pour quelques jours les factions des frondeurs, et le duc d'Orléans, dont l'esprit était facile à se tourner vers la douceur, embrassa cordialement le cardinal Mazarin, et parut fort content de lui. Mais ce calme ressemblait à celui de la mer qui change selon les vents, et d'un instant à un autre.

Les frondeurs virent avec regret que les ennemis venaient de lever le siège de Guise, ils n'approuvaient pas le dessein que la Reine avait fait d'aller en Guienne, et soutenaient toujours dans le parlement ceux que le parlement de Bordeaux leur envoyait pour se plaindre du duc d'Épernon.

Le ministre, voyant la maligne variété de leurs pensées, offrit au duc d'Orléans d'aller en Guyenne vaincre les rebelles avec les forces nécessaires à ce dessein; conseillé par les frondeurs, ses amis, le duc d'Orléans ne voulut point entendre à cette proposition. Il refusa d'aller en Guyenne, et résolut néanmoins, comme il parut depuis, de ne pas laisser accabler les Bordelais. La Reine, conseillée par elle-même et par son ministre, jugea qu'il fallait mener le Roi à Bordeaux, et qu'il était nécessaire, selon l'état des choses, d'affaiblir un parti afin de pouvoir perdre l'autre. Cette résolution prise, la Cour, peu de jours après son retour, partit pour ce grand voyage. Ce ne fut pas sans inquiétude que la Reine exécuta ce dessein, vu la mauvaise volonté des frondeurs, avec une armée ennemie sur la frontière, puissante, et commandée par des gens qui désiraient lui faire beaucoup de mal.

Le ministre avait de la confiance en la valeur et la conduite du maréchal Du Plessis. Mais il savait qu'il ne lui laissait guère d'argent, qu'il avait beaucoup d'ennemis sur les bras, et qu'il avait sujet de craindre de tous côtés de fâcheuses aventures. Il fallut aller néanmoins à ce qui pressait le plus, et laisser le reste à la conduite de Dieu.

Dans le temps que la Cour fut à Paris, le prince de Condé, sachant les dégoûts du ministre à l'égard des frondeurs, lui manda par de Bar, celui qui le gardait, que, s'il voulait le mettre en liberté, il deviendrait son ami plus fortement que jamais ; mais le cardinal, se ressouvenant de la hauteur de M. le prince, n'osa se confier en ces belles paroles, et jugea plus à propos de tenir cet ennemi en prison que d'en augmenter le nombre par lui, qui en valait plus de mille. Comme il l'avait abattu, lui qui était le plus puissant de tous, il espérait qu'enfin il pourrait vaincre les autres par sa patience et par son habileté.

Malgré cela, la Reine n'ayant tardé à Paris que quatre ou cinq jours, en partit le 4 de juillet pour la Guienne. On laissa donc à Paris le duc d'Orléans, le garde des sceaux de Châteauneuf et toute la Fronde. Et de toutes les personnes fidèles à la cour, le seul Le Tellier, secrétaire d'État, y demeura pour s'appliquer tout entier au service du Roi et aux intérêts particuliers du ministre. Ce dont il s'acquitta fidèlement, et avec cette habile et singulière prudence qui lui était naturelle.

Les ducs de Bouillon et de La Rochefoucauld, connaissant que le dessein que la Reine avait fait d'aller en Guyenne leur donnerait beaucoup de peine, engagèrent de plus en plus le parlement de Bordeaux dans leur révolte, et par conséquent dans les intérêts des princes. Pour embrouiller davantage les affaires, ils firent résoudre cette compagnie d'envoyer une célèbre députation au parlement de Paris. Elle arriva aussitôt après que la Reine en fut partie; mais ces députés n'obtinrent pas le résultat qu'ils désiraient pour la liberté des princes.

Le premier président, malgré l'affection qu'il avait pour ce parti, fut d'avis qu'il était bon de demander la liberté de tous; mais qu'il fallait attendre que les choses fussent en état que, par leur sortie, la paix demeurât fermement établie en France, et dit qu'il n'y avait pas d'apparence de demander cette grâce à la Reine, lorsqu'une guerre civile allumée pour eux était prête de mettre la France à feu et à sang.

Cet avis fut suivi de plusieurs. Mais enfin celui de Broussel prévalut sur les autres, qui fut de députer vers la Reine, pour lui faire de très humbles remontrances sur la requête du parlement de Bordeaux.

Pendant que toutes ces choses se passaient, le Roi continuait son voyage, et approchait de Bordeaux le plus qu'il lui était possible. Les sages de cette ville voulurent conseiller les autres d'obéir au Roi. Il y en eut qui parlèrent fortement dans les assemblées publiques contre la rébellion, et selon ce qu'ils devaient au Roi. Beaucoup de ceux de ce parlement, qui voulaient éviter les maux de la guerre, firent leur possible pour persuader leur compagnie de se détacher des intérêts du prince de Condé, et de chasser de leur ville, tout au moins les ducs de Bouillon et de La Rochefoucauld.

Mme la princesse, conseillée par ces deux généraux, les seules colonnes qui soutenaient son parti, s'en alla au parlement ; et, favorisée du peuple, qui choisit toujours ce qui lui est le plus contraire, sut si fortement renouveler par la pitié les sentiments d'affection qu'ils avaient pour M. le prince, que ce même jour il fut résolu que l'union des princes et du parlement subsisterait, et qu'on se préparerait à soutenir la guerre, déclarant néanmoins, comme font des révoltés ordinairement, qu'ils étaient bons serviteurs du Roi.

La Reine envoya de Poitiers un exprès à Bordeaux avec des lettres du Roi pour le parlement, et d'autres du secrétaire d'État à l'ordinaire, pour les avertir de la venue du Roi et de la Reine, afin qu'ils députassent vers Leurs Majestés selon la coutume et leur devoir.

On résolut dans ce parlement de ne point députer, mais de faire de très humbles remontrances par écrit. Et pour faire connaître qu'ils ne voulaient point abandonner les intérêts de Mme la princesse, ils dirent qu'ils ouvriraient leurs portes au Roi comme bons et fidèles sujets de Sa Majesté; mais qu'ils ne voulaient point de Mazarin, qui était leur ennemi capital; qu'il avait toujours protégé les injustices du duc d'Épernon contre eux, et que, cela étant, ils ne pouvaient pas avoir de confiance en lui.

Le ministre ne s'étonna pas de cette hardiesse. Mais, connaissant combien il était difficile d'entreprendre le châtiment d'une province soutenue par le roi d'Espagne et par tant d'habiles gens, il voulut, selon sa coutume, mettre l'affaire en négociation, mais le parlement, les ducs de Bouillon et de La Rochefoucauld, ne trouvèrent pas de sûreté dans les douces paroles du ministre, elles n'eurent d'autre effet que celui d'un amusement inutile.

La Cour étant arrivée à Libourne, le parlement alors, ne pouvant éviter de rendre à Leurs Majestés les marques de son respect, leur envoya une députation de plusieurs conseillers et d'un président. Ce président dit de belles paroles au Roi et à la Reine, qui ne signifiaient rien. Et de même la réponse fut douce, et capable de les convier à quelque repentir.

Les Espagnols, voulant réparer leurs pertes passées par l'état présent de nos affaires, assiégèrent et prirent en Italie Porto Longone et Piombino, qui nous avaient coûté beaucoup d'argent et de peines. Ils gagnèrent alors en tous lieux. Ils assiégèrent la Capelle, qu'ils prirent fort aisément. Le vicomte de Turenne, assisté des forces du roi d'Espagne, alla assiéger Rethel, et en deux jours il se rendit le maître de cette place.

Guyonnet, député de Bordeaux, après avoir reçu les ordres de sa compagnie, demanda audience au parlement. Le duc d'Orléans la retarda quelques jours. Mais enfin, les chambres s'étant assemblées, elle lui fut accordée le 6 d'août. Le duc d'Orléans, pour arrêter le bruit qui se faisait en sa faveur, proposa lui-même au parlement la révocation certaine du duc d'Épernon qu'il avait déjà promise, l'établissement d'un autre gouverneur à sa place, sûreté pour Mme la princesse et pour le duc d'Enghien, amnistie générale pour ceux de Bordeaux, et abolition (1) pour tous ceux du parti des princes qui la demanderaient et rentreraient dans leur devoir ; et voulut que le registre du parlement en fût chargé.

Il y eut grande contestation entre les serviteurs du duc d'Orléans et ceux des princes, savoir si on accepterait les propositions du duc d'Orléans, qui

(1) Terme précis employé dans l'ancien droit pour désigner le pardon que de son autorité absolue le prince accordait pour un crime.

paraissaient justes aux gens de bien, qui plaisaient aux frondeurs, et qui d'ailleurs étaient dures à ceux du parti des princes.

La délibération fut remise au 8. Ce jour-là, plusieurs avis furent ouverts. Les frondeurs, Broussel, le coadjuteur furent d'avis d'accepter les propositions du duc d'Orléans; d'autres, Des Landes-Payen, le président Violé demandaient la liberté des princes et l'éloignement du cardinal. Ce jour-là, les serviteurs des princes firent crier autour du Palais : « *Point de Mazarin,* » et lorsque le duc d'Orléans voulut sortir, il fut incommodé de la presse des crieurs, et l'on cria fortement contre le duc de Beaufort, l'appelant Mazarin. Ce qui fit apercevoir à la Fronde, que, de la même manière qu'elle avait frondé le ministre, les princes le fronderaient à leur tour, et qu'il fallait qu'ils se préparassent à se bien défendre.

Le 9, le président de Thoré, fils du feu surintendant d'Émery, recommença la délibération. Tous les avis revinrent à deux principaux : celui d'accepter les propositions du duc d'Orléans, et celui de la liberté des princes quand les rebelles auraient mis bas les armes. De celui-ci il y en eut soixante dix; car la plus grande partie de ceux qui avaient été contre le cardinal, dont il y en avait eu environ quarante, revinrent à cet avis, hormis treize; et du premier, il y en eut cent douze.

Et on ajouta même de signifier au parlement de Bordeaux que le parlement de Paris trouvait justes et tout à fait équitables les propositions du duc d'Orléans, et qu'ils devaient s'en contenter. Comme on avait envoyé au Roi des députés pour lui rendre raison de ce qui avait été fait au parlement en faveur des Bordelais aussitôt après le départ de Sa Majesté, il fut arrêté aussi qu'on enverrait lesdites propositions à leurs députés afin de les faire agréer au Roi. Le duc d'Orléans dit aussi qu'il écrirait au Roi pour faire surseoir tous actes d'hostilité.

Tandis que toutes ces choses se passent à Paris, le Roi, qui était à Libourne avec une assez belle armée, témoigna vouloir assiéger la ville de Bordeaux. Les Bordelais en furent étonnés; et, sans l'espoir qu'ils avaient au secours du parlement de Paris, qu'ils voyaient être aussi malintentionné qu'eux, ils auraient eu de plus grandes frayeurs. Enfin, pressés par leur devoir et par leur crainte, ils envoyèrent d'autres députés au Roi et à la Reine. Ils furent plus humbles que les premiers, et firent à Leurs Majestés une harangue plus soumise et qui paraissait implorer leur miséricorde.

La Reine répondit par écrit à la députation des Bordelais. On leur fit savoir que le Roi était assez bon pour leur pardonner et leur donner l'amnistie dont ils avaient besoin pour effacer le crime de leur rébellion; mais qu'il voulait savoir, avant que de traiter avec eux d'aucune chose, s'ils voulaient recevoir le Roi comme leur maître, avec la dignité et la sûreté requises à sa personne, ou maintenir contre lui les ducs de Bouillon et de La Rochefoucauld, déclarés criminels de lèse-majesté par tous les parlements. Ils dirent qu'ils n'avaient point le pouvoir de répondre à ces articles, mais qu'ils en feraient leur rapport à leur compagnie, et en rendraient réponse avant le 5 du même mois.

Par l'ordre de la Reine, on continua la guerre avec chaleur. Le maréchal de la Meilleraye attaqua l'île Saint-Georges, où ceux de la ville avaient des troupes dont ils faisaient leur capital. Après quelques volées de canon, ils se rendirent à composition.

Le duc de Candale fut envoyé à Loches, où était alors le duc d'Épernon, son père, qui n'était point venu à la Cour, malgré les ordres qu'il en avait reçus. Le dessein du ministre était de le faire consentir que l'on donnât le gouvernement de Guienne à Monsieur, frère unique du Roi, afin d'ôter aux rebelles tout prétexte de se plaindre.

Les députés de Bordeaux ne revinrent point trouver le Roi, comme ils l'avaient promis. Le duc de Bouillon les empêcha de tenir leur parole. Son dessein était de faire pousser leur révolte le plus loin qu'il lui serait possible, tant pour tâcher d'obtenir la liberté des princes que pour en tirer de plus grands avantages en son particulier.

L'armée espagnole était alors sur notre frontière, puissante et pleine de belles espérances, qu'elle devait concevoir de sa force et de notre faiblesse. Elle s'avança vers Reims, mais cette ville fut conservée par la présence du maréchal Du Plessis, qui prit toutes les précautions nécessaires pour empêcher ses progrès. L'archiduc occupa Neufchâtel, Pontaverre et Bazoches, où il voulut demeurer quelques jours. Quelques autres troupes de l'armée du vicomte de Turenne, commandées par Bouteville (1), vinrent hardiment jusqu'à dix lieues de Paris, pour nous faire la guerre, et beaucoup plus pour nous faire peur.

Bouteville réussit dans son dessein. Les paysans et toute la noblesse de Picardie, qui vint se sauver dans Paris, y causa une étrange rumeur. Ce lieu était plein de tant de factions, que les grands et les petits avaient plus de joie que de douleur, de voir l'archiduc proche de nous. Et chacun était plus attentif à faire servir ce désordre à ses desseins, qu'à s'opposer à l'ennemi. Le duc d'Orléans, qui vit que le vicomte de Turenne avec ses troupes pouvait venir jusqu'au bois de Vincennes enlever M. le Prince, reprit de nouvelles inquiétudes. Et les frondeurs se servirent de cette occasion pour lui conseiller de le faire amener à la Bastille, de sa seule autorité. Il en parla à Le Tellier, secrétaire d'État, qui s'y opposa vigoureusement; et

(1) François-Henri de Montmorency, duc de Luxembourg, fils posthume du comte de Montmorency-Bouteville et d'Elisabeth de Vienne (1628-1695). Il fut un des grands généraux du règne de Louis XIV.

après beaucoup de consultations et de mauvaises heures sur l'inquiétude que cette affaire donna aux uns et aux autres, il fut conclu qu'on les ôterait du bois de Vincennes, et qu'on les mènerait à Marcoussis, sous bonne garde, au delà de la rivière de Seine et de la Marne, attendant que la Reine en ordonnât à sa volonté.

Madame, dans ces occurrences, conseilla Monsieur de mettre le prince de Condé en liberté, et de marier son fils, le jeune duc d'Enghien, à une de ses filles. Il n'approuva point alors cette proposition, quoiqu'elle fût raisonnable à son égard.

La Reine cependant était occupée aux soins que lui donnait le siège de Bordeaux. Les propositions de paix que le duc d'Orléans avaient arrêtées dans le parlement n'avaient pas été tout à fait agréables au ministre. Mais il jugea qu'il s'en pouvait servir pour obliger les Bordelais à ne pas demander au Roi plus que ce qu'elles leur accorderaient. Il voyait bien que le parlement avait en cette occasion trop entrepris sur l'autorité du Roi, et que le duc d'Orléans, malgré ses bonnes intentions, lui avait laissé prendre trop d'avantage. Il reçut néanmoins tout ce qui venait de sa part, avec respect, et fit paraître vouloir suivre ses sentiments. Mais il se résolut, en faisant attaquer Bordeaux, de se mettre en état de ne prendre conseil que de lui-même.

Le maréchal de La Meilleraye pressa la ville; il donna le commandement de l'attaque du faubourg Saint-Severin aux marquis de Roquelaure (1) et de Saint-Mesgrin. Ces deux braves gens s'engagèrent si avant, que le maréchal de La Meilleraye ayant jugé à propos de changer ses ordres, ils ne purent pas lui obéir. Le combat fut rude des deux côtés. Ceux qui y commandaient y firent des merveilles. Les royalistes attaquèrent toujours vaillamment, et les rebelles se défendirent de même.

Pendant que le ministre faisait la guerre, il pensait selon sa coutume à la paix. Il consentit que le duc de Candale fît venir Gourville à Bourg. Plusieurs grandes matières furent traitées en cette conférence. Gourville, homme hardi sur les propositions, et qui, selon ce qu'il lui convenait de dire, et ce que la nécessité le forçait de faire, se servait également du oui comme du non, ouvrit au ministre, à ce qu'il m'a dit depuis, et sans dessein de le tromper, toutes les voies possibles pour l'accommodement.

Le Cardinal refusa tous ces accommodements, parce qu'il n'osait se confier au prince de Condé, dont il avait été si maltraité; parce qu'il ne crut pas devoir manquer au duc d'Orléans, à qui il

---

(1) Gaston-Jean-Baptiste, marquis puis duc de Roquelaure (1617-1683), lieutenant-général (1646), devint plus tard gouverneur de Guienne. Il eut toute sa vie à la Cour un rôle de bouffon. C'est à tort qu'on lui attribue beaucoup d'anecdotes piquantes qui courent sous son nom.

avait promis de ne rien changer sur cet article, sans sa participation.

Le duc d'Orléans envoya tout de nouveau Du Coudray-Montpensier au cardinal, avec deux conseillers du parlement de Paris, pour le convier de donner la paix à cette ville rebelle; et n'oublia rien pour la faire conclure, selon les assurances qu'il en avait déjà données.

Toutes les négociations de part et d'autre ayant eu leur effet, la paix fut accordée aux Bordelais, selon la déclaration donnée au parlement de Paris (1). L'amnistie générale fut donnée à tous.

Le Roi et la Reine entrèrent dans Bordeaux, et n'y furent pas reçus avec la joie publique qui accompagne, pour l'ordinaire, les visites de cette nature (2).

Le cardinal Mazarin y fut mal reçu : on ne lui fit point les compliments dus en de telles occasions à sa qualité de premier ministre; et la Reine le sentit comme un outrage fait à sa personne. Elle ne tarda que dix jours dans Bordeaux, et cette ville ne méritait pas d'en être honorée plus longtemps.

Sa présence était nécessaire à Paris, elle partit. Étant arrivée à Fontainebleau, elle convia le duc

(1) Le traité eut lieu le 29 septembre.
(2) « Le 5 octobre, la Reine et le Roi firent leur entrée dans cette ville, sur une galère que les Bordelais leur avaient envoyée, au bruit des canons des vaisseaux, avec la plus grande acclamation qu'il fut possible. » (Monglat.)

d'Orléans de la venir voir. Mais les frondeurs voulurent l'en détourner par de mauvaises raisons. Ils souhaitaient de le mettre en mauvaise humeur contre le ministre sur ce que l'on avait mandé à ce prince les longues conférences que les ducs de Bouillon et de La Rochefoucauld avaient eues avec lui.

Le duc d'Orléans alla à Fontainebleau, après avoir montré publiquement se plaindre du cardinal et avoir témoigné peu de désir de voir la Reine. Le Roi, accompagné du ministre, fut au devant de lui. D'abord ce prince ne parut point mal satisfait. Il embrassa le cardinal, et après quelques petites plaintes, qui furent adoucies par les justifications du ministre et le bon traitement de la Reine, tout parut raccommodé. Il fut parlé entre eux de l'affaire qui pressait le plus, et du lieu où les princes seraient transportés. La Reine me fit l'honneur de me dire, aussitôt après son retour à Paris, qu'elle avait parlé au duc d'Orléans du dessein qu'elle avait eu de les faire conduire au Havre, et qu'il n'avait point paru s'y opposer; mais qu'il avait seulement répondu (voilà les mêmes mots) : *Mezo si, mezo no*, moitié oui, moitié non. Sur cela, les ordres furent donnés en diligence au comte d'Harcourt, avec un bon nombre de troupes pour les y mener; et la Reine fut en cette rencontre obéie ponctuellement.

Mme de Chevreuse, étant à Fontainebleau, protesta au cardinal des bonnes intentions du coadjuteur, et l'assura qu'il voulait être tout à fait de ses amis, pourvu qu'il le fît cardinal.

Le coadjuteur en ce même temps, pour ne rien oublier, et peut-être par un équitable repentir du passé, fit encore offrir au cardinal, que s'il avait peur de lui, il s'en irait à Rome, et qu'étant satisfait, il ne se mêlerait plus de rien. Mais toutes ces belles et louables apparences ne purent convier le ministre à lui faire du bien, et son malheur voulut aussi qu'il n'osât lui faire du mal, en écoutant les propositions du garde des sceaux de Châteauneuf, qui en cette rencontre parurent sincères.

La Reine retint le duc d'Orléans auprès d'elle, à Fontainebleau tant qu'il lui fut possible, et le laissa partir assez content, un jour seulement avant qu'elle revînt à Paris, qui fut le 15 de novembre. Elle nous parut fort changée de sa maladie. Elle était faible et triste. A son arrivée, toute la cour la reçut au Palais-Royal, et toute la Fronde s'y trouva, tant en gros qu'en détail.

Le duc de Beaufort, qui, à ce qu'on m'assura, eut quelque peur d'être arrêté, vint lui rendre ses devoirs. Elle le reçut froidement. Il en usa de même avec le ministre, afin de se rétablir en honneur avec le peuple de Paris, qui avait crié contre lui *au Mazarin!* Le coadjuteur vint aussi faire la révérence à Leurs Majestés, et la Reine lui fit de grands reproches de sa conduite.

Les princes arrivèrent au Havre le 25 du mois

de novembre, jour de Sainte-Catherine. Ils étaient partis le 15, et marchaient à petites journées, à cause des troupes qui les conduisaient. Ils espérèrent toujours qu'on les sauverait, et M. le Prince tenta de se sauver lui-même dans une hôtellerie. Mais de Bar les veillait de si près, que la chose lui fut impossible. Il se plaignait de ses soins et de sa sévérité, et avait une grande haine pour lui. Ce fut pour ce prince une sensible douleur de se voir entre les mains et sous la domination de la duchesse d'Aiguillon (1) son ennemie, et une grande mortification au duc de Longueville, de traverser en cet état les terres de son gouvernement.

Le cardinal partit de Paris, le 1ᵉʳ décembre, pour aller à l'armée. Son dessein était de retirer Réthel des mains des ennemis, qui venaient de le prendre, et qui paraissaient vouloir le fortifier, pour y prendre leur quartier d'hiver. Toutes les troupes qui étaient à Bordeaux ayant rejoint notre armée en Champagne, elle se trouva de près de vingt mille hommes.

Le ministre, malgré la saison qui était avancée, voulut entreprendre quelque chose qui pût réparer le déshonneur de la campagne, et celui du maréchal Du Plessis, qui avait été dans l'impuissance

---

(1) Marie-Madeleine de Vignerot, dame de Combalet, duchesse d'Aiguillon, fille de René de Vignerot et de Françoise du Plessis, sœur du cardinal de Richelieu et dame d'atours de Marie de Médicis. C'est Richelieu qui lui avait acheté le duché d'Aiguillon. Elle mourut en 1675.

de montrer aux ennemis ce qu'il savait faire. Les pertes que l'on faisait alors en Catalogne, dont les Espagnols prenaient les meilleures places, faisaient aussi un mauvais effet contre le cardinal, et donnaient matière de crier à ces sortes de gens qui en font profession, et qui croient que toute la vertu romaine est passée en eux, pourvu qu'ils aient mal parlé de celui qui gouverne.

Aussitôt que le cardinal fut parti, le parlement s'assembla. Et Mme la Princesse, femme du prince de Condé (1) (car Mme la princesse sa mère était alors fort malade), présenta une requête par laquelle elle se plaignait du cardinal Mazarin, qui avait envoyé M. le Prince, son mari, dans un lieu dont ses plus grands ennemis étaient les maîtres, et dont ils pourraient, quand il leur plairait, l'envoyer dans les pays étrangers; que cela étant, elle suppliait la cour d'avoir égard à sa requête, et d'ordonner que les princes, selon les lois de l'État, et notamment selon la déclaration dernière du mois d'octobre, fussent amenés au Louvre, et gardés par un gentilhomme, officier de la maison du Roi.

Cette requête fut présentée par Des Landes-Payen, conseiller au parlement, fort zélé pour les princes. Elle fut reçue de la compagnie avec applaudissement, et donnée aux gens du Roi, pour

---

(1) Condé avait épousé, en 1641, alors qu'il était encore duc d'Enghien, Claire-Clémence de Maillé, duchesse de Fronzac, fille du marquis de Brézé. Elle mourut le 18 avril 1694.

y donner leurs conclusions, qui furent que la requête serait présentée à la Reine, et qu'elle serait suppliée d'y avoir égard.

Ce même jour arriva la nouvelle de la mort de Mme la princesse la mère, qui fut regrettée d'une infinité de personnes. Et l'on ne manqua pas de dire que le chagrin et la douleur lui avaient ôté la vie. Cette princesse était dans un âge qui pouvait encore lui faire espérer une longue suite d'années. Elle paraissait saine ; elle avait encore de la beauté, et l'on peut croire en effet que l'amertume de cette disgrâce contribua beaucoup à sa fin. Elle était, comme je crois l'avoir déjà dit lorsque j'ai parlé d'elle, un peu trop fière, haïssant trop ses ennemis, et ne pouvant leur pardonner. Dieu voulut sans doute l'humilier avant sa mort, pour la prévenir de ses grâces et la faire mourir plus chrétiennement. Sans ce secours, selon son tempéramment, elle aurait senti avec de grandes impatiences la peine de se voir exilée, ses enfants en prison, et ses ennemis triompher d'elle. Mais Dieu changea ses sentiments en de très vertueuses dispositions. Elle parut accepter volontiers toutes ces peines afin de participer par cette croix à celle de Notre-Seigneur.

Mme la Princesse ordonna à l'abbé de Roquette l'aller trouver la Reine de sa part, pour l'assurer qu'elle mourait sa très humble servante, quoiqu'elle mourût des déplaisirs qu'elle avait eus de la persécution faite à elle et à ses enfants. Elle lui manda qu'elle la conjurait par le sang de Jésus-Christ de faire quelque réflexion sur sa mort, et de se souvenir que personne n'était exempt des coups de la fortune. Enfin cette Princesse finit sa vie dans les maux, et les souffrit avec patience. Il est à croire que Dieu l'en a récompensée et lui a fait miséricorde.

Mme la Princesse n'étant plus, il fallait que Mme la princesse sa belle-fille fût celle sous le nom de qui on travaillât à la liberté des Princes. Le jour pris pour délibérer sur la requête qu'elle avait déjà présentée, les Chambres s'assemblèrent. Mais durant plusieurs audiences, aucun résultat ne fut obtenu.

Le 15 décembre, messieurs du parlement députèrent vers le duc d'Orléans pour le prier d'assister à leurs délibérations, et cependant résolurent de demeurer incessamment assemblés. Le duc d'Orléans, qui, sur le chapitre du prince de Condé, était presque encore du même sentiment que la Reine, pour empêcher que la requête de M^mo la Princesse ne fût trop favorablement reçue, leur déclara hautement qu'il ne pouvait pas se résoudre d'y aller, s'il n'y était reçu d'une autre manière qu'il ne l'avait été les jours précédents [1]; que

---

[1] Il y avait aux abords et dans les salles du Palais des gens sans aveu soudoyés pour faire du bruit, et qui mêlés aux plaideurs et aux promeneurs criaient : *Vivent les princes! point de Mazarin!* ce qui était fort désagréable au duc d'Orléans. La foule était telle que les gardes du duc d'Orléans eurent souvent peine à lui ouvrir un passage jusqu'à la grande Salle.

chaque particulier y était le maître et que le désordre était tel que lui-même n'y était point écouté ; que tout ce qu'ils faisaient alors ne ferait point sortir les Princes ; qu'il ne conseillait pas à la Reine de le faire ; qu'elle les avait fait conduire au Hâvre par de bonnes raisons, et que c'était lui-même qui lui avait conseillé de le faire.

Il le disait ainsi pour faire finir la rumeur du parlement qui se faisait en faveur des Princes. Et, néanmoins, il avait souvent dit sur ce chapitre qu'il se plaignait de la Reine de ce qu'elle les avait envoyés en ce lieu sans lui en avoir parlé positivement.

Ce même jour arriva la nouvelle d'une défaite des ennemis par milord Digby, anglais qui commandait alors dans nos troupes ; et j'en vis apporter à la Reine une enseigne : ce qu'elle estima beaucoup plus davantage que le plus beau diamant du monde. Elle en reçut un infiniment plus considérable. Un courrier arriva de la part du ministre, qui lui apprit la prise de Rethel, qui avait été emportée par l'armée du Roi en deux ou trois jours, sans y faire de circonvallation.

Le cardinal pouvait partager avec le maréchal Du Plessis une grande portion de la gloire qui en était due à ce général, par les soins qu'il avait pris de mettre l'armée en état de faire de telles conquêtes. Voilà cet homme, condamné par un arrêt du parlement et pendu en effigie, qui, malgré la haine publique, subsiste dans la grandeur. Il ajoute à sa qualité de ministre celle de conquérant à la tête de vingt mille hommes, et prend des places, sans paraître se soucier de toutes les injures de ses ennemis. Se voyant haï des grands du royaume et des peuples, il tâchait de se conserver l'amitié des soldats. Sa maxime était d'aller à l'armée le plus souvent qu'il pouvait, et d'y porter toujours de l'argent; et il prenait soin de régaler les soldats sur toutes leurs petites nécessités. Cette année, il leur avait porté des justaucorps pour les garantir du froid, qui était déjà grand. Il tenait trois ou quatre tables où il recevait les officiers, afin de les acquérir à lui par cette bonne chère : se montrant d'ailleurs plus doux et plus traitable que quand il était dans le cabinet de la Reine, où, pour l'ordinaire, il était inaccessible à tous.

La Reine reçut cette nouvelle avec beaucoup de joie. Elle l'accompagna de la modération qui doit paraître dans les occasions de cette nature, et souhaita que, dans ce même instant que Rethel pris, on pût aller au maréchal de Turenne, le battre et le défaire. Ce qui fut une espèce de prophétie; car à l'heure même qu'elle faisait ce souhait, l'armée du Roi était aux mains avec celle des ennemis, où commandait le maréchal de Turenne.

Ce général rebelle, et don Estevan de Gamarre, incontinent après la prise de Rethel, avec près de huit mille chevaux et plus de quatre mille hommes de pied, n'étant pas encore avertis de la victoire des nôtres, continuèrent leur marche vers cette ville qu'ils avaient l'intention de secourir et ils l'avaient promis aux assiégés. Lorsque les nouvelles de leur approche furent sues dans l'armée du Roi, le conseil de guerre s'assembla et le ministre y fit résoudre de donner bataille.

Le général et les autres officiers de guerre ayant approuvé cette résolution, la plus grande partie de l'armée, qui se trouvait au meilleur état de combattre fut commandée pour cet effet. Sept mille fantassins et cinq mille chevaux marchèrent avec toute la diligence possible pour aller au-devant de l'armée espagnole. Les nôtres, n'ayant pour toute artillerie que deux pièces de campagne, n'eurent pas plutôt fait quatre lieues qu'ils eurent avis, par leurs coureurs, que le maréchal de Turenne paraissait au-delà d'une ravine qui pouvait être à trois quarts de lieue d'eux, et que, sur l'avis qu'il avait eu de notre marche, il avait fait faire halte aux Espagnols, pour délibérer s'ils feraient leur retraite ou s'ils viendraient affronter notre armée.

Il passa à poursuivre leur marche. Si bien qu'après avoir fait deux ou trois mille pas le long d'une ravine qui empêchait que ces deux armées ne se vissent, elles descendirent presque en même temps dans une plaine où le combat se donna, tel qu'on le peut imaginer entre deux armées toutes deux commandées par de bons chefs, munis de vaillants officiers et de bons soldats, accoutumés à se bien battre. Le maréchal Du Plessis, qui fut vu des premiers et en tous lieux l'épée à la main, commandant ses troupes et combattant les ennemis, emporta la victoire sur le maréchal de Turenne, qui, pour n'être pas si heureux que lui, n'en eût pas moins de réputation (1).

La Reine fut ravie de voir que ses souhaits avaient été accomplis. Il lui sembla que Dieu, par cette défaite, voulait confondre la malice de ses persécuteurs, honorant par un si favorable succès, celui qu'ils avaient tort de mépriser, et qu'ils haïssaient tant sans savoir pourquoi.

Pendant que le ministre s'occupait à gagner des batailles contre les ennemis de l'État, les siens particuliers, malgré ses heureux succès, combattaient contre lui, avec toutes leurs forces, et, sans qu'il le sût, lui préparaient de grands maux. La Princesse palatine acheva dans ce temps-là de gagner entièrement madame de Chevreuse, en lui promettant, de la part des Princes, le mariage du prince de Conti avec Mlle de Chevreuse.

Le coadjuteur, plus difficile que les autres, ne se laissait point gagner par ceux que la Princesse palatine envoyait traiter avec lui. Mais, le jugeant entièrement nécessaire à ses desseins, elle alla le trouver elle-même et sut si bien le persuader,

---

(1) Cette bataille, (15 décembre 1650) est connue sous le nom de bataille de Rethel, quoiqu'elle eût lieu loin de cette ville, (à 15 kilom).

qu'elle l'engagea dans ce parti. Elle lui promit que le prince de Condé le servirait dans sa prétention du chapeau, et lui dit de plus qu'à son défaut elle le ferait nommer par la reine de Pologne sa sœur, qui avait un chapeau à donner ; et Mme de Chevreuse, déjà liée à ce projet, aida beaucoup à l'engager dans cette ligue. Le coadjuteur, s'étant enfin promis aux intérêts des princes, travailla aussitôt à la liaison du duc d'Orléans et des prisonniers. On avait souvent de leurs nouvelles par certaines gens qu'ils avaient achetés ; et toutes ces propositions reçurent leur perfection par leur consentement et leur confirmation.

Le cardinal fut averti sur la frontière de ce qui se passait au parlement en faveur des Princes ; mais il ne sut point ce qui se traitait secrètement entre les Princes, les frondeurs et la Princesse palatine. Ces émotions publiques, quoique d'elles-mêmes assez fortes, ne furent pas capables de l'étonner. Il y eut de ses amis qui lui conseillèrent, voyant tant de rumeur dans Paris contre lui, de ne point revenir ; mais, ignorant les liaisons qui venaient de se faire, il ne s'arrêta pas à leur conseil, et résolut son retour à Paris. Il s'amusa quelques jours seulement dans Amiens, pour savoir le succès de cette délibération et des assemblées du parlement.

Le même jour 17, que la nouvelle du gain de la bataille était arrivée, on délibéra au parlement sur la requête de Mme la Princesse, présentée par De

Landes-Payen. Beaucoup opinèrent de faire des remontrances à la Reine, disant qu'elle serait très humblement suppliée de mettre les Princes en liberté, et d'éloigner le cardinal Mazarin des affaires, comme incapable et perturbateur du repos public. Mais, l'heure venant à sonner avant que tous les conseillers eussent opiné, ni que le premier président eût recueilli les voix de la compagnie, l'assemblée fut rompue et remise à une autre fois.

Le parlement, au sortir de cette délibération, fut invité par le Roi de se trouver à Notre-Dame, au *Te Deum* qui se chanta ce jour-là, pour rendre grâces à Dieu du gain de la bataille. Le cardinal envoya orner l'église des dépouilles des ennemis. Et cette gloire augmenta plutôt la rage de ceux qui voulaient le désordre qu'elle ne la diminua. Il y a des maladies où les meilleurs remèdes se tournent en poison à ceux qui les prennent, à cause que les humeurs sont mal disposées.

La Reine, qui voyait le duc d'Orléans autoriser tout ce qui se faisait contre elle, lui en faisait beaucoup de plaintes ; mais lui, sans déclarer entièrement ses sentiments, qui étaient encore incertains dans son âme, lui répondit toujours qu'il avait employé les frondeurs à servir le Roi pendant son voyage de Bordeaux, et qu'il ne pouvait pas les abandonner, leur ayant même promis de les raccommoder avec elle. Ce qui, à ce qu'il lui disait, ne lui devait pas être tout à fait impossible.

Le 29 du mois, cette célèbre délibération en

faveur des Princes s'acheva entièrement. La conclusion fut que remontrances seraient faites à la Reine sur la prison des Princes, et qu'elle serait très humblement suppliée de les mettre en liberté, n'étant point accusés d'aucun crime. Et les gens du Roi furent chargés de demander audience à la Reine pour être écoutés. Ils le firent, et elle les remit à quelques jours après qu'elle se porterait mieux.

On ne nomma point le ministre dans cet arrêté, les amis des princes l'ayant ainsi désiré, à cause que le cardinal, voyant le bonheur se tourner de leur côté, par cette fine et trompeuse politique qu'il observait dans toutes les occasions où il se trouvait embarrassé, leur avait envoyé donner de grandes espérances de les contenter, et leur avait témoigné vouloir revenir à Paris avec le dessein de s'accommoder avec eux.

Le 31 de décembre, nous le vîmes arriver, fort bien reçu de la Reine et du peuple, qui s'assembla dans les rues pour le voir passer. Le duc d'Orléans n'était point chez la Reine; mais le lendemain il alla à l'hôtel de Chevreuse, d'où il envoya quérir le garde des sceaux de Châteauneuf et Le Tellier, et leur dit qu'il n'allait point au Palais-Royal, parce que de tous côtés on l'avait averti qu'on le voulait arrêter. Ces deux hommes revenant dire à la Reine les soupçons de ce prince, elle les renvoya lui donner parole de sûreté et lui dire que la chose était très fausse. Le duc d'Orléans, ayant repris courage, vint alors chez la Reine, et le cardinal alla au-devant de lui jusque dans l'antichambre. Ce prince, en l'embrassant, lui dit quelques paroles assez civiles et obligeantes; mais il n'alla point chez lui.

[1651] Le 4 janvier, le duc d'Orléans alla voir le cardinal. Ce prince, ce jour-là, était un peu mieux disposé, par les diligences que le ministre faisait faire sous main pour le regagner. Ils demeurèrent assez longtemps ensemble en conversation secrète, et on s'imagina que toutes ces divisions allaient se raccommoder. Dans le vrai, ce ne furent que reproches de part et d'autre, et de grandes justifications du côté du ministre, que le duc d'Orléans reçut assez gravement.

Il était si grand par lui-même, et alors si considérable, qu'on peut presque dire qu'il était aussi absolu en France que s'il eût été le roi. Dieu lui avait donné de l'esprit et de la raison : et toutes ces choses ensemble pouvaient l'établir dans une félicité stable et permanente, autant qu'un homme la peut avoir. Mais, agissant toujours par les sentiments d'autrui sans se conseiller soi-même, il assujettissait ses intérêts, ses pensées et ses jugements aux passions de ceux dont il voulait croire les conseils. Il avait été le solliciteur du chapeau de l'abbé de la Rivière, et jusqu'à l'extrémité il avait à peu près suivi toutes les volontés de ce favori. Il faisait alors la même chose pour le coadjuteur, qui, voulant être cardinal, gâtait l'esprit de ce prince ; et, par la persécution que le ministre en souffrait, il prétendait le forcer à le satisfaire.

Le duc d'Orléans se laissant conduire si facilement, se privait de tous les avantages qu'il aurait pu légitimement prétendre pour lui-même ; et on ne saurait assez s'étonner de son aveuglement. Il n'avait que des filles. L'aînée, qu'il avait eue de Mlle de Montpensier, sa première femme, avait beaucoup d'années plus que le Roi, et la Reine craignait un peu son humeur trop sensible à ce qui pouvait lui déplaire : mais il en avait d'autres de son second mariage, et la plus grande de ces princesses était belle et fort peu éloignée de l'âge du Roi. Cette alliance pouvait convenir à tous, du moins elle était sortable, et le duc d'Orléans devait employer tous ses soins à la faire réussir. La Reine, naturellement, n'y aurait pas eu d'inclination : elle souhaitait l'Infante d'Espagne, sa nièce. Mais comme elle aurait dû espérer que ce prince, devenant beau-père du Roi, n'aurait pu avoir d'autres intérêts que les siens, et aurait dû en ce cas se séparer de toutes les factions qui troublaient l'État, elle y aurait consenti volontiers : car la raison avait beaucoup de pouvoir sur elle.

Le ministre aurait aussi sans doute fait quelque difficulté à s'engager sitôt à une chose de cette conséquence, dont le temps le devait rendre le maître ; et par elle il pouvait espérer de se voir en état d'en tirer de grands avantages pour le royaume et pour lui; mais les conjonctures passées et présentes étaient si favorables au duc d'Orléans, que, s'il avait voulu en profiter, il aurait réduit le ministre à le servir sur ce grand article, s'il lui eût donné une entière sûreté de son affection.

Une dame[1], qui a été dans la confidence du cardinal, m'a depuis dit que, peu de jours après que le duc d'Orléans se fut déclaré contre le ministre et en faveur des princes, elle avait eu ordre de lui, d'aller offrir à Mademoiselle, le Roi pour mari, pouvu qu'elle empêchât le duc d'Orléans, son père, de se joindre au prince de Condé; que cette princesse lui répondit, en se moquant d'elle, qu'ils voulaient tenir la parole donnée à M. le prince. Elle, qui fut étonnée de ses paroles si légèrement prononcées, lui dit : « Mademoiselle, « faites-vous reine, et, après que vous le serez, « vous ferez sortir les princes. » Ce conseil était bon, mais il ne fut pas suivi. Mademoiselle, avec beaucoup d'esprit, de lumières, de capacité, et pleine de désir pour la couronne fermée, n'a jamais su dire un oui qui pût lui être avantageux. Ses propres sentiments et souhaits ont toujours été surmontés en elle par des fantaisies passa-

---

[1] Mlle de Neuillant, fille d'honneur de la Reine, qui, depuis a été duchesse de Navailles, ayant épousé Philippe de Montaut de Bénac dont elle suivit la fortune.

gères ; et ce qu'elle a le plus voulu, elle ne l'a jamais accepté quand elle a pu l'avoir.

Le 5 janvier, le duc d'Orléans, qui n'avait point encore de résolution formée, retourna chez le cardinal, où il demeura quatre heures enfermé avec lui. Il lui dit qu'il voulait oublier pour toujours ce qui avait pu lui déplaire, et que son dessein était de vivre comme par le passé. Le ministre, animé de quelque espérance de le pouvoir tout de nouveau engager dans ses intérêts, le pressa fortement de lui abandonner le coadjuteur et le duc de Beaufort ; mais il ne put gagner sur lui d'y consentir. Le ministre alors fut contraint de se tenir pour content de ses bonnes apparences.

Ce moment fut celui qui décida de la destinée de ce prince et du ministre ; car, depuis ce jour, il arriva beaucoup de choses qui les séparèrent entièrement.

Le duc d'Orléans s'étant éloigné du ministre par fantaisie et par les dégoûts qui s'étaient glissés dans son âme contre lui, pressé par les frondeurs qui s'étaient liés secrètement au prince de Condé, et par la crainte de perdre le mérite de l'obliger, se laissa enfin conduire à ce que les ennemis du cardinal voulurent, et s'engagea peu à peu à travailler lui-même à la liberté de ce prince, qu'il respecta davantage quand il vit que le parlement commençait d'entrer fortement dans ses intérêts.

Le duc de La Rochefoucauld, voyant les bonnes intentions du parlement, et n'ayant jamais eu d'estime ni d'amitié pour les frondeurs, voulut persuader au ministre de mettre les princes en liberté, et de s'acquérir lui seul le mérite de leur avoir fait ce bien. Il était alors venu se cacher chez la princesse palatine, où, sans que le duc de Beaufort, Mme de Chevreuse, ni le coadjuteur le sussent, on lui communiquait toutes les propositions qui se faisaient sur cette négociation. Quand il vit toutes leurs affaires se disposer à une heureuse fin, il souhaita que ce fût le cardinal Mazarin qui pût y mettre la conclusion. La voie des frondeurs ne lui plaisait point, et celle de la Cour lui aurait été fort agréable.

La princesse palatine, de son côté, en fit autant qu'en avait fait le duc de La Rochefoucauld. Elle conseilla à M. le prince de s'accommoder avec la Cour plutôt qu'avec les frondeurs. Après avoir apprêté toutes ses batteries, elle fit dire aussi au cardinal par Bartet qu'il était perdu s'il ne se résolvait pas de mettre les princes en liberté, l'assurant que, s'il ne le faisait promptement, il verrait en peu de jours toute la cour et toutes les cabales liées contre lui, et que toute assistance lui manquerait.

Ces menaces et ces prophéties si certifiées l'étonnèrent un peu, et lui firent douter de ce qu'il ferait; mais il ne put se résoudre d'ouvrir les portes à son ennemi. Il temporisa pour éviter d'être pris pour dupe. Mais enfin, voyant que le ministre se moquait d'elle, et qu'elle ne pouvait plus retarder l'accomplissement des choses qu'elle avait commencées avec un si heureux succès, la princesse palatine signa quatre traités particuliers avec ceux qu'elle avait engagés dans les intérêts des princes.

Le premier était avec le duc d'Orléans, où le mariage du jeune duc d'Enghien et d'une des filles de ce prince fut arrêté. Le second avec Mme de Chevreuse, pour le mariage du prince de Conti avec Mlle de Chevreuse, qui n'eut pas un meilleur succès. Un autre avec le coadjuteur pour le chapeau, qu'il n'eut point par cette voie. Et le quatrième avec le garde des sceaux de Châteauneuf, pour le faire premier ministre. Ce dernier fut signé en secret, à cause de la place qu'il occupait : il ne voulut jamais être nommé en rien. En suite de tant de choses, tout éclata contre le ministre, et il ne vit que trop que les menaces qu'on lui avait faites avaient la vérité pour fondement.

Le 7, le parlement envoya ses députés au duc d'Orléans, pour le supplier d'être le médiateur, envers la Reine, de la liberté de M. le prince. Il leur répondit qu'il le ferait volontiers, et qu'il s'agissait de savoir sur cela sa volonté. Il parut alors, par cette conduite, que ce prince voulait se déclarer en faveur des princes. La Reine en fut étonnée; mais elle crut que ce n'était pas tout de bon, parce que ce prince ne voulut pas encore s'en expliquer nettement; et le ministre de même y fut trompé.

Le 18, la Reine reçut les députés du clergé, qui lui firent une très humble supplication sur le même sujet, et particulièrement en faveur du prince de Conti, qu'ils prétendaient être de leur corps. Le 20, cette princesse, encore malade, reçut dans son lit cette célèbre députation du parlement, qui avait déjà fait du bruit par le consentement que le duc d'Orléans avait paru y donner, et qui en effet fut suivie de grands et fâcheux événements. Il y eut ce jour-là beaucoup de presse dans la chambre de la Reine et autour de son lit. Chacun voulait entendre la harangue qui allait être faite.

Ceux de cette compagnie qui étaient affectionnés aux princes disaient hautement qu'ils voulaient commencer par la prière et les remontrances; mais que s'ils n'obtenaient pas par cette voie ce qu'ils demandaient à la Reine, ils se serviraient de celle que la force leur pouvait permettre. Le premier président Molé, sans parler des heureux succès de la régence ni de la dernière bataille gagnée, cita les mauvais avec une liberté démesurée, et les exagéra comme plus grands qu'ils n'étaient en effet, au détriment de la majesté royale et de la conduite du ministre. Il demanda à la Reine la liberté des princes plutôt en maître qu'en suppliant, montrant en cela qu'il était fort instruit de leurs intérêts et des négociations qui avaient été faites en leur faveur.

La Reine en eut dépit; et le ministre, malgré

sa dissimulation ordinaire, en parut attéré. Le duc d'Orléans, après avoir écouté ce discours, le désapprouva (1); et Mademoiselle, qui ne savait pas encore tout ce qui se passait, après la harangue finie, me dit qu'elle avait rougi deux fois de colère, et que la Reine eût bien fait de faire jeter le premier président par les fenêtres. Il est néanmoins certain que le premier président jusques alors avait été serviteur du Roi. Il souhaitait servir les princes par le ministre; mais, pour lui vouloir faire peur, il alla trop loin, et passa en cette occasion les justes bornes de son devoir.

Le cardinal, afin d'éviter cet orage, dont il se trouvait accablé sans savoir de quel côté il venait, fit paraître de vouloir se lier tout de nouveau avec le prince de Condé. Pour en donner quelques marques évidentes qui pussent persuader et les uns et les autres, il dit au maréchal de Gramont que, pour lui, il souhaitait leur liberté, qu'il y travaillerait volontiers auprès de la Reine; mais que le duc d'Orléans s'y opposerait, et qu'il serait sans doute un obstacle invincible à ce dessein. Il fut moqué des acteurs : les traités secrets avaient changé le cœur du duc d'Orléans, et le ministre les ignorait.

Ce prince se piqua de ce discours. Il répondit

---

(1) Parce que Molé « voulut faire passer M. le prince comme auteur de toute la bonne fortune du royaume depuis la régence. » (Omer Talon.) F. R.

au maréchal de Gramont, quand il lui en parla, que le cardinal avait tort de lui vouloir mettre cette affaire sur le dos ; que, pour lui, il était prêt de consentir qu'ils fussent mis en liberté ; et lui donna charge, comme ami particulier de M. le prince, de dire de sa part à la Reine et au cardinal Mazarin qu'il en ferait une déclaration publique quand il plairait à Sa Majesté.

La Reine fut alors véritablement surprise de ce discours. Elle avait dit assez hautement que tout ce que le parlement faisait n'aurait point d'autre effet que de faire fermer davantage les portes de la prison des princes ; mais alors elle connut que cette résolution du duc d'Orléans était fâcheuse. Le ministre en fut d'abord fort embarrassé ; mais comme il ne pensait qu'à les tromper tous, il crut qu'ils en usaient de même à son égard, et que le duc d'Orléans ne parlait de cette sorte que pour le tourmenter et pour faire plaisir au coadjuteur, qui était bien aise de lui donner des affaires. Cela fut cause qu'il ne décida pas encore s'il ferait sortir les prisonniers, et qu'il se contenta seulement d'en faire le semblant.

Le cardinal voulant en cette rencontre rendre la pareille au duc d'Orléans, croyant finement lui déplaire, ne manqua pas de dire au maréchal de Gramont qu'il était ravi d'avoir le consentement du duc d'Orléans pour la liberté des princes. Il lui dit que la Reine y consentait aussi et de très bon cœur, et qu'il allait y travailler. Aussitôt après il manda le duc de la Rochefoucauld et le marquis de Sillery, pour traiter avec eux, à Stenay, avec Mme de Longueville et le maréchal de Turenne. Toutes ces choses s'exécutèrent avec un grand dégoût de part et d'autre, et avec le succès que devait avoir une négociation forcée, et dont la sincérité était bannie.

Le parlement demanda une réponse positive à la Reine sur les remontrances qu'on lui avait faites; et cette princesse les fit venir dans sa chambre (1), où le garde des sceaux leur promit ce qu'ils demandaient. Mais il leur dit par son ordre que premièrement il fallait envoyer à Stenay, afin que Mme de Longueville se pût retirer des mains des Espagnols. Il les assura, de la part de la Reine, qu'elle allait faire dresser une abolition en faveur des prisonniers, et qu'on la leur enverrait. Le lendemain, il y eut encore une grande presse au Palais-Royal pour entendre cette réponse, qui se fit dans la ruelle du lit de cette princesse. Le garde des sceaux parla si bas et si mal que personne n'y put presque rien comprendre.

Le 1er février, le parlement s'assembla pour la même affaire. Cette compagnie doutait, avec quelque sujet, des bonnes intentions de la Reine. Et comme ils cherchèrent les moyens de lui faire exécuter ce qu'elle leur avait promis, la fortune

---

(1) Le lundi 30 janvier, sur les quatre heures.

leur en donna de tels, qu'ils eurent lieu d'en être contents.

Le coadjuteur, jugeant qu'il était temps de se déclarer ouvertement, prit cette occasion pour faire voir ses sentiments. Il dit dans la grand'-chambre que la liberté des princes était un bien nécessaire à l'État et au public; qu'il y fallait travailler unanimement; que c'était son avis, et qu'il avait ordre de M. le duc d'Orléans d'assurer la compagnie que Son Altesse Royale désirait la même chose; qu'il était prêt de travailler à ce dessein avec tout le pouvoir que sa naissance lui donnait dans le royaume. Le duc de Beaufort confirma ce que venait de dire le coadjuteur, et témoigna aussi désirer la liberté des princes.

Presque tous furent surpris de ce discours. Ils croyaient, selon ce qui avait paru pendant le voyage de Bordeaux, que le duc d'Orléans était sur ce chapitre de même avis que la Reine; et ce changement causa une joie universelle à toute la grand'chambre. Il y en avait peu qui ne fussent favorables aux prisonniers; et ceux qui ne l'osaient être, à cause du duc de Beaufort et du coadjuteur, se trouvèrent alors en pleine liberté de suivre leurs sentiments.

Ces événements si extraordinaires étonnèrent infiniment le ministre. Il voyait que la liberté des princes était devenue l'affaire de tous, et il ne pouvait deviner les ressorts de ces grands mouvements, ni ce qui avait eu le pouvoir de changer si promptement les cœurs, les esprits, les intérêts de tant de différentes cabales.

Ce même jour, le duc d'Orléans vint au Palais-Royal. Le ministre voulut lui parler contre le coadjuteur, et se justifier à lui sur les choses dont il le blâmait. Dans cette conversation, il arriva que le ministre, parlant du parlement, en fit quelque comparaison à celui d'Angleterre, et des frondeurs à Fairfax et à Cromwel, mais d'une manière qui pouvait avoir un sens fort raisonnable, et dont il ne devait point être blâmé. Le duc d'Orléans, ne sachant que lui dire pour se défaire de lui, prit pour prétexte de se fâcher de ce discours, et s'en alla brusquement de chez la Reine. Le Tellier lui demanda si tout ce que le coadjuteur avait dit de sa part en faveur des princes était véritable et approuvé de lui. Le duc d'Orléans lui répondit fièrement qu'il avait parlé selon ses sentiments et selon ses ordres, et qu'il approuverait toujours tout ce qu'il voudrait dire et faire. Alors le cardinal Mazarin, voyant bien qu'il fallait que les princes sortissent de prison, envoya le maréchal de Gramont et de Lyonne traiter avec eux.

Le lendemain, le duc d'Orléans, poussé par le coadjuteur, envoya quérir le maréchal de Villeroy (1)

(1) Nicolas de Neufville, marquis, puis duc de Villeroy (1598-1685). Enfant d'honneur de Louis XIII, maréchal de camp, lieutenant-général, gouverneur de Louis XIV (1646), maréchal de France, ministre d'État (1649), duc et pair (1663).

et Le Tellier. Il leur ordonna de dire de sa part à la Reine qu'il était mal satisfait du cardinal, qu'il lui avait parlé insolemment, qu'il lui en demandait raison ; et la pria de lui déclarer qu'il désirait qu'elle l'éloignât de ses conseils, et qu'il n'y prendrait jamais sa place qu'elle ne l'eût chassé. Il dit au maréchal de Villeroy qu'il voulait qu'il lui répondît de la personne du Roi, et qu'il le lui ordonnait en qualité de lieutenant général du royaume.

Le jour suivant, 3 février, ce prince, qui jusques alors eut tant de considération pour la Reine, se portant quasi aux dernières extrémités, manda aux quarteniers de la ville de tenir leurs armes prêtes pour le service du Roi, leur défendant absolument de recevoir d'autres ordres que les siens. Il dit aussi au garde des sceaux et à Le Tellier de ne rien expédier sans lui être communiqué. En même temps il envoya le coadjuteur au parlement, pour l'instruire des désirs qu'il avait de faire sortir les princes, et pour leur apprendre à tous qu'il se déclarait contre le ministre.

Il prit un prétexte fort indigne de lui pour se dire son ennemi. Le coadjuteur leur annonça, de la part de ce prince, qu'il avait querellé le cardinal, parce qu'il avait eu la hardiesse, en présence de la Reine, de comparer leur compagnie au parlement d'Angleterre, et qu'il avait appelé les frondeurs des Fairfax et des Cromwels. Celuiqui faisait la narration, pour la rendre plus odieuse, l'amplifia de toutes les paroles qu'il jugea devoir fâcher les auditeurs, et leur rendit compte aussi de ce que le duc d'Orléans avait mandé à la Reine par le maréchal de Villeroy et par Le Tellier (1).

Ce discours excita une furieuse rumeur dans le parlement contre le cardinal. On y fit des propositions contre sa liberté et sa vie. Il y en eut trois de terribles : la première, de le faire arrêter ; la seconde, dont fut auteur le président Viole, de le faire venir au parlement pour y répondre de son administration, et faire réparation de ce qu'il avait dit contre l'honneur de la nation. Coulon fut d'avis de faire faire des remontrances à la Reine pour l'éloigner ; et on cria : *Vive le Roi ! et point de Mazarin !*

Ce même jour, pendant que les voyages se faisaient du Palais-Royal au Luxembourg, le ministre vint chez la Reine. Il dit tout haut, en présence de tout le monde, qu'il avait prévu cet orage. Il fit un grand raisonnement sur les causes du mauvais état de la cour, les attribua presque toutes à l'ambition déréglée du coadjuteur, et dit que, pour lui, il était prêt de partir, si son absence pouvait redonner le calme à la France. Il offrit à la Reine de s'en aller, et l'assura que le

---

(1) Vid. Monglat. Mém. 17e campagne; et Omer Talon, Mém., année 1651.

zèle qu'il avait pour son service et pour l'État le ferait toujours très volontiers sacrifier sa vie pour sa conservation. Mais il protesta en même temps que si le Roi et la Reine ne le voulaient pas laisser aller, il demeurerait fort constamment auprès de Leurs Majestés pour les servir, et n'épargnerait pour cela ni sa vie, ni son honneur.

Beaucoup d'officiers de guerre s'offrirent à lui pour faire tout ce qu'il lui plairait, et quelques-uns lui conseillèrent alors de faire venir des troupes et de tenir bon dans Paris. Mais il n'osa hasarder la famille royale : et la Reine, plus intéressée que lui à la conservation du Roi et de Monsieur, ne voulut entrer dans aucune de ces propositions. Elle fut touchée de douleur quand elle sut ce que le duc d'Orléans avait dit au maréchal de Villeroy, et connut la conséquence du commandement qu'il avait fait aux quarteniers et au prévôt des marchands. Elle crut alors qu'elle devait tout craindre de ce prince, qui, malgré sa bonté naturelle, était capable des plus grandes violences quand il écoutait de méchants conseils.

Dans cette extrémité, elle se résolut d'essayer si ce pouvoir qu'elle avait toujours eu sur lui ne lui laisserait point quelque reste d'équité pour elle. Elle lui envoya dire qu'elle voulait l'aller voir, et qu'elle souhaitait que le cardinal le vît, afin qu'il pût se justifier à lui des calomnies de ses ennemis. Le duc d'Orléans répondit durement à cette civilité, et lui manda qu'il ne lui conseillait pas d'y venir, et qu'il n'y avait point de sûreté pour elle. La Reine lui envoya dire qu'elle ne craignait point le peuple, qu'elle savait assez qu'il avait du respect pour elle, et qu'elle voulait y aller toute seule, puisque la vue du cardinal Mazarin pouvait lui déplaire. Il répliqua à cette seconde ambassade qu'elle n'y vînt pas, et qu'assurément elle ne serait pas en sûreté. Elle jugea par cette réponse qu'il ne la voulait pas voir, et se reposa sur la confiance qu'elle avait en Dieu et sur les forces de son propre courage.

Le duc d'Orléans, voulant achever son œuvre, alla au parlement le 4 de février, de grand matin, avec intention de faire donner un arrêt contre le cardinal Mazarin. Il voulut s'opposer au premier président, qui, désirant travailler à la paix de la maison royale, avait déjà dit dans l'assemblée dernière que, puisque la Reine consentait à la liberté des princes, il était juste que les prisonniers la reçussent par elle. Mais ce n'était pas ce que les frondeurs désiraient.

Le duc d'Orléans y fut accompagné des ducs de Beaufort, de Joyeuse, de Retz, du coadjuteur et de beaucoup de grands du royaume qui ont séance au parlement. Il parla longtemps et fort bien. En ces occasions, ce prince faisait assez connaître qu'il avait du savoir, de l'esprit, et que sa jeunesse avait été utilement occupée. Il informa la compagnie des sujets qu'il croyait avoir de se plaindre du cardinal. Il exagéra les calomnies qu'il avait dites contre leur illustre corps, et confirma lui-même en faveur des princes tout ce que le coadjuteur lui avait dit de sa part. Il déclara qu'il n'avait jamais consenti à la détention des princes que malgré lui, et pour complaire à la Reine, qui, par les mauvais conseils de son ministre, avait désiré de les faire arrêter. Il leur dit que sa conduite était blâmable en toutes choses, et que, voyant l'État perdu et la finance mal gouvernée, il avait fait cette résolution de ne plus suivre les sentiments de la Reine; qu'il avait toujours eu pour elle beaucoup de déférence et de respect; qu'il continuerait d'avoir ces mêmes sentiments, mais qu'il lui avait mandé qu'il ne pouvait plus aller au conseil que premièrement elle n'eût chassé d'auprès elle le cardinal; et qu'ayant pris cette résolution, il venait leur demander avis sur ce qu'il avait à faire.

Cette déclaration du duc d'Orléans plut à toute la compagnie : elle était depuis longtemps mal intentionnée, et avait pris le cardinal pour le sujet de sa mauvaise humeur. Les deux cabales étaient unies; elles composaient un grand nombre de gens tous disposés à fronder.

Le premier président, qui ne s'écartait pas souvent de son devoir, répondit au duc d'Orléans avec des marques d'estime et de respect pour tout ce qui venait de lui. Mais, voulant modérer cette impétuosité, il dit que M. le maréchal de Gramont[1] était parti pour aller faire sortir les princes ; qu'en son particulier il souhaitait que sa négociation eût une heureuse fin ; mais que, la Reine l'ayant envoyé dans ce dessein, il n'était pas juste de lui en ôter la gloire, puisque enfin le Roi devait être maître absolu de tous. Et quand à ce qui le regardait en particulier sur le sujet des plaintes qu'il faisait du ministre, qu'il osait bien lui dire que c'était à lui à y chercher par sa prudence des remèdes qui fussent plus doux que ceux qu'on proposait, puisqu'il était raisonnable que nos rois fissent le choix de leurs ministres, et qu'il n'était pas de sa bonté de vouloir mettre le feu aux quatre coins de la France pour des ressentiments passagers qui se pourraient aisément effacer.

Cependant la Reine ayant mandé le premier président au Palais-Royal, celui-ci s'y rendit et conféra avec elle, puis, retournant au parlement qui l'attendait tout assemblé, il rendit compte à sa compagnie de ce que la Reine lui avait dit. Et le comte de Brienne, secrétaire d'État, qui l'avait accompagné par son ordre, leur dit à tous en présence du duc d'Orléans, que la Reine avait un grand regret de voir que des esprits brouillons et factieux lui eussent fait perdre l'amitié de Mon-

---

[1] Antoine duc de Gramont (1604-1678) créé duc et pair en 1648 après une brillante carrière militaire, auteur de mémoires publiés par son fils en 1716. Il est aussi connu sous le nom de comte de Guiche.

sieur. Et sur ce que le premier président pressa le duc d'Orléans de revoir la Reine, ce prince, pour s'en défaire, lui répondit qu'il voulait que la compagnie opinât là-dessus, ne trouvant pas juste de suivre ses sentiments sur une affaire de cette conséquence.

Le premier président, sans s'étonner, dit que la Reine l'avait assuré qu'elle allait expédier un ordre au Havre pour faire sortir les princes. Sur quoi le duc d'Orléans dit tout haut que cela était faux. Après toutes ces disputes, et beaucoup de contestations sur les avis, qui allaient tous contre le cardinal, l'arrêté fut enfin que la Reine serait très-humblement suppliée de donner une déclaration d'innocence en faveur des princes pour les faire sortir, et qu'elle serait aussi très humblement suppliée d'éloigner le cardinal Mazarin de ses conseils, attendu que M. le duc d'Orléans, lieutenant général du royaume, ne pouvait et ne voulait nullement y entrer tant qu'il y serait.

La Reine, ce matin même, me fit l'honneur de me dire, parlant de toutes ces choses, qu'elle était résolue de tenir bon, et de ne pas faire sortir les princes sans leur amitié; qu'elle voulait se moquer de tous leurs arrêts, et qu'ayant les clefs du Havre, on ne pouvait pas la forcer de leur ouvrir les portes.

Châteauneuf et Villeroy poussaient à l'éloignement du cardinal, mais la Reine résista à toutes les tentatives. Le 5 février, sur le soir, les gens du

Roi vinrent supplier la Reine de contenter les souhaits du public, on leur promit réponse pour le lendemain. Le lendemain, le parlement s'assembla. Tous arrêtèrent que le premier président irait lui-même faire des remontrances à la Reine, mais il demanda du temps, feignant de n'être pas préparé, et dit que les gens du Roi viendraient demander audience à la Reine. La rumeur fut grande au Palais; tous se mirent à crier : *Que le cardinal périsse, qu'il soit chassé, et point de Mazarin !*

Toutes ces tempêtes étonnèrent le ministre et le firent penser à la retraite. Plusieurs de ses amis lui offrirent tout de nouveau des places et des troupes, et les maréchaux de France qu'il venait de faire avaient envie de le servir. Ceux même qui désiraient le plus son éloignement dirent, dans le conseil du Roi, qu'il y avait des moyens pour le soutenir. On proposa de faire venir des troupes dans Paris, de cantonner le quartier du Palais-Royal (1) et de tenir bon contre le duc d'Orléans. Toutes ces choses ne furent point approuvées de la Reine ni de son ministre, à cause des maux que cette résistance aurait pu causer.

Mme de Chevreuse, qui depuis la prison du prince, avait paru assez attachée à la Reine, et qui faisait mine d'être amie du cardinal et de lui donner

---

(1) C'est-à-dire de répartir des troupes, de les placer aux divers points du quartier que l'on aurait un peu fortifiés.

de salutaires avis, lui conseilla de s'éloigner pour quelque temps, afin de laisser passer l'orage. Elle promit à la Reine qu'elle travaillerait à le raccommoder avec le duc d'Orléans, et qu'ensuite il serait facile d'engager ce prince à consentir à son retour. Peut-être qu'elle l'aurait fait pour obliger la Reine, et même pour y chercher le plaisir de l'intrigue et de la nouveauté. Mais, avant que de la servir, et par préférence à toutes choses, elle voulait voir les princes sortir de prison, et que le mariage de sa fille se fît. C'est ce qui l'obligeait de presser si charitablement le cardinal de s'en aller. Madame la duchesse d'Aiguillon lui donna le même conseil, et couvrit le peu d'amitié qu'elle avait pour lui du bien de l'État, disant au cardinal qu'il mériterait de cette action beaucoup de gloire, se sacrifiant pour la paix publique et pour le repos de la Reine.

Le ministre choisit enfin, à ce qui parut, de s'en aller au Havre délivrer lui-même les princes. Il prit un ordre secret de la Reine adressé à de Bar, par lequel elle lui ordonnait d'obéir ponctuellement au cardinal. Ce ministre crut peut-être se pouvoir rendre le maître de leur prison pour les y retenir, ou qu'en ouvrant lui-même la porte il ferait son accommodement avec eux, et que, devant compter la Reine pour beaucoup, ils voudraient se remettre de son côté ; mais il fut trompé en tout, et il connut que les grâces qui se font par force n'obligent point ceux qui les reçoivent.

Le cardinal communiqua son dessein à la Reine. Elle y consentit, parce qu'il était difficile que, le regardant comme un ministre fidèle, le seul qui fût dans ses intérêts et qui lui paraissait désirer le plus sincèrement le bien de l'État, elle pût éviter de suivre ses sentiments. Mais de la manière qu'elle me fit l'honneur de m'en parler, elle me fit voir, sans s'expliquer entièrement, qu'elle ne l'avait pas approuvé.

Le cardinal étant donc résolu de partir, il vint chez la Reine le soir de ce jour, 6 février. Elle lui parla longtemps devant tout le monde, dans la créance que vraisemblablement ce serait la dernière fois qu'elle le verrait, et jamais je ne l'ai vue plus tranquille qu'elle ne le parut alors.

Le cardinal étant ensuite demeuré au conseil, qui entretenait la reine de ses malheurs, l'abbé de Palluau, son maître de chambre, lui vint dire que dans les rues le peuple paraissait fort ému, et qu'on criait partout *Aux armes!* Comme son dessein était de s'en aller, il prit dès le moment congé de la Reine, sans témoigner de le prendre, de peur de marquer aux spectateurs ce qu'il ne voulait pas qu'ils sussent. Quand il fut dans son appartement, il se vêtit d'une casaque rouge, prit un chapeau avec des plumes, et sortit à pied du Palais-Royal, suivi de deux de ses gentilshommes. Il alla par la porte de Richelieu, où il trouva de ses gens qui l'attendaient avec des chevaux; de là il alla passer la nuit à Saint-Germain. Son premier dessein fut de sortir par la porte de la Conférence. Mais il eut avis qu'on avait voulu tuer de ses domestiques devant le logis de Mademoiselle, qui logeait aux Tuileries, et cette rumeur l'obligea de fuir par le plus court chemin. Déjà le bruit était répandu partout qu'il devait partir, sans pourtant que l'on sût au vrai s'il le ferait, ni quel était son dessein.

Le cardinal connut alors que la princesse palatine lui avait dit vrai, et qu'il avait eu tort de ne la pas croire. Il lui écrivit de Saint-Germain qu'il l'avertissait qu'il allait faire sortir les princes, et que, selon cette promesse qu'il lui faisait, il lui demandait qu'elle lui tînt la parole qu'elle lui avait donnée, de l'obliger en ce qu'elle pourrait, et de s'attacher à la Reine lorsque le prince de Condé serait en liberté. Elle lui avait toujours fait dire qu'elle s'était engagée de servir les princes ; mais que, n'aimant point les frondeurs, lorsqu'elle serait satisfaite par l'heureuse fin de sa négociation, son seul désir était d'entrer dans les intérêts de la Reine et de se lier entièrement à elle. Le ministre n'oublia rien pour l'engager dans son parti. Il lui fit offrir de dignes récompenses des soins qu'il souhaitait qu'elle voulût prendre de ses affaires, et particulièrement la charge de surintendante de la maison de la reine future (1).

(1) C'est ce que Bossuet dans l'*oraison funèbre de la princesse palatine*, appellera « le faible des grands politiques, leurs volontés changeantes, leurs paroles trompeuses, la diverse face des temps, les amusements des promesses. »

La princesse palatine, par qui j'ai été instruite du détail de sa conduite, accepta ces avantages. Elle voulait s'établir par la Reine, de qui seule elle pouvait recevoir des grâces proportionnées à sa naissance et à sa grandeur. En se procurant du bonheur, elle sauva la Reine et lui donna le moyen de soutenir le cardinal. Cette princesse adroite et habile, qui avait alors la confidence entière des desseins des princes et des frondeurs, se gouverna si judicieusement qu'elle les rompit presque tous (1). Elle ralentit d'abord l'ardeur impétueuse des frondeurs, et fit naître ensuite des dégoûts pour eux dans l'esprit du prince de Condé, qui firent changer les intérêts et les sentiments de tous les acteurs.

La Reine, après que le cardinal fut parti, demeura le reste du soir à s'entretenir de choses indifférentes. Elle parut la même qu'elle avait accoutumé d'être. Le lendemain, tout le jour, la Reine fit bonne mine, et demeura tranquillement au cercle avec les princesses qui vinrent la visiter. Mais le soir, étant dans son cabinet, elle me fit

(1) C'est ce qui fit dire à Bossuet : (*or. fun. de la princ. palat.*) « Toujours fidèle à l'État et à la grande reine Anne d'Autriche, on sait qu'avec le secret de cette princesse, elle eut encore celui de tous les partis ; tant elle était pénétrante, tant elle s'attirait de confiance, tant il lui était naturel de gagner les cœurs ! Elle déclarait aux chefs de partis jusqu'où elle pouvait s'engager ; et on la croyait incapable ni de tromper, ni d'être trompée. » — Retz dans ses mémoires la juge ainsi : « Je ne crois pas que la reine Elisabeth d'Angleterre ait eu plus de capacité pour conduire un État. »

l'honneur de me dire : « Je voudrais qu'il fût « toujours nuit; car, quoique je ne puisse dormir, « le silence et la solitude me plaisent, parce que « dans le jour je ne vois que des gens qui me « trahissent. »

Quand on sut dans Paris que le ministre était parti, qu'il était à Saint-Germain, et qu'il pouvait aller au Havre où étaient les princes, l'inquiétude fut grande dans tous les partis. On crut qu'il allait resserrer les portes de leur prison, ou qu'il ne les ouvrirait que quand il aurait une certitude entière de l'amitié du prince de Condé, et dans le temps qu'il pourrait lui en être obligé. Par cette raison, tous les intéressés au retour des princes résolurent de presser davantage la Reine.

Ce même jour, cette princesse avait envoyé le maréchal de Villeroy et le garde des sceaux, avec Le Tellier, prier le duc d'Orléans de venir au conseil ; mais ce prince, par l'avis du coadjuteur, n'y voulut point aller, et s'excusa, disant qu'il n'y pouvait avoir de sûreté pour lui, que premièrement il ne vît les princes sortis du Havre. La Reine y envoya tout de nouveau, et lui écrivit de sa main pour l'en convier, mais il demeura ferme dans sa première résolution.

Le parlement avait député à la Reine pour la remercier de l'éloignement du cardinal, et pour la supplier de donner promptement ses ordres pour la sortie des princes. Elle leur répondit qu'elle était toute disposée à cela, mais que, premièrement, elle voulait conférer avec M. le duc d'Orléans sur cette affaire, chez elle, chez lui, ou en lieu neutre : ne trouvant pas juste qu'il refusât de venir prendre sa place au conseil, après ce qu'elle venait de faire pour lui.

Le jour suivant, le parlement étant assemblé, le premier président rendit compte à sa compagnie, en présence du duc d'Orléans, de ce que la Reine lui avait dit. Ce prince lui répondit qu'il n'était point nécessaire qu'il allât au Palais-Royal pour lui dire son opinion sur la sortie des princes, puisqu'il n'avait rien à dire que les mêmes choses qu'il avait déjà dites; qu'il était prêt de consentir à leur liberté, et que son dessein était d'éloigner entièrement le cardinal des conseils du Roi; qu'en ces deux points consistaient le repos de l'État et sa propre satisfaction; que la Reine se moquait d'eux quand elle leur promettait l'un et l'autre, et qu'elle avait seulement changé la demeure du ministre, du Palais-Royal au château de Saint-Germain; qu'il gouvernait de ce lieu comme dans le temps qu'il était auprès d'elle; qu'il fallait chasser ses créatures, ses nièces et son neveu, qui étaient demeurés à la cour; que leur présence faisait assez voir que l'intention de la Reine était qu'il revînt, et qu'elle ne voulait point faire sortir les princes de prison.

Il y eut grand bruit au palais (1). Plusieurs avis

(1) Monglat compare ce jour-là à une foire, à une halle.

furent contre le cardinal : quelques-uns voulurent que l'on décrétât contre lui, ses fauteurs et adhérents, et ceux qui l'avaient suivi. Le duc d'Orléans s'y opposa, disant que cela n'était pas juste ; que ses amis étaient louables de l'avoir suivi, et en avaient usé en gens d'honneur. Quelques autres voulaient qu'on allât saccager sa maison, et qu'on le déclarât perturbateur du repos public.

Le duc d'Orléans répondit sagement, disant qu'ils étaient tous sujets du Roi, et que, quoiqu'il le fût en un degré plus éminent que les autres, il était pourtant un de ceux qui lui devaient obéir en cette qualité, et qu'il n'était pas juste qu'ils donnassent des lois à leur souverain. Il ajouta ces belles paroles : « Véritablement il serait à souhaiter « que les rois n'eussent jamais de favoris, mais « nous ne devons pas les en empêcher par force. » La modération de ce prince les rendit plus humbles. Il fut arrêté que les gens du Roi iraient trouver la Reine pour lui faire de nouvelles instances sur la sortie des princes et l'éloignement du cardinal.

Les princes, ducs et pairs, et maréchaux de France s'assemblèrent, par l'ordre de la Reine, pour aviser aux moyens de remédier à ces désordres. Ils résolurent de députer quelques-uns d'entre eux vers le duc d'Orléans pour le convier de revenir au Conseil, et pour lui répondre en corps, de la part de la Reine, de la sûreté qu'il y trouverait pour sa personne. Cette précaution était nécessaire pour rassurer ce prince, qui avait lieu de craindre qu'en travaillant à la liberté d'autrui, il ne perdît la sienne.

Le duc d'Elbœuf, portant la parole, fut maltraité par le duc d'Orléans, qui lui parla avec un grand ressentiment de sa conduite (1). Ensuite de cette réprimande, le duc d'Orléans, s'adressant aux ducs de Vendôme et d'Épernon, leur dit qu'il ne pouvait aller au Palais-Royal sans y conduire les princes.

Sur le soir de ce même jour, les gens du Roi étant venus trouver la Reine pour lui représenter ce que le Parlement avait arrêté, elle leur promit positivement la sortie des princes, et leur dit que, puisque le duc d'Orléans ne voulait pas la voir, elle enverrait le garde des sceaux conférer avec lui de ce dessein.

Cet homme, qui se voyait alors dans la place du premier ministre qu'il avait tant souhaitée, pour empêcher, à ce qu'il disait, les furieuses résolutions du Parlement, conseilla à la Reine de leur promettre l'éloignement du cardinal sans espérance de retour. Il lui dit qu'elle devait faire paraître que cette résolution venait de son propre mouvement.

Le 9 février, les gens du Roi ayant fait leur rapport au Parlement, le duc d'Orléans accepta la conférence avec le garde des sceaux, et les as-

---

(1) Il l'appela : « Mazarin fieffé » (Monglat).

sura qu'en deux heures, avec lui, toutes les choses nécessaires seraient expédiées, et que même la déclaration touchant l'innocence des prisonniers serait dressée. Toute la compagnie se reposa sur la parole du duc d'Orléans. Et, la Reine paraissait vouloir abandonner le cardinal, ils furent tous d'une voix à donner un arrêt contre lui, qui portait :

« Qu'en conséquence de ladite déclaration et volonté du Roi et de la Régente, dans le quinzième jour de la publication du présent arrêt, ledit cardinal Mazarin, ses parents et domestiques étrangers videraient le royaume de France, terres et places de l'obéissance du Roi, et faute de ce faire, ledit temps passé, serait contre eux procédé extraordinairement, permis aux communes et tous autres de leur courre sus, sans qu'ils puissent revenir pour quelques prétextes, causes, emplois et occasions que ce soit ; et défenses faites, ledit temps passé, à tous gouverneurs de provinces, maîtres et échevins de ville, de les recevoir.

« Fait au Parlement, ce 9 février 1651. »

Parmi tant de confusion, il arriva que le duc d'Orléans crut que la Reine voulait sortir de Paris et mener le Roi avec elle. La vérité, qui se fait sentir, lui avait fait inspirer cette crainte ; et peut-être qu'elle n'était pas soupçonnée sans raison.

La nuit du 9 au 10 février, la Reine avait formé le dessein de fuir cette ville, où autrefois elle avait joui de tant de douceurs, où elle avait été si aimée, et où pour lors elle goûtait tant d'amertumes. Le duc d'Orléans dit tout haut qu'un des premiers officiers du Roi l'avait averti d'y prendre garde ; et, publiant sa crainte, il l'imprima bien vite dans l'âme de tous les autres. Les Parisiens sont assez aisés à s'émouvoir sur la peur qu'ils ont toujours de perdre la présence du Roi. Cette nouvelle donna aussitôt l'alarme à toute la ville, et cette alarme eut de très fâcheux effets contre le repos de la Reine. Le duc d'Orléans se voulut servir de la frayeur du peuple pour faire prendre les armes aux bourgeois ; car il avait un grand intérêt d'empêcher que le Roi ne sortît de Paris.

Le bruit et le désordre fut grand ; et la Reine, voyant cette émotion publique, qu'elle ne voulait pas laisser augmenter sous aucun prétexte, fit promptement expédier les ordres pour la sortie des princes. Elle envoya La Vrillière (1), secrétaire d'État, les porter au Havre, et Comminges avec lui, pour féliciter les princes de sa part..

Le duc d'Orléans, voyant Comminges parti, fit mine de venir chez la Reine ; mais il s'arrêta tout court, sur l'avis certain qu'il eut que le cardinal Mazarin était allé au Havre. Il s'imagina qu'il pourrait retenir les princes en leur prison, malgré les efforts qu'il faisait pour les en faire sortir ; ou

---

(1) Louis, seigneur de La Vrillière et de Châteauneuf (1598-1681).

bien qu'il les pourrait faire enlever. Cette appréhension avait quelque vraisemblance; et même on n'a pas trop bien su quel avait été le dessein du cardinal. C'est pourquoi le duc d'Orléans crut que son salut consistait en cela seulement de travailler à retenir la Reine dans Paris; et, bien loin de la venir voir, il redoubla ses inquiétudes et ses persécutions. Il manda à l'hôtel de ville qu'il avait des avis de tous côtés que la Reine voulait s'en aller. Il commanda aux bourgeois de prendre les armes, de garder les portes et les avenues du Palais-Royal; et ils lui obéirent, contre la défense qu'ils en avaient reçue de la Reine.

Les rues furent aussitôt pleines de bourgeois en armes, et pleines d'artisans et de pauvres, qui tous criaient : *Aux armes!* La Reine eut avis que le duc d'Orléans voulait faire pis que de l'empêcher de sortir, et que, selon toutes les apparences, il voulait lui enlever le Roi. Elle avertit le petit nombre de serviteurs qui étaient pour le Roi, le duc d'Épernon et plusieurs autres. Il est à croire que tous se seraient venus ranger auprès d'elle si elle en avait eu besoin; mais nous ne les vîmes pas. Ceux qui étaient au Palais-Royal vinrent la trouver; car, à l'heure que la Reine eut cet avis, elle était au lit, et il était déjà près de minuit.

La Reine seule faisait bonne mine : elle disait que ce ne serait rien, que c'était une folle émotion du peuple qui s'apaiserait, et qui n'avait nul fondement. Elle protesta à ceux qui étaient présents qu'elle n'avait nulle envie de s'en aller, et leur dit à tous qu'elle promettait volontiers au peuple d'en donner telle certitude qu'on voudrait. En souriant quelquefois, elle disait que, n'ayant eu nulle pensée de s'en aller, tout ce bruit ne lui faisait point de peine, et qu'elle consentait que les portes de la ville fussent gardées avec toute la rigueur qu'on y voudrait observer.

Le bruit augmentait à tous moments dans les rues, le duc d'Orléans envoya De Souches à la Reine la supplier de faire cesser ce bruit. Il lui manda qu'il était au désespoir de ce désordre, et plus encore de l'inquiétude qu'il jugeait bien qu'elle en devait avoir ; que de tous côtés on lui donnait des avis qu'elle avait eu le dessein de sortir cette nuit, et qu'il ne pouvait pas moins faire que de dire aux bourgeois de s'y opposer.

La Reine répondit à De Souches que c'était son maître qui avait fait prendre les armes aux bourgeois, et que par conséquent il était le seul qui pût faire taire le peuple ; que ses frayeurs étaient mal fondées ; que le seul remède qu'il y pouvait apporter était de protester tout haut et à tout le monde qu'elle n'avait point eu la pensée dont on la voulait soupçonner ; que, pour marque qu'elle disait la vérité, le Roi était couché, et Monsieur de même, et qu'ils dormaient tous deux paisiblement ; qu'elle était au lit ; qu'il la voyait peu en état de sortir ; et que, pour plus grande sûreté, et afin qu'il le pût témoigner au duc d'Orléans, elle voulait qu'il allât lui-même voir le Roi dans son lit, étant certaine que ce bruit ne l'éveillerait pas.

De Souches alla chez le Roi; et, selon le commandement qu'il en avait reçu de la Reine, il leva le rideau de ce jeune monarque, le regarda longtemps dormant d'un profond sommeil (1), puis sortit du Palais-Royal, entièrement persuadé que la Reine n'avait nul désir de quitter Paris, et que toute cette persécution lui était suscitée par ceux qui conseillaient alors son maître. Comme il était bien intentionné, et qu'aisément on a compassion de l'innocence opprimée, en retournant au Luxembourg, il fit ce qu'il put pour apaiser les Parisiens. Il parlait beaucoup, et par conséquent il harangua le peuple qu'il trouva dans les rues. Il dit à tous qu'ils se devaient tenir en repos; qu'il venait de voir le Roi qui dormait, et qu'il les conseillait de suivre l'exemple de leur maître commun, qui pour lors ne pensait à rien. Ils disaient qu'ils voulaient eux-mêmes le voir.

(1) « De Souches, dit Monglat, protestant qu'il ne s'en retournerait point qu'il ne l'eût vu (le Roi), la Reine, haussant les épaules, et témoignant par son geste et ses paroles la douleur qu'elle avait de se voir ainsi violentée, se tourna vers le maréchal de Villeroy, et lui dit que, puisqu'on ne s'en pouvait dispenser, il allât lui faire voir le Roi. Ce maréchal le mena dans la chambre de Sa Majeté, et ayant levé le rideau de son lit, approcha une bougie de son visage pour lui faire reconnaître. De Souches le regarda fixément, et dit qu'il était content. » (*Mém.*, dix-septième campagne.)

Il y en eut donc qui entrèrent jusque dans le Palais-Royal, criant qu'on leur montrât le Roi, et qu'ils le voulaient voir. La Reine, le sachant, commanda aussitôt qu'on ouvrît toutes les portes, et qu'on les menât dans la chambre du Roi. Ces mutins furent ravis de cette franchise. Ils se mirent tous auprès du lit du Roi, dont on avait ouvert les rideaux; et, reprenant alors un esprit d'amour, lui donnèrent mille bénédictions. Ils le regardèrent longtemps dormir, et ne pouvaient assez l'admirer. Cette vue leur donna du respect pour lui. Ils désirèrent davantage de ne pas perdre sa présence; mais ce fut par des sentiments de fidélité qu'ils le témoignèrent. Leur emportement cessa; et, au-lieu qu'ils étaient entrés comme des gens remplis de furies, ils en sortirent comme des sujets remplis de douceur, qui demandaient à Dieu de tout leur cœur qu'il lui plût leur conserver leur jeune Roi, dont la présence avait eu le pouvoir de les charmer.

Cependant durant plus d'un mois, il y avait dans toutes les rues de Paris des corps-de-garde; et les portes étaient si bien gardées, qu'il ne sortait personne à pied, ni en carrosse, qui ne fût examiné, et point de femme qui ne fût démasquée, pour voir si elle n'était point la Reine.

Pendant que la Reine était exposée aux insultes qu'on lui faisait, les nouvelles arrivèrent qu'enfin le Cardinal était allé au Havre, et qu'il avait ouvert la porte à ses illustres prisonniers.

Le duc d'Orléans, sachant les princes en liberté, et n'ayant plus d'excuse, vint enfin visiter la Reine. Cette entrevue fut accompagnée de froideur et de dégoût. Et la Reine fit voir à l'émotion de son visage, qu'elle avait eu de la peine à la souffrir. Ce prince fut au-devant de ceux qu'il croyait avoir délivrés de prison. Il alla jusqu'à Saint-Denis, et le prince de Condé, en le saluant, lui protesta publiquement une reconnaissance infinie et un attachement éternel à ses intérêts. Il embrassa le coadjuteur avec des marques d'une forte amitié, et témoigna au duc de Beaufort qu'il lui était obligé.

La presse fut grande dans les rues de Paris pour les voir arriver, et le peuple témoigna beaucoup de joie de leur retour. Comme leur captivité leur en avait donné, leur liberté leur en donna aussi; mais rien n'est égal à la quantité du monde qui se trouva chez la Reine ce même jour au soir, que tous ensemble ils vinrent chez elle la saluer. Elle était au lit quand le duc d'Orléans les lui présenta. Les compliments furent courts de la part du prince de Condé et des deux autres; et la Reine, qui leur avait déjà fait faire un compliment, leur parla peu.

Après qu'ils eurent été dans sa ruelle un petit quart d'heure, ils s'en allèrent chez le duc d'Orléans, qui leur donna un grand soupé. Les princes, avant que de se coucher, allèrent visiter le duc de Nemours, qui était malade, et la princesse palatine. Ces deux personnes méritaient plus que des compliments et des visites, vu les grandes choses qu'elles avaient faites pour eux, particulièrement la princesse palatine, dont la conduite et l'habileté avaient été admirables dans tous ses effets.

Les princes allèrent le lendemain matin au parlement faire leurs remercîments à cette compagnie, qui furent reçus avec applaudissement. Le premier président loua infiniment le prince de Condé, et fit remarquer les maux que sa prison avait causés à l'État. La compagnie fut requise de travailler à leur justification, et les gens du Roi se chargèrent de la solliciter.

Après que le Cardinal eut reconnu la mauvaise disposition des princes, qu'il eut su précisément l'état où était la Reine, et que ses affaires empiraient, il résolut de s'acheminer vers la frontière de Picardie, suivi d'environ cent chevaux. Ses amis et ceux qui étaient à lui composaient ce cortège. Il ne reçut aucun déplaisir que de ceux d'Abbeville, qui lui refusèrent le passage; mais il fut reçu dans Dourlens, par de Bar, qui en était gouverneur, et qui était avec lui. Il s'arrêta quelque temps dans cette place, croyant y pouvoir attendre des nouvelles de ce qui se passait à Paris. Elles furent mauvaises; et le murmure y fut si grand contre la Reine, qu'elle fut contrainte de lui envoyer Beringhen et Ruvigny, pour le prier de s'éloigner plus loin; ce qu'il fit, après avoir refusé les offres que lui réitérèrent les gouverneurs des places de cette frontière, qui lui furent plus fidèles que ses amis de la cour. De Dourlens, le Cardinal s'en alla en Allemagne, et sa plus longue station fut à Brulh (1). On lui fit de grands honneurs sur toutes les terres du roi d'Espagne.

La Reine ayant paru abandonner au parlement le cardinal Mazarin, il fut résolu qu'on dresserait une déclaration contre lui, telle que la compagnie la désirait. Dans cette déclaration il s'y trouva que tous les cardinaux, tant les français que les étrangers, seraient exclus du gouvernement; et on crut alors que le duc de Beaufort, mécontent du coadjuteur, de ce qu'en deux ou trois occasions il lui avait caché les principaux mystères de leurs négociations, pour se venger de lui, fit glisser cet article. Le parlement, en défendant le retour du cardinal Mazarin, excluait du ministère tous ceux qui auraient pu ressembler au coadjuteur, dont la grande passion était de devenir cardinal et premier ministre.

La Reine, croyant embarrasser cet ambitieux, fut ravie de ce que le parlement avait fait en cette occasion, et s'offrit de bon cœur de leur envoyer la déclaration en cette même forme. Le premier président lui manda qu'elle tînt bon là-dessus, qu'il soutiendrait cet article et la servirait en tout ce qu'il lui serait possible. Le coadjuteur, qui n'y trouva pas son compte, fit tant d'intrigues et travailla si bien, que le clergé s'y opposa.

(1) Ville de l'électorat de Cologne.

Le duc d'Orléans s'y opposa aussi, et cette contestation dura longtemps; mais à la fin, comme je le dirai ailleurs, elle n'eut point d'effet à l'égard des cardinaux français, quoique le premier président fît de grands efforts pour la maintenir et pour embarrasser le coadjuteur, ainsi qu'il l'avait promis à la Reine.

La Reine donna la déclaration que les princes lui demandèrent, en des termes fort honorables. Elle reconnaissait leur innocence, déclarait redonner leur liberté aux vœux de la France, les remettant en la possession de tous leurs biens et de toutes leurs dignités. Elle annulait aussi toutes les déclarations qui avaient été données contre Mme de Longueville, le vicomte de Turenne et tous ceux de leur parti, et les remettait en leur premier état.

Mme de Longueville, justifiée et triomphante, ne pensait plus qu'au moyen de revenir à Paris et de satisfaire les Espagnols, avec lesquels elle avait fait un traité. Ils l'avaient fait prier, voyant l'état des affaires de la cour de France, de se souvenir qu'elle était engagée à ne se point séparer d'eux que la paix générale ne fût faite. Mais elle leur manda qu'elle désirait venir à Paris pour y travailler; et si, après qu'elle aurait fait ses efforts pour y parvenir, ils n'étaient pas contents, qu'elle leur promettait de revenir à Stenay, afin de satisfaire entièrement à ses engagements. Elle envoya

Sarrazin (1) à Bruxelles, pour remercier l'archiduc et le comte de Fuensaldagne des assistances qu'elle en avait reçues; et ce prince, par le conseil du ministre du roi d'Espagne, se contenta de ce qu'elle leur promit. Il la laissèrent revenir à la cour, dans l'espérance du moins qu'elle y ferait de nouveaux embarras dont ils pourraient profiter, autant que de la paix qu'elle leur offrait et ne pouvait pas faire. Au bout de quelques jours elle arriva à Paris, aussi contente de la prospérité des princes ses frères qu'elle avait été affligée de leur infortune.

A son retour, elle fit paraître quelque dessein de faire ce qu'elle avait promis aux étrangers. On envoya Croissi, à Stenay, au maréchal de Turenne. Il se fit quelques négociations, et l'on vit à Paris des Espagnols qui faisaient mine d'être occupés à de grandes affaires, mais je n'en sais point le détail.

En l'état où se trouvaient alors le prince de Condé et Mme de Longueville, on peut juger que s'ils eussent su porter leur bonheur jusqu'où il pouvait aller, cette famille se serait élevée jusqu'au dernier degré de la plus excessive puissance où des princes du sang puissent arriver. Mais Dieu, qui voulait protéger la France contre leur ambition, permit que M. le Prince fît une heureuse faute qui lui ôta ses nouveaux amis, et qui les obligea de le haïr plus que jamais. Il se contenta d'arrêter entre

---

(1) Le poète, secrétaire du prince de Conti.

le duc d'Orléans et lui le mariage projeté entre le duc d'Enghien, son fils, et Mlle d'Alençon, fille du duc d'Orléans, sans en presser la conclusion. Et il suivit les sentiments de Mme de Longueville sur celui du prince de Conti avec Mlle de Chevreuse, qu'elle lui conseilla de rompre sitôt qu'elle fut revenue.

Mme de Longueville, fortifiée dans ce mauvais dessein par le duc de La Rochefoucauld qui haïssait les frondeurs, réussit en faisant valoir cette raison que le prince de Conti, venant à se marier, lui ôterait, en ce cas, le partage qu'il devait faire avec lui des biens de leur maison. Le prince de Conti ne haïssait pas Mlle de Chevreuse, mais le prince de Condé l'en dégoûta, et peu de temps après, la Reine, après beaucoup de négociations, du consentement de toute la famille de Condé, fit savoir à Mme de Chevreuse qu'elle ne désirait pas que ce mariage se fît.

M. le Prince fit cet outrage à Mme de Chevreuse, sans même lui en faire aucune excuse, ni travailler à guérir le dépit qu'elle en devait avoir, par aucun adoucissement : ce qui lui fit perdre l'amitié de cette princesse, qui, étant convertie en haine contre lui, telle qu'il la méritait, fut cause que cette princesse, pour se venger de lui, se tourna du côté de la Reine, qu'elle servit si utilement qu'elle contribua beaucoup au retour du cardinal Mazarin.

Pendant que toutes ces brouilleries se démêlent, beaucoup d'autres événements remplissaient le théâtre. La noblesse voyait de toutes parts de la confusion ; le parlement agissait comme s'il eût été le maître du royaume, et le clergé s'assemblait pour ses intérêts. Quand les princes, les seigneurs et gentilshommes eurent remarqué que tous les corps, excepté eux, avaient part à la chose publique, ils résolurent aussi de prendre celle qui leur appartenait, et demandèrent les États. La Reine qui ne savait plus ce qui lui était bon ou mauvais, et qui, selon le dire du marquis de Seneterre, se laissait conseiller par la nécessité, n'en fut point d'abord trop fâchée, parce qu'elle vit que cela déplaisait au parlement. Avant la sortie des princes, plusieurs députations avaient été faites entre le clergé et la noblesse, toutes en leur faveur, et afin de supplier la Reine unanimement de les mettre en liberté. La noblesse, les voyant alors sortis de prison, députa vers le duc d'Orléans le marquis de Sourdis pour l'en remercier, et lui aller donner des marques de leur joie commune. Il s'en acquitta dignement : il avait beaucoup d'esprit et de savoir.

Le duc d'Orléans avait consenti à cette assemblée de la noblesse, et M. le prince aussi. Quand ils virent qu'elle demandait la convocation des États, ils voulurent se servir d'elle pour de plus grands desseins, et crurent qu'ayant à eux le parlement, avec beaucoup de ceux qui composaient le corps de la noblesse et du clergé, ils en seraient les maîtres. Mais la Reine, bien conseillée et bien instruite, s'y opposa fortement, appuyée du premier président et même de tout le corps du parlement, qui en ce cas était pour elle. Cette compagnie est toujours opposée aux États, à cause qu'ils offusquent son pouvoir, et que le mot de *tiers-état* ne lui plaît pas.

Le garde des sceaux de Châteauneuf favorisait ceux qui demandaient les États. L'autorité de la Reine lui était suspecte, et il savait d'ailleurs que le premier président ne l'aimait pas. C'est pourquoi il conseilla les princes de consentir qu'ils fussent convoqués à Tours le premier d'octobre (1), aussitôt après la majorité du Roi qui approchait. La Reine, ne pouvant reculer, y consentit, au grand regret de ceux du parlement.

Le 19, le duc d'Orléans envoya chercher le père Paulin, jésuite et confesseur du Roi, pour lui dire qu'il le priait d'avertir la Reine que cette convocation des États, après la majorité, ne plaisait à personne; que la noblesse ne voulait point se désunir (2); qu'il craignait qu'il n'arrivât de grands désordres dans Paris; et qu'elle devait savoir que, peut-être avant qu'il fût trois jours, tout serait à feu et à sang dans la ville. Le père Paulin revint trouver la Reine, qui l'écouta sans s'étonner.

(1) Le Roi avait sa majorité le 5 septembre.
(2) La noblesse de toute la France avait été convoquée pour obtenir la liberté des princes et l'exil de Mazarin. Son lieu de réunion était aux Cordeliers, là où 150 ans plus tard se retrouveront au club, Marat, Desmoulins, Danton, etc.

Le soir de ce même jour, le duc d'Orléans et M. le prince vinrent la voir et la pressèrent instamment de consentir que les États se tinssent avant la majorité, afin, à ce qu'ils disaient, de contenter la noblesse, qui ne voulait pas se séparer sans obtenir cette grâce; mais la Reine, qui se sentait appuyée, tint ferme contre eux, et ne se relâcha jamais. Elle parla même au prince de Condé avec un peu de fierté, ne montrant nullement de les craindre ni l'un ni l'autre; et ils la quittèrent fort mal satisfaits de sa fermeté. Le garde des sceaux alla le lendemain au Luxembourg pour accommoder ce différend. Il rapporta à la Reine que le duc d'Orléans souhaitait au moins qu'ils fussent commencés cinq ou six jours avant la majorité. Mais la Reine ne se rendit point à cette dernière attaque. Elle eut peur que ce peu de jours ne lui fussent funestes, et leur empressement fortifia sa résistance, et lui en fit connaître visiblement le danger.

La noblesse députa à l'hôtel-de-ville pour lui demander jonction. Mais les bourgeois, qui n'avaient plus cet objet du Mazarin, qui avait produit leur entêtement, étaient revenus à leur devoir, et n'étaient plus capables d'y manquer, sans de grands soins à les tromper par d'autres inventions. Ils refusèrent leur requête. Puis enfin toutes ces contestations se ralentirent, et de plus grandes aventures les étouffèrent. Cette dispute néanmoins fut soutenue des princes jusqu'à la veille de la majorité. Apparemment elle était fondée sur quelque dessein nuisible au Roi, à la Reine et à l'État.

Le garde des sceaux, voyant qu'il avait contribué à chasser le cardinal pour être auprès de la Reine un ministre en figure, était rempli d'amertume et de douleur. Il savait qu'elle se confiait à d'autres qu'à lui, et qu'elle le regardait comme son ennemi. Il tâchait par toutes voies d'acquérir sa confiance. La Reine reçut ses offres avec une bonne volonté apparente; mais, en effet, elle ne se laissa point toucher.

La Reine, pour contenter les princes, qui demandaient toujours l'éloignement de ses ministres et des amis du cardinal, leur offrit, du consentement de Le Tellier, qu'il ne servirait point et qu'elle ferait faire sa charge par un autre, bien résolue néanmoins de la lui conserver et de lui faire là-dessus toute la justice qu'il méritait. Cette proposition fit croire qu'elle voulait chasser tous ceux que le duc d'Orléans avait nommés au parlement, et la Reine, craignant que ce bruit ne lui fît tort, déclara publiquement que si les princes ne voulaient venir au conseil, elle le tiendrait toute seule et n'en chasserait personne.

Les princes, sachant que la Reine avait parlé de cette sorte, lui mandèrent qu'ils ne voulaient point venir au conseil, et qu'elle fît ce qu'il lui plairait. Le garde des sceaux fut d'avis de le retarder, afin de voir s'il n'y avait point quelque voie d'accommodement; mais la Reine le voulut tenir et lui répondit fortement que sa volonté seule devait régler cette affaire, et qu'elle le voulait ainsi. Le soir même les princes, un peu étonnés de sa fermeté, vinrent la voir; et, parce que les portes de Paris étaient encore gardées, le duc d'Orléans pressa d'en faire ôter les gardes, comme une chose qui devait déplaire à la Reine, et il la supplia de commander qu'elles fussent levées. Elle y consentit : et de cette sorte la Reine se trouva libre et en pouvoir de sortir de Paris quand il lui plairait. Mais ses affaires n'étant pas qu'elle dût le désirer, elle y demeura tout le temps qu'elle le jugea nécessaire.

La Reine, ne pouvant plus souffrir le garde des sceaux, voulut donner les sceaux au premier président, qui l'avait bien servie depuis la sortie des princes et depuis que, détaché du prince de Condé, il s'était tout à fait appliqué à ses intérêts; car alors il prétendait recevoir par elle les grâces qu'il avait espérées des autres.

On en écrivit à Brulh. Le cardinal y consentit, parce qu'alors sa plus grande passion, ainsi qu'il avait mandé à ses amis, était de changer le conseil, et d'en ôter le garde des sceaux. C'est une de ces choses que j'ai depuis vues dans les lettres qu'il écrivait en ce temps-là à madame de Navailles.

Ce changement étant concerté de cette sorte, Chavigny arriva le 2 avril, et le soir même il vit la Reine dans son oratoire.

Le 3 avril, les sceaux furent retirés à Châteauneuf (1), et en même temps le premier président les eut, à la condition qu'il ne quitterait point sa charge de premier président. La Reine, ensuite, dépêcha vers le chancelier Seguier pour le faire revenir à la cour, afin d'y tenir le conseil des parties et assister à tous les conseils du Roi comme chancelier de France.

La nouvelle de la disgrâce de Châteauneuf étant venue au Luxembourg, le duc d'Orléans en fut troublé d'une manière toute terrible, et sa colère pensa causer d'étranges effets. Il fulmina contre la Reine, et jura qu'elle se ressentirait de cet affront. Le coadjuteur, ou Montrésor par son ordre, ou tous deux ensemble, dirent à ce Prince que, puisque la Reine avait osé faire des coups de régente, il devait en faire de lieutenant général du royaume.

Les plus furieuses propositions furent faites par le duc de Beaufort, approuvées par Châteauneuf et le coadjuteur. Le prince de Condé, qui était présent, après avoir protesté au duc d'Orléans qu'il n'avait nulle part au retour de Chavigny et

(1) La dignité de chancelier était alors inamovible et distincte de celle de garde des sceaux qui était amovible. Malgré cela, lorsque le Roi voulait disgrâcier un chancelier, il l'exilait et nommait un garde des sceaux qui remplissait les fonctions de chancelier par commission. Cette mesure politique avait été inspirée par un acte de Louis XII qui confia les sceaux à Etienne Poncher, évêque de Paris, parce que la santé du chancelier Jean de Gannay était altérée.

l'avoir assuré qu'il voulait demeurer inviolablement attaché à ses intérêts, déclara qu'il ne pouvait approuver des conseils si violents, dont l'exécution serait difficile et blâmable. Il dit au duc d'Orléans qu'il était prêt de se mettre à la tête de ses troupes et de répandre pour son service jusqu'à la dernière goutte de son sang, mais qu'il ne pouvait prendre de part à des choses qui sans doute seraient désapprouvées des gens de bien. Ce sage discours fit taire les plus mutins, parce que la raison et l'autorité ensemble ont de grandes forces. C'est donc à M. le Prince seul à qui on doit la gloire d'avoir empêché ce furieux projet, qui aurait été sans doute une seconde Saint-Barthélemy sous le nom des mazarins.

Le chancelier Seguier arriva le lendemain, et fut reçu de la Reine avec beaucoup de démonstrations de bonne volonté. S'il avait eu cet empressement qui est louable quand légitimement on peut prétendre aux grandeurs de la fortune, il aurait peut-être rempli cette place tout entière. Il était savant, éloquent et habile dans les affaires du conseil. La Reine avait besoin d'un ministre, et d'un ministre homme de bien, qui, avec de droites intentions, entreprît de la bien servir.

Le duc d'Orléans était tout à fait en colère : il ne venait plus chez la Reine ni au conseil. Il disait hautement qu'il voulait qu'on ôtat les sceaux au premier président et qu'on chassât du conseil Chavigny, déclarant qu'il ne reverrait jamais la

Reine si elle ne le satisfaisait. On travailla de part et d'autre pour adoucir son chagrin ; le duc d'Orléans ne parut point s'affaiblir dans sa résolution, et la Reine assura qu'elle ne voulait chasser personne.

Pendant que cette négociation occupait les esprits, Chavigny trouva le moyen de se raccommoder avec le duc d'Orléans. Ses amis lui rendirent ce bon office ; et, l'ayant été saluer, il en fut bien reçu. Par cette voie, la moitié de la colère de ce prince se dissipa ; mais il demeura inflexible contre le premier président. Il demanda à M. le prince de l'abandonner en sa considération. Ce prince y consentit, et en fut blâmé.

Ce fut dans cette conjoncture que le premier président, déjà mal satisfait et séparé de ce prince, non seulement se détacha entièrement de lui, mais de plus se sentit vivement offensé de se voir la victime de ses intérêts, lui qui les avait portés même aux dépens de sa gloire. Sa modestie ne le put empêcher de faire connaître au public son ressentiment et la douleur qu'il en avait eue.

Le duc d'Orléans cependant continuait à se plaindre de la Reine, et la Reine se défendait. Mais il fallut enfin que la fermeté de la Reine fût vaincue et qu'elle cédât à sa raison et à la colère du duc d'Orléans. Les ministres, pour plaire à ce prince, travaillèrent tous à faire changer la Reine ; et les amis du premier président furent les premiers à conseiller cette princesse de l'abandonner, lui disant qu'il valait mieux lui ôter les sceaux que d'engager le duc d'Orléans à une guerre civile. La Reine, étant persuadée par de si fortes raisons, consentit à satisfaire le duc d'Orléans. Le nouveau garde des sceaux, n'ayant été qu'une fois ou deux au conseil, fut contraint de retourner en son premier état. Ce fut malgré lui, et il le fit néanmoins de fort bonne grâce.

La Reine envoya chercher le premier président, et, toute honteuse de ce qu'elle faisait, le pria de souffrir avec patience ce sacrifice au repos de l'État. Elle lui dit que, pour satisfaire Monsieur, elle était contrainte de lui redemander ce qu'elle lui avait donné ; qu'elle en était au désespoir ; mais qu'elle l'assurait qu'aussitôt qu'elle pourrait, il reverrait les sceaux entre ses mains. Le premier président, sans s'étonner, avec un visage riant, lui dit qu'il était trop heureux de connaître par là l'estime qu'elle faisait de sa fidélité, et trop heureux encore de pouvoir contribuer à son repos ; et tirant de son col la clef des sceaux qu'il y tenait pendue, la lui donna, attendant qu'elle les envoyât chercher chez lui. La Reine en demeura très satisfaite ; ils furent rapportés, et on les donna au chancelier Seguier, qui ne fut pas fâché de les ravoir en sa puissance : il y avait eu déjà dispute entre ces deux hommes.

Le duc d'Orléans ayant été satisfait par cette voie, les personnes qu'il avait entrepris de chasser du conseil demeurèrent en apparence en repos, et la Reine crut pouvoir alors espérer quelque trêve à ses peines. Pour en être plus assurée, elle résolut de donner au prince de Condé le gouvernement de Guyenne. Sur ce bruit, plusieurs personnes lui représentèrent qu'elle se perdait et qu'elle ne suivait pas les maximes de la prudence, ni celles de l'État. La Reine, touchée des raisons de ses serviteurs, s'arrêta, et fut quelque temps en doute si elle devait passer à l'exécution de ce traité. Le prince de Condé, étant averti de ce refroidissement, en présence de Chavigny proposa à la Reine de s'en désister, lui protestant qu'il ne voulait rien qui lui pût donner de l'inquiétude. Chavigny, pour plaire à la Reine, dit à M. le prince devant elle : « Monsieur, est-ce tout de « bon que vous remettez à la Reine la parole « qu'elle vous a donnée sur cette affaire ? »

Ce prince ayant répondu qu'oui, la Reine le remercia et ne s'expliqua pas d'avantage : si bien que les choses demeurèrent quelque temps incertaines. Mais M. le prince, d'humeur à bien vouloir ce qu'il avait une fois désiré, et qui trouvait en cela un grand avantage, fit agir en sa faveur les créatures du cardinal, Servien et de Lyonne, qui, en cette rencontre, lui furent plus fidèles que Chavigny son ancien ami.

Enfin cette princesse se résolut par leur conseil. Le duc d'Épernon, par cette voie, cessa d'être le prétexte des plaintes des Bordelais, et le gouvernement de Bourgogne qu'avait M. le prince lui fut donné au lieu de celui qu'on lui ôtait.

Plusieurs personnes avaient commerce avec le cardinal : car la fermeté de la Reine étonnait toute la cour, et on jugea bien vite que ce ministre pourrait revenir. Par cette raison, chacun de ses amis et ennemis voulut traiter avec lui; et tous, excepté M. le duc d'Orléans et M. le prince, envoyèrent le visiter, et lui demandèrent sa protection sur différentes matières. Ces voyages firent naître de grandes négociations, mais rien n'égala les deux passionnés amans de la Fortune (j'appelle ainsi le vieillard de Châteauneuf et le coadjuteur). Le premier voulait rentrer tout de nouveau dans le cabinet. Il forma une intrigue en faveur de celui qu'il venait de perdre, et fit proposer à la Reine que si elle voulait le remettre en sa place de garde des sceaux, il promettait d'être serviteur et ami du cardinal Mazarin; et assura la Reine qu'il les remettrait, elle et le duc d'Orléans, dans une parfaite union.

La Reine, avant d'écouter cette proposition, voulut avoir l'avis du cardinal.

Celui-ci n'ayant point d'autres ressources, et voyant que la Guienne n'avait pu obliger M. le prince à bien vivre avec la Reine, se raccommoda avec Châteauneuf, le coadjuteur, Mme de Chevreuse; et ils conclurent entre eux qu'à la majorité du Roi, qui approchait, Châteauneuf serait remis auprès de la Reine en qualité de premier ministre. Le premier président eut promesse de ravoir les sceaux qu'on venait de lui ôter. Et, par les intrigues de la princesse palatine, La Vieuville fut assuré des finances, attendu que le président de Maisons en avait mal usé avec le cardinal. Il n'avait osé lui envoyer de l'argent, et il était soupçonné d'être partial pour Chavigny.

Comme il n'y a point de secret qui puisse être caché, M. le prince fut pleinement informé de ces négociations. Il sut que des propositions avaient été faites contre sa liberté et même sa vie, et depuis les avis qu'il en avait reçus, il vécut avec de grandes précautions [1]. Dans cet état, un soir qu'il était au lit causant avec ses familiers, Vineuil l'avertit qu'il y avait un dessein contre sa personne, et qu'il y avait des compagnies des Gardes qui étaient commandées pour aller vers l'hôtel de Condé. Ces choses s'étant confirmées par le récit des personnes qui les avaient sues, elles firent peur à ce prince. Il se leva aussitôt, monta à cheval, et s'en alla en hâte à Saint-Maur, suivi de toute sa famille, du prince de Conti, de Mme de Longueville, de Mme la princesse, du duc de La Rochefoucauld, du duc de Richelieu, du maréchal de La Motte, et de plusieurs autres.

La Reine, dès cinq heures du matin, fut éveillée par Comminges, qui vint lui apprendre cette nouvelle. Elle envoya aussitôt au duc d'Orléans le maréchal de Villeroy. Ce prince la vint voir, et

---

[1] Voir Monglat, *Mém.* 17e camp. Il affirme que le comte d'Harcourt, et le maréchal d'Hocquincourt s'offrirent pour tuer le prince de Condé, mais que la Reine s'opposa à ce sinistre projet.

l'assura que ce n'était point de sa connaissance que le prince de Condé s'en était allé, et en usa assez bien avec elle. Depuis quelques jours il la visitait civilement, et sa docilité marquait le bon succès de la négociation de Brulh (1).

M. le prince étant parti, le conseil se tint au Palais-Royal, pour aviser au remède de ce mal. Le duc de La Rochefoucauld, de Saint-Maur alla trouver le duc d'Orléans, pour l'assurer des respects et de l'amitié du prince, et lui protester tout de nouveau de sa reconnaissance entière de toutes les obligations qu'il lui avait. Il lui rendit compte des sujets qui l'avaient forcé de craindre et de fuir. Il vint ensuite au Palais-Royal, où il conféra avec le maréchal de Villeroy, et dit à la Reine que M. le prince était parti de la cour, ne croyant pas y pouvoir demeurer en sûreté. Elle résolut d'y envoyer le maréchal de Gramont de sa part et de celle de M. le duc d'Orléans, pour l'assurer de leurs bonnes intentions. Cette princesse lui fit dire qu'il n'avait rien à craindre de ceux de qui il disait devoir tout appréhender, et que, s'il voulait revenir, on lui donnait parole d'une entière sûreté pour sa personne.

Le prince de Condé répondit au maréchal de Gramont avec fierté (2) et rudesse. Il lui parla

(1) Auprès de Mazarin.
(2) Le messager de la Reine était entièrement dévoué au cardinal et M. le prince le savait bien. Outre ce motif, Condé en avait un autre de le mal recevoir. Il savait que chez Montrésor, la résolution de l'arrêter une seconde fois avait été prise.

fort respectueusement du duc d'Orléans, et fort mal de la Reine ; disant qu'il lui était impossible de s'assurer en sa parole ; qu'elle l'avait déjà trompé, qu'elle était habile à ce métier, et qu'il ne voulait plus se mettre dans le hasard de l'être encore une fois ; qu'il ne pouvait souffrir la cabale des mazarins ; que tant qu'il verrait les valets (1) du cardinal avoir du crédit, il ne reviendrait jamais à la cour ; et que pour l'obliger d'y retourner, il demandait à la Reine qu'elle chassât d'auprès d'elle Lyonne, Servien et Le Tellier. Le maréchal de Gramont, comme bon serviteur du Roi et de la Reine, n'approuva nullement la réponse que lui fit M. le prince ; elle le dégoûta de la négociation et fut cause qu'il partit bientôt pour s'en aller en Béarn dans son gouvernement.

La Reine, le soir de ce jour, manda les gens du Roi pour venir savoir ses volontés avant que le parlement écoutât et reçût le prince de Conti, qui devait y aller le lendemain. Ce que M. le prince avait dit contre de Lyonne lui fut utile à l'égard de la Reine, à cause des chagrins qu'elle avait eus contre lui, et servit beaucoup aussi à sa réputation.

Ce jour, 7 juillet, les chambres ayant été assemblées pour délibérer sur l'exécution de certain arrêt donné contre le désordre des gens de guerre, le duc d'Orléans y alla prendre sa place, accom-

---

(1) Attaque directe contre le maréchal de Gramont.

pagné du prince de Conti, des ducs de Joyeuse et de Brissac, des maréchaux de Gramont et de L'Hôpital. Le duc d'Orléans parla à la compagnie sur cet arrêt qu'elle avait donné contre les gens de guerre, qu'il n'avait pas approuvé, et qui avait un peu étonné les officiers de l'armée.

Le prince de Conti prit la parole, et dit ensuite qu'il croyait que la compagnie serait bien aise d'apprendre par sa bouche le sujet que M. le prince avait eu de se retirer dans sa maison de Saint-Maur; que le soir auparavant il avait eu avis que quelques soldats des Gardes avaient dit qu'ils avaient eu ordre de se trouver à deux heures au drapeau; que cet avis ayant été précédé de beaucoup d'autres qui lui donnaient de justes défiances, il avait envoyé de ses gentilshommes pour savoir si ce qu'on lui avait dit était véritable que de nombreuses indications et diverses choses qu'il exposa avaient fait croire à monsieur son frère que ses soupçons étaient bien fondés, et qu'il avait sujet d'appréhender d'être emprisonné une seconde fois par les menées du cardinal, puisque tout le monde voyait bien qu'il gouvernait plus absolument de Brulh (1) qu'il n'avait jamais fait étant à Paris; que Servien, Le Tellier et de Lyonne n'agissaient que par ses ordres et par sa conduite; que cela étant, il venait faire une

---

(1) Le duc de Mercœur était allé à Brulh épouser la nièce du cardinal.

déclaration de sa part qu'il n'avait jamais eu que des intentions tout à fait droites pour le service du Roi et pour le bien de l'État; qu'il ne s'était point retiré par aucun mécontentement particulier; et qu'il déclarait qu'il n'avait ni pour lui, ni pour ses amis, aucune prétention ni intérêt.

On lut ensuite une lettre de M. le prince expliquant les motifs de son départ, assurant la compagnie de son estime, de sa justice et de son zèle pour le bien de l'État, et déclarant que son retour n'aurait lieu que si le cardinal Mazarin était hors d'espérance de rentrer à la cour.

Le premier président dit qu'il ne doutait pas des bonnes intentions de M. le prince, mais qu'il fallait qu'il revînt. Sur quoi le prince de Conti lui dit que M. le premier président en était meilleur témoin que personne, connaissant M. le prince comme il faisait; et demanda qu'on délibérât sur la lettre de monsieur son frère. Le premier président dit que la Reine, le soir précédent, ayant su que lui, M. le prince de Conti, devait venir au parlement et qu'on y devait apporter une lettre de M. le prince, lui avait envoyé ordonner, à cinq heures du matin, qu'elle ne désirait pas qu'on prît aucune délibération sur cette affaire, qu'elle n'eût fait savoir sa volonté.

Le premier président dit ensuite aux gens du Roi qu'ils allassent savoir la volonté de la Reine, pour la faire savoir le lendemain à la compagnie.

Le lendemain, le duc d'Orléans, le prince de

Conti et les autres étant allés au parlement prendre leurs places, les gens du Roi rendirent leurs réponses et dirent que Sa Majesté avait donné pouvoir à M. le duc d'Orléans de travailler à l'accommodement de cette affaire, que si M. le prince avait d'autres sujets de douter de la sûreté de sa personne sur la créance qu'il prend du retour du cardinal Mazarin, Sa Majesté déclarait qu'elle continuait dans les mêmes pensées qu'elle avait toujours eues de ne le pas faire revenir ; qu'elle avait donné sa parole au parlement, et qu'elle la voulait religieusement observer, et conclurent par dire de la part de la Reine que si, après les assurances que Sa Majesté donnerait à M. le prince, il continuait de s'éloigner du Roi, on aurait tout sujet de croire qu'il y aurait d'autres considérations qui l'empêchaient de se rendre près de sa personne pour le servir avec l'obéissance et le respect qu'il lui devait; et que la Reine en aurait un extrême regret, puisqu'elle ne désirait rien tant que de voir une union parfaite, dans la maison royale, si nécessaire au bien de l'État.

Après cette réponse, il s'éleva un grand bruit dans la compagnie, et tous dirent qu'il fallait donner satisfaction à M. le prince et exterminer les restes du Mazarin, qui ne devaient entrer en aucune considération avec les princes du sang. Ce tumulte dura si longtemps, que le premier président en fut surpris, et jugea par ce bruit qu'il fallait changer le dessein qu'il avait eu de mettre l'affaire en délibération. Il s'adressa au duc d'Orléans pour l'engager de faire cet accommodement du prince de Condé, et l'exhorta d'y travailler.

Le duc d'Orléans, prenant la parole, rendit des témoignages très favorables au prince de Condé, et dit qu'il avait des sujets de craindre les créatures du cardinal Mazarin; que tous ses amis avaient conservé leur crédit à la cour, et qu'il y en avait même auprès du Roi qui lui parlaient de lui.

Sans s'amuser à particulariser ce qui se passa dans les délibérations du parlement dans l'affaire du prince, il suffit de dire que la conclusion fut que la Reine serait très humblement suppliée de donner une nouvelle déclaration à part contre le cardinal Mazarin, qui pût rassurer les esprits et donner à M. le prince toutes les sûretés nécessaires pour sa personne. L'on n'y parla point néanmoins de ceux qui avaient été nommés.

Cet arrêté plut à la Reine, à cause que l'apparence de l'autorité royale y était gardée, que l'on sauva ceux que le prince de Condé avait demandé qu'on chassât, et qu'elle demeurait en apparence dans le pouvoir d'en user à sa volonté.

Le parlement vint en corps trouver la Reine, et le premier président fit des remontrances sur leur arrêté, de la part de la compagnie, douces et respectueuses. La Reine lui répondit que, pour la déclaration contre le cardinal Mazarin qu'il demandait, elle désirait qu'ils la dressassent eux-mêmes, et qu'elle la leur enverrait telle qu'ils la demanderaient; que, pour le reste, elle y aviserait avec son conseil.

Les sûretés que M. le prince demandait alors allaient à faire bannir de la cour ceux que, par respect, le parlement n'avait point nommés. La Reine balançait entre le oui et le non. Son sentiment alla d'abord à ne pas les éloigner. Mais, suivant d'autres conseils, elle se résolut de les éloigner et de donner cette marque à toute la France de l'amour qu'elle avait pour la paix et pour le repos de l'État : joint à cela que les petits dégoûts qu'elle avait eus contre de Lyonne et Servien lui en ôtèrent la douleur.

Le Tellier s'en alla avec une espérance certaine de retour. La Reine avait beaucoup de bonne volonté pour lui. Il était brouillé avec M. le prince, mais bien aimé du cardinal, si bien qu'il n'avait rien à craindre que l'absence, qui peut toujours être dangereuse à ceux qui ont des envieux, et par conséquent des ennemis. Mais il emportait avec lui la satisfaction d'avoir eu une conduite sans reproche et uniforme dans le bien (1).

Le parlement ayant été mandé, le chancelier

---

(1) Bossuet, dans son oraison funèbre, dit de lui : « On voyait et dans sa maison et dans sa conduite, avec des mœurs sans reproche, tout également éloigné des extrémités, tout enfin mesuré par la Sagesse. »

leur parla de la part de la Reine, pour leur dire que l'affection que Sa Majesté avait pour l'État, et le désir de conserver l'union de la maison royale, l'avait obligée, pour donner une entière sûreté à M. le prince, d'éloigner des conseils du Roi ceux qui lui étaient suspects. Il exhorta la compagnie à contribuer à la paix qui se devait souhaiter entre la Reine et les princes du sang, et à travailler au repos de l'État, avec le zèle et l'affection qu'ils devaient avoir au service du Roi.

M. le Prince fut peut-être fâché de n'avoir plus de prétexte de se plaindre, et témoigna de l'étonnement de ce que la Reine avait fait. Il revint à Paris.

M. le Prince ne voyait plus ni le Roi ni la Reine, et il semblait par cette bravade ne plus compter à rien le respect qu'il devait à leur personne et à la couronne. La Reine avait intérêt de ne pas pousser le prince de Condé, de peur d'augmenter par ses malheurs les siens propres ; mais les frondeurs, pour être les maîtres, avaient bien envie d'en faire un criminel déclaré de l'État.

Il semble que ce Prince, moins habile en cet endroit que ses adversaires, ne prit point assez de soin d'éviter comme il le pouvait les occasions de fâcher la Reine. Il écouta les brouillons qui étaient auprès de lui, qui ne demandaient que la guerre, et s'y laissa conduire sans que peut-être sa volonté y eût aucune part.

Toutefois sur les instances du premier président qui l'exhorta fortement à rendre ses devoirs au Roi et à la Reine ; et quelques jours après, ayant honte de n'y point satisfaire et n'avoir nul sujet apparent d'en user ainsi, il fut conseillé par ses amis et serviteurs d'aller au Palais-Royal. Le duc d'Orléans l'amena saluer le Roi et la Reine. Leur entrevue fut froide ; la conversation se passa publiquement en discours de bagatelles, et la visite fut courte. Puis tout d'un coup, pressé par sa peur, il n'y revint plus du tout.

M. le Prince tenant tête au Roi dans Paris, et la Reine ayant alors tant de sujets de se plaindre de lui, songea tout de bon à se garantir. Elle prit enfin ses mesures avec les frondeurs, qui, par leur raccommodement avec le cardinal, s'étaient remis assez bien avec elle et avaient par force quelque part dans sa confiance. D'autre côté, M. le Prince, s'éloignant tous les jours davantage de l'accommodement, pensait à la guerre et à se préparer à tout ce qui pouvait lui arriver. Il envoya en Espagne et fit tout ce que la prudence, vu le mauvais état où il était, l'obligeait de faire.

Mme de Longueville désirait la guerre pour ne point retourner avec son mari, qui la voulait voir et avec qui elle était brouillée. Le duc de La Rochefoucauld, à ce qu'il m'a compté depuis, souhaitait la paix, parce qu'il avait senti les malheurs de la guerre civile et que sa maison rasée lui faisait haïr ce qu'il avait éprouvé lui avoir été si dommageable. Mais ne pouvant manquer de suivre les sentiments de Mme de Longueville, comme il vit les apparences d'une visible rupture qui devait bientôt engager M. le Prince à s'éloigner de la cour, il fut d'avis qu'elle s'en allât à Montrond attendre les événements de toutes les intrigues qu'elle-même avait faites. M. le prince ayant approuvé ce conseil, elle partit de Saint-Maur avec Mme la princesse et le petit duc d'Enghien, et fut attendre en ce lieu ce que deviendrait ce prince, qui, sans avoir un véritable dsssein de faire la guerre, ainsi que je viens de le remarquer, se trouva nécessité par sa conduite de la faire malgré lui; et grâce à Dieu, ce fut toujours à son désavantage.

Le duc de Longueville parut alors se séparer entièrement du prince de Condé. Mlle de Longueville, sa fille, y contribua beaucoup : car, quoiqu'elle eût passé pour frondeuse dans les temps où ce prince s'était trop légèrement abandonné aux vaines entreprises de Mme de Longueville et du prince de Conti, cette princesse n'y était entrée que par ses obligations filiales.

Du reste, elle n'aimait guère les princes de Condé, et particulièrement Mme de Longueville, sa belle-mère, dont elle ne croyait pas être assez considérée. C'est ce qui lui fit souhaiter ardemment tout ce qui lui parut avantageux au duc de Longueville et aux princes ses frères, enfants de Mme de Longueville; et par cette conduite, elle fit voir la bonté de son esprit et la droiture de ses intentions, qui la portèrent à vouloir que ceux en qui elle prenait intérêt s'attachassent à leur véritable devoir.

La Reine, voyant donc qu'elle ne pouvait plus espérer de paix avec le prince de Condé, et ne voulant point user des remèdes violents qu'on lui avait conseillés, prit, pour se défendre contre lui, les plus doux et les moins hasardeux, assistée du conseil de Seneterre, dont la sagesse et la fine modération étaient d'un grand secours pour opposer aux extrêmes sentiments de ceux qu'elle n'estimait pas. Il fut conclu entre elle et Châteauneuf, le maréchal de Villeroy et le coadjuteur, que le Roi et la Reine feraient une déclaration contre M. le prince, qui serait portée au Parlement et à toutes les cours souveraines où la Reine ferait connaître au public les justes sujets de ces plaintes.

Cette déclaration fut aussi communiquée au premier président, qui alors était raccommodé avec Châteauneuf et le coadjuteur, par les dégoûts qu'il avait eus du prince de Condé. Cet homme[1] désirait de ravoir les sceaux. Châteauneuf et le coadjuteur étant raccommodés avec la Reine, ils espéraient de rentrer tout à fait dans sa confiance et se mettre à la place du ministre. Sur ce fondement, et par les conjectures entièrement favorables

---

(1) Le premier président.

au premier président, ils furent forcés de lui faire dire qu'ils avaient dessein, cela arrivant, de chasser le chancelier, et lui promirent de contribuer de tout leur possible à les lui faire redonner, pourvu qu'il voulût être de leurs amis.

Châteauneuf s'accommodait en cet article à la volonté de la Reine, qu'il voyait être tournée de ce côté-là. Lui-même, qui les avait depuis perdus malgré lui, les souhaitait aussi; mais il se servit alors de cette prudente modération pour plaire à cette princesse, et se contenta de ce qu'il allait, du moins en apparence, posséder la première place. Cette intelligence étant donc bien établie, le premier président eut connaissance de cette déclaration faite par la Reine contre M. le prince. Il l'approuva et y corrigea même quelque chose qu'il ne jugea pas être selon l'ordre.

La déclaration fut donc dressée telle qu'il convenait qu'elle fût. Il était nécessaire ensuite de la montrer au duc d'Orléans. La Reine le fit. Elle le pria de la lire dans son oratoire, le soir auparavant qu'elle fut envoyée au Parlement. Ce prince en fut surpris, et tâcha de détourner la Reine de ce dessein; mais elle lui témoigna vouloir absolument la faire passer. Le duc d'Orléans, après avoir fait ce qui lui fut possible pour l'empêcher, parut enfin, mais avec peine, y consentir.

Pour rendre cette déclaration plus agréable au public, on y mit en tête une protestation contre le cardinal Mazarin, qui, devant être lue et publiée en présence de Leurs Majestés, devait avoir la force de persuader le public que la Reine ne pensait plus du tout au cardinal.

Cette déclaration sur l'éloignement du cardinal et la conduite de M. le prince fut en effet lue au Parlement. Le lendemain, le prince se rendit à la séance de la compagnie et dit qu'il avait été entièrement surpris d'apprendre les calomnies que ses ennemis lui imposaient, et qu'ils se servissent pour cela de l'autorité du Roi; que ses services et sa naissance parlaient assez pour lui; qu'il croyait que Son Altesse Royale savait le détail de toute sa conduite et la fausseté des choses qu'on lui imputait, et en informerait la compagnie; et que, pour le reste, il lui serait aisé de s'en justifier. Il parla assez fièrement, et se tourna du côté du coadjuteur quand il parla de ses ennemis; car il n'ignorait pas les propositions qu'il avait faites contre lui, et ses conférences avec les ministres de la Reine.

Cette affaire étant de grande conséquence, on députa deux conseillers vers le duc d'Orléans pour le prier de venir au Parlement. L'embarras où était ce prince de ne savoir que faire entre la Reine et M. le Prince le rendait incertain. Il dit à ceux qui l'allèrent trouver qu'il était malade, qu'il allait être saigné, et qu'il n'y pourrait pas aller. Ils le pressèrent de leur donner jour, et il leur dit que sur les six heures du soir, il leur ferait savoir quand il pourrait y aller.

Le lendemain, 19 août, le prince de Condé vint au Parlement avec un écrit en main du duc d'Orléans, par lequel ce prince, malgré ce qui s'était passé entre la Reine et lui, et le consentement qu'il avait en quelque façon donné à la déclaration faite contre le prince de Condé, le justifiait sur les principaux chefs dont la Reine l'accusait. Cette contrariété d'action qui, à l'égard du duc d'Orléans, n'était pas sans excuse, donna sujet à la Reine de se plaindre de lui; mais il disait pour ses raisons qu'il avait voulu balancer les choses, afin de porter la Reine et M. le Prince à l'accommodement, et empêcher la guerre civile; qu'enfin, se voulant lier avec le prince de Condé, comme ayant tous deux offensé la Reine et tous deux ayant sujet de la craindre, il l'avait abandonnée en cette occasion, en donnant des forces à M. le Prince pour lui résister.

M. le Prince, outre cette justification, apporta une réponse à la déclaration de la Reine, qui fut lue en présence de tous, par laquelle il rendait raison de sa conduite sur tous les chefs qui le condamnaient.

M. le Prince et M. le Coadjuteur étant ennemis déclarés, chacun, pour se tenir sur la défensive, menait au Palais quantité de suite. Le prince de Condé, par sa naissance et par son autorité, avait beaucoup d'amis et de serviteurs, et le coadjuteur, par la force de sa cabale, en avait aussi un fort grand nombre; et l'on avait raison de croire que cette querelle ne se terminerait pas sans y avoir du sang de répandu.

Le 21 et le 22 on opina sur la justification écrite du prince de Condé. Plusieurs furent à le justifier, mais enfin le premier président fit revenir beaucoup de gens à son avis, et il fut arrêté qu'on porterait à la Reine tous les écrits, et qu'elle serait suppliée de faire considération sur l'importance de la chose, et très humblement suppliée aussi de réunir la maison royale, et que le duc d'Orléans serait prié de s'en mêler.

Le 26, le Parlement vint trouver la Reine, et le premier président lui fit sa harangue en faveur de M. le Prince, selon leur dernier arrêté. Il pressa la Reine de lui donner la paix; il lui exagéra l'innocence du prince, et combien il était nécessaire qu'il parût innocent, afin d'éviter les maux qui en pourraient arriver à la France; dont il fut loué, car il le fit malgré sa haine (1).

Le Parlement, les princes, le cardinal Mazarin, et ceux qui en le haïssant couraient à lui, occupaient entièrement les esprits, et toutes les nouvelles du temps se terminaient à parler de ces choses. Il semblait que Paris seul fût toute la France, et que hors de l'enclos de ses murailles il n'y eut rien au monde qui pût toucher les hommes d'aucune curiosité. Nous avions toutefois

---

(1) Molé avait été quelques mois auparavant sacrifié à Chavigny.

une belle armée que l'on n'occupait à rien, parce que les brouilleries de Paris la tenaient en léthargie. La Reine, craignant d'en avoir affaire pour remédier à quelque mal extrême où le Roi et elle se pouvaient trouver, n'osait l'employer contre les ennemis, parce que les Français, ses ennemis domestiques, lui faisaient plus de peine que les étrangers.

Le même jour 26 août, le duc d'Orléans vint voir la Reine. Il lui demanda une audience particulière : ce fut pour lui faire encore de nouvelles instances pour l'obliger de faire tenir les États avant la majorité : ce qui marquait assez les desseins que les princes avaient de faire prolonger la régence, et peut-être aussi qu'il y avait des particuliers qui, par leurs intérêts, les portaient à cette poursuite; mais la Reine y résista comme elle avait déjà fait plusieurs fois.

En suite de cette conversation, le duc d'Orléans, un peu en mauvaise humeur de ce dernier refus, s'en alla chez lui à Limours, où la Reine l'envoya visiter par le comte de Brienne, pour lui demander avis de ce qu'elle avait à répondre au Parlement sur la justification de M. le Prince. Le duc d'Orléans fut radouci par cette civilité de la Reine. Il lui manda qu'il lui conseillait de témoigner au Parlement qu'elle croyait le prince de Condé moins coupable qu'elle ne le faisait avant la réponse qu'il avait faite à la déclaration du Roi; que, pourvu qu'il envoyât ses troupes à l'armée du Roi, qu'il fît sortir les Espagnols de Stenay, et qu'il témoignât désirer les bonnes grâces du Roi et d'elle, très volontiers elle le recevrait en leur amitié.

Elle le fit ainsi : et pour faire voir combien de contrariétés se trouvent en la vie des hommes, lorsque le duc d'Orléans fut de retour de Limours, il présenta lui-même le coadjuteur à la Reine, qu'elle reçut comme un mauvais présent qu'elle faisait semblant d'estimer. Ce prince, qui faisait profession d'une si grande liaison avec le prince de Condé, avait de longues conversations avec le coadjuteur, qui depuis peu de jours s'était remis bien avec lui : ce qui fit dire aux amis du prince de Condé, de même qu'à beaucoup d'autres, que le duc d'Orléans était incompréhensible. Le Parlement cependant travaillait à la justification de M. le Prince; et leur arrêté fut de supplier la Reine de leur envoyer une déclaration en sa faveur telle qu'il la pourrait souhaiter, et une autre contre le cardinal, si ample et si forte qu'il fût impossible de mettre son retour en doute.

Pendant qu'on s'amusait à ces divisions publiques, la majorité approchait, et la Reine ne pouvait pas douter qu'elle ne dût être le souverain remède de ses maux. Elle espérait y trouver de la puissance, et par elle se dégager de la servitude où elle se trouvait réduite, ayant à rendre compte de ses actions au duc d'Orléans et au prince de Condé. Elle espérait y trouver un fils, roi majeur et revêtu de la souveraine puissance qui lui appartenait à lui seul. Elle était assurée de la bonté de son cœur pour elle; et par les bonnes qualités qu'elle voyait en lui, elle avait lieu de croire, vu sa gravité et sa sagesse, qu'il rétablirait en sa personne la légitime autorité, en détruisant dans les autres celle qui lui avait été injustement usurpée par l'état de son enfance.

La Reine vit la fin de la régence avec une véritable joie; et si elle était mêlée de quelque chagrin, c'était de ne pas remettre entre les mains du Roi, son fils, l'autorité souveraine aussi absolue qu'elle l'aurait souhaité. Mais la jeunesse de ce prince, l'état de la France, les mouvements nouveaux qui ébranlèrent le trône ne permirent pas à la Reine de satisfaire l'envie qu'elle avait depuis longtemps de se retirer dans le Val-de-Grâce. La majorité du Roi ne lui apporta donc pas le repos auquel elle s'attendait, mais elle lui donna des forces pour se défendre contre ceux qui lui préparaient une seconde guerre.

Un accord [1] secret avait été fait entre le cardinal de Mazarin, Châteauneuf, le coadjuteur et Mme de Chevreuse, par suite des articles de cet accord, après la majorité du Roi, Châteauneuf fut rétabli dans le ministère, le marquis de la Vieuville dans

---

[1] Les articles de cet accord furent trouvés sur le chemin de Cologne, dans un paquet porté par un courrier appartenant au marquis de Noirmoutiers, gouverneur de Charleville (Note de Mme de Motteville).

la surintendance des finances qu'il avait eue autrefois; le premier président eut les sceaux.

Aussitôt après ces changements, la Reine envoya le maréchal d'Aumont (1) avec ses troupes attaquer celles du prince de Condé, qui se retirèrent à Stenay et dans ses autres places. Il était encore indécis sur ce qu'il avait à faire, ayant assez d'envie de s'accommoder. Il alla à Angerville (2), maison du président Pérault, où il attendit un jour tout entier la réponse du duc d'Orléans sur un accommodement que ce prince avait proposé; mais celui qui le devait aller trouver ayant, par quelque accident, manqué d'arriver au jour qu'il avait marqué, M. le prince en partit le lendemain pour aller à Bourges qui s'était déclaré pour lui. Croissy l'y vint trouver, pour lui dire de la part de la Reine et de l'avis de son nouveau ministre, Châteauneuf, que s'il voulait se tenir paisiblement dans l'une de ses places jusqu'à la convocation des États, on lui donnerait de bons quartiers pour ses troupes; et lui promit de la part du duc d'Orléans que s'il pouvait, il obtien-

---

(1) Le maréchal d'Aumont de la famille de d'Aumont-l'Isle en Champagne, né en 1601, mort en janvier 1669, était petit-fils de Jean d'Aumont, gouverneur de Champagne, puis de Bretagne sous Henri IV. Il fut lui-même capitaine des Gardes du Roi, lieutenant-général, maréchal de France [1651], gouverneur de Paris [1662], duc et pair en 1665. C'est en faveur de cet Antoine d'Aumont de Rochebaron, marquis d'Isle et de Villequier que la terre d'Aumont fut érigée en duché-pairie.

(2) Angerville-la-Rivière, en Gâtinais.

drait de la Reine de tenir lesdits États à Saint-Denis, ou en un lieu qui ne lui pût être suspect.

M. le Prince ne voulut point encore se déterminer : il voulut aller à Montrond, où était madame de Longueville, pour prendre sa dernière résolution avec elle. Ce fut là qu'il fut comme forcé de se déclarer contre le Roi. Et pour dire comme les choses se passèrent, ce fut une femme qui, dans ce conseil opina pour la guerre, et l'emporta contre le plus grand capitaine que nous ayons eu de nos jours. Il s'y résolut donc, et leur dit à tous que puisqu'ils la voulaient, il la fallait faire; mais qu'ils se souvinssent qu'il tirerait l'épée malgré lui, et qu'il serait peut-être le dernier à la remettre dans le fourreau : voulant leur faire entendre qu'ils l'engageaient en une mauvaise affaire, dans laquelle ils ne le suivraient pas peut-être jusqu'au bout.

Le prince de Conti, madame de Longueville, les ducs de Nemours et de La Rochefoucauld, et le président Viol, le voyant dans cet engagement malgré lui, et craignant qu'il ne se ravisât, firent un traité particulier, par lequel ils se promettaient les uns aux autres de demeurer unis pour leurs intérêts communs, afin de tenir ferme contre lui, s'il était capable, en s'accommodant, de manquer à leur faire obtenir les grâces qu'ils prétendaient de la Cour.

M. le Prince, renvoyant Croissy, ne laissa pas de garder une porte de derrière, pour rentrer en négociation, afin de n'être pas sans en avoir quelqu'une. Cependant, il disposa toutes choses à la guerre. Il laissa madame la Princesse et le duc d'Enghien, son fils, à Montrond, envoya le prince de Conti et madame de Longueville à Bourges, et partant de Montrond le 16 septembre, avec les ducs de Nemours et de La Rochefoucauld, pour aller en Guyenne, il passa par Verteuil, maison du duc de La Rochefoucauld, qui, l'année précédente, avait été à moitié rasée, pour avoir été engagé dans son parti.

Il fut reçu dans Bordeaux avec beaucoup de démonstrations d'allégresse et d'affection. Il en chassa le premier président comme serviteur du Roi, et dépêcha en Espagne Lenet (1), homme d'esprit, qui y fit un traité aussi avantageux qu'il le fallait pour obliger M. le Prince à s'engager tout à fait à la guerre, et pour lui donner de grandes idées des bons succès qu'il s'en devait promettre. Il distribua beaucoup de commissions (2), et trouva assez de gens qui en prirent; ce qui accrédita d'abord son parti, dans lequel il fit ce qu'il put pour faire entrer M. de Turenne et débaucher son armée (3); mais il n'y réussit pas.

(1) P. Lenet, dans ses mémoires, dit que ce fut à Angerville même que le prince de Condé lui proposa pour la première fois d'aller en Espagne.

(2) Il faut entendre ce mot dans le sens de charge ou d'emploi concernant les affaires du prince de Condé. C'est Lenet qui rédigeait les lettres de commission qu'expédiait le prince.

(3) Turenne reprochait à Condé de ne pas lui avoir confié des secrets.

Le coadjuteur, qui voyait que toutes les négociations qui se faisaient à la Cour et à Paris auprès du duc d'Orléans par plusieurs personnes, et entre autres par madame Du Plessis-Guénégaud, mon amie, sœur de la maréchale d'Étampes, dame d'honneur de madame la duchesse d'Orléans, allaient toutes directement à convier M. le Prince de se remettre bien avec la Reine, et craignant que cela n'arrivât, il dépêcha Bartet au cardinal Mazarin, pour lui offrir de faire consentir le duc d'Orléans à son retour en France, en se remettant bien avec lui, pourvu qu'en récompense de ce service, il lui fît donner la nomination du Roi au chapeau pour la première promotion.

Madame de Chevreuse et le marquise de Noirmoutiers, amis du coadjuteur, fortifièrent ces offres par les assurances qu'ils donnèrent de sa fidélité et de sa reconnaissance. Bartet, grand débiteur de paroles fabuleuses, dit au cardinal que le coadjuteur avait l'âme belle et généreuse, et qu'il serait son ami : si bien qu'enfin ce ministre absent, pressé de tant de côtés, flatté de tant de belles apparences, lui fit donner par le Roi cette nomination qu'il souhaitait avec tant d'ardeur.

Le ministre fut mal payé de son bienfait. Le coadjuteur, au lieu de reconnaître la sincérité de son procédé par une conduite pareille, quand il eut ce qu'il demandait et qu'il vit M. le Prince s'engager à la guerre, se moqua du cardinal, et parut son ennemi avec la même hauteur qu'il avait eue par le passé. La Reine, pour remédier par son courage à toutes ses trahisons et à la guerre qui se fomentait dans la Guyenne et dans le Berri, résolut d'y aller pour s'opposer à leurs pernicieux desseins. Le Roi et elle partirent pour ce grand voyage le 24 de septembre, suivis de Monsieur, frère du Roi, de ses ministres et de toute la Cour.

Les ennemis, qui voulurent profiter de la guerre civile, prirent Furnes, Bergues et Saint-Vinox, proche de Dunkerque; ils prirent aussi Linck, Hannuie et Bourbourg. Le Roi et la Reine, étant à Fontainebleau, furent conseillés par Châteauneuf d'aller droit à Bourges, où lui-même, par ses correspondances, avait disposé les habitants principaux à recevoir Leurs Majestés. Le Roi et la Reine se résolurent à cette entreprise; et, malgré la présence du prince de Conti et de madame de Longueville, elle leur réussit heureusement.

Le Roi, avant que de partir de Fontainebleau, le 2 octobre, donna le commandement de l'armée de Guyenne au comte d'Harcourt; et la Reine envoya Ondedei à Brulh porter au cardinal Mazarin l'ordre de revenir à la Cour. Il était toujours le maître, et Châteauneuf se plaignait qu'on n'avait pas assez de confiance en lui. Il prit aussitôt des passe-ports d'Espagne; et, étant venu à Dinan, où Navailles, Broglie (1) et plusieurs autres de ses amis, à qui il avait fait donner des gouvernements, l'étaient venus trouver; il résolut de lever des troupes pour le service du Roi, et de rentrer en France à la tête d'une armée.

Le prince de Conti et madame de Longueville, à la vue du Roi, prirent la fuite, quittèrent Bourges, et allèrent à Montrond, et de là à Bordeaux.

Le baron de Batteville (2), Franc-Comtois, et par conséquent sujet du roi d'Espagne, fut envoyé avec treize vaisseaux, de l'argent et des troupes au secours de M. le Prince (3). La Reine, pour s'opposer aux commencements d'un parti si formidable, partit de Bourges pour aller à Poitiers, d'où le Roi écrivit au cardinal pour le presser de faire des levées et de le venir trouver, et envoya

(1) Le comte Victor-Maurice de Broglie (1639-1727), maréchal sous Louis XV en 1724; le premier membre de cette famille qui se distingua en France. La famille de Broglie est originaire du Piémont.

(2) Le baron Jean de Watteville ou Vateville ou Bateville appartient à une famille bernoise établie en Franche-Comté au temps de la Réforme. Né en 1613 à Besançon, il mourut en 1702 à l'abbaye de Baume-les-Messieurs (Jura). Officier espagnol, duelliste, chartreux, assassin, Portugais, Turc, mahométan, absous de ses crimes par le Pape, haut-doyen du chapitre de Besançon, maître des requêtes au parlement de Dôle, il a laissé un triste renom d'aventurier. Il livra plusieurs places de la Franche-Comté à Louis XIV.

(3) Louis XIV, avec l'aide du prince de Condé, fit la conquête de la Fr.-Comté en 1668 et en 1678. — Le traité de Nimègue la donna définitivement à la France.

en même temps l'ordre au maréchal d'Hocquincourt de se joindre à lui et de lui obéir.

Cependant, M. le Prince s'était rendu maître de tout le pays qui est delà la Charente jusqu'à la Garonne et Dordogne. Il y laissa le duc de La Rochefoucauld et le prince de Tarente (1), pour s'en retourner à Bordeaux, où il avait à traiter avec les ministres d'Espagne. Il fit presser le comte du Dognon de lui laisser mettre des troupes dans La Rochelle, pour la fortifier autant qu'il lui serait possible; mais, quoiqu'il eût été le trouver à Bordeaux pour traiter avec lui, il ne voulut point le rendre plus maître de son gouvernement que lui-même.

Le Roi était à Poitiers, et Châteauneuf le servait avec une grande affection, non seulement pour gagner du crédit auprès de la Reine, mais encore par le plaisir qu'il avait de travailler à la ruine de M. le Prince, son ancien ennemi.

Le comte d'Harcourt cependant n'était pas oisif; il avait assemblé des troupes et tâchait de se mettre en état de faire voir à M. le Prince qu'une bonne cause, entre les mains d'un général qui avait été quasi toujours heureux, lui devait faire peur. Il connut l'importance de secourir Cognac; il s'y appliqua entièrement, et il y réussit. Non seulement il fit lever le siège au prince de Tarente et au duc de La Rochefoucauld,

---

(1) Henri-Charles de La Trémoille.

mais à la vue de M. le Prince, qui y accourut de l'autre côté de la Charente, il tailla en pièces une bonne partie des troupes qu'il avait laissées retranchées dans les faubourgs.

Le Roi envoya au parlement de Paris une déclaration contre M. le Prince; mais l'esprit de la révolte régnait si fortement dans cette grande ville, qu'on ne pouvait pas y punir le crime de lèse-majesté, et, par une terrible révolution, la rébellion y tenait lieu de fidélité (1). Le premier président, qui était bon serviteur du Roi, voulut faire enregistrer cette déclaration; mais elle ne le put être qu'avec de certaines modifications, et on murmura contre lui de ce qu'il obéissait aux volontés de son souverain.

Le Cardinal, selon les ordres du Roi, pensait alors à revenir en France : il se mit en état d'exécuter ce dessein; mais les Espagnols lui ayant refusé des passe-ports, il partit de Dinan par des chemins remplis de troupes espagnoles et de celles de M. le Prince, pour se rendre enfin à Bouillon. Cette nouvelle donna de furieuses alarmes à ses ennemis. Le parlement redoubla ses arrêts; et les mutins de cette compagnie en firent donner un par lequel ils mettaient sa tête à prix, et promettaient cinquante mille écus à celui qui le tuerait.

(1) Madame de Motteville n'exagère pas. Gourville écrit sur l'an 1651 que si quelqu'un voyait ses mémoires, il ne pourrait jamais les croire véritables, et que les jeunes gens les prendraient pour des rêveries.

Cette somme devait être prise sur le prix de ses meubles et de sa bibliothèque, qu'ils ordonnèrent de vendre entièrement. Toute l'Europe regarda avec étonnement cet arrêt, dont la plus saine, mais la moindre partie de ce corps, qui a donné en tant d'occasions des marques de sa fidélité envers nos rois, fut scandalisée. Le Cardinal n'en arriva pas moins heureusement à Poitiers le 28 de janvier.

Le Roi alla au-devant avec tout ce qu'il y avait à la Cour; et la Reine, comme celle qui l'avait toujours protégé et soutenu, s'il faut ainsi dire, contre toute la France, ne put le revoir qu'avec beaucoup de joie. Le Conseil du Roi avait cassé l'arrêt du parlement donné contre le cardinal Mazarin, et fait défenses de vendre ses biens; mais ce n'était pas assez pour rétablir l'autorité du Roi, qui était en quelque façon attachée à la sienne. C'est pourquoi cette tête, attaquée de tous côtés et mise à prix par des arrêts, au lieu de l'inquiétude des intrigues de la Cour, qui l'aurait bien plus embarrassée que les menaces du parlement, fut dans le même temps remplie du soin de toutes les affaires du royaume, qui étaient assez grandes pour occuper toute sa capacité.

M. le Prince avait envoyé le duc de Nemours en Flandre pour se mettre à la tête des troupes que le roi d'Espagne lui envoyait; et, ne pouvant plus résister au comte d'Harcourt, qui le poursuivait avec l'autorité légitime, il mit ses troupes dans des quartiers d'hiver, et s'appliqua entièrement à fomenter la révolte de Bordeaux.

Le duc de Rohan-Chabot, qui avait toujours été dans les intérêts de M. le Prince, quoique avec plus de retenue que les autres à l'égard du ministre, étant gouverneur d'Anjou, voulut faire soulever Angers : ce qui obligea le cardinal Mazarin, qui commençait à former les desseins de réduire la ville de Bordeaux, qui était le siège de l'empire de M. le Prince, à changer de résolution pour aller promptement à Saumur remédier au mal que le duc de Rohan voulait faire. La Cour, pour cet effet, partit de Poitiers le 6 de février. Le maréchal de Hocquincourt, Broglie et Navailles, qui commandaient sous lui, attaquèrent le duc de Rohan, et le pressèrent de si près, qu'il fut contraint de demander une suspension d'armes, dans le temps de laquelle il fut arrêté qu'il se retirerait à Paris et abandonnerait son gouvernement pour un temps, et que le Roi mettrait dans la ville et château d'Angers tel de ses serviteurs qu'il lui plairait pour y commander. Le Pont-de-Cé, attaqué par le même maréchal, suivit l'exemple de la ville capitale de cette province.

Avant que la Cour partît de Saumur, Châteauneuf, dégoûté de se voir inutile, prit congé du Roi et de la Reine, et se retira à Tours, d'où quelque temps après le ministre (1) lui envoya

---

(1) Le cardinal Mazarin, redevenu premier ministre.

ordre de s'en retourner en sa maison de Montrouge, où il mourut enfin chargé d'années et d'intrigues, qui sont des œuvres bien vides devant Dieu. Le commandeur de Jars, son ami, se retira aussi; mais il se raccommoda après quelque temps de pénitence. Le vicomte de Turenne, entièrement détaché de M. le Prince, et remis aux bonnes grâces du Roi et de la Reine, vint à la Cour, où il fut reçu de Leurs Majestés avec beaucoup de marques de leur bienveillance, aussi bien que Le Tellier, qui fut le premier de tous ceux qui en avaient été exilés pour l'amour de lui, qui fut rétabli.

Les victorieux ne sont pas toujours invincibles. Saint-Luc fut un peu battu par M. le Prince; mais aussi le marquis de Montausier et Du Plessis-Bellière reprirent Saintes. D'autre côté, le duc de Nemours entrant en France avec les troupes qu'il amenait de Flandre, un secours si considérable et la réputation de M. le Prince relevant son parti qui commençait à chanceler, fit croire aux mauvais Français que le Roi était perdu. La noblesse du Vexin voulut s'opposer au passage des troupes étrangères. Mais le duc d'Orléans considérant cette armée comme si c'était la sienne, elle passa la Seine à Mantes, et se mit entre Chartres et Paris, où le duc de Nemours, Tavannes [1], Clinchamp [2] et les officiers d'Es-

(1) Jacques de Saulx.
(2) « Un honnête homme, de beaucoup d'esprit et de mérite... Quoiqu'il servît le roi d'Espagne, il était français de la frontière

pagne s'en allèrent recevoir les bénédictions que les bourgeois leur donnèrent comme aux restaurateurs de leur liberté.

Mais, pendant que les plaisirs les y amusaient et que leurs troupes prenaient du repos, le ministre acheva l'entreprise d'Angers, du Pont-de-Cé, de Saintes, et mit La Rochelle en sûreté. Après cela, il jugea qu'il était nécessaire de s'approcher de Paris avec l'armée du Roi, pour empêcher les progrès de celle que commandait le duc de Nemours.

La Cour fut à Tours, et de Tours vint à Blois. C'est là que Servien la rejoignit. M. de Lyonne fut aussi rappelé.

La crainte du crédit que Monsieur avait dans Orléans, qui était son apanage, et le peu de confiance qu'on avait au gouverneur, qui était le marquis de Sourdis, firent résoudre la Cour à quitter le grand chemin, qui était d'y passer pour aller à Gergeau, où Vaubecourt et Palluau se devaient joindre pour attendre le maréchal de Turenne, qu'on y envoyait, avec deux mille cinq cents hommes, pour les commander (1). Le duc de Nemours fit prendre la même route à l'armée des ennemis pour se saisir de Gien ou de Gergeau, où le duc de Beaufort se devait rendre avec

de Lorraine; il avait été dans sa jeunesse nourri dans cette cour, et M. de Lorraine l'avait engagé au service des Espagnols. » (Mém. de Mlle de Montpensier, année 1652.)

(1) Ils faisaient partie de l'armée royale.

celle du duc d'Orléans : mais le maréchal de Turenne les ayant prévenus, le duc de Beaufort, qui voulait l'en chasser, y perdit bien du monde, et fut obligé de se retirer. L'on dit alors que l'habileté de notre nouveau général avait sauvé le Roi, la Reine et toute la maison royale, qui sans cela serait demeurée en proie aux ennemis, dont toute l'armée se vint camper autour d'Orléans.

Le duc d'Orléans avait été conseillé d'y aller lui-même pour empêcher le Roi d'y entrer; mais il trouva plus à propos de ne pas quitter Paris, et d'y envoyer Mademoiselle. Elle y alla avec beaucoup de joie et de résolution, suivie des comtesses de Fiesque et de Frontenac, et de plusieurs autres dames habillées en amazones, accompagnées du duc de Rohan, de quelques conseillers du parlement, et de plusieurs jeunes gens de Paris.

Mademoiselle se présenta à une des portes d'Orléans (1), et le garde des sceaux dans le même temps était à une autre porte, qui demandait à y entrer de la part du Roi. Car il y avait été envoyé pour arrêter ce peuple sous son obéissance et pour pressentir, par la manière dont on le recevrait, ce que la Cour en devait espérer. Mais les principaux de la ville étaient asssemblés, et étaient fort empêchés de ce qu'ils avaient à faire. Ce qui fait voir qu'ils eussent reçu le Roi s'il y

---

(1) Il faut lire dans les Mémoires de Mademoiselle son entrée et son rôle à Orléans.

était allé d'abord sans hésiter, car les habitants n'ouvraient la porte ni à Mademoiselle ni au garde des sceaux.

Dans cet intervalle, Mademoiselle, qui se promenait volontiers, s'avança de dessus le fossé jusque sur le bord de l'eau. Les bateliers la voyant, la vinrent tous saluer, avec de grands cris d'allégresse. Le comte de Fiesque, qui était dans la ville, lui avait gagné le peuple par de l'argent qu'il avait donné. Soit donc par le peuple qui était dehors, ou par celui qui était dedans, la vérité est qu'elle passa par une petite porte ronde qui donne sur la rivière, qui était alors murée, et que l'on abattit pour la faire entrer.

Aussitôt qu'elle fut dans la ville, elle fut suivie de tout le peuple avec admiration et applaudissement. Elle alla à l'hôtel-de-ville : elle se rendit la maîtresse des plus puissants, et empêcha que le garde des sceaux n'y pût entrer. Le marquis de Sourdis, quoique serviteur du duc d'Orléans, ne fut pas content de la venue de Mademoiselle. Il borna sa puissance autant qu'il lui fut possible : sa fermeté, et le droit que lui donnait la qualité de gouverneur, l'empêchèrent de se soumettre entièrement à l'obéissance que cette princesse désirait de lui.

Le lendemain, Mademoiselle, le duc de Nemours et le duc de Beaufort se trouvèrent au faubourg d'Orléans pour aviser ensemble à ce qu'ils avaient à faire et pour tenir conseil ; mais, au lieu d'établir un ordre dans leur conduite, il arriva un grand désordre qui fut avantageux au service du Roi. Les ducs de Beaufort et de Nemours se querellèrent : le duc de Beaufort lui donna à demi un soufflet. On les accommoda aussitôt ; et le duc de Beaufort, qui avait de l'amitié pour madame de Nemours, sa sœur, dit, les larmes aux yeux, au duc de Nemours, son beau-frère, tout ce que l'alliance et la bonté lui pouvaient faire dire : mais ce fut inutilement. Le duc de Nemours, depuis cette fâcheuse aventure, eut une haine implacable contre ce prince, et cette haine eut enfin une suite funeste contre lui-même.

Les ordres du duc de Nemours, qui venaient du prince de Condé à son armée, étaient de passer la rivière de Loire pour secourir Montrond et marcher vers la Guyenne ; et ceux du duc de Beaufort, qui venaient à la même armée de la part du duc d'Orléans qui était à Paris, étaient opposés à ceux-là, parce qu'il voulait avoir des forces pour se pouvoir défendre contre le Roi au cas qu'il en fût attaqué, soutenir sa réputation dans le parlement et parmi le peuple, et les empêcher de quitter son parti : ce qui aurait pu arriver s'il était demeuré sans d'autres forces que celles de l'intrigue.

Le coadjuteur, qui avait alors toute la confiance du duc d'Orléans, appuyait ce dessein et augmentait sa crainte, afin de rendre cette armée inutile à M. le prince, qu'il haïssait. Il voulait encore être considéré à la cour, en faisant voir que la puissance était tout à fait de son côté. Cette politique lui servit à obtenir promptement le chapeau qu'il reçut en ce temps-là, selon l'engagement que le cardinal Mazarin avait pris avec lui, et dont j'ai déjà parlé.

Chavigny prétendait gouverner les deux princes. Il était considéré par lui-même et par les emplois que la confiance du prince de Condé lui donnait. Il avait part à celle du duc d'Orléans ; il avait aussi ses intelligences avec le cardinal par Fabert (1) pour les choses qui lui convenaient. Il voulait faire la paix de la cour quand les temps se rencontreraient propres à y trouver ses avantages, et il aspirait à la gloire d'être employé à la paix générale. Il crut que, pour contenter ceux qui demandaient l'éloignement du cardinal, on pourrait l'envoyer la traiter hors du royaume avec les Espagnols ; et lui, qui allait à tout, croyait, étant nommé à cet emploi avec le ministre, se faire valoir par M. le Prince avec les étrangers, et en dérober toute la gloire au cardinal. Toutes ces raisons le persuadèrent qu'il avait besoin de la présence de ce prince à Paris, et l'obligèrent de lui conseiller de venir à l'armée et de quitter la Guyenne.

Le prince de Condé se résolut donc de quitter

---

(1) Fils d'un imprimeur du cardinal, fait maréchal de France en 1646; c'est un homme des plus estimables et du plus grand mérite militaire. Il mourut en 1662.

la Guyenne, et de venir à son armée. Il choisit le duc de La Rochefoucauld pour l'accompagner et laissa Marsin auprès du prince de Conti et madame de Longueville, tant pour les maintenir unis que pour avoir soin de conserver Bordeaux dans ses intérêts. Les factions y étaient grandes, et l'intelligence mal établie dans sa famille.

Madame de Longueville était mal à la cour : on y craignait son esprit; et, quoiqu'elle eût travaillé, par la princesse palatine, à se rétablir dans les bonnes grâces de la Reine, elle ne les avait pu obtenir.

Le prince de Conti, gagné par le ministre sans qu'il le crut être, voulait la paix; et madame de Longueville, ne la pouvant avoir avec la cour ni avec elle-même, voulait se faire craindre et de la cour et de ses frères. Elle fomentait la guerre tant qu'il lui était possible; et le prince de Conti et elle, par des motifs différents, tâchaient de se rendre les maîtres tant du parlement que du peuple de Bordeaux. Ils appuyaient particulièrement le peuple, dont les assemblées se faisaient en un lieu nommé *l'Ormée*, qui donna le nom à la faction de cette ville tant que la guerre dura.

M. le Prince, ayant donné les ordres nécessaires pour obvier à tous les maux que pouvaient produire les divisions de sa famille, se sépara du prince de Conti à Agen, où il eut à soutenir l'effort de ce peuple qui, voulant faire son devoir, se révolta contre lui. Le prince de Condé, quittant le prince de Conti, son frère, lui recommanda de se confier à Marsin et à Lenet de tous ses intérêts ; puis il partit pour l'armée, suivi du duc de La Rochefoucauld, du prince de Marsillac son fils, de Guitaut, Chavagnac et Gourville, d'un valet de chambre, et de quelques autres. Ils suivirent tous le marquis de Levi, qui avait un passe-port du comte d'Harcourt pour se retirer lui et son train en sa maison en Auvergne. M. le Prince, faisant cette course, traversa toute la France avec de grands périls; mais l'adresse et l'habileté de Gourville l'en sauvèrent.

En arrivant dans la forêt d'Orléans, il fut reconnu par quelques cavaliers de l'avant-garde de son armée, ce qui leur donna une joie incroyable à cause du besoin qu'elle avait de lui. La division des chefs qui la commandaient, et l'arrivée du Roi avec son armée, les mettaient en état qu'ils ne pouvaient espérer de ressource qu'en la venue de M. le Prince, qui, par sa valeur et sa conduite, pouvait faire des miracles que ceux de son parti n'osaient espérer que de lui seul.

Aussitôt après que le prince de Condé fut arrivé, il fit marcher son armée à Montargis, qu'il prit, et le laissa rempli de blé et de vin pour s'en servir en un besoin : de là elle alla à Château-Regnard. Gourville y arriva en même temps, qui revenait de Paris, où le prince de Condé l'avait envoyé de La Charité (1) vers le duc d'Orléans et vers ses amis du parlement, pour savoir leur sentiment sur ce qu'il avait à faire. Les avis qu'il reçut par lui furent différents.

Dans ce même temps le prince de Condé reçut avis que la brigade du maréchal d'Hocquincourt était encore dans des quartiers séparés assez proche de Château-Regnard, et que le lendemain elle se devait joindre à celle du vicomte de Turenne : ce qui le fit résoudre à l'heure même avec toute son armée d'aller droit attaquer le maréchal d'Hocquincourt, avant qu'il eût le temps de la rassembler et de se retirer vers le maréchal de Turenne. Il le fit, et enleva d'abord cinq quartiers. Il mit en déroute les troupes du Roi, et prit leur bagage. Trois mille chevaux furent pris, tout fut renversé (2), une partie se sauva, et le reste fut poussé près de quatre heures vers Auxerre.

Cette défaite eut été encore plus grande, si M. le Prince n'eût reçu avis que le vicomte de Turenne paraissait, lequel, par sa sage conduite, sa prudence et sa fermeté, arrêta la victoire de M. le Prince, et sauva ce jour-là le Roi et la France, qui se

---

(1) Ville pittoresque construite en amphithéâtre sur une ondulation du sol au bord de la Loire entre Sancerre et Nevers. Jeanne d'Arc l'avait assiégée. Son abbaye était une des plus considérables de France.

(2) Mademoiselle, dans ses mémoires, a transcrit la lettre que Condé lui écrivit le 8 avril 1652 et dans laquelle il lui raconte cette bataille.

virent dans cet instant en un grand péril par les heureux succès de M. le Prince.

On vint à Gien donner au roi et à la Reine la nouvelle de la déroute des troupes du maréchal d'Hocquincourt, avec amplification; et l'alarme y fut grande. Le roi monta à cheval avec ce qu'il y avait auprès de lui de gens de qualité, et sortit de la ville; mais le ministre, l'ayant arrêté au commencement de la plaine, l'empêcha de suivre ses généreux sentiments, qui dans sa plus grande jeunesse lui eussent fait aimer la gloire. Pendant qu'on chargeait le bagage et qu'on faisait tenir les carrosses tout prêts à passer le pont, qu'on songeait même à rompre en cas de besoin après que la cour y aurait passé, tous les volontaires furent avec le duc de Bouillon à l'armée, où ils trouvèrent une grande allégresse parmi les soldats, parce que le bruit avait couru que le Roi y venait. Tous crièrent : *Vive le Roi* et *Bataille !* Mais la nouvelle arriva, peu de temps après, que la perte n'avait pas été fort grande, et que M. le Prince s'était retiré dans ses quartiers, et le vicomte de Turenne dans les siens.

L'armée du Roi étant retirée, M. le Prince fit prendre à la sienne le chemin de Châtillon. Il y tarda deux jours, puis de là il s'en alla à Paris, et laissa le commandement de son armée à Clinchamp et au comte de Tavannes. Il amena avec lui les ducs de Nemours, de Beaufort et de La Rochefoucauld, et alla jouir des applaudissements qui l'attendaient après un voyage si périlleux, et ensuite une victoire accompagnée de tant d'éclat et de gloire. Ils furent en effet assez grands pour le pouvoir pleinement satisfaire.

[1652] Madame de Chevreuse et le coadjuteur firent beaucoup d'intrigues pour priver le prince de Condé de ce triomphe.

Le 22, M. le Prince alla au parlement prendre sa séance avec le duc d'Orléans.

Ce jour, il y eut de grands cris d'allégresse en faveur des princes, et nul n'osa jamais parler pour le Roi, ni représenter qu'il n'était pas juste de recevoir le prince de Condé tout sanglant encore des combats qu'il venait de donner contre lui.

Le duc de Rohan travaillait à son ordinaire à porter les princes à l'accommodement. Chavigny, quoique ennemi du cardinal, voulait la même chose, afin de parvenir à ses fins, qui allaient à vouloir toujours, soit d'une façon, soit d'une autre, faire un beau personnage sur le théâtre. Tous deux conseillèrent à M. le Prince de penser à une paix avantageuse. Les propositions qui avaient été faites en particulier à Chavigny par Fabert lui plaisaient beaucoup : car, comme il a été dit, pour engager par lui le duc d'Orléans et M. le Prince à penser à s'accommoder, le cardinal l'avait laissé espérer qu'ils iraient ensemble traiter la paix générale ; et, sur cette espérance, Chavigny voulait celle de la cour et des princes, ce qui plaisait au ministre.

PORTE SAINT-ANTOINE.

En cette occasion, sa finesse ordinaire lui réussit selon ses desseins. M. le Prince consentit à laisser aller à Saint-Germain, où était la cour, le duc de Rohan, Chavigny et Goulas, tous trois chargés des intérêts du duc d'Orléans et des siens. Le premier ne demandait que l'éloignement du ministre, et M. le Prince voulait la même chose avec de grands accompagnements. Il avait beaucoup de personnes à contenter, ses amis, les Bordelais, ses troupes, le prince de Conti et le public. Il demandait l'établissement d'un conseil, et pouvoir du Roi de traiter la paix générale, et d'y pouvoir travailler selon les propositions justes et raisonnables dont on conviendrait. Cet article était agréable à Chavigny, par la part qu'il prétendait y avoir, et par l'espoir de se voir bientôt en pouvoir de se venger entièrement du cardinal Mazarin.

Le voyage de Chavigny ne lui fut nullement avantageux. Il revint sans avoir rien conclu : ce qui étonna tous ceux de son parti, qui avaient cru, le voyant si empressé et si occupé du désir de la paix, qu'il avait sûreté de la part du ministre d'y pouvoir réussir. Non seulement il avait traité avec le cardinal (1) (ce qui dans le vrai n'était pas un grand crime), mais M. le Prince avait trouvé mauvais de ce qu'il n'avait insisté que sur l'établissement d'un conseil nécessaire, pareil à celui que

---

(1) Ce qui lui avait été défendu.

le feu Roi, par son avis, avait ordonné peu avant sa mort ; et que moyennant cela il devait porter M. le prince à consentir que le ministre et lui allassent traiter la paix générale. L'article secret était que le cardinal, après la conclusion de la paix, pourrait demeurer en France.

Ce traité si raccourci ne plut point à M. le Prince : il se résolut de ne plus donner de part dans ses affaires à Chavigny, car lui-même désirait être celui qui devait aller traiter la paix générale. Il voulut donc envoyer de sa part Gourville à la cour, chargé d'une instruction dressée par lui en présence de la duchesse de Châtillon, et des ducs de Nemours et de La Rochefoucauld.

Voici à peu près ce que contenait cette instruction de Gourville, et c'est de lui-même que je l'ai su :

I. M. le Prince ne voulait plus traiter, passé cette fois. Il promettait sincèrement d'exécuter ce qui serait accordé ; comme de même il voulait qu'on lui tînt ce qu'on lui promettait. Il demandait précisément que le cardinal Mazarin sortît du royaume, et allât à Bouillon.

II. Que M. le duc d'Orléans et M. le Prince eussent le pouvoir de faire la paix générale, et que M. le Prince pût envoyer en Espagne et ajuster le lieu de la conférence.

III. Il demandait un conseil composé de gens tels qu'ils en conviendraient. Il voulait régler les finances ; amnistie générale, et récompense pour ceux qui les avaient servis; des grâces pour les Bordelais; diminution de tailles de la Guyenne; de grands avantages pour le prince de Conti, pour le duc de Nemours; un gouvernement et un brevet de prince pour le duc de La Rochefoucauld, pareil à celui du duc de Bouillon et de Guéménée, et un gouvernement ou de l'argent pour les particuliers; que Marsin et du Dognon fussent maréchaux de France; le rétablissement de M. de La Force dans son gouvernement de Bergerac, et le reste. Moyennant quoi M. le Prince promettait de bonne foi de quitter les armes, et consentir à tous les avantages du cardinal, à sa justification, et à son retour en France dans trois mois, dans le temps que le prince, ayant ajusté les points de la paix générale avec les Espagnols, serait sur les lieux de la conférence avec les ministres; et promettait de ne point signer la paix qu'après le retour du cardinal.

Le cardinal écouta les propositions de Gourville, et y parut facile. Mais agissant à son ordinaire, il gagna du temps, et amusa le prince de Condé, pendant qu'il faisait la guerre tout de bon en Guyenne, et que partout les armes du Roi étaient victorieuses.

Le maréchal de Turenne, ayant avis que Mademoiselle, passant par Étampes, avait voulu voir l'armée des princes en bataille, fit marcher ses troupes, et arriva au faubourg d'Étampes avant que celles de l'armée qui était logée dans cette ville fussent en état de défendre leur quartier. Il fut forcé et pillé : MM. de Turenne et d'Hocquincourt se retirèrent au leur, après avoir défait mille ou douze cents chevaux des meilleures troupes de M. le Prince, et amené plusieurs prisonniers. Dans ce même temps se faisaient plusieurs négociations et plusieurs voyages par les députés du parlement vers le Roi, tous demandant l'éloignement du ministre; et, selon les occurrences, ils étaient traités avec douceur ou rudesse.

Le Roi, qui alors recevait de continuelles députations du parlement, ayant par une réponse écrite témoigné désirer de contenter ses peuples, et montré vouloir faire quelques conférences sur ce sujet, avait ordonné qu'on députât tout de nouveau les mêmes députés. L'affaire, à leur retour, ayant été mise en délibération dans la compagnie en présence des princes, il fut dit que les deux députés, les présidents de Maisons et de Nesmond, retourneraient vers le Roi. Ils partirent le 13 de juin pour Melun, et deux jours auparavant on avait accordé entre le Roi d'une part, le duc de Lorraine et les princes de l'autre, une suspension d'armes de six jours, afin de travailler à la paix.

Les choses étant en bon état, et le duc de Lorraine étant dans son armée, le Roi fit approcher la sienne pour l'obliger à conclure ou à combattre. Le Roi en même temps écrivit au roi d'Angleterre, et le pria, comme son bon frère (1), qui dé-

___

(1) On sait que les rois entre eux se disent : mon frère.

sirait le bien public et la paix générale, d'aller voir ce duc, et de l'obliger à le venir trouver.

Le roi d'Angleterre, qui était à Paris, partit aussitôt, quoiqu'il vît clairement qu'il désobligeait son oncle (1) le duc d'Orléans, et s'en alla au camp du duc de Lorraine (2), qui était à trois lieues de Paris. Il trouva en arrivant que les deux armées se battaient, et que l'avant-garde du Roi commençait déjà d'attaquer les troupes lorraines. Le roi d'Angleterre, qui était là pour parler de la paix, s'arrêta tout court, manda au duc de Lorraine qu'il était venu pour travailler à le mettre d'accord avec le Roi, et qu'il s'étonnait de trouver les choses en cet état. Le duc, le venant aussitôt trouver, lui témoigna en être aussi surpris que lui ; et, soit en effet ou en apparence, il se plaignit de la cour, disant qu'on l'amusait de négociations et de traités de paix, et que cependant on l'attaquait par force. Dans ce même moment, Beaujeu arriva de la part du Roi, qui assura le duc de Lorraine que cette attaque n'était rien que pour le forcer à s'accommoder, et supplia le roi d'Angleterre de travailler à la paix. On mit pa-

---

(1) Gaston, duc d'Orléans, fils de Henri IV, était le père de Henriette de France, femme de Charles Ier, roi d'Angleterre, par conséquent oncle de Charles II, fils de Charles Ier et de Henriette de France.

(2) Nicolas François, né le 6 décembre 1609, cardinal en 1624, évêque de Toul le 11 septembre 1625, avait quitté l'état ecclésiastique en 1634, année où il devint duc de Lorraine et de Bar (19 janvier). Il mourut le 25 janvier 1670.

pier sur table, et ce jour, samedi 15 juin, venant sur le 16, on fit un accommodement qui parut plus avantageux au Roi qu'à ce prince; car il n'en tira point d'autre profit que de s'en retourner sans aucune perte.

La rage du peuple et la colère des princes fut grande, quand ils virent l'effet de cette négociation. Les bourgeois de Paris témoignaient de l'amour aux ennemis du Roi, et de la haine à ses amis ou à ceux qui cessaient d'être ses ennemis, tant cette ville était alors éloignée des sentiments que de bons sujets doivent avoir pour leur souverain. Lorsque le duc de Lorraine était arrivé dans cette ville mutine, et qu'il avait entendu les cris de joie que le peuple jetait à son arrivée, il avait dit qu'il n'eût jamais cru pouvoir entrer dans Paris comme ennemi du Roi, et y être aussi bien reçu qu'il l'était.

En suite de cet accommodement, M. le Prince se résolut d'aller à son armée, de peur que celle du Roi ne l'attaquât en chemin. L'ayant tirée d'Étampes, il la rejoignit à Linats, et la mena loger vers Villejuif, puis à Saint-Cloud, où elle fut assez longtemps.

J'étais demeurée jusqu'alors dans Paris, où l'absence de la Reine et la vue de la révolte m'avaient incommodée; mais, sachant la cour à Saint Denis, je fis résolution d'y aller et de m'échapper de Paris, d'où il était difficile de sortir sans quelque péril, à cause que les portes étaient gardées. Je le fis à l'aide d'un carrosse de Mademoiselle qui me mena jusqu'à Chaillot : puis de là je fus escortée par mon frère, lequel, étant venu de Saint-Denis pour me quérir, avait été reconnaître les endroits par où nous pouvions passer ; et quoique ce jour tous les environs de Paris fussent couverts de troupes du Roi et de M. le Prince, nous passâmes heureusement par un chemin de traverse, et allâmes rejoindre la cour, qu'il y avait longtemps que j'avais quittée.

Nous trouvâmes que l'armée était occupée à passer la rivière, pour aller battre les ennemis à Saint-Cloud, où ils étaient encore ; mais M. le cardinal, ayant eu avis qu'ils quittaient ce poste, et qu'ils marchaient cette nuit du premier au second pour aller à Charenton, fit aussitôt repasser notre armée pour prendre cette même route ; et nous vîmes de nos fenêtres, le matin à notre réveil à Saint-Denis, les dernières troupes de l'arrière-garde filer vers Paris pour aller attaquer celles des princes, que la nôtre rencontra vers le faubourg de Saint-Martin, tirant vers celui de Saint-Antoine.

D'autre côté, M. le Prince, voyant l'armée du Roi grossie des troupes du maréchal de La Ferté, et qu'il ne pouvait faire passer la sienne par Paris, comme il l'avait espéré, pour s'aller poster dans cette langue de terre qui fait la jonction de la Marne avec la Seine, fut obligé de la faire marcher à l'entrée de la nuit le premier de juillet ; et, pour arriver sûrement où il voulait aller avant que l'armée du Roi le pût joindre, il les fit passer par le Cours et par le dehors de la ville, qui était ce même chemin que nous avions pris peu d'heures auparavant, et où nous pensâmes rencontrer et passer avec les premières troupes de son avant-garde.

Ces moutons de M. le Prince (car ils paraissaient tels), croyant toujours qu'on leur ouvrirait quelqu'une des portes, passèrent en côtoyant Paris, depuis la porte Saint-Honoré jusqu'à celle de Saint-Antoine, pour prendre le chemin que j'ai marqué. Je ne connus le péril où j'avais été qu'après qu'il fut passé, et que le lendemain de grand matin je me vis réveillée du bruit des tambours de l'armée du Roi, qui, selon que je l'ai déjà dit, allait à celle de M. le Prince pour la combattre. Dans ce dessein, on fit aller le Roi à Charonne. Il se plaça sur un petit coteau, afin qu'il pût voir de ce lieu une action qui devait être, selon toutes les apparences, la perte de M. le Prince et la ruine du parti rebelle, avec la fin de la guerre civile.

La Reine se leva ce jour-là de grand matin, et alla aux Carmélites (1) passer aux pieds des autels une si importante journée (2).

M. le Prince y acquit une éclatante gloire par

(1) Carmélites du couvent de Saint-Denis.
(2) « Terrible journée, » dit Bossuet. Or. fun. du pr. de Condé.

les belles actions que sa valeur lui fit faire, par sa conduite qui fut estimée et louée dans tous les deux partis (1), et par l'avantage qu'il eut de ne pas périr, lui et toutes ses troupes, comme, selon toutes les maximes de la guerre, à ce que dirent les plus vaillants, cela devait arriver. Il ne fut attaqué que dans le moment qu'il se put servir des retranchements que les bourgeois du faubourg Saint-Antoine avaient faits pour les garantir d'être pillés des troupes du duc de Lorraine; et ce bonheur fut ce qui le sauva, en lui donnant le moyen d'employer à sa défense le grand cœur et cette extrême capacité qui le rendaient un des plus grands capitaines qui aient été dans l'Europe. Heureux en toute manière s'il n'avait point terni par sa révolte les grands services qu'il a rendus à la France, à laquelle on peut dire qu'il a fait beaucoup de bien et beaucoup de mal.

Les Parisiens jusques alors avaient été spectateurs paisibles de ce grand combat : une partie était gagnée par les serviteurs du Roi, et même on a dit que les officiers de la colonelle (2), qui était alors en garde à la porte Saint-Antoine, étaient du nombre; car ils empêchaient de sortir et d'en-

(1) En effet, tous les mémoires du temps déclarent que dans ce combat « où l'on se battit horriblement, » comme dit Mademoiselle, il y eut, pour employer les expressions de Retz, « quelque chose de surhumain dans la valeur et dans la capacité » du prince de Condé.

(2) La *colonelle* était au XVIIe siècle la 1re compagnie du régiment et celle qui portait le drapeau blanc.

trer dans la ville. Le duc d'Orléans était au Luxembourg obsédé par le cardinal de Retz, qui voulait se défaire du prince de Condé et le laisser périr. Il disait qu'il avait fait son accommodement avec la cour, et que ce combat était une comédie. Ce prince demeurait occupé de ses doutes, et ne faisait nul effort pour secourir M. le Prince.

Mademoiselle, voyant cette perplexité, le vint réveiller, en lui représentant fortement son devoir, et l'obligation où l'honneur et le sang l'engageaient envers celui qui hasardait sa vie et celle de ses amis pour la cause commune. Elle lui dit que les blessés et les mourants qu'on rapportait du combat faisaient assez et trop funestement voir que M. le Prince n'avait point fait son accommodement sans lui; enfin le duc d'Orléans se laissa toucher à ses persuasions. Elle alla porter ses ordres à l'Hôtel-de-Ville pour faire prendre les armes aux bourgeois. De là, elle alla voir le combat de dessus les tours de la Bastille : on a même cru qu'elle commanda au gouverneur de faire tirer le canon sur les troupes du Roi ; mais elle m'a depuis dit que cela n'avait point été fait par son ordre (1). Je sais pourtant que le Roi et la Reine

---

(1) Mademoiselle elle-même, dans ses Mémoires, avoue que ce fut par son ordre que le canon de la Bastille fut tiré. « Je m'en allai à la Bastille, où je n'avais jamais été, dit-elle ; je me promenai longtemps sur les tours, et je fis charger le canon, qui était tout pointé du côté de la ville ; j'en fis mettre du côté

en furent persuadés, et peut-être que ce fut avec raison. Quoi qu'il en soit, elle alla elle-même à la porte de Saint-Antoine disposer non seulement tous les bourgeois à recevoir M. le Prince et son armée, mais encore à sortir et combattre pour lui. Elle fit ouvrir les portes, et animant les bourgeois à le favoriser, elle le sauva et l'empêcha de périr : ce qui était indubitable, s'il fût demeuré plus longtemps exposé aux forces du Roi et à la vaillance des nôtres. Tant de gens de qualité que l'on rapportait du combat ou morts ou blessés, achevèrent par cet objet d'émouvoir le peuple en faveur de M. le Prince. Il fut donc reçu en triomphe, et entra dans la ville l'épée à la main, et véritablement couvert de sang et de poussière. Il fut loué, et reçut mille bénédictions de tout le peuple.

Le ministre, voyant que le canon de la Bastille avait criminellement tiré sur les troupes du Roi, les fit sagement retirer ; et quoique cette journée ne lui fût pas favorable comme il avait eu lieu de l'espérer, il parut ne se point laisser abattre à la mauvaise fortune, et souffrit la perte de son neveu avec une constance très grande, quoiqu'il en fût en effet sensiblement affligé.

de l'eau et du côté du faubourg pour défendre le bastion. » Et quand les troupes de Turenne et du maréchal La Ferté s'avancèrent près de la ville, alors, dit Mademoiselle, « l'on tira de la Bastille deux ou trois volées de canon, comme je l'avais ordonné lorsque j'en sortis. Cela fit peur. Le canon avait emporté un rang de cavalerie. » (Mém. de Mademoiselle, année 1652.

Le soir de ce grand jour, la reine fut occupée au soin de secourir les soldats blessés qu'on avait apportés à Saint-Denis pendant et après le combat. On fit une infirmerie de la Halle et de la grande salle de l'Abbaye ; mais on eut de la peine à trouver assez de paille pour les coucher et des bouillons pour les nourrir.

Les négociations des particuliers qui agissaient par intérêt recommencèrent ; mais M. le Prince, par le bon état de ses affaires, ne voulait plus de paix.

Chavigny, qui s'était alors raccommodé avec le prince de Condé, et tous ceux de ce parti furent d'avis qu'il profitât de la bonne disposition où le peuple paraissait être pour lui. Ils proposèrent une assemblée à l'Hôtel-de-Ville pour y faire reconnaître le duc d'Orléans, lieutenant général de la couronne de France ; qu'ensuite on s'unirait inséparablement pour procurer l'éloignement du cardinal ; qu'on pourvoirait le duc de Beaufort du gouvernement de Paris en la place du maréchal de L'Hôpital ; et qu'on établirait Broussel prévôt des marchands, au lieu de Le Febvre.

Mais cette assemblée, dont on croyait tirer de si grands avantages, fut une principale cause de la ruine de ce parti, dont le crédit diminua visiblement après une violence horrible qui se fit en cette occasion, et pensa faire périr tout ce qui se trouva à l'Hôtel-de-Ville. Dieu, qui voulait regarder la France en pitié, fit perdre à M. le

Prince par cette voie tous les avantages que la bataille de Saint-Antoine lui avait donnés. Lorsque l'assemblée se tenait, on suscita une troupe composée de toutes sortes de gens armés, qui vinrent crier aux portes de la maison de ville qu'il fallait qu'on leur livrât à l'heure même tous les amis du cardinal Mazarin, et que tout passât selon les volontés de M. le Prince.

D'abord on crut que ce bruit n'était qu'un effet ordinaire de l'impatience du même peuple; mais quand ceux qui étaient assemblés virent que la foule, le bruit et le tumulte augmentaient, qu'on mettait le feu aux portes et qu'on tirait aux fenêtres, alors ils se crurent tous perdus. Plusieurs, pour éviter le feu, s'exposèrent à la fureur du peuple, et beaucoup de gens y furent tués, de toutes sortes de conditions et de tous les partis. Voilà la seule fois que la guerre civile a produit des actions de cruauté; mais celle-là, comme telle, en fut aussi le remède. J'étais auprès de la Reine à Saint-Denis, quand on lui vint dire cette nouvelle. On y ajouta que l'Hôtel-de Ville était en feu, et toute la ville à feu et à sang : ce qui, peu d'heures après, ne se trouva pas tout à fait véritable. La Reine apprit ce funeste accident, et le sentit avec l'horreur que méritait un tel désordre. Chacun de nous fit des vœux pour le salut de cette ville, où la confusion était si grande, et que nous regardions enfin avec cet amour que l'on doit avoir pour sa patrie.

Un chacun demandait la cause et la source de ce qui s'était fait à l'Hôtel-de-Ville. Non seulement on ne la sut pas à Saint-Denis, mais on ignore encore qui est celui qui a pu autoriser une action si barbare, qu'on a toujours attribuée à M. le Prince plus qu'à aucun autre. Mais ceux qui en veulent juger plus favorablement croient que M. le duc d'Orléans et M. le Prince s'étaient tous deux servis de l'entremise du duc de Beaufort pour faire peur à ceux qui étaient pour le Roi, et que les ordres de ce prince étant mal donnés ou mal entendus, le mal fut plus grand qu'ils n'avaient voulu, et les intentions moins terribles et moins pernicieuses qu'elles le parurent par les effets. Ce qui le devait persuader à tous, fut que M. le Prince fit ce qu'il put en cette occasion pour empêcher l'augmentation du mal; mais cela n'effaça nullement l'impression que cette violence fit dans tous les esprits, ni la haine qui la devait suivre.

Par ce soupçon incertain, la puissance des princes devint en horreur aux gens de bien, et les yeux de tous s'ouvrirent pour voir le malheur où leur révolte les engageait : la juste et douce domination de leur souverain leur parut un bien inestimable, et ils résolurent de la rechercher comme leur unique bonheur. Cependant les princes, ne croyant pas être si près de la fin de leur puissance qu'ils l'étoient en effet, ne pensaient qu'à l'établir par de nouveaux moyens.

Ils proposèrent de créer un conseil composé des princes du sang et du chancelier Séguier, à qui la perte des sceaux avait fait perdre la patience. On y ajoutait les princes de leur parti, les ducs et pairs, maréchaux de France et officiers généraux, deux présidents du parlement et le prévôt des marchands, pour juger définitivement de tout ce qui concernait la guerre et la police. Mais ce dessein leur réussit aussi mal que l'autre; car il eut des suites très funestes, en ce que le duc de Nemours et le duc de Beaufort, déjà naturellement ennemis, quoique beaux-frères, se querellèrent tout de nouveau pour le rang, et se battirent à Paris, derrière l'hôtel de Vendôme, à coups de pistolet. Le duc de Nemours attira sur lui la colère du ciel, en ce qu'il força le duc de Beaufort à ce combat. Il y fut tué, et sa mort fut pleurée de tous ceux qui connaissaient le mérite de ce prince infiniment aimable et doué de beaucoup de belles qualités.

Depuis ces désordres, l'autorité du Roi commença à reprendre des forces, et celle des princes diminua tout à fait. Le prince de Condé, n'ayant plus ses deux amis les ducs de Nemours et de La Rochefoucauld, qui le poussaient à l'accomplissement, se laissa enfin engager avec les Espagnols, d'autant plus que madame de Longueville l'en pressait.

Il fit néanmoins dans ces derniers temps quelque semblant de vouloir traiter avec le ministre; mais il prenait en effet ses mesures pour la guerre. Il offrit au duc de la Rochefoucauld le même emploi du duc de Nemours : il ne l'accepta point, à cause de sa blessure qui le menaçait encore de perdre la vue; si bien que le commandement de l'armée fut donné au prince de Tarente, fils du duc de la Trémouille. Elle était dans Paris, n'osant tenir la campagne; et une si mauvaise compagnie faisait haïr davantage M. le Prince, dont les affaires empiraient tous les jours. Les Espagnols, qui ne le voulaient pas laisser périr, firent revenir une seconde fois le duc de Lorraine avec un corps assez considérable. Ce prince crut avoir assiégé l'armée du Roi : et il se trompa, car elle se retira heureusement de ses retranchements.

Dans ce même temps, M. le Prince tomba malade d'une fièvre continue. Sur la fin de sa maladie, Chavigny l'ayant été voir, ce prince, sur quelques dégoûts qu'il avait eus de sa conduite, s'aigrit contre lui, et lui dit quelques paroles fâcheuses, dont Chavigny fut si touché que, revenant chez lui, il tomba malade et ne se releva plus. Ce ministre, infidèle à son Roi, mourut consumé par l'ardeur de son ambition et par les rudes effets de celle d'autrui.

Les affaires des princes empiraient, et le cardinal, pour donner le temps aux bons serviteurs du Roi de le servir et de faire connaître aux Parisiens la tromperie où les tenait la haine opiniâtre et extravagante qu'ils avaient contre lui, se résolut enfin de quitter la cour pour quelque temps; mais comme l'absence est toujours dangereuse à un ministre, avant que de partir il voulut encore tenter un accommodement avec M. le Prince. Il envoya Langlade au duc de La Rochefoucauld, avec des conditions de paix presque conformes à ce que M. le Prince avait paru souhaiter; mais ce prince, étant entraîné par sa destinée, ne les voulut pas écouter, et les offres du Roi d'Espagne lui firent naître de nouvelles pensées dans l'esprit. Il se mit par cette voie dans la nécessité de quitter la France : ce qui arriva peu de temps après.

Le ministre partit aussi, mais avant qu'il s'éloignât, le prince de Condé fit donner un dernier arrêt contre lui, où il était accusé de tenir le Roi prisonnier. Le duc d'Orléans se fit déclarer généralissime des armées du Roi, et tous deux firent ce qu'ils purent pour faire valoir l'autorité du conseil, qu'ils avaient mal établie. Toutes ces entreprises leur ayant mal réussi, M. le Prince fut enfin contraint de s'en aller en Flandre cueillir de nouveaux lauriers.

Après le départ du cardinal Mazarin (1), qui eut la satisfaction de laisser un parlement établi à Pontoise, des principaux de celui de Paris, le Roi alla à Compiègne, où il reçut de toutes parts des marques de la fin prochaine de la révolte, et du repentir de ses peuples. Le parti des princes étant

---

(1) Le 19 août, de Pontoise.

affaibli par l'absence du ministre, et le prétexte de l'illusion dans laquelle ils avaient vécu jusques alors anéanti, tous les bons Français rentrèrent dans leur devoir.

La Cour étant à Compiègne, le Roi y reçut les protestations de fidélité de ses peuples; et voulant revenir à Paris, il y envoya une amnistie générale. Il chassa les principaux frondeurs, et força par sa présence le même duc d'Orléans de quitter cette grande ville, où il jouissait d'une puissance injuste. Ce prince fut obligé de fuir à la vue du Roi, qu'il n'avait point voulu venir trouver, quoique le duc de Damville, avant que le Roi y arrivât, lui en eût porté l'ordre.

En refusant de voir le Roi, qui avait eu la bonté de le vouloir souffrir, et de lui offrir le pardon des choses passées, il fallut qu'il évitât par son exil le chagrin de voir toutes ses entreprises accompagnées de honte et de malheur. Mais comme il demeura quelque temps indécis sur ce qu'il avait à faire, le Roi et la Reine qui regardaient son absence comme nécessaire, approchant de Paris, et voyant qu'il y était encore, tinrent conseil dans leur carrosse pour y prendre leur résolution; et il y fut conclu, selon ce que la Reine me fit l'honneur de me dire à mon retour de Normandie, d'envoyer des troupes droit au Luxembourg pour se saisir de sa personne. Le duc d'Orléans, en ayant été averti, et sachant les maux dont il était menacé, partit de Paris à l'instant même que le Roi y entra, et fut se reposer de ses fâcheuses et inutiles sollicitudes en son château de Blois, où le détrompement des vaines fantaisies de la grandeur et de l'ambition produisit en lui le désir des véritables et solides biens qui durent éternellement; et il eut sujet alors de s'estimer heureux d'avoir été malheureux.

Mademoiselle eut ordre de quitter les Tuileries, où elle avait logé jusques alors. Elle partit donc pour aller à Saint-Fargeau regretter toutes ses peines, aussi mal payées qu'elles avaient été peu méritoires et peu agréables à celui qui en avait été la cause.

Cette heureuse paix ramena le Roi dans Paris le 21 d'octobre. Il entra à cheval, accompagné du roi d'Angleterre, et suivi du prince Thomas[1], de plusieurs princes, ducs, pairs, maréchaux de France et officiers de la couronne, etc. La Reine venait après en carrosse, et Monsieur était avec elle. Cette entrée fut vue des Parisiens avec une extrême joie, et leurs acclamations furent infinies. Le cardinal de Retz complimenta le Roi et la Reine à l'entrée du Louvre, avec tout le clergé : ce qui ne leur fut pas un spectacle désagréable.

Aussitôt après, le Roi réunit les deux parlements en un, lui défendit de se mêler d'affaires d'État, exila qui il lui plut et logea au Louvre

---

(1) Thomas-François de Savoie (1596-1656), tige des princes de Carignan, comtes de Soissons, ducs de Savoie et rois de Sardaigne.

pour ne le plus quitter, ayant éprouvé par les fâcheuses aventures qu'il avait eues au Palais-Royal que les maisons particulières et sans fossés ne sont pas propres pour lui. Le lendemain 22, par l'ordre du Roi, le Parlement fut assemblé dans la galerie du Louvre, où le Roi, étant en son lit de justice, leur ordonna ce que je viens de dire.

Après le retour du Roi, environ vers Noël [1], le cardinal de Retz, forcé par la nécessité de la bienséance, vint au Louvre pour saluer le Roi et la Reine. Ces deux royales personnes avaient résolu de le faire arrêter quand il viendrait leur faire la révérence, mais il avait été longtemps à se résoudre d'y venir. Sa visite soulagea la Reine d'une grande inquiétude. Il y avait deux mois que le Roi et elle attendaient une bonne occasion pour exécuter leur dessein, comme nécessaire à leur repos. Pradelle [2] qui avait cet ordre, avait supplié le Roi de le lui donner signé de sa main [3], parce qu'il jugeait que, ne devant pas manquer ce coup, il se trouverait peut-être forcé de lui faire perdre la vie plutôt que de le laisser échapper.

Ce fameux perturbateur de la Cour, s'étant donc

---

[1] Le 19 décembre.
[2] Capitaine des gardes françaises.
[3] La Bibliothèque impériale contient l'original de l'ordre du Roi. On y lit : J'ai commandé à Pradelle l'exécution du présent ordre en la personne du cardinal de Retz, même de l'arrester mort ou vif, en cas de résistance de sa part. F. R.

résolu d'aller rendre ses devoirs à Leurs Majestés, se rendit d'abord chez le maréchal de Villeroy, puis de là voulant aller chez le Roi qui avait été averti par l'abbé Fouquet qu'il était dans le Louvre, il le rencontra comme il descendait chez la Reine sa mère ; et se servant en cette occasion de cette judicieuse modération qui a paru depuis si excellemment pratiquée par lui en toutes ses actions, il lui fit bon visage, et il lui demanda s'il avait vu la Reine? Le cardinal de Retz lui ayant répondu que non, il le convia amiablement de le suivre, et en même temps commanda à Villequier, capitaine de ses gardes, de l'arrêter quand il sortirait de chez la Reine : ce qui s'exécuta ponctuellement. Ainsi finit en lui le reste de la Fronde. Il en avait été le chef et la source, et il fut le dernier abattu. J'ai ouï depuis conter ces particularités au Roi et à la Reine sa mère, un jour qu'ils en parlèrent ensemble devant moi.

[1653] Le cardinal Mazarin était à Sedan, attendant l'exécution de ce grand exploit. Il revint à Paris le 3 février 1653. Après le glorieux retour du cardinal, la Cour, le Parlement, et toute la France, commença à se ranger sous sa puissance : les esprits, détrompés de leurs dégoûts, aperçurent, par l'expérience qu'ils avaient faite de tant de maux, que sa domination valait mieux que la fausse liberté qu'ils avaient souhaitée.

FIN

INDEX DES NOTES

A

Abolition, p. 357.
Aiguillon (duchesse d'), 367.
Albert (Charles d'), vid. Luynes.
Aligre (d'), 299.
Angerville, 448.
Archambaud (d'), vid. Bucquoy.
Archiduc (l'), vid. Léopold-Guillaume.
Aumont (maréchal d'), 448.

B

Batteville, vid. Watteville.
Beaufort (duc de), vid. Vendôme.
Bélébat (l'abbé de), 115.
Beuvron (marquis de), 254.
Bouillon (Maurice de la Tour, duc de) 271.
Bourbon (Armand de), vid. Conti.
Bourbon (Louis II de), vid. Condé.
Bouthillier (Léon), vid. Chavigny.
Bouthillier (Claude), 33.
Broglie (maréchal Victor de), 453.
Brulh, 414.
Bucquoy (d'Archambaud, comte de), 111.

C

Candale (duc de), 87, 304.
Cardinal de Sainte-Cécile, 128.
Catherine de Médicis, 30.
Chancelier, 423.
Châteauneuf (Charles de Laubespine, marquis de), 210.
Chavigny, 32.
Clanleu, 85.
Clara Eugenia (l'infante), 20.
Clérembault (Palluau, marquis de) 151.
Clinchamp, 458.
Coigneux (le président Le) 335.
Comines (Ph. de), 107.
Colonelle, 477.
Condé (Louis II, prince de) 38, 368.
Conti (le prince de) 100.

D

Dongnon (Louis Foucault, comte du), 82.
Du Plessis-Guénégaud, 320.
Duras (Henri de Durfort, comte de), 306.

E

Elbœuf (duc d'), 87.
Émery (Michel Particelli d'), 299.
Épernon (duc d'), vid. Aligre.
Estrées (maréchal Jean d'), 227.

F

Fabert, 463.
Fiesque (maison de), 115.
François VI de la Rochefoucault, 32.
François de Rochechouart, 48.

G

Gassion (maréchal de), 108.
Gaston d'Orléans, vid. Orléans (duc d').
Gondi (Paul de), vid. Retz.
Gonzague (Marie-Louise de), 79.
Gonzague (Anne princesse de), 335.
Gourville (Jean Hérault de) 348.
Gramont (Antoine duc de), 395.
Guénégaud (Henri), 320.
Guiche (comte de).
Guise (Henri II de Lorraine, duc de), 65, 87.
Guy-Joly, 305.

H

Harcourt (comte d'), 91.
Henri de La Tour d'Auvergne, vid. Turenne.
Henri II de Lorraine, vid. Guise.
Henri de Lorraine, dit Cadet la Perle, 91.
Henriette d'Angleterre, 72.
Hérault de Gourville, vid. Gourville.

J

Jars (commandeur de), 48.

L

La Ferté-Senneterre (maréchal de), 135, 158.
La Meilleraye père, 89.

La Rivière (Louis Barbier abbé de), 82.
La Rochefoucauld (prince de Marsillac, duc de), 32.
La Tour (Maurice de), vid. Bouillon.
Laubespine, vid. Châteauneuf.
La Vrillière (Louis de), 407.
Lenet, 346.
Léopold Guillaume (l'archiduc), 184.
Le Tellier, 32, 186.
Longueil (René de), vid. Maisons.
Longueville (duc de), 296.
Lorraine (Nicolas-François, duc de), 473.
Lorraine (duc de), vid. Guise.
Louis II (de Bourbon), vid. Condé.
Luynes (Charles-d'Albert duc de), 195.
Luxembourg (duc de), vid. Montmorency.
Lyonne (Hugues de), 316.

M

Maisons (le président marquis de), 56.
Maillé-Brézé (Claire-Clémence), 38, 368.
Mancini (Mlle), 123.
Marsillac (prince de), v. La Rochefoucauld.
Maure (comte de), 31.
Mazarin (le cardinal Jules), 36, 40.
Mercuriales, 339.
Mesmes (président H. de), 158.
Molé (Mathieu), 77, 444.
Montmorency (François-Henri II duc de), 361.

N

Nemours (Charles-Amédée de Savoie, duc de), 229.
Neufville (Nicolas de), v. Villeroy.

Neuillant (Mlle de), 380.
Nogaret, vid. Candale.

O

Orléans (Gaston, duc d'), 73, 473.

P

Paluau, v. Clérambault.
Paulette (la), 147.
Plessis (Henri du), vid. Guéné-
gaud.
Pons (Mme de), 309.
Potier, (Augustin) 29.
Pradelle, 488.

R

Rantzau (maréchal de), 108.
Rentes (les), 301.
Rethel (bataille de), 374.
Retz (P. de Gondi, cardinal de), 190.
Rochefoucauld (François VI de la), 32.
Roquelaure (duc de), 363.

Saintôt, 276.
Sarrasin, 115, 416.
Savoie (Charles-Amédée de), 229.
Savoie (Thomas-François de), 487.
Séguier (l'évêque Dominique), 195.
Séguier (le président Pierre), 194.
Sémestre (faire), 181.
Schomberg (maréchal de) 177.

T

Talon (Omer), 77.
Tarente (prince de), 454.
Tavannes, 458.

V

Vendôme (François de), 42, 307.
Vendôme (maison de), 31.
Villeroy (duc de), 389.
Vincent de Paul (saint), 69.

W

Watteville (Jean de), 453.

TABLE DES MATIÈRES

Notice sur Mme de Motteville (Page 1-13). — Mme de Motteville, sa famille, son enfance, son éducation. — La cour en 1642. — Portrait de Mme de Motteville. — Son existence à la cour. Mort de la Reine-Mère, [1666]. - Retraite de Mme de Motteville en Normandie, à Sainte-Marie de Chaillot. — Sa mort [1689]. — Son tombeau. — Ses armes. — Ses mémoires, leur caractère distinctif. — Époque qu'ils retracent, leur intérêt. — Note sur notre texte.

Portrait d'Anne d'Autriche en 1658 (Page 15-26). — Portrait physique, ses vêtements. — Portrait moral, sa piété. — Qualités diverses : politesse galante, douceur, bonté, esprit de conversation. — Son peu de goût pour les plaisirs, pour la domination. — Rareté mais fermeté de ses amitiés. — Son affection pour ses enfants, sa libéralité, son énergie, sa tranquillité d'âme.

Régence de la reine Anne d'Autriche. PREMIÈRE PARTIE : 15 mai 1643-1648 (Page 27). — La cour en 1643. — Messieurs de Vendôme. — L'évêque de Beauvais. Entrée de la Reine à Paris avec Louis XIV. — La question de la Régence (p. 30), aux yeux du duc d'Orléans, du prince de Condé, du prince de Marsillac et de ses amis, devant le Parlement. — Anne d'Autriche déclarée Régente. — Harangue du chancelier Séguier. — Changements dans le conseil royal. — Mazarin premier ministre (p. 36). — Ses amis. — Développements de son autorité. — Le duc d'Enghien et la bataille de Rocroi. — Faveur croissante de Mazarin (p. 39). — Son caractère, sa politique. — Prétentions des anciens partisans de la Reine. — Habileté de Mazarin. — La reine lui abandonne son autorité. — Retour de Mmes de Senecé, de Chevreuse, de Hautefort, du chevalier de Jars. — Les cabales à la cour (p. 49). — Dédain de Mme de Hautefort pour Mazarin. — Indiscrétion de Mme de Hautefort, sa disgrâce. — Mme de Montbazon. — Lettre attribuée à Mme de Longueville. — Disgrâce de Mme de Montbazon, du duc de Beaufort, *des Importants*. — L'abbé de la Rivière. — Projet d'assassiner Mazarin (p. 55). — Vengeance de la Reine. — Le duc de Beaufort arrêté au Louvre et conduit à Vincennes. — Exil de l'évêque de Beauvais, de Mme de Chevreuse. — Son portrait.

1644. — Duel entre le duc de Guise et Coligny au sujet de Mme de Longueville (p. 65). — Mort de Coligny. — La Reine au Palais-Royal. — Mme de Hautefort, ses imprudences envers la Reine, sa disgrâce. — Mazarin prend un nouvel empire sur la Reine. — Suppression du conseil de conscience, le Père Vincent. — Changements dans les grands emplois civils. — Le duc d'Orléans en Flandre, le duc d'Enghien en Allemagne. — Premières agitations dans le Parlement. — Exil des présidents Barillon et Gayant. — Arrivée de la reine Henriette d'Angleterre en France. — Ses malheurs et ses souffrances à la suite de la Révolution anglaise. — Campagne du duc d'Enghien (p. 73). — Fribourg.

1645. — (Page 73). — Besoins d'argent. — Attitude hautaine du Parlement depuis la Régence. — La Reine et le jeune Roi vont au Parlement en grand cortège (p. 75). — Beauté de la Reine à cette cérémonie. — Bonne grâce du Roi. — Harangue louangeuse du président Molé. — Harangue hardie de l'avocat général Talon. — Impression qu'elle fit sur l'esprit de la Reine. — Mariage du roi de Pologne avec la princesse Marie de Mantoue.

1646. — (Page 79). — La Reine commence à perdre sa popularité. — Elle fait involontairement haïr Mazarin. — Introduction de l'opéra à Paris. — Ambition et politique de Condé à la Cour. — Voyage de la Reine. — La Cour à Fontainebleau. — Prise de Courtray. — Siège et reddition de Mardick. — Le duc d'Orléans quitte le commandement de l'armée, il est remplacé par le duc d'Enghien. — Succès militaires — Intrigues du duc d'Enghien. — Levée du siège de Lérida. — Mort du prince de Condé, père du duc d'Enghien.

1647. — (Page 92). - Le maréchal de Gassion sauve Armentières. — Paix entre la Hollande et l'Espagne. — Le grand Condé et les petits maîtres. — Discussion entre le prince de Condé et le duc d'Orléans. — Le prince de Condé remplace à l'armée de Catalogne le comte d'Harcourt. — Son portrait à cette époque. — Mort du prince d'Orange. — Anne d'Autriche au Val-de-Grâce. — Retour à Paris de Mme de Longueville. — Son portrait. — Froideur de la Reine envers elle. — Activité du Cardinal. — L'archiduc Léopold devant Armentières. — Lenteur du duc d'Orléans à revenir à la cour. — Inquiétude de la Reine [juin 1647], (p. 106). — Les ennemis prennent Armentières, Comines, Lens. — Le cardinal défend de livrer bataille. — Levée du siège de Lérida. — Haine contre le cardinal. — Chanson contre Condé. - Épuisement de la France. — Soupçons contre Mazarin. — L'ennemi assiège Landrecies. — Départs pour l'armée. — Prise de Dixmude, de la Bassée. — Le Cardinal dissimule sa joie. — La Cour à Dieppe. — Maladie du duc d'Anjou. — Portrait de ce prince. — Opposition du Parlement à un impôt sur les denrées (p. 118). — Conférence au Palais-Royal. — Vote de l'impôt. — Les jeunes Mancini arrivent à la cour. — Indifférence affectée du Cardinal à l'égard de ses nièces. — Curieux propos de Villeroy à leur sujet. — Départ de la Reine pour Fontainebleau [15 septembre]. — Les affaires se rétablissent à l'armée. — Siège de Lens. — Nouvelle maladie du duc d'Anjou. - Espérances des courtisans. — Guérison du prince. — Mort de Gassion, de la Feuillade au siège de Lens. — Le prince de Galles à Fontainebleau. — Retour de la Reine à Paris. — Reprise de Dixmude par les ennemis. — Le maréchal de Grammont va commander en Catalogne. — Le Roi gravement malade de la petite vérole (p. 128). — Qualités du Roi. —

Sa guérison. — La cour pendant et après sa maladie. — Fin de l'année 1647.

DEUXIÈME PARTIE : 1648-1653 (Page 135.) — Murmures et menaces des marchands de Paris contre les présidents Thoré, fils du surintendant, et Mathieu Molé. — L'agitation continue [11 janvier]. — Les troupes dans Paris. — Messe royale à Notre-Dame. — Conseil chez la Reine. — Le Roi va au Parlement [15 janvier]. — Harangues du chancelier et de l'avocat général Omer Talon. — Vigueur de cet orateur. — Édits sur les maîtres des requêtes (p. 140). — Aigreur des esprits. — Pénurie à la Cour. — Résistance des maîtres des requêtes chez la Reine, — au Parlement qui, sur leur opposition, n'enregistre pas l'édit. — Mécontentement de la Reine. — Murmures contre Mazarin. — Paix de la Hollande avec l'Espagne. — Énergie respectueuse du Parlement en face des demandes de la Reine. — Ordre donné aux conseillers d'État de remplir l'office des maîtres des requêtes. — Union des Chambres du Parlement contre la Cour. — Union du prince de Condé et du duc d'Orléans. — Mai 1648 (p. 147). — Affaire de la Paulette. — Arrêt de jonction par lequel les diverses compagnies s'unissent avec le Parlement [13 mai]. — Indignation d'Anne d'Autriche. — Habileté du premier président. — Prise de Courtray par les Espagnols. — Prise d'Ypres par Condé. — Défense au Parlement de s'assembler. — Exil de plusieurs membres du grand Conseil et de la Cour des aides. — Évasion du duc de Beaufort [1er juin, p. 153]. — Inquiétudes de Mazarin. — Assemblée du Parlement. — Discours du président de Mesmes. — Son effet à la Cour. — L'arrêt de jonction cassé par un arrêt du Conseil. — Délibération du Parlement. — Le Parlement. — Le Parlement mandé au Palais-Royal. — Nouvel arrêt du Conseil. — Résistance du Parlement. — Concessions de Mazarin. — Hardiesse factieuse du Parlement (p. 166). — Abattement du Cardinal. — Propositions des députés du Parlement et des autres compagnies souveraines. — Siège de Tortose par Schomberg. — Situation obérée de la Cour. — Conférences du duc d'Orléans et des ministres avec le Parlement. — Tristesse d'Anne d'Autriche. — La Cour cède aux magistrats. — Le prince de Condé à Paris [juillet 1648] (p. 176). — Dépit du duc d'Orléans. — Retour de Condé à l'armée. — Prise de Tortose. — Remontrances du Parlement. — Concessions royales. — Les délibérations du Parlement deviennent factieuses. — Le duc d'Orléans le modère. — Dédain des parlements de Rouen et d'Aix pour la Paulette. — Bataille de Lens. — La journée du 20 août 1648 à la Cour. — *Te Deum* à Notre-Dame. — Arrestation de Broussel, de Blancmesnil et de Charton. — Retz et le président Séguier redemandent Broussel à la Reine. — Incidents divers (p. 183-198). — Réception du Parlement par la Reine. — Exigences du peuple envers le Parlement. — Mise en liberté de Broussel (p. 202). — Inquiétudes de Mazarin et de la Cour. — Triomphe de Broussel. — Le peuple reste armé. — Arrêt du Parlement contre les barricades. — Nouveau sujet de crainte. — Mécontentement du coadjuteur. — Exigences de la magistrature. — — Condé blessé devant Furnes. — La Cour à Ruel. — Disgrâce de Châteauneuf et de Chavigny. — Le Parlement demande la rentrée de la Cour à Paris et le changement de Mazarin. — Visite du président de Maisons au prince de Condé à Paris, puis à la Reine et au duc d'Orléans à Ruel. — Attitude des princes. — Monsieur et la Cour à Saint-Germain. — La situation à Paris (p. 218). — Conférences à Saint-Germain [29 septembre, 1er octobre]. — Fermeté de la Reine. — Esprit de conciliation des princes. — Concordat. — Le peuple au palais. — Nouvelles exigences du Parlement [24 octobre]; nouvelles concessions royales. — Traité de paix (p. 227). — Le prince de Conti demande à être cardinal à la place de l'abbé de la Rivière. — Irritation du duc et de la duchesse d'Orléans. — Tous les mécontents se groupent autour d'eux. — La Rivière refuse l'archevêché de Reims et pousse le duc d'Orléans à la paix. — Entrevues de la Rivière et de Mazarin. — Conditions de la paix. — Mauvais esprit des cours souveraines. — Leurs chambres s'assemblent. — Prétentions de la magistrature (p. 234 sqq.). — Bruits et placards dans Paris. — Le coadjuteur excite les curés de Paris. — Villeroy entre au Conseil du Roi.

1649. — [Page 238]. État des partis en France. — Entrée en scène de Madame de Longueville. — La Reine, d'accord avec Condé et le duc d'Orléans, est décidée à résister au Parlement. — Elle se résout à quitter Paris. — Son départ, [nuit du 5 au 6 janvier] (p. 243 sqq.) — Sa retraite à Saint-Germain. — Émotion générale dans Paris. — Lettre de la Reine à Messieurs de la Ville. — Interdiction prononcée contre le Parlement. — La Reine refuse les députés parlementaires. — Le Parlement excite le peuple, lève des impôts, prépare la lutte. — Madame de Motteville ne peut échapper à la populace qu'en se réfugiant au Louvre (p. 252 sqq.) — Madame de Longueville se range du parti des magistrats. — Blocus de Paris (p. 257). — Égarement des esprits. — Les ducs de Bouillon, de Beaufort, d'Elbœuf entrent dans la Fronde. — Conti généralissime. — Attaque et prise de la Bastille par les Frondeurs. — Popularité du duc de Beaufort. — Sortie des Parisiens [21 janvier]. — Rareté des vivres. — Nouvelle levée de taxes. — Projet d'attaquer Corbeil. — Inondations. — La misère à Paris. — Divergences d'opinions dans les conseils à Saint-Germain. — Combat de Charenton. — Mort de Clanleu et de Châtillon (p. 264). — Négociations pacifiques entre la Cour et le Parlement. — Madame de Motteville se rend à Saint-Germain. — La Reine et la Cour. — Fières résistances de la Reine qui veut relever l'autorité royale. — Elle accorde du blé aux Parisiens. — Irritation de la populace contre le premier président qui négocie avec Mazarin. — Beaufort apaise le désordre. — Sang-froid de Mathieu Molé. — Nouvelles conférences pour la paix à Ruel [2 mars] (p. 271). — Repentir de Turenne. — Paix de Ruel [11 mars] (p. 275). — Ratification de la paix par le Parlement. Prétentions des généraux de la Fronde. — Douleur de la Reine. — Réception ridicule faite au comte de Maure qui vient traiter pour eux. — Entrée de l'archiduc en France. — Vente du mobilier de Mazarin. — Conférences de Saint-Germain. — Intrigues ambitieuses de la Rivière. — Mazarin soutenu par les princes contre le Parlement à qui la Reine fait encore des concessions. — Fin de la guerre civile (p. 281). — Le duc de Longueville revient à la Cour à Saint-Germain. — Siège d'Ypres. — La Reine à Compiègne, à Amiens [Juin]. — Raccommodement de d'Hocquincourt avec Mazarin. — Retour de Condé qui dément les bruits que fait courir sa sœur, Madame de Longueville (p. 288). — Rentrée de la Reine et du Roi à Paris [18 août] (p. 288). — Enthousiasme général. — Réceptions officielles chez la Régente. — Le coadjuteur rend visite à Mazarin. — La Reine se rend à Notre-Dame, joie des harengères. — Mazarin tente de gagner le prince de Conti. — Mariage du duc de Mercœur avec une demoiselle de Mancini. — Mécontentement de Condé. — État de la Cour (p. 294). — Réveil des frondeurs. — La question du Pont-de-l'Arche pour le duc de Longueville. — Succès de Condé contre la Reine. — Retour de d'Émery à la surintendance des finances. — Ses promesses aux rentiers. — Chavigny à Paris. — Jarzé. — La question des rentes et le Parlement. — Désordres à Bordeaux. — Assassinat simulé de Guy-Joly. — La Boulaye surexcite le peuple. — Dessein formé d'assassiner Condé. — Attitude hautaine des frondeurs au Parlement — Embarras de Condé. — Mariage de Richelieu avec Madame de Pons.

1650. — (Page 311). — Le différend de Condé avec le Coadjuteur et le duc de Beaufort devant le Parlement. — Le cardinal songe à faire arrêter Condé. — Situation de ce prince. Espérance des Frondeurs. — Arrestation des princes de Condé, de Conti, de Longueville (p. 315). — Parole de Chavigny. — Les courtisans au Palais-Royal. — Modération de la Reine. — Joie du peuple. — Disgrâce de l'abbé de la Rivière (p. 323). — Turenne lève une armée pour délivrer les princes. — Mme de Longueville agite la Normandie. — La Reine se rend en cette province. — Résistance de Mme de Longueville. — Sa retraite. — La Reine rentre à Paris. — Les Frondeurs réclament Châteauneuf. — La Reine lui donne la garde des sceaux. — Conduite dissimulée de Mazarin. — La Reine se rend en Bourgogne. — Départ de Mazarin. — Nouvelles agitations. — Proposition de Le Coigneux en faveur des Princes. — La princesse palatine. — Son dévouement aux princes. — Siège de Bellegarde. — La mère de Condé obligée de se cacher. — Requête au Parlement pour la liberté des Princes. — Le duc d'Orléans leur reste opposé. — Intervention du premier Président favorable aux Princes. — Mme la Princesse quitte Paris. — Retour de la Reine. — L'amirauté est donnée au duc de Vendôme. — Mme de Longueville, le duc de Bouillon, Turenne, la Rochefoucauld déclarés criminels de lèse-Majesté. — Bordeaux se déclare pour eux et pour les Princes. — Les chefs du mouvement anti-royaliste traitent avec l'Espagne. — Gourville. — La Reine part pour Compiègne. — Opérations militaires (p. 349). — Les Frondeurs tâchent de gagner le duc d'Orléans. — Condé demande sa liberté au Cardinal. — La Cour se rend à Bordeaux (p. 354). — Le Parlement à Paris et à Bordeaux intervient en faveur des Princes. — Succès des Espagnols et de Turenne. — Délibération au parlement de Paris tendant à la conciliation. — Le Roi menace d'assiéger Bordeaux. — Première députation des Bordelais. — Ils ne reviennent point. — Marches en avant de l'archiduc et de Turenne. — Les princes sont transférés à Marcoussis. — Conseils de Madame à l'égard de Condé. — Siège de Bordeaux. — Mazarin étudie les moyens d'arriver à la paix. — Paix avec les Bordelais. — Entrée de la Reine dans leur ville. — Son retour à Paris. — Son entrevue à Fontainebleau avec le duc d'Orléans. — Les princes sont conduits au Hâvre. — Retz et Mazarin. — La Reine rentre à Paris [15 novembre] (p. 366). — Visites du duc de Beaufort, du coadjuteur. — Mazarin se rend à l'armée. — Requête de Madame la Princesse au Parlement. — Mort de la mère de Condé. — Orages au Parlement. — Succès militaires de Mazarin et de Du Plessis. — Prise de Rethel. — Bataille de Rethel [15 décembre 1650] (p. 374). — Intrigues de la Princesse palatine. — Délibération au Parlement. — *Te Deum* à Notre-Dame. — Nouvelle délibération au Parlement qui demande la liberté des Princes. — Brillante rentrée de Mazarin à Paris, [31 décembre] (p. 377).

1651. — (p. 378). — Visite du duc d'Orléans au Cardinal. — Il songe à marier une de ses filles au Roi. — Mademoiselle. (p. 380.) — Le duc d'Orléans se décide à demander la liberté des princes. — Députations du clergé, du parlement. — Menaces des parlementaires. — Dissimulation de Mazarin. — Déclaration du coadjuteur, (p. 388). — Approbation du duc d'Orléans. — Ce prince entre en lutte ouverte contre Mazarin. — Excitation au Parlement. — Craintes de la Reine. — Hauteur du duc d'Orléans à l'égard de la Reine. — Son discours au Parlement. — On demande le bannissement de Mazarin. — Fermeté de la Reine. — Mazarin quitte Paris. — La Reine mande le duc d'Orléans. — Nouveaux orages au Parlement, (p. 403.) — Pourparlers entre la Reine et le duc d'Orléans.

— Arrêt contre Mazarin, 9 février 1851. — La Reine songe à quitter Paris. — Elle donne ordre de mettre les princes en liberté. — Agitation dans Paris. — Le peuple vient voir le Roi endormi. (p. 410.) — Le Cardinal au Hâvre rend la liberté aux princes. — Visite du duc d'Orléans à la Reine. — Sa rencontre avec les princes. — Il les présente à la Reine. — Visite des princes. — Ils vont au Parlement. — Mazarin quitte la France. — Déclaration du Parlement excluant les Cardinaux du gouvernement. — Intrigues de Retz. — Déclaration royale de l'innocence des princes. — Madame de Longueville à Paris. — La question des mariages princiers. — Confusion générale. — La noblesse demande les États. (p. 418). La Reine s'y oppose, puis consent à ce qu'ils soient convoqués avant la majorité du Roi. — Absence d'autorité de Châteauneuf. — Fermeté de la Reine. Rappel de Chavigny. — Mathieu Molé remplace Châteauneuf, 3 Avril, (p. 423). — Mécontentement du duc d'Orléans. — Ses projets. — Séguier, sa rentrée au Conseil. — Chavigny se rapproche du duc d'Orléans. — Mathieu Molé quitte noblement les sceaux. — Séguier lui succède. — Condé gouverneur de Guyenne. — Négociations avec Mazarin. — Condé les apprend. — Dangers qu'il court. — Il s'éloigne avec sa famille. Le maréchal de Gramont vient le rassurer au nom de la Reine. — Rude réponse de Condé. — Conti au Parlement explique le départ de son frère. — Esprit de conciliation du premier président. — La Régente se déclare contre Mazarin et pour Condé. — Disgrâce de Le Tellier, de Servien, de Lyonne, de Chavigny. — Retour de Condé à Paris. — Condé chez la Reine. — Anne d'Autriche se rapproche des frondeurs. — Esprit de révolte de Condé, (p. 439). — Attitude du duc de Longueville et de sa sa fille. — Déclaration de la Régente contre Condé. — Lecture en est faite au Parlement. (p. 442). — Réponse du prince de Condé. — Haine de Condé et du coadjuteur. — Le Parlement délibère sur la justification du prince. — Le Parlement chez la Reine. — Opinion du duc d'Orléans. — Espérances de la Reine dans la majorité du Roi, (p. 447). — Grands changements dans les ministères. — Condé hésite devant la guerre civile. — Madame de Longueville l'entraîne. — Premières dispositions pour la guerre. — Condé à Bordeaux. — Il traite avec l'Espagne. — Turenne refuse son concours. —

Le Coadjuteur négocie avec Mazarin. — La Reine part pour le Berry et la Guienne. — Succès des Espagnols dans le Nord. — La Cour à Bourges. — Retour de Mazarin, (p. 452). — Condé reçoit des secours Espagnols, (p. 453). — Ses succès. — La Reine à Poitiers. — Esprit révolutionnaire de Paris. — La tête de Mazarin mise à prix par le Parlement de Paris. — Le Conseil du Roi casse l'arrêt. — Faits militaires, (p. 456). — La Cour et ses résidences : Tours, Blois. — Turenne sauve la Cour. — Mademoiselle à Orléans. — Querelle entre les ducs de Beaufort et de Nemours. — Le coadjuteur cardinal. — Ambition de Chavigny. — Condé rejoint l'armée de Paris. — Ardeur belliqueuse de Madame de Longueville. — Victoire de Condé sur l'armée royale. — Turenne l'arrête ensuite. — Grand émoi à la Cour, (p. 467). — Rentrée presque triomphale de Condé à Paris.

1652. — (Page 468). Allégresse du Parlement. — Négociations pour la paix. — Exigences de Condé. — Mauvais résultat des démarches de Chavigny. — Instructions données à Gourville. Mazarin temporise. — Combat d'Étampes. — Armistice avec le duc de Lorraine. — Intervention du Roi d'Angleterre. — Condé à Saint-Cloud. — Mme de Motteville sort de Paris. — Les environs de la ville. — Bataille de la porte Saint-Antoine, (p. 477). — Mademoiselle pendant la bataille. — Condé à Paris. — Assemblée de l'hôtel de ville. — Incendie. — Violences populaires. — Conseil du parti de Condé. — Le duc de Nemours tué en duel par Beaufort. — Condé s'engage avec les Espagnols. — Mort de Chavigny. — Mazarin quitte de nouveau Paris. — La Cour à Compiègne. — Amnistie royale. — Exil des Frondeurs. — Le Roi rentre à Paris. — Lit de Justice au Parlement. — Arrestation de Retz. — Fin de la Fronde. — Retour définitif de Mazarin à Paris. (3 février 1653).

RENNES, ALPH. LE ROY FILS, IMPRIMEUR BREVETÉ.

MÊME LIBRAIRIE

COLLECTION DE PETITS MÉMOIRES
SUR L'HISTOIRE DE FRANCE
Publiés sous la direction de M. MARIUS SEPET

Vol. gr. in-18 jésus, titre rouge et noir. Prix de chaque vol., 3 fr. 50.

Vie et Vertus de Saint Louis, *d'après Guillaume de Nangis et le confesseur de la reine Marguerite*, texte établi par M. René de LESPINASSE, ancien élève de l'École des chartes.

Les Derniers Carolingiens, *d'après le moine Richer et d'autres sources originales*, texte traduit et établi par M. Ernest BABELON, ancien élève de l'École des chartes.

La Chronique de messire Bertrand Du Guesclin, connétable de France, texte établi par M. Gabriel RICHOU, ancien élève de l'École des Chartes.

Louis II de la Trémoïlle, ou Le Chevalier sans reproche, *d'après le panégyrique de Jean Bouchet et d'autres documents contemporains*, par L. SANDRET, 1 vol.

Anne d'Autriche et la Fronde, d'après les Mémoires de Mme de Motteville, texte établi par M. CHAPOY. 1 vol.

Histoire du Bon Chevalier Bayart, d'après le Loyal Serviteur et d'autres auteurs contemporains, texte établi par M. J. ROMAN. 1 vol.

Sous Presse :

Mémoires de Puysegur, publiés par M. TAMIZEY DE LAROQUE. 2 vol.

CLASSIQUES POUR TOUS
CHOIX DE CHEFS-D'ŒUVRE DES LITTÉRATURES FRANÇAISE ET ÉTRANGÈRES
Vol. in-18, caractères Elzévir, pap. vergé teinté, titre rouge et noir.

Prix de chaque volume, broché. . . . . 60 c.
Cartonnage classique. . . . . 85 c.
Cartonnage élégant (toile anglaise) . . . . 1 fr.

Volumes parus :

I à IV. — *Corneille*, avec notes, par Fr. GODEFROY, 4 vol.

V. — *La Chanson de Roland*, avec notes, par le Baron D'AVRIL, 1 vol. (4e édition).

VI à IX. — *Choix de Lettres de Mme de Sévigné*, avec notes, par F. GODEFROY, 4 vol.

X. — *Petit Romancero*, choix de vieux chants espagnols traduits et annotés par le comte DE PUYMAIGRE, 1 vol.

XI et XII. — *Les Psaumes*, traduction nouvelle, avec commentaire, par A.-J. CLERC, 2 vol.

XIII. — *Considérations sur la France*, par J. DE MAISTRE, avec préface par M. René BAZIN, 1 vol.

XIV. — *Les Poètes du Foyer*, poésies allemandes traduites, avec préface et notes de M. Ch. DUBOIS, 1 vol.

XV. — *Maximes et Réflexions morales de La Rochefoucauld*, avec notes de M. Jules LEVALLOIS, 1 vol.

XVI. — *Réflexions sur la Révolution Française*, par Edmond BURKE, avec notes de M. René BAZIN, 1 vol.

XVII. — *Ballades anglaises et écossaises*, traduites et annotées par Emm. DE SAINT-ALBIN.

XVIII-XIX. — *Les saints Évangiles*, avec commentaires, par l'abbé René DE LAPERCHE, 2 vol.

XX. — *Avant Malherbe. Poètes français du XVe et du XVIe siècles*, avec notes, par J. VAUDON.

XXI. — *Le Livre des Ballades allemandes*, traduites et annotées par Emm. DE SAINT-ALBIN, 1 vol.

www.ingramcontent.com/pod-product-compliance
Lightning Source LLC
Chambersburg PA
CBHW051130230426
43670CB00007B/747